闲聊南京六朝皇帝

◎赵望晓 著

南京出版社

图书在版编目（CIP）数据

闲聊南京六朝皇帝/赵望晓著.—南京：南京出版社，2010.5

ISBN 978-7-80718-599-4

Ⅰ.①闲… Ⅱ.①赵… Ⅲ.①皇帝—人物研究—中国—六朝时代—通俗读物 Ⅳ.①K827=35

中国版本图书馆CIP数据核字（2010）第063504号

书　　名　闲聊南京六朝皇帝
作　　者　赵望晓
出版发行　南京出版社
社址：南京市成贤街43号3号楼　　邮编：210018
网址：http://www.njcbs.com
联系电话：025-83283871（营销）　025-83283883（编务）
电子信箱：njcbs1988@163.com

出 版 人　朱同芳
责任编辑　赵育春
装帧设计　周　涌
印　　刷　江苏海信印务有限公司
开　　本　787×1092毫米　1/16
印　　张　22.5
字　　数　306.7千字
版　　次　2010年4月第1版
印　　次　2012年8月第2次印刷
书　　号　ISBN 978-7-80718-599-4
定　　价　48.00元

南京版图书若有印装质量问题可向本社调换

序言

读了赵望晓同志《闲聊南京六朝皇帝》的书稿，很有感慨。赵望晓同志在繁忙的公务之余潜心研究南京历史，耕耘数载，完成了这部书稿，殊属不易。我认为其精神是值得嘉奖和鼓励的，作品也是可圈可点的。

南京素有“江南佳丽地，金陵帝王州”之称。自公元229年孙权在建业（今南京）建立东吴政权，先后有东晋、宋、齐、梁、陈，在建康（今南京）建都立国，史称六朝。

由于六朝战乱频仍，朝代更迭频繁，皇帝立废就像走马灯一样，你方唱罢我登场。清人郑板桥在《六朝》诗中感叹道：“一国兴来一国亡，六朝兴废太匆忙。南人爱说长江水，此水从来不得长。”直白的诗句揭示出六朝历史最显著的特征。一朝接一朝的偏安朝廷，一个又一个的过渡皇帝，给后人留下了孙吴初创、东晋半壁、刘宋如虎、萧齐嗜杀、梁帝舍身和后主败家的惨淡回忆。

六朝从黄龙元年（229年）算起，到祯明三年（589年）陈朝灭亡，时间跨度约为360年，产生了40余位皇帝。该书通过闲聊的口吻，讲述了其中42位皇帝的故事，具有融史料性、可读性、趣味性于一体的特点，是一部比较完整的南京六朝帝王史话。

南京这片古老而富有深厚文化底蕴的土地，曾经孕育、造就了中国历史上诸多杰出的政治家、军事家、科学家、文学家、艺术家、教育家等等，为祖国灿烂的历史文化留下了浓墨重彩的一笔。正是基于南京这样辉煌的历史，每一个南京人都有责任和义务，做一个南京历史的文化使者和有心人，让六朝古都南京焕发出更加蓬勃的生机和活力。

历史需要人们不断地去研究、阅读和讲解，这样才能更加充分地体现出它的价值。《闲聊南京六朝皇帝》一书正是通过深入浅出的笔触，将一些著名的历史人物、事件、典故娓娓道来，不仅填补了南京历史研究的空白，而且可以起到“读史使人明智”的作用。希望大家有时间都来读一读这本书，或许会给读者朋友们带来一些遐想和启迪。

卢海鸣

2010年1月27日

前言

六朝同其他王朝一样，为了争夺皇位，在各统治集团之间，在同族、异族之间，甚至在父子兄弟之间，不断地进行着血淋淋的、你死我活的屠杀和争斗。

从黄龙元年（229年）九月，东吴孙权迁都南京说起，到祯明三年（589年）二月十日陈后主被俘，时间跨度约为360年。东吴共有4帝，其中病死的2位，内争中被废后自杀的1位，国亡后被俘病死的1位；东晋共有11帝，其中忧愤而死的1位，病死的5位，在任服丹药中毒死的1位，被废后病死的1位，被勒死的1位，被妃子闷死的1位，禅位后被闷死的1位；南朝刘宋共有9帝，其中病死的3位，内争中被杀的5位，国亡被废后遇害的1位；萧齐共有7帝，其中病死的3位，内争中被杀死的2位，被赶下皇位后遭谋杀的2位；萧梁6帝，其中在变乱中被软禁饿死的1位，被压死的1位，病死的1位，被绞杀的1位，被沉杀的1位，被废后遭谋杀的1位；陈朝共有5帝，其中病死的3位，内争中被废黜病死的1位，国亡被俘后病死的1位。

本书以闲聊的口吻，对南京的六朝皇帝，逐一进行讲述。

目　录

东吴篇　家住东吴近帝乡

东晋篇　五马渡江开国处

刘宋篇　寄奴谈笑取秦燕

萧齐篇　使黄金与土同价

萧梁篇　南朝四百八十寺

陈朝篇　空余石马势腾骁

东吴篇

家住东吴近帝乡

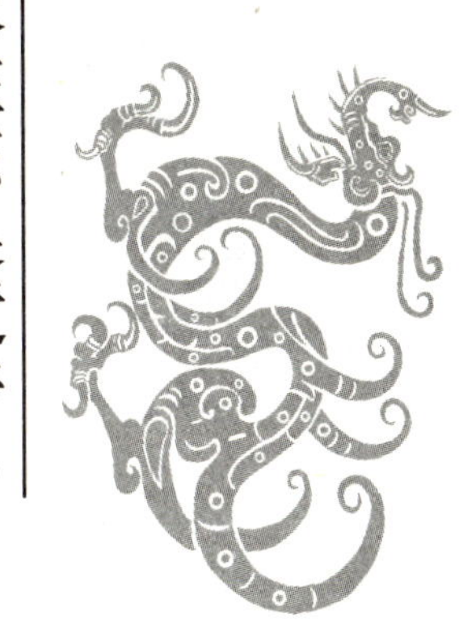

“家住东吴近帝乡，平生豪举少年场。”——摘自宋朝陆游《鹧鸪天·送叶梦锡》词。东吴，三国时期孙权建立的政权。史称孙吴或东吴、吴国。

据南宋《景定建康志》载：“（秦始皇）三十七年（前210年），始皇东游自江乘（今南京栖霞山附近）渡江，望气者言：五百年后金陵有天子气。因凿钟阜，断金陵长陇，以通流，后呼为秦淮。”并改金陵邑为秣陵县。秣，为草，意即这里不该称“金陵”，而应称“草陵”。

从秦始皇统一中国（前221年），到南京第一位皇帝孙权立都建业（229年），大约过了450年，与“五百年后金陵有天子气”大致吻合。

东吴在南京建都，始于太祖吴大帝孙权（229年），终于乌程侯孙皓（280年），传4位皇帝，历时约52年。其间孙皓曾在甘露元年（265年）至宝鼎元年（266年），短暂迁都武昌，历时约一年。扣除这一段时间，东吴王朝实际定都南京的时间约为50年。

第一章

生子当如孙仲谋——大皇帝孙权

大皇帝孙权

太祖大皇帝孙权（182—252年），字仲谋。吴郡富春（今浙江富阳）人。生于东汉灵帝刘宏光和五年（182年）。三国鼎立时期吴国的开国皇帝，也是第一个在南京建都立国的皇帝。黄龙元年（229年）至神凤元年（252年）在位。共使用了6个年号：黄武（8年）（222年至229年，是东吴政权的年号）、黄龙（3年）、嘉禾（7年）、赤乌（14年）、太元（2年）、神凤（1年）。

孙权父亲孙坚，字文台，春秋时吴国军事家孙武第22世孙。

在正史中，很难找到有关孙权祖父孙钟的记载。据说，孙钟后来从吴郡富春迁至曲阿（今江苏镇江丹阳），住在城西门外15里之白鹤山，以种瓜为生，死后葬在白鹤山。

孙坚出生前，其家富春城东的祖坟“冢上数有光怪，云气五色，上属于天，曼延数里。众皆往观视。父老相谓曰：‘是非凡气，孙氏其兴矣！’及母怀妊坚，梦肠出绕吴阊门（苏州的西门），寤而惧之，以告邻母。邻母曰：‘安知非吉征也。’孙坚出生，果然容貌不凡，性阔达，好奇节。少为县吏。”

汉灵帝熹平元年（172年），会稽郡（治今浙江绍兴）人妖贼许生在句章（今浙江宁波）起兵，自称阳明皇帝，与其子许韶一起四处煽动诸县，聚集起同伙数以万计。孙坚以郡司马的身份招募精良勇敢的壮士千余人，会同州郡官兵，协力讨伐，在会稽郡大破许生，并将其斩杀。

扬州刺史（朝廷派到州一级政府的监察官）臧旻向朝廷呈报了孙坚的功劳，于是，孙坚被任命为盐渎县（今江苏盐城）丞。数年后，又相继改任盱眙县丞和下邳县（今江苏睢宁西北）丞。所到之处，甚有声望，官吏百姓也亲近顺服。

东汉中平四年（187年）十月，长沙人区星自称将军，部众有一万多人。灵帝下诏，任命议郎孙坚为长沙太守，将他们镇压下去。孙坚被封为乌程（今浙江湖州）侯。

初平二年（191年），袁术（汉末群雄之一）派孙坚去攻击荆州（今湖北荆州）刺史刘表，刘表派部将黄祖迎战。孙坚打败黄祖，围困襄阳（今湖北襄樊）。刘表派黄祖前去调集各郡的授军，黄祖率军返回时，遭孙坚迎击，黄祖逃入岘山（今湖北襄樊南部）。孙坚乘胜连夜追赶，被黄祖的部曲（家兵）潜伏在竹林树丛之中用暗箭射死。时年37岁。

当初，孙坚娶钱唐（今浙江杭州）吴姓女子为妻（吴国太），生四子：孙策、孙权、孙翊、孙匡；一女：孙尚香。

孙坚死时，长子孙策刚刚17岁，他将父亲孙坚的灵柩运回老家曲阿（今江苏丹阳司徒镇大坟村北）安葬，号高陵。然后，孙策渡过长江，住在江都（今江苏江都），结交天下豪杰，立志为父亲报仇。

建安五年（200年），孙策在一次打猎途中，突然遭到已故吴郡太守许贡3个门客的袭击，他们用箭射中孙策面颊，孙策受重伤。他将弟弟孙权叫来，把印绶给孙权佩上，对孙权说："率领江东的人马，决战于疆场，与天下英雄相争，你不如我；遴选贤才，任用能臣，使他们各尽忠心，保守江东，我不如你。"同时还交待孙权说："内事不决问张昭，外事不决问周瑜。"

四月初四，孙策去世，年仅26岁。孙权追谥他为长沙桓王，葬高陵附近，即孙坚陵。

南宋范成大《长沙王墓》诗曰："英雄转眼逐东流，百战功夫土一抔（póu）；荞麦茫茫花似雪，牧童吹笛上高丘。"

孙权作为孙坚和孙策的继承人，有以下几个显著特点和作为：

一、生来贵相

中国古代的帝王将相生来就与凡人不一样，无论是在正史还是野史中，都会有一些奇异的记载，或说是天命所归，或说是命中注定。这样的记载，同样发生在孙权身上。

《三国志·吴书》上说：孙权的母亲吴夫人怀妊孙权时，梦到太阳拥入了怀中，感到很惊异，就告诉夫君孙坚说："从前我怀妊孙策的时侯，曾梦到月亮拥入了怀中，现今又梦见太阳拥入了怀中，这是什么缘故呢？"孙坚说："太阳与月亮乃是阴阳之精华，是极其贵重的象征，这表明我们的儿子将来一定会创立大业的！"

孙权15岁为阳羡（今江苏宜兴）长（相当于县长），郡守察举他为孝廉（选拔人才的科目），州举茂才（秀才别称），行奉义校尉（部队长）。朝廷以孙策远修职贡（给朝廷进贡），遣使者刘琬加锡命（回赠答谢）。刘琬见孙家诸昆仲（兄弟），就对人说："吾观孙氏兄弟虽各才秀明达，然皆禄祚（福禄）不终，惟中弟（孙权）孝廉，形貌奇伟，骨体不恒，有大贵之表，年又最寿，尔试识之。"后来的事实，果然应验了刘琬的预言。

当时，孙策在世时已经占有会稽、吴郡、丹阳、豫章、庐江、庐陵这几个郡，但偏远山区还未全部控制。流亡客居在江南的士大夫，也还怀有暂时避难的想法，与孙权尚未建立起稳定的君臣关系。孙策死后，19岁的孙权继位为江东之主。在张昭、周瑜等协助下，孙权很快就稳定了江东的局面。

张昭（156—236年），字子布，彭城（今江苏徐州）人。三国时期东吴主要谋士，军事家、政治家。

周瑜（175—210年），字公瑾，庐江舒县（今安徽庐江）人，人称“周郎”。三国时期吴国将领、军事家。

曹操听到孙策的死讯，打算乘孙权等正在操办丧事之机，大举讨伐。侍御史张纮说：“乘人办丧事进行讨伐，是不符合古代道义的，如果不能攻克，便化友为敌，不如利用这个机会厚待他。”于是曹操上表朝廷推荐孙权担任讨虏将军，兼任会稽郡太守。

二、力据江东

鲁肃（172—217年），字子敬，临淮东城（今安徽定远）人，三国时期东吴著名的战略家、政治家、外交家。曾受聘于袁术，请为东城长，鲁肃看袁术不能成就霸业，经周瑜推荐来到孙策帐下，后为孙权参谋。

建安五年（200年），鲁肃准备返回北方故乡，周瑜劝他留下，并向孙权推荐说：“鲁肃才干出众，应当委以重任，还要多延聘一些像他这样的人才，以成就大业。”孙权立即接见鲁肃，与他交谈，大为赏识。等到宾客都告辞后，单独留下鲁肃，把坐榻合在一处，相对饮酒。孙权说：“如今汉王室垂危，我想建立齐桓公（在其兄齐襄公被杀后即位，成为春秋五霸之首）、晋文公（春秋五霸之一）那样的功业，你有什么办法帮助我？”鲁肃说：“从前，汉高祖刘邦打算尊奉义帝（楚怀王熊槐之孙熊心），但并未如愿，是因为项羽从中阻碍。如今的曹操，正像当年的项羽，将军有什么办法去效仿齐桓公、晋文公呢？我私下推测，汉朝王室已不能复兴，曹操也不能一下就被消灭掉。为将军打算，只有保守江东，以观察天下大局的变化。如果能乘曹操在北方用兵，无暇南顾之机，消灭黄祖（荆州牧刘表部下），进讨刘表，把长江流域全部控制，这就能建立帝王之业了。”孙权说：“如今我尽力经营一方，只是希望辅佐汉王室罢了，你所说的这些我还没有想到。”孙权对鲁肃提出的战略方针十分欣赏。

孙权早就图谋攻取荆州。江夏（今湖北武汉）守将黄祖曾射杀孙坚，更成为被孙权讨伐的借口。孙权于建安八年（203年）、十二年（207年）、十三年（208年）三次对黄祖进行征讨，与其说是为报父仇，实际上是要实现“建立帝王之业”的战略目标，最后终于剿灭了黄祖，替父报了一箭之仇，也为巩固江东奠定了基础。

为了抗击曹操，建安十六年，孙权采纳长史张纮的建议，从京口（今江苏镇江）移治秣陵。次年改秣陵为建业，并筑石头城（今南京清凉山。石头城长约3000米，筑于楚威王七年，公元前333年）为水、陆军基地。

建安十八年（213年）正月，曹操大军攻到濡须口（今安徽无为县东南，濡须水入长江口），号称步骑兵40万人，攻破孙权设在长江西岸的营寨，俘获孙权手下的都督公孙阳。孙权率领7万人抵抗曹军，两军相持一个多月。孙权在濡须口乘船观察曹操军营的阵容，异常镇定自若，胆略过人。当时，魏军弓箭齐发，箭镞集中在孙权船的一侧。孙权下令掉转船头，再以另一侧受箭，待箭匀船平后再安全驶回，返回时还奏起军乐。

曹操看到孙权的战船，武器精良，军队严整，喟然叹曰：“生子当如孙仲谋，刘景升（刘表）儿子若豚犬耳！”曹操除了佩服孙权的政治谋略外，孙权的相貌身材，体魄精神，也强于他的儿子曹丕、曹植，所以才说出这番话来。

南宋辛弃疾在《南乡子·登京口北固亭有怀》中赞道：“何处望神州？满眼风光北固楼。千古兴亡多少事？悠悠！不尽长江滚滚流。年少万兜鍪，坐断东南战未休。天下英雄谁敌手？曹刘！生子当如孙仲谋。”

三、三国鼎立

建安十三年（208年），曹操战败刘表，取得荆州，企图一举灭吴。曹操在江陵写信给孙权说："最近，我奉天子之命，讨伐有罪的叛逆，军旗指向南方，刘琮（刘表次子）降服。如今，我统领水军80万人，将要与将军在吴地一道打猎（会战）。"孙权把这封书信给部属们看，他们无不惊惶失色。长史张昭等人说："曹操是豺狼虎豹，挟持天子以征讨四方，动不动就用朝廷的名义来发布命令。今天我们如果进行抗拒，就更显得名不正而言不顺，况且将军可以抵抗曹操的是依靠长江天险。现在，曹操占有荆州的土地，刘表所训练的水军，包括数以千计的蒙冲战船（进攻性快艇），已由曹操接管，曹操派全部船只沿长江而下，再加上步兵，水陆并进。这样，长江天险曹操已与我们共有，而双方势力的众寡又不能相提并论。因此，依我们的愚见，最好是迎接曹操，投降朝廷。"众人附和，只有鲁肃一言不发。孙权起身上厕所，鲁肃追到房檐下，孙权知道鲁肃的意思，握着鲁肃的手说："你想说什么？"鲁肃说："刚才，我观察众人的议论，只是想贻误将军，不足以与他们商议大事。现在，像我鲁肃这样的人可以迎降曹操，但将军却不可以。为什么这样说呢？如果我迎接曹操，曹操一定会将我交给乡里父老去评议，以确定名位，也许会做一个下曹从事，能乘坐牛车，有吏卒跟随，与士大夫们结交，步步升官，也能当上州、郡的长官。可是将军迎接曹操，打算到哪里去安身呢？希望将军能早定大计，不要听那些人的意见。"孙权叹息道："这些人的说法，太让我失望了！如今，你阐明的策略，正与我想的一样。"

孙权没有被曹操咄咄逼人的气势所吓倒，他果断地采纳鲁肃的建议，与刘备结成同盟，在长江赤壁（今湖北蒲圻）一带，与曹操80万大军作战。

孙、刘联军以3万人的弱势兵力，用火攻战术大破曹军，霎时间，冲天的火光照得江岸崖壁一片彤红，赤壁由此得名。这便是历史上著名的赤壁之战。

赤壁之战以后，曹操退回北方。刘备乘势取得荆州大部，包括武陵（今湖南常德）、长沙、桂阳（今湖南郴县）、零陵（今湖南永州）四郡。稍后又夺得刘璋的益州（今四川成都）。孙权据有江东，形成了魏、蜀汉、吴三国鼎立的割据局面。

孙权统治时，吴国约有53万余户，230余万人，兵23万人，吏32000人（蜀汉，28万余户，94万余人；曹魏，66万余户，443万余人）。所辖地盘共六郡81县。

曹操（155—220年），字孟德，一名吉利，小字阿瞒，沛国谯（今安徽亳州）人。东汉末年杰出的政治家、军事家、文学家、诗人。建安二十一年（216年）五月，汉献帝刘协进封魏公曹操为魏王。

刘备（161—223年），字玄德，汉景帝之子中山靖王刘胜的后代，三国时期蜀汉的开国皇帝。黄初二年（221年），汉中王刘备在成都西北的武担山之南登基称帝，国号汉，年号章武。

那时，人称刘备为刘皇叔，但他当时没有立足的地方，向东吴孙权借荆州（今湖北荆州）暂时栖身，约定以后归还。赤壁之战后孙权想讨回荆州，刘备以各种理由再三推托。后来周瑜为孙权设计，趁刘备丧妻之机，以其妹孙尚香嫁给刘备作继室为诱饵，将刘备引到东吴来举办婚礼。名为东吴与刘备连亲，实则趁刘备过江之机加以拘禁，好逼诸葛亮拿荆州换回刘备。

建安十四年（209年）十二月，孙权将妹妹孙尚香嫁给刘备。孙尚香才思敏捷，性情刚猛，有她兄长们的风度。她的侍婢100余人，都手执利刀在旁站立侍候。刘备每次进入内宅，心里都很恐惧。经过一番周折，刘备终于成了孙权的妹夫。就这样，一夜之间，“刘皇叔”变成了“孙妹夫”，刘备竟毫无怨言。后来刘备在诸葛亮的协助下，成功地逃回蜀地。这件事被后人戏称为：“周郎妙计安天下，赔了夫人又折兵!”

十五年（210年）十二月，周瑜到京口去拜见孙权，说：“现在，曹操新近在赤壁大败而归，担心内部有人叛变，不能同将军（孙权）交战，我请求与奋威将军（孙奋，孙权子）一起进军，夺取蜀地，并吞张鲁。然后，留奋威将军牢固地守卫那里，与马超（蜀将）结成联盟。我回来与将军据守襄阳，紧逼曹操，这样，就可以规划进取北方了。”孙权同意了这个计划。

周瑜回到江陵准备行装，在途中病情加重，上书给孙权说：“人寿的长短都是由命运决定的，实在不足惋惜。我只恨心中的微小志愿尚未实现，再也不能执行您的命令罢了。现在，曹操在北方，疆场并没有平静；刘备寄居在荆州，好像是在家里养了一只老虎。天下的大局，还在动荡不定，这正是大臣和将士们奋发忘食之时，也是您思虑运筹之日。鲁肃为人忠烈，临事不苟，可以接替我的职务。假如我的建议可以被采纳，我就虽死不朽了。”不久，周瑜在巴丘（今湖南岳阳）去世，时年36岁。

孙权得到消息后，十分悲痛，大哭着说：“周瑜有辅佐帝王的才能，现在忽然短命而死，我依靠谁呢？”孙权亲自到芜湖去迎接周瑜的灵柩。周瑜有一个女儿、两个儿子，孙权为自己的大儿子孙登娶周瑜的女儿为妻；任命周瑜的儿子周循为骑都尉，将自己的女儿嫁给他；又任命周瑜的另一个儿子周胤为兴业都尉，将自己宗族的一个姑娘嫁给他。

孙权任命鲁肃为奋武校尉，接替周瑜，统领军队，命令程普兼任南郡太守。鲁肃劝孙权把荆州借给刘备，与刘备共同抵抗曹操，孙权同意。于是从豫章郡（治今江西南昌）中分出一部分土地，设立鄱阳郡；从长沙郡分出一部分土地，设立汉昌郡（治今湖南平江）；又任命程普兼任江夏郡（治今武汉新洲区）太守，鲁肃为汉昌郡太守，率军驻在陆口（今湖北嘉鱼）。

建安二十四年（219年），孙权派吕蒙袭击江陵（今湖北江陵），荆州守将关羽向西退守麦城。孙权派人诱降，关羽伪装投降，把幡旗做成人像立在城墙上，然后逃遁，士兵都跑散了，跟随他的只有10余名骑兵。孙权已事先命令朱然、潘璋切断了关羽的去路。十二月，孙权部将潘璋手下的司马马忠在章乡（今湖北安远）擒获关羽及其儿子关平，予以斩首，于是，孙权占据荆州。

先前，孙权曾经为自己的儿子向关羽的女儿求婚，关羽大骂：“吾（关羽属虎）虎女安肯嫁犬子（孙权属狗）乎!”孙权因此很恼怒。如今，关羽及其儿子关平被杀，也解了孙权的心头之恨。

这年，魏王曹操上表献帝刘协，推荐孙权为骠骑将军，授予符节，兼任荆州牧，封为南昌侯。于是孙权派校尉梁寓入朝进贡，上书向曹操称臣，劝曹操顺应天命，即位称帝。曹操将孙权的信给大家看，说：“这小子要把我放在炉火上烤吗！”侍中陈群等人都说：“汉朝的统治已经结束，并非只是今日。殿下您的功德，如同高山一样巍峨，天下人都寄希望于您，所以孙权在远方向您称臣。这是天意在人间的反应，殿下应该正式登基称帝，还有什么可犹豫的！”曹操说：“如果上天要我做皇帝，我还是当周文王（姬昌，谥号文王。在位50年，主要功绩是为灭商做好了充分准备）吧。”曹操至死都没有称帝。

四、从容称帝

黄初元年（220年）正月，魏王曹操抵达洛阳。二十三日曹操去世，终年66岁。曹操嫡长子曹丕即魏王位。二月二十一日，安葬曹操的遗体在邺城（今河北邯郸）西面的高陵。谥号武王。

十月十三日，汉献帝让位给魏王曹丕。二十九日，曹丕登坛受皇帝玺绶，即皇帝位。是为魏文帝。定国号为魏，大赦全国，改元黄初，定都洛阳。十一月初一，曹丕追尊自己的父亲魏武王曹操为武皇帝，庙号为太祖。

黄初二年（221年）三月，孙权将吴国的政治中心从公安（今湖北公安）迁徙至鄂，改鄂名为武昌（今湖北鄂州），并在武昌筑城。

八月，孙权派使者向魏称臣，奏章言辞谦卑。朝廷大臣都表示祝贺，惟独刘晔说：“孙权无故向我投降，一定是内部发生危机。前不久，他偷袭并杀死了关羽，刘备必然会出动大军讨伐他。孙权外部有强大的敌寇，部属心情不安，又恐怕我们乘机进攻，所以献上土地请求投降，一可防止我们进兵，二可借助我们的援助，加强他自己的地位，迷惑他的敌人。如今天下三分，我们占有全国土地十分之八，吴和蜀汉各自仅保有一个州的地域，凭恃险要，依托长江大湖，有急难时互相援救，这样才对小国有利。我们应大举进兵，直接渡江袭击孙权。”魏文帝不听，接受了吴国的归降。

八月十九日，魏文帝派太常邢贞带策命，封孙权为吴王，为表示尊礼，加赐九锡（皇帝赐给诸侯、大臣有殊勋者的9种器用之物，是最高礼遇的表示）。刘晔说：“不可以封孙权。先皇帝征伐天下，已经拥有全国领土的十分之八，威德震动海内，陛下接受汉朝皇帝的禅让，真正做了皇帝，德行符合天地，声名远播四方。孙权虽有雄才大略，只不过是汉朝的骠骑将军、南昌侯而已，官品很低，权势卑下，其属民都有畏惧我中原朝廷之心，很难强迫他们合谋共事。我们不得已接受他的归降，可以晋封他将军的称号，封他为十万户侯，却不能一下子封他为王。王和皇帝相比，只相差一级，所使用的礼乐、服饰、车马的等级也很混乱。孙权仅被封为侯，江南的士人、百姓和他便没有君臣的名分。如果我们相信他的假投降，就大大晋封他，尊崇他的地位，给他加上王的称号，使江南人和他确立君臣关系，这是为猛虎加上双翼！”文帝不听，仍然封孙权为吴王。

十二月，吴王孙权和臣下在武昌钓台上饮酒，酩酊大醉，令人将水洒在大臣身上，使他们清醒后继续再喝。孙权说：“今日畅饮，不醉倒在钓台上，我们不停杯！”张昭板着面孔，一言不发地出去，坐在车子里。孙权派人将张昭叫回来，对他说：“大家不过是共享欢乐，您为什么发怒？”张昭回答说：“以前商纣王作糟丘和酒池，通宵饮酒，当时也以为很快乐，没想过有什么不对。”孙权深感惭愧，一言不发，停止了酒宴。

孙权十分注重“酒德”。一次，孙权和大臣饮酒，亲自起身行酒劝饮，虞翻装醉倒地，他过去后，虞翻又坐了起来。孙权大怒，手握宝剑要刺虞翻，在座的臣僚无不大惊失色。只有大司农刘基上前抱住孙权，劝谏说：“大王在酒过3杯之后，要亲手杀死贤能之士，即使虞翻有罪，天下又有谁知道？况且大王因为能够招贤容众，才使四海之内的人仰慕；如今却一朝之间毁掉自己的声誉，可以吗？”孙权说：“曹操尚且杀孔融（字文举，东汉文学家，孔子的20世孙），我杀个虞翻又算得了什么！”刘基说：“曹操轻率地杀害士人，因而受到天下人的谴责。大王推行德行礼义，要和尧、舜比高下，怎么能够把自己和曹操相提并论呢？”虞翻这才免去了一场灾祸。孙权也因此向手下人命令：“从今后，凡我在酒后下令杀人，都不得执行。”

可见，孙权也是非常憎恨无酒德之人。虞翻的“酒德”与我们今天“为了领导喝死拉倒”的酒德相比，无疑是一种叛逆行为，他不屈从，不惟上，不惜冒着杀头的危险，坚持“酒逢知己千杯少，能喝多少喝多少”的酒风，其勇气和精神着实可嘉。

吴黄武八年（229年）四月，夏口、武昌（今均属湖北武汉）传言黄龙、凤凰现世。十三日，吴王孙权即皇帝位，大赦天下，改年号为黄龙。文武百官都来朝会，孙权把功劳归于周瑜。绥远将军张昭举起手版（古时官吏上朝或谒见上司时所拿的笏）想要为之歌功颂德，没等开口说话，孙权说：“如果当初听了张公的计议，现在已经要饭了。”张昭极为羞愧，伏在地上直流汗。不久，张昭因年老多病辞去官职，交回所辖部众，改为辅吴将军，班位次于三公，并改封为娄侯，食邑10000户。嘉禾四年（235年），张昭去世，享年81岁。

孙权派使者到蜀国通告他已即皇帝位，提议两国并尊二帝。蜀国丞相诸葛亮派遣卫尉陈震出使到吴国，祝贺孙权称号登极。孙权与蜀汉结盟，约定将来平分天下。

孙权追尊父亲孙坚为武烈皇帝，哥哥孙策为长沙桓王，立儿子孙登为皇太子，封长沙桓王孙策的儿子孙绍为吴侯。

黄龙元年（229年）九月，孙权迁都建业，全部承用原有的宫室王府，不再增设改建，留下太子孙登及尚书九卿在武昌，让大将军陆逊辅佐太子，并掌管荆州及豫章三郡事务，监督全国的军政大事。

赤乌四年（241年）五月，太子孙登（庶长子）去世。次年正月，孙权立孙和（母王夫人）为太子。

赤乌十年（247年）二月，孙权诏令拆运武昌宫的砖瓦木材，用来修缮建业宫。有关官吏禀告说：“武昌宫至今已有28年，其砖木破旧，恐怕已不适宜再用，应该向下面的州县去要，从全国各地砍伐木材运来。”孙权说：“古时大禹以低矮的宫室为美，我也应该如此。如今战事连绵不断，向全国各地征收赋税，如果再让各地砍伐木材，就会妨害损伤农林生产，所以武昌宫的旧砖木，还是可以使用的。”于是迁居南宫（今珠江路南估衣廊一带，原本是太子专用）。三月，改建太初宫，命令各个将领及各州郡官长都来义务协助建造，第二年三月完工。

孙权在位期间，设置农官，实行屯田，平定山越，设置郡县，促进了江南经济的发展。为鼓励发展生产，他“亲自受田”，以表示提倡农业生产。丝织业、冶金铸造业、青瓷业也有较大发展。

由于海上交通发达，吴国的大将卫温、诸葛直曾泛海到夷州（今台湾）；使臣朱应、康泰至林邑（越南中部）、扶南（柬埔寨境内）诸国，有的使者还到高句（gōu）丽（今韩国、朝鲜），并带外国使臣、商人到吴国。

赤乌十年（247年），康僧会来到建康。他本是西域康居国（今新疆北境以及俄国的中亚之地）大丞相的儿子，单名叫会。他不恋富贵，看破红尘，立志出家当了和尚，人称“康僧会”。孙权接见了他，并提出要他炼“仙丹”。康僧会说：“我不会炼仙丹，但是我有舍利（舍利是指佛祖释迦牟尼圆寂火化后留下的遗骨和珠状宝石样生成物。佛祖的这些遗留物被信众视为圣物，争相供奉），这舍利可是神异之物，可以送你一枚。”孙权听了大悦，专门为这枚“舍利”在今南京中华门（聚宝门）外，建造了“建初寺”，也是金陵第一寺。

赤乌十三年（250年）八月，孙权将太子孙和废为平民。十一月，立孙亮（母潘夫人）为太子。第二年五月，孙权立潘夫人为皇后，实行大赦，改年号为太元。十一月，孙权祭祀南郊，回来后得了中风。

孙权染病后，性情暴戾的潘皇后派人向孙弘询问西汉吕后行使皇帝权力之事。左右之人不堪忍受她的虐待，于神凤元年（252年）二月的一天，乘她昏睡之机，将她勒死，并宣称她是暴病而死。

不久，孙权病情危重，召诸葛恪、孙弘、滕胤以及将军吕据、侍中孙峻等人入卧室内嘱托后事。神凤元年四月，孙权死于建业宫中，享年71岁，在位24年。孙权一生约有7位夫人，生有7个儿子，3个女儿。

大臣孙弘平素与诸葛恪不和，害怕被诸葛恪整治，于是封锁消息先不发丧，想要假造诏令杀掉诸葛恪。孙峻将此事报告了诸葛恪。诸葛恪请孙弘前来议事，就在座位上将他杀了，然后举行丧礼。由太子孙亮即位，实行大赦，改年号为建兴。

七月，吴国葬孙权于蒋山（今南京中山门外钟山之麓的梅花山上），称蒋陵，又称孙陵、吴王坟。谥曰大皇帝，庙号太祖。蒋陵是南京地区最早的六朝皇帝陵墓。

五、时人与后人评价

曹操：生子当如孙仲谋。

刘备：孙车骑长上短下，其难为下，吾不可以再见之。

诸葛亮：孙权据有江东，已历三世，国险而民附，贤能为之用。

孙策：举江东之众，决机于两陈之间，与天下争衡，卿不如我；举贤任能，各尽其心，以保江东，我不如卿。

周瑜：将军以神武雄才，兼仗父兄之烈，割据江东，地方数千里，兵精足用，英雄乐业。

鲁肃：将军神武命世。孙讨虏聪明仁惠，敬贤礼士，江表英豪咸归附之。

（西晋）陈寿《三国志》：孙权屈身忍辱，任才尚计，有勾践之奇，英人之杰矣。故能自擅江表，成鼎峙之业。然性多嫌忌，果于杀戮，暨臻末年，弥以滋甚。至于谗说殄行，胤嗣废毙，岂所谓赐厥孙谋以燕冀于者哉？其后叶陵迟，遂致覆国，未必不由此也。

（元末明初）罗贯中《三国演义》：紫髯碧眼号英雄，能使臣僚肯尽忠。二十四年兴大业，龙盘虎踞在江东。

（北宋）苏轼《江城子·密州出猎》：老夫聊发少年狂，左牵黄，右擎苍。锦帽貂裘，千骑卷平冈。为报倾城随太守，亲射虎，看孙郎。酒酣胸胆尚开张，鬓微霜，又何妨？持节云中、何日遣冯唐？会挽雕弓如满月，西北望，射天狼。

（宋元）胡三省：当方面者，当如吕岱；委人以方面者，当如孙权。

毛泽东《毛泽东读古书实录》：说到孙权，他是个能干的人。天下英雄谁敌手？曹刘，当今惜无孙仲谋。

第二章

年幼登极遭废黜——会稽王孙亮

吴废帝会稽王孙亮（243—260年），字子明，孙权的第七子，吴国第二位皇帝。神凤元年（252年）至太平三年（258年）在位。共使用了3个年号：建兴（2年）、五凤（3年）、太平（3年）。

孙权为吴王时，曾立长子孙登为王太子。黄龙元年（229年），孙权称帝后，立孙登为皇太子。

赤乌四年（241年）五月，皇太子孙登去世。孙权立孙和为太子。第二年八月，孙权封孙和的胞弟孙霸为鲁王。孙权爱孙霸超过爱孙和，对孙霸的待遇，同太子孙和没有什么两样。因此，孙和、孙霸不和睦。一部分人维护太子孙和，一部分人向着鲁王孙霸。向着鲁王的人想依靠鲁王捞取好处，所以“诋毁太子”。有一次，孙权生病，派遣太子到长沙桓王孙策庙祈祷。太子妃叔父张休家离庙很近，就将太子请到家中。全公主孙鲁班（孙权宠姬步夫人所生，孙和之姐）闻知，向孙权告状，说太子不去庙里祷告，却往妃家计议。此后，孙和越来越不受宠，两派的争斗也更加厉害。最后，孙权废太子孙和，赐鲁王孙霸死，另立所爱潘夫人幼子孙亮为太子。

神凤元年（252年）四月，太子孙亮即位，时年10岁。改元建兴。任命诸葛恪为太傅，滕胤为卫将军，吕岱为大司马。

建兴二年（253年）十月，侍中孙峻与孙亮密谋在酒筵上杀死了诸葛恪。诸葛恪的两个儿子诸葛竦和诸葛建听说父亲遭难，就用车拉起母亲想要投奔魏国，孙峻派人追赶并将他们杀掉。又命令用芦席裹住诸葛恪的尸体，中间用竹蔑一捆，扔到了石子冈（今南京雨花台附近）。又派人到公安（今湖北公安）杀了诸葛恪的弟弟奋威将军诸葛融和他的3个儿子。

此后，群臣共同上奏，推举孙峻为太尉，滕胤为司徒。由于孙峻骄横傲慢，淫乱残暴，国人愤恨，侧目而视。司马桓虑谋划要杀掉孙峻，立已故太子孙登之子吴侯孙英为君，但是没有成功，参与者都被处死。

五凤三年（256年）八月，孙峻病死，由从弟（堂弟）孙綝为侍中、武卫将军、都督中外诸军事。

太平二年（257年）四月，14岁的孙亮亲临正殿，实行大赦，亲自执政，开始不满孙綝的做法。大将军孙綝的上表奏章，多次受到他的责问。他多次拿出府藏书册阅览大皇帝孙权的旧事，询问左右侍臣说："先帝常常自己制定诏令，现在大将军奏事，为什么只让我签字同意呢？"

一次，孙亮要生吃酸梅，让黄门到库里去取蜂蜜，孙亮发现蜜中有鼠屎，就召来守库官询问，守库官叩头谢罪。孙亮说："黄门从你那儿要过蜂蜜吗？"守库官说："以前曾要过，我没敢给他。"孙亮让人破开鼠屎，屎中是干燥的，于是他大笑着对左右说："如果鼠屎事先就在蜜中，那么里外都应是湿的，现在外面湿而里面干燥，这必定是黄门放进去的。"诘问黄门，他果然服了罪，左右之人都很震惊佩服。孙亮虽然十分聪明，但在政治上并不成熟。

孙亮亲政后，施政时常被权臣孙綝掣肘。孙亮认为孙綝专恣，对他和朝廷造成了很大的危害，于是与太常全尚、将军刘丞，积极采取措施准备除掉孙綝。可惜，孙亮的措施还没来得及实施，就被孙綝发现了。

太平三年（258年）九月二十六日，孙綝深夜派兵袭击全尚，将他扣押起来，又派其弟孙恩在苍龙门（皇宫太初宫东门）外杀掉刘丞，并包围了皇宫。孙亮勃然大怒，骑上马带了弓箭就要出宫，说道："我是大皇帝的嫡子，在位已经5年，谁敢不服从我！"侍中近臣以及乳母等人一起连牵带扯地制止，孙亮未能出宫。

孙𬘭让光禄勋孟宗祭告太庙，废黜15岁的孙亮为会稽（今浙江绍兴）王。又召来群臣议论说："少帝耽于享乐，多病昏乱，不可以处于天子之位，继承宗庙统绪，已经祭告先帝将他废了，诸君若有不同意者，请提出异议。"众人都很震惊恐惧，说道："愿服从将军的命令！"孙𬘭派中书郎李崇夺来孙亮的玺绶，又将孙亮的罪状布告远近各地。典军施正劝孙𬘭将琅邪王孙休（孙亮之兄）迎来立为天子，孙𬘭表示同意。

二十七日，孙𬘭派宗正（掌管皇帝亲族或外戚勋贵等有关事务之官）孙楷与中书郎董朝到会稽迎接琅邪（láng yá，今山东临沂）王孙休。派遣将军孙耽送会稽王孙亮到他的封国。

十月，孙𬘭让其弟孙恩执行丞相的职事，率领百官用皇帝乘坐的车到永昌亭（今南京城西南角的凤游寺附近）去迎接琅邪王孙休，修筑行宫，用军队的帐篷临时搭起便殿，设置了御座。十八日，孙休到达便殿，止于东厢。孙恩奉上玺符，孙休辞让3次才接受。群臣按照次序在前导引车驾，孙休上了乘舆，百官在旁陪伴。孙𬘭率兵千人到郊外迎接，拜于道旁，孙休下车答拜。

永安三年（260年），在孙亮的封地会稽传出谣言，说孙亮试图返回建业复辟；而孙亮的侍从亦声称孙亮在祭祀时口出恶言。于是孙休贬孙亮为侯官（今福建福州）侯，并遣送他去封国。孙亮途中自杀，护送之人也都被治罪。据《三国志》记载，孙亮可能是被孙休派人毒死的。孙亮死时只有17岁，在位7年。葬于赖乡（今南京江宁区北界和雨花台区一带）。

陈寿《三国志》评价："孙亮童孺而无贤辅，其替位不终，必然之势也。"从孙亮的人生轨迹来看，从小他就聪明过人，早年他的3位兄长，孙登早亡，孙和、孙霸两个"鹬蚌相争"使他渔翁得利，登上帝位。但是孙亮即位后有两个不利的因素：一是年龄太小，10岁登基，加上没有贤良的大臣辅佐，命运掌握在别人手里；二是继位后自家宗室内部发生政变，等到亲政时又常遭权臣掣肘，最终不但失去了皇位，还早早地丧失了性命。

第三章

权臣政变巧登位——景帝孙休

吴景帝孙休（234—264年），字子烈。孙权的第六子。吴国第三位皇帝。太平三年（258年）至永安七年（264年）在位。仅使用了1个年号：永安（7年）。

孙休13岁时，从中书郎射慈、郎中盛冲处求学。太元二年（252年）18岁时，受封为琅邪王，居于虎林（今安徽贵池）。孙权病逝后，孙休的弟弟孙亮继位，诸葛恪掌权。诸葛恪从政治因素考虑，不让孙休驻于江边重兵之地，而将孙休迁至丹阳郡（治今南京），就近监视。这期间，丹阳太守李衡屡次找孙休麻烦，孙休不堪其扰，迁居会稽（今浙江绍兴）。

太平三年（258年）九月二十六日，权臣孙綝发动政变，废孙亮为会稽王，迎立24岁的孙休为帝。

十月十八日，孙休驾临正殿，实行大赦，改年号永安。孙綝自称“草莽臣”，在殿前上书，交上印绶、节钺。孙休接见他并以好言慰解，又下诏任命孙綝为丞相、荆州牧，增加封邑五个县。任命孙恩为御史大夫、卫将军、中军督，封为县侯。二十八日，孙休封已故南阳王孙和之子孙皓为乌程侯。

这时，孙綝权倾朝野，孙休害怕孙綝再次政变，表面上对他封官赏爵，笼络有加，甚至将密告他将谋反的人交给他处理，同时，又对孙綝的奏请从不批驳。

一次，孙綝带着牛和酒去拜见孙休，但孙休不收，只好送到左将军张布家里。两人一起喝酒，酒意正浓的时候，孙綝口出怨言说："当初废掉少主之时，很多人劝我自立为君，我认为陛下贤明，因此把他迎来。没有我，他当不了皇帝，但我今天给他送礼却遭到拒绝，这是对我与一般大臣没有区别，我当再另立别人为君。"张布把这些话告诉了孙休，孙休怀恨在心，恐怕他发动变乱，所以多次加以赏赐。孙綝发现孙休对他并不信任，便要求出屯武昌，孙休准许。

孙綝命令他所统领的中军精兵万余人全部上船，又取走了武库中的兵器，孙休都下令给他。孙綝还要带走中书两郎一同去管理荆州诸军事，孙休也特许。但凡孙綝所求之事，孙休一概同意。

其实，孙休早已私下与张布等人密商，伺机铲除孙綝势力。孙休向辅义将军张布询问计策，张布说："左将军丁奉，虽不能撰写文书，但他计谋过人，能决断大事。"孙休召来丁奉。丁奉说："可以乘腊祭集会之机，用宿卫之兵杀掉他。"

十二月初七，建业城中有谣言流传说明日腊祭要有事变，孙綝听到后，很不高兴。夜里，刮起了大风，吹掀了屋顶，扬起漫天风沙，孙綝更加害怕。初八，腊祭集会，孙綝称疾不去，孙休强令他来，派使者催促10余次，孙綝不得已，将要入宫，众人劝他别去。孙綝说："国家多次下令，我不可推辞。你们可以预先整顿好兵力，在府内放一把火，以这个为借口我可以很快回来。"随即入宫，不久府内起了火，孙綝要求出去看看，孙休说："外面兵力自然很多，不用麻烦丞相亲自去。"孙綝起身离席，丁奉、张布目示左右之人将他绑起来。孙綝叩头说："我愿意迁徙到交州（故治在今越南河内东）。"孙休说："你为什么不把滕胤、吕据迁到交州？"孙綝又说："我愿当个官家奴隶。"孙休说："你为什么不让滕胤、吕据为奴呢？"随即就把他杀了。又拿着孙綝的首级对他手下的兵将说："凡与孙綝同谋的人，一律赦免。"放下兵器投降者有5000人。孙闿乘船逃走，想要投降魏国，孙休派人追杀了他。诛杀了孙綝的三族，又掘开孙峻的坟墓，取出他的印绶，削薄了他的棺木，然后再埋上。

之前被孙峻、孙綝兄弟陷害至死的诸葛恪一族、滕胤、吕据等全部得到平反改葬。孙休耻于和孙峻、孙綝兄弟同族，索性剥夺了他们的姓，改称他们为故峻、故綝。

孙休好读典籍，欲博览百家之言，只有春夏之间，白昼出猎射雉（野鸡）时放下书卷。据《世说新语》上提到孙休喜欢射雉，常常早出晚归。群臣莫不上谏说："雉这点小东西，哪足以让皇上沉迷呢？"孙休说："虽是小东西，雉这种动物气节过人，所以我喜欢它。"

孙休想要与博士祭酒（学官名，为五经博士之首）韦昭、博士盛冲一起讲论学术，张布因为韦昭、盛冲2人性情耿直，恐怕他们入侍之后，对孙休说自己暗地里做的错事，因此坚持劝谏，不让他们入宫。孙休说："我涉猎学术，群书大致都读完了，现在只想与韦昭等人讲论学习以前所学的内容，这又有什么损害？你不过害怕韦昭等人谈论臣下的奸诈邪慝（tè）之行，所以不想让他们入宫。这类事情，我已有所了解，不须韦昭等人说了才知道。"张布十分惶恐地谢罪，又说这恐怕会妨碍政事，孙休说："政事和学术，其源流各不相同，不会相互妨碍，让他们入宫没有什么不对的，而你却认为不宜让他们来，因此我才说了这些事。没想到你今日在宫任事，又不让我接近儒生，这实在让我不能同意！"张布跪下叩头。孙休说："我不过是开导开导你，何必叩头谢罪呢！像你这样的忠臣，远近之人都很了解，我能有今日南面为君的尊严，全都是你的功劳。《诗》云：'事皆有始，却少能终。'坚持到最后是很难的，希望你能坚持到最后。"但孙休恐怕张布会怀疑害怕，终究还是顺了张布之意，废止讲论学业，不再让韦昭等人入宫。

孙休在位期间，十分重视教育和农桑。永安元年（258年），孙休下诏曰："古者建国，教学为先。"二年三月，又诏曰："今欲偃武修文，以崇大化。推此之道，当由士民之赡，必须农桑。管子有言：‘仓廪实，知礼节；衣食足，知荣辱。’”孙休深知：建国者必须以教育为先；只有民众富裕了，才能知礼节、知荣辱。这些道理对我们今天的社会，依然具有十分重大的借鉴作用。

五年（262年）八月，孙休立朱氏（朱据女）为皇后，孙𩅦（wān）为太子。

七年（264年）七月，孙休卧病不起，口不能言，就用手书召丞相濮阳兴入内，又让其子孙𩅦出来拜见濮阳兴。孙休拉着濮阳兴的手臂，手指着孙𩅦托付给他。二十五日，孙休去世，在位7年，终年30岁。谥为景帝，无庙号。

群臣尊朱皇后为皇太后。这时，孙𩅦年仅15岁，正值国内外局势动荡，于是在左典军万彧推荐下，丞相濮阳兴、左将军张布说服了朱太后，迎立23岁的乌程侯孙皓（孙和之子、孙休侄）继皇帝位，改年号为元兴，实行大赦。

十二月，孙休葬于宣陵（今南京旧城东25里处）。一说葬于定陵（今安徽当涂围屏乡）。有关报刊曾经说，安徽省马鞍山出土的宋山大墓，已被初步断定为孙吴景帝孙休之墓。

陈寿《三国志》评价：“休以旧爱宿恩，任用兴、布，不能拔进良才，改弦易张，虽志善好学，何益救乱乎？又使既废之亮不得其死，友于之义薄矣。”其实就8个字——“用人不当，薄情寡义”。

第四章

一片降幡出石头——归命侯孙皓

乌程侯孙皓（242—283年），字元宗，孙权的孙子，孙和的儿子。一名彭祖，字皓宗（元宗也好，皓宗也罢，这个“宗”字与“终”字音相近，是否在冥冥之中就意味着东吴王朝到他这一代要结束呢），又称末帝。是吴国的第四位皇帝，也是末代皇帝。永安七年（264年）至天纪四年（280年）在位。共使用了8个年号：元兴（2年）、甘露（2年）、宝鼎（4年）、建衡（3年）、凤凰（3年）、天册（2年）、天玺（1年）、天纪（4年）。

孙休在位时曾封孙皓为乌程侯。孙休病重时，丞相濮阳兴见魏国已经攻灭蜀汉，下一步必欲攻灭东吴，担心太子孙霬年幼，难以担当保卫国家的大任，于是改立23岁的孙皓为帝。

永安七年（264年）七月二十五日，孙皓即位，改年号元兴。

九月，孙皓贬朱太后为景皇后，追谥父亲孙和为文皇帝，尊母亲何氏为皇太后。又封太子孙霬和他的3个弟弟为王，立妃子滕氏为皇后。

一开始，孙皓即位时，发优抚诏书，体恤士民百姓，打开仓库，赈济贫困之人，按条例放出宫女做那些无妻者的配偶，养在御苑中的禽兽也都放归山林。当时人们交口赞誉，称之为明主。而他得志之后，开始变得粗暴骄横，既有很多忌讳，又沉湎于酒色，全国上下大失所望，濮阳兴、张布也暗自后悔不迭。

这时，有人向孙皓诬陷濮阳兴和张布。十一月初一，濮阳兴和张布入朝，孙皓把他们抓起来，发配到广州，在半路上就把他们杀了，又诛灭了他们的三族。任命皇后的父亲滕牧为卫将军、录尚书事。

孙皓即位的第二年，元兴二年（265年）四月，改年号为甘露。七月，孙皓逼杀景帝孙休皇后朱氏，又送孙休4个儿子到吴小城（今江苏苏州），接着又追杀孙休两个年龄大的儿子。

这年九月，西陵督步阐上表，请求孙皓迁都武昌，孙皓听从了他的建议。孙皓委派御史大夫丁固、右将军诸葛靓镇守建业。

十一月十二日，魏元帝曹奂（曹操的孙子，魏国第五位，也是末代皇帝）将皇位禅让给晋王司马炎。十六日，晋王司马炎登上皇帝位，大赦天下，改年号为泰始，是为西晋。

第二年六月，孙皓改年号为宝鼎。孙皓迁都武昌（今湖北鄂城），扬州（行政中心在建业，今南京）老百姓逆流而上运输物资，异常劳苦；再加上孙皓奢侈无度，使得国家和人民都穷困匮乏。陆凯上疏说："如今四周边境都没有战事，应当致力于休养民力，积蓄财富，然而却愈发穷奢极欲；还没有发生灾难而百姓的精力已尽，还没有什么作为而国库的资财已经空虚，我私下为此感到忧虑。从前汉室衰微，三家鼎立，如今曹（魏国）、刘（蜀国）失道，都被晋（西晋）所占有，这是近在眼前的、十分明显的证据。我蠢笨无知，只是为陛下珍惜国家而已。武昌地势高险，土质薄，多山石，并非帝王建都的地方，况且童谣说：'宁饮建业水，不食武昌鱼；宁还建业死，不在武昌居。'由此看来，是可以证明人心与天意了。现在国家仅有不足一年的积蓄，百姓有离散的怨言，国家这棵大树已经渐渐露出了根本，而官吏却致力于苛刻催逼百姓，没有人体恤他们。大帝（孙权）的时候，后宫的女子以及各种织工，人数不足百人；景帝（孙休）以来，人数已经上千，这就使资财的耗费非常严重了。另外，您身边的臣子，大多没有什么才能，他们结成帮派相互扶持，陷害忠良，埋没贤达，这都是些损政害民的人。我希望陛下减省、停止多种劳役，免去苛刻的骚扰，清理、减少宫女，严格选拔官吏，那么就会使天喜悦而民归附，国家长久安定了。”孙皓虽然不高兴，但由于陆凯的名望大，就对他特别宽容。

宝鼎元年（266年）十二月，孙皓意识到情况不妙，便听从了陆凯的劝说，将首都迁回了离开一年多的建业（看来南京是不能轻易丢弃的）。由卫将军滕牧（国丈、孙皓的岳父）留镇武昌。至此，孙皓迁都武昌历时约一年多宣告结束。

宝鼎二年（267年）六月，孙皓建造昭明宫，俸禄两千石以下的官吏，都亲自进山督促伐木。大规模地开辟苑囿，兴建土山、楼台，极尽才艺工巧，工程、劳役的花费以亿万计算。陆凯进谏劝阻也没有用。

孙权时，建有太初宫，周长为300丈。孙皓建的昭明宫周长500丈，为避晋（司马昭）讳，又称显明宫。

昭明宫比太初宫大了一倍有余。昭明宫包括大小殿堂几十个，正殿叫做“赤乌殿”。每座殿堂皆饰金玉，雕梁画栋，壁面上绘有以神仙和云气为内容的大幅壁画。孙皓特命开凿“城北渠”引后湖碧波，巡堂绕殿。昭明宫的位置，大约在今南京成贤街四牌楼一带。

十二月，孙皓移居新宫，于绿水红花间流连忘返，居金殿玉楼上醉生梦死，孙皓的奢侈可见一斑。

苑城，为东吴皇家苑区及宫廷禁卫营地，又称后苑，亦名建平园，在太初宫东北。苑城不仅是皇室闲暇休息游玩之处，也是贵族子弟骑马射猎、习武练兵之地，可以容纳3000多人骑马操练，可见其地之广。

太初宫、昭明宫和苑城组成了东吴的“宫城”，它位于建业都城的中间偏北部分，几乎占据都城1/4的面积。当时都城的城周为20里19步，每边长约5里左右，都是土墙“篱门”（用竹篱做成的门）。都城的正门叫“宣阳门”。从宣阳门到秦淮河岸的“朱雀门”（又名“大航门”），正好是5里路。那里有一座浮桥，叫做“朱雀航”（又名“大航”），位置约在今中华门内镇淮桥。从宣阳门到朱雀门的5里长街被称为“苑路”，也就是东吴的“御街”。

秦淮河两岸是商业区和居民区，并且沿着秦淮河向东、西、南三个方向延伸，其中最著名的是“横塘”和“长干”两个区域。“横塘”大概是指今“内秦淮”的中华门到水西门段的秦淮河两岸，这里是建业最繁华的商业区，是当时最大的商业区。“长干”指今雨花台到长干桥一带，它既是商业区，又是高级官僚的住宅区。

西晋文学家左思在《三都赋》（《蜀都赋》、《吴都赋》、《魏都赋》）中，对吴都建业宫城有这样的描述：“崇临海之崔巍（高大雄伟），饰赤乌之韡（wěi）晔（光明华丽）。”临海、赤乌，都是太初宫殿名。对“苑路”的描述是：“朱阙双立，驰道如砥。树以青槐，亘以绿水。玄荫眈眈，清流亹亹（wěi）。”驰道如砥，天子之道，十分平直，路边树阴重重，流水潺潺。对商业区的描述是：“横塘查下（查浦，在横塘西），邑屋隆夸（房舍奢侈）。长干延属（东长干中有大长干、小长干，皆相连），飞甍舛互（栋宇相交互）。”足见当时建业宫城及商业区的奢华景象。

宝鼎四年（269年）正月，孙皓立儿子孙瑾为太子。十月，孙皓实行大赦，改年号为建衡。

凤凰二年（273年），孙皓的宠妾派人到集市上抢夺百姓的财物，司市中郎将陈声一向受到孙皓的宠幸，他依法处理了这件事。孙皓的宠妾向孙皓诉说，孙皓勃然大怒，借其他事情为由，烧红刀锯截断陈声的头颅，把他的身躯扔到四望山（今南京下关区8字山。8字为：“忠孝、仁爱、信义、和平”）下。

凤凰三年（274年）七月，吴国大司马陆抗病情加重。他上疏说：“西陵（西陵郡，亦称宜都郡，今湖北宜昌）、建平（建平郡，故治在今四川巫山县），是国家的屏障，地势既处于上流，二郡边境的西面、北面又与敌人的边境接壤。如果敌人泛舟顺流而下，那么就如同星奔电驰一样迅速，到那时，就不能依赖别的地区援助来解救危难了。这可是关系到国家安危的关键。我的父亲陆逊，从前在西部边境时曾上书说：‘西陵是国家的西门，虽然说容易防守，但同时容易丧失。假如守不住的话，那就不只是失掉一个郡，就连荆州都会不属于吴所有了。如果西陵有忧患，就要竭尽国家的力量去争夺它。’”陆抗死后，孙皓让陆抗的儿子陆晏、陆景、陆玄、陆机、陆云分别统领陆抗的士兵。

天册元年（275年）春，吴郡言掘地得到了银尺，长1尺，广3分，刻上有年月字，孙皓下令大赦，改年天册。

二年（276年）七月，吴国有人对孙皓说：“临平湖（今浙江杭州）自从汉末就荒塞了，老人们说：‘此湖塞，天下乱；此湖开，天下平。’近来无缘无故，临平湖忽然又开通了，这是天下将要太平，青色车盖进入洛阳的吉祥征兆。”

有人献上石函，中有小石头，青白色，长4寸，广2寸余，上面刻着“皇帝”的字样，献者说，他是在湖边上得到的。孙皓因此大赦罪人，改年号为天玺。

八月，因历阳（今安徽和县）山上有7个洞孔并排罗列，洞孔里面呈黄赤色，当时的习俗把这称之为石印，也就是指石头上有色彩的纹理。民间流传说：“石印显露，天下太平。”孙皓决定明年改年号为天纪。

孙皓在位，嗜酒如命。据《吴志·韦曜传》：“皓每飨宴，无不竟日，坐席无能否率以七升为限，虽不悉入口，皆浇灌取尽。曜素饮酒不过二升，初见礼异时，常为裁减，或密赐茶荈（chuǎn）以代酒。”

孙皓每次大宴群臣，常常是要饮酒一整天，赴宴的人不管能不能喝，至少得饮酒7升。大臣韦曜的酒量不过2升，孙皓对他特别优待，允许他少喝点，或者偷偷给他换上茶，让他以茶代酒。

这是“以茶代酒”的最早记载。时至今日，“以茶代酒”仍是酒桌上比较流行的托词，这是孙皓、韦曜所始料不及的。

天纪三年（279年）四月，孙皓每次宴会群臣都要把大臣们灌醉。他设置了黄门郎10人，专门负责搜集大臣们的过失。每次宴会结束以后，这10个人就向孙皓汇报大臣们的过失，凡是大臣中有抵触的、说了错话的，都向孙皓举报，严重的被判刑、处死，轻的也要当作罪状记录下来；有的被剥下脸上的皮，有的被挖去眼睛，因此朝廷上下人心相离，没有人肯为孙皓尽力。

孙皓滕皇后（滕牧女），孙皓封乌程侯，聘滕氏为妃；孙皓即位，立为皇后。此外，有张美人（张布女）、张夫人（张美人姊）、王夫人3位嫔妃，以及数千宫女。孙皓大约有34个儿子。

西晋名将、益州刺史王濬上书晋武帝司马炎请求速伐东吴，王濬说："孙皓荒淫，凶暴反常，应当迅速地征讨他。如果一旦孙皓死了，吴国又立了一个贤明的君王，那么就成为我们的强敌了。我造船已经7年，每天都有船因腐烂而毁坏；我已70岁了，离死亡没有几天了。"实际上，此时王濬的年龄已有73岁，他仍然坚决要求率军伐吴，可见其人老心不老。晋武帝于是下定决心伐吴。

十一月，晋朝大举出兵讨伐东吴，派遣镇军将军、琅邪王司马伷从涂中（今安徽滁州）出兵，安将军王浑从江西出兵，建威将军王戎出武昌，平南将军胡奋出夏口，镇南大将军杜预出江陵，龙骧将军王濬和巴东监军鲁国人唐彬从巴、蜀进军，东西合计共有20余万人。任命贾充为使持节、假黄钺（yuè）（以黄金为饰的斧，为帝王所专用，或特赐给专主征伐的重臣）、大都督，任命冠军将军杨济协助贾充，做贾充的副手。贾充坚持陈述伐吴不利，而且自称已经衰老，不能担当元帅的重任。晋武帝下诏说："你如果不去，那么我就亲自出征。"贾充不得已，于是接受了符节与斧，率领中军向南驻扎在襄阳，负责各部队的部署、调度与节制。

晋武帝太康元年（280年），也即孙皓天纪四年，孙权开创的东吴王朝，进入了最后阶段。杜预向江陵进发，王浑从横江出兵，攻打吴国的兵镇及边防营垒，攻无不克。

二月初一，晋军王濬、唐彬打败了丹阳监盛纪。吴国人将江边浅滩上的要害区域，用铁锁拦住，还打造了一丈多长的大铁锥，暗中放进江里，用以阻挡战船。王濬造了几十个大木筏，每一个木筏长、宽都有100余步。王濬又让人扎了许多草人，草人披铠甲，拿兵器，放在大木筏上，让水性好的人与木筏走在前面，遇到铁锥，铁锥就扎到木筏上，被木筏带走了。王濬还造了许多大火把，火把长十几丈，有几十围粗，用麻油浇在火把上，将火把放在船的前面，遇到铁锁就点燃火把，一会儿工夫，铁锁就被火把烧得融化而断开，于是战船就无所阻挡了。

三月十五日，晋将王濬的舟师经过三山（三山矶，今南京西南）直逼建业（今南京），8万士兵乘着相连百里的战船，擂鼓呐喊进入石头城（今南京城）。

孙皓仿效刘禅（刘备长子，小名阿斗）的做法：备亡国之礼，素车白马，“面缚舆榇”（即令人反绑自己双臂，徒步行进，另备敛尸用的白木棺材以示罪该当斩），率领太子孙瑾等21人来到王濬营门请降。王濬亲解其缚，接受宝璧，焚烧棺榇。

据《晋阳秋》记载：“濬收其图籍，领州四，郡四十三，县三百一十三，户五十二万三千，吏三万二千，兵二十三万，男女口二百三十万，米谷二百八十万斛，舟船五千余艘，后宫五千余人。”至此，东吴政权灭亡。东吴是三国中最晚灭亡的一个。

晚唐诗人刘禹锡《西塞山怀古》诗云：

王濬楼船下益州，金陵王气黯然收。
千寻铁锁沉江底，一片降幡出石头。
人生几回伤往事，山形依旧枕寒流。
今逢四海为家日，故垒萧萧芦荻秋。

太康元年（280年）四月二十八日，晋武帝司马炎（司马昭长子，西晋王朝创建者）下诏，赐予孙皓爵位为归命侯。二十九日，大赦天下，改年号为太康。

再说孙皓投降后，琅邪王司马伷派使者送孙皓及他的宗族去晋都洛阳。五月初一，孙皓到了洛阳。他和太子孙瑾等人用泥涂在头上，反绑了双手，来到洛阳的东阳门。晋武帝司马炎下诏，派谒者（掌传达等事的近侍）解开他们的绳索，赐以衣服、车子、30顷田地，每年都供应他们非常充足的钱币、粮食和布匹。晋朝廷授予孙瑾中郎的官职，孙皓其他的儿子，凡是原先为王的，都被任命为郎中。吴国从前有名望的人士，都根据他们的才能提拔进用。孙皓的将领、官吏渡过长江的，免除10年的赋税、劳役；老百姓免除20年的赋税、劳役。

太康元年（280年）五月初四，晋武帝司马炎来到堂前的长廊，会见文武官员中有爵位的以及四方来晋的使者，国子学生也都参加了会见。晋武帝派人将归命侯孙皓以及投降的吴国人带来相见。孙皓登上大殿向晋武帝叩头。晋武帝对孙皓说："朕设了这个座位以等待你已经有很久了。"孙皓说："我在南方，也设了这个座位以等待陛下（孙皓面对晋武帝毫不相让）。"

贾充问孙皓说："听说你在南方，凿人的眼珠，剥人的脸皮，这是哪一等级的刑法？"孙皓说："为人臣子的，杀了他的君王以及邪恶不忠的就处以这种刑罚。"说得贾充哑口无言，非常羞愧，而孙皓却面无愧色。

孙皓虽然残暴昏庸，但是被俘以后依然刚直不阿，敢于实话实说，并且不卑不亢，这一点还是令人佩服的。

一日，晋武帝问孙皓："闻南人好作《尔汝歌》，颇能为不？"孙皓正饮酒，因举觞劝帝而言曰："昔与汝为邻，今与汝为臣。上汝一杯酒，令汝寿万春！"晋武帝悔之。因为君臣之间是不能你我相称的。晋武帝这一问，竟被孙皓连呼几个"汝"字，反倒自讨没趣。

太康四年（283年）十二月，归命侯孙皓在洛阳病死，时年42岁。在位17年。葬河南洛阳邙山。

东吴过后，司马睿在南京建立了东晋王朝。请看下一篇：五马渡江开国处。

东晋篇

五马渡江开国处

“五马渡江开国处，一牛吼地作庵人。”——摘自宋朝王安石《答张奉议》诗。五马渡江，其中“一马化为龙”，即琅邪王司马睿在建邺（今南京）建立了东晋王朝。

三国归晋，也就是说，魏、蜀汉、吴三国，最后被西晋的晋武帝司马炎统一。

前面说到，孙皓即位的第二年，即元兴二年（265年），曹魏的晋王司马炎受禅称帝，建立西晋。西晋（265—316年）共52年。

历史上从东吴灭亡（280年）到东晋（317年）建立大约相隔37年，这37年由西晋王朝统治。其中西晋与东吴并存约15年，即265年至280年。

晋愍帝建兴四年（316年）八月，刘曜率领匈奴军攻破长安，晋愍帝司马邺投降，最后受辱被杀。至此，统治北方52年、统治全国只有37年的西晋王朝，在灭亡孙吴37年后，被前赵所灭。

西晋虽然灭亡了，但司马家族的历史并没有结束，他们从洛阳移到了千里之外的建康（今南京），建立了新的王朝——东晋。

东晋（317—420年）是西晋皇室后裔司马睿建立的南京历史上的第二个王朝。

东晋始于元帝司马睿，终于恭帝司马德文，传11位皇帝，历时约104年。

第一章

化龙丽地建帝都——元帝司马睿

晋元帝司马睿（276—322年），字景文，河内温县孝敬里（今河南温县招贤镇）人，东晋开国皇帝，也称“司马始皇”。建武元年（317年）至永昌元年（322年）在位。共使用了3个年号：建武（2年）、大兴（太兴）（4年）、永昌（2年）。

元帝司马睿

一、牛继马后

司马睿于西晋武帝咸宁二年（276年）生于洛阳。其曾祖司马懿是三国时期魏国杰出的政治家、军事家，西晋王朝的奠基人。曾任职过曹魏的大都督、太尉、太傅。其祖司马伷为琅邪王，参加灭吴之战，接受吴帝孙皓的投降，战后官升大将军、开府仪同三司。其父琅邪恭王司马觐，官拜冗从仆射。东晋开国皇帝司马睿与西晋末代皇帝司马邺同宗，而且是叔侄关系。

司马睿出生时，“有神光之异，一室尽明，所藉藁（gǎo）如始刈（枯草垫子变成了鲜嫩的草垫子）。及长，白毫（白毛）生于日角之左，隆准龙颜，目有精曜（光辉），顾眄炜如（双目有神）也。年十五，嗣位琅邪王。幼有令闻。及惠皇之际，王室多故，帝每恭俭退让，以免于祸。沈敏有度量，不显灼然之迹，故时人未之识焉”。

魏晋之际，上层人物大都迷信，谶（chèn）言神学十分盛行。所谓的“谶”是秦汉间的巫师、方士编造的预言吉凶的隐语、预言作为上天的启示，向人们昭示未来的吉凶祸福、治乱兴衰。谶有谶言、图谶等形式。

当时有本叫《玄石图》的书上有句谶言：“牛继马后。”当年司马睿的祖爷爷司马懿就是用这种办法杀死了魏国大臣曹爽，从而掌握了曹魏政权。司马懿担心别人故伎重演，因此对这句谶言特别害怕，他下决心要除掉“继马”之后的“牛”，不让谶言应验。因为当时有资格和他争权的人，只有魏军的后军将军牛金。

牛金本来是曹仁（曹操的堂弟）手下的一员勇猛战将，曹仁死后，牛金便成了司马懿手下的一员大将。跟随司马懿南北征战，骁勇异常，战功卓著，是威胁司马懿政权的危险人物。后来司马懿以毒酒鸩杀了牛金，以为“牛继马后”的谶言再也不会应验了。

司马觐（司马懿第五子琅邪恭王司马伷的长子）的妻子叫夏侯光姬，小名铜环，自幼生长在官宦人家，后被许配给司马觐。司马觐的府上雇佣了一名小吏，谁知此人恰恰就叫牛金，与被司马懿毒杀的大将同名同姓。铜环在府中常常寂寞难耐，竟与牛姓小吏勾搭成奸，生下了司马睿。所以，司马睿一出生，就被人们说成是“牛继马后”。据《晋书》记载：“恭王妃夏侯氏竟通小吏牛氏而生元帝，亦有符云。”

其实皇帝的出生，历来都是一个谜，特别是开国皇帝的身世，更是扑朔迷离，仁者见仁，智者见智。历史上本来就没有几个皇帝的身世能够说得清楚。

二、五马渡江

西晋太熙元年（290年），15岁的司马睿嗣琅邪王位。“八王之乱”时曾经参与讨伐成都王司马颖的战役，但是由于作战失利，司马睿便离开洛阳，回到封国（今山东临沂一带）。后依附于东海王司马越，司马越以其为平东将军、监徐州诸军事，留守下邳。

当时有童谣云：“五马浮渡江，一马化为龙。”化为龙的这一“马”，就是司马睿。另外“四马”是：其堂伯父西阳王司马羕（yàng）和南顿王司马宗；堂兄汝南王司马祐；侄儿彭城王司马纮（hóng）。之后，司马睿在南京建立了东晋政权，形成江南偏安之势。如今南京幕府山夹罗峰下还有“五马渡”遗迹。

北宋王安石《答张奉议》诗云：“五马渡江开国处，一牛吼地作庵人。”

西晋怀帝司马炽永嘉元年（307年）七月十一日，朝廷任命琅邪王司马睿为安东将军、都督扬州江南诸军事，持符节，镇守建邺（今南京）。九月初一，琅邪王司马睿到达建邺。司马睿让安东司马王导作为主要谋士，对他推心置腹，非常信任，每件事都找王导咨询、商量。司马睿名望声誉一直很轻，吴地人们都不附从，在建邺居住了很久，士大夫没有来拜访的，王导也感到很忧虑。这年秋季，司马睿出去观看禊（xì）祭（古人在春秋二季所举行的临水祓除不祥的祭事），王导让司马睿乘上抬轿，安排了威严的仪仗，王导和名士们都骑马侍从。纪瞻、顾荣等江南名士见了后感到惊异，一个跟着一个地在道路左边行跪拜礼。

王导劝说司马睿道：“顾荣、贺循，都是这个地区最具名望的人，应当结交他们来收服人心，他们两人来了，就没有不来的人。”

于是司马睿就派王导亲自拜访贺循、顾荣，两个人都接受邀请而来到司马睿处，司马睿让贺循担任吴国内史，顾荣担任军司马，加授散骑常侍。军政事务，都与他们商议。又让纪瞻担任军咨祭酒，卞粹的儿子卞壸（kǔn）担任从事中郎，琅邪人刘超任舍人，张昭的曾孙张闿和鲁国的孔衍任参军。

王导对司马睿说："以谦逊的态度对待士人，通过节俭的办法保证用度的充足，以清静无为的原则处理政务，安抚以前的故旧部下与新结交的士人。"所以司马睿得到了江东地区人们的信任。

司马睿刚来建邺时，常常因为喝酒耽误事情，王导流泪苦谏，司马睿就令人斟上酒，他接过酒杯后把酒倒入池中，不再复饮。那个水池遂被名为"覆杯池"。

后来，司马睿要在建邺城南建豪华双阙（阙，又称作两观、象魏，实际上是外大门的一种形式），王导指着牛首山的双峰说："此乃天阙也。"婉转地劝使司马睿放弃了建双阙、摆威风的主张。

永嘉四年（310年），匈奴人刘曜攻陷西晋都城洛阳，纵兵大肆屠杀焚掠，使洛阳化为灰烬。中原汉人官民实在无法忍受，大量南逃，史称"永嘉南渡"。整个中原地区的名门望族，以及政府机构、官员，甚至士族家中的佣人和鸡鸭牛马都被带过了长江。

每到天气晴朗的日子，南渡的北方士族就相互约请在新亭（今南京南郊菊花台安德门一带）聚会，坐在草地上饮酒会餐。一次，周顗（yǐ）（字伯仁）在席间叹息说："这里的风景跟洛阳的没什么不同，只是山河国土起了变化！"大家都相互对视，流泪不止。只有王导脸色骤变说："我们大家应当同心协力来效忠朝廷，收复中原，哪至于像亡国的囚徒一样相对哭泣呢！"后来人们以"新亭对泣"来比喻亡国的悲恨及忧国伤时的郁愤之情。

司马睿靠着王导的辅佐，既拉拢江南的士族，又吸收北方的才俊，地位逐渐巩固起来。他非常感激王导，对王导说："卿，吾之萧何也。"

早在晋太康三年（282年）就改建业为"建邺"。建兴元年（313年）为避讳晋愍帝司马邺名，又改建邺为建康。

三、王与马，共天下

建兴五年（317年）正月，降帝（投降的皇帝）司马邺派遣平东将军宋哲至建康，诏镇东大将军在建康修复宗庙，以雪大耻。二月二十八日，宋哲到达建康，称说奉晋愍帝司马邺诏书，令丞相、琅邪王司马睿总摄国家所有事宜。

三月，琅邪王司马睿得知愍帝司马邺被俘以后，换上素色服装，避居于别室，举哀3天。此时，西阳王司马羕和官员、部属等共同劝司马睿称帝，琅邪王不肯即位。于是司马羕等请求琅邪王依照魏、晋旧有成例，称晋王。琅邪王表示同意。初九，琅邪王即晋王位，大赦天下，改年号为建武，开始设置百官，建立宗庙和社稷，史称东晋。

建武二年（318年）三月初七，晋愍帝死讯传至建康，司马睿穿斩衰（斩衰，“五服”中最重的丧服）丧服，别居倚庐（居父母丧时所住的房子）。百官奏请司马睿使用皇帝尊号，司马睿不同意。纪瞻说：“晋政权灭亡，至今已经两年，陛下应当继承大业。遍观皇室子弟，又有谁值得推让！陛下如果荣登皇位，那么祖先神灵和国民都能有所依凭；如果拂逆天命，违背人心，大势一旦失去，就无法挽回了。现在洛阳、长安两座京城被毁，国家无主，刘聪在西北自立国号，而陛下却在东南清高地推谢帝位，这就如同急于救火却恭礼谦让。”晋王还是不同意，让殿中将军韩绩撤去摆好的皇帝宝座。纪瞻喝斥韩绩说：“皇帝之座与天上列星相应，敢搬动的斩首！”晋王没有说话。

经过纪瞻等大臣再三劝说，三月初十，晋王司马睿即皇帝位，是为晋元帝。大赦天下，改年号为大兴（太兴）。文武百官陪列于两侧，元帝令王导登御床同坐，王导坚决拒绝，说：“如果太阳与天下万物等同，怎么能俯照苍生！”元帝便不再坚持。“王与马，共天下”的说法由此流传开来。

二十四日，元帝立王太子司马绍为皇太子。四月，加任王敦为江州牧，王导为骠骑大将军、开府仪同三司。

元帝开始统治江东的时候，王敦和堂弟王导同心同德，共同拥戴和辅佐，元帝也推心置腹，重用他们。王敦总领征讨军事，王导把持机要政务，门生子弟各自占据显要的职位，使得“王与马，共天下”的说法更为实在。

晋人认为，晋元帝司马睿才是金陵真正的天子，孙权则不是。据《晋书》记载：“始秦时望气者云‘五百年后金陵有天子气’，故始皇东游以厌之，改其地曰秣陵，堑北山以绝其势。及孙权之称号。自谓当之。孙盛（东晋史学家）以为始皇逮于孙氏四百三十七载，考其历数，犹为未及；元帝之渡江也，乃五百二十六年，真人之应在于此矣。”

四、迎娶郑氏

永嘉六年（312年），司马睿元配王妃虞孟母病逝，时年35岁。当时司马睿尚未称帝。他准备娶濮阳吴氏的女儿。一天，吴氏女儿与表姐郑阿春同游后园，正巧被司马睿的亲信看见，就对司马睿说：“您准备迎娶的那位吴小姐，虽然年轻漂亮，但是为人的气质和举止，远不如她的表姐郑氏，郑氏虽然是个寡妇，但是她才是值得你迎娶的女人。” 建武元年（317年），琅邪王司马睿将郑阿春纳为夫人。

郑阿春，河南荥阳人。世为冠族（显贵的豪门世族）。郑阿春少孤，无兄弟，只有姊妹4人，郑阿春最长。先嫁给渤海田氏，生一男而寡，依于舅舅濮阳吴氏。

郑阿春嫁给司马睿后，生下了琅邪悼王司马焕、简文帝司马昱和浔阳公主。

后来，郑阿春的儿子司马昱当了皇帝，未及追尊。孝武帝即位，郑阿春尊号曰“简文太后”。这样一来，就要避讳“春”字，当时东晋人管“春”就不能叫“春”了，只能叫“阳”。《春秋》只能叫作《阳秋》，《晋春秋》叫《晋阳秋》。

大兴三年（320年），做了皇帝的司马睿特地派使者，捧着皇后的玺绶告祭太庙，追谥虞孟母为“元敬皇后”。元帝在位期间不再立后。

五、孰不可忍

司马睿称帝以后，开始不满“王与马，共天下”的局面。王敦自恃有功，而且宗族势力强盛，越来越骄恣拔扈，元帝因畏惧而憎恶，于是提拔刘隗（wěi）、刁协等人作为自己的心腹，以抑制和削弱王氏的职权，王导也逐渐被疏远。对此，王导尚能够听其自然，安守本分，性情淡泊，能妥善对待职位的升降。但王敦却心存不满，与元帝产生了裂痕和矛盾。

永昌元年（322年）正月十四日，王导的堂兄王敦先发制人，以诛元帝的丞相刘隗为名，在武昌举兵。他给元帝上疏罗列刘隗的罪状，称刘隗奸佞邪恶，谗言惑众，残害忠良，作威作福。江南大族沈充也在吴兴起兵，与王敦相呼应。王敦到达芜湖，又上表罗列尚书令刁协的罪状。

元帝勃然大怒。二十一日，下诏说：“王敦凭仗国家对他的恩宠，竟敢肆行狂妄、叛逆之事，把朕比作太甲（太甲姓子，名曰至，是商朝第四位王。太甲在位初年，任用伊尹为相，商朝比较强盛。可是太甲三年时，太甲开始按照自己性子办事，以残暴的手段对付百姓、奴隶，伊尹便把他放逐到桐宫），想把我幽禁起来。是可忍，孰不可忍！我现在亲自统率六军前去诛戮这个大叛贼，有谁能杀掉王敦，封为五千户侯。”同时，征召戴渊、刘隗来建康参与防卫。刘隗和刁协一起劝元帝将王氏宗族尽数诛杀，元帝不同意。

三月，元帝任命王导为前锋大都督，授予戴渊骠骑将军。元帝下诏说：“王导为大义灭亲，可以把我任安东将军时的符节交给他。”又任命周顗为尚书左仆射，王邃为尚书右仆射。元帝派王邃去告诉王敦，让他停止叛乱。

王敦占据石头城后，感叹地说：“我既为叛臣，再也不会做功德盛大的事情了。”

元帝令刁协、刘隗、戴渊率领兵众进攻石头城，王导和周顗、郭逸、虞潭等分三路出击，刁协等人的军队都大败。太子司马绍听说以后，打算自己率领将士与敌人决战，坐上军车正要出发，中庶子温峤抓住马勒头劝谏说：“殿下是国家君位的继承人，怎么能逞一己之快，轻弃天下而不顾！”抽出剑斩断马的鞍带，司马绍这才罢休。

王敦聚集军队，不朝见元帝，放纵士兵劫掠财物，皇宫、朝廷里的人奔逃离散，安东将军刘超屯兵不动，当值护卫；另外还有侍中2人在元帝身边侍奉。元帝脱下军衣，穿上朝服，环顾四周说："王敦想得到我这个位子，应当早说，何至于如此残害百姓！"又派遣使者告诉王敦说："你如果还没有将朝廷置于脑后，那么就此罢兵，天下还可以安然相处。如果不是这样，那么朕将回到琅邪，为贤人让路。"

刁协、刘隗战败以后，都进入宫中，在太极殿东侧与元帝相见。晋元帝拉着刁协、刘隗的手，流泪哭泣，呜咽有声，劝说并命令2人出逃以避灾祸。刁协说："我将守卫到死，不敢有二心。"元帝说："现在事情紧迫了，怎么能不走呢！"于是下令为刁协、刘隗准备随行的人马，让他们自谋生路。刁协年老，难耐骑乘之苦，平素又缺少恩惠，招募随从人员时，大家都推诿不去。刁协出行至江乘（今南京栖霞山附近江边），被人所杀，把首级送给王敦。刘隗投奔后赵（十六国之一），在任太子太傅时死去。

为笼络王敦，十八日，元帝实行大赦，任命王敦为丞相、都督中外各军、录尚书事、江州牧，赐封武昌郡公，王敦都推辞不受。

王敦因为太子司马绍有勇有谋，被朝野人士所拥戴，想以不孝的罪名诬陷太子，废除他的太子之位，因此大会百官，问温峤说："皇太子以什么样的德行著称？"问话时声色俱厉。温峤说："钩深致远，似乎不是我浅显的度量所能知晓的，依照礼义看来，可以说是做到了孝。"众人都认为的确如此，王敦的阴谋遭到挫败。

元帝名为天子，但并无实权，号令不出宫门，大权掌握在王导与王敦等人手中。元帝见无法改变现状，渐渐忧愤成病，卧床不起。他想到大臣中只有司徒荀组对自己比较忠顺，就任命他为太尉兼领太子太保，打算让他参与朝政，钳制王导。

十一月，元帝任命临颍元公荀组为太尉，不料十二日，荀组就故去了。

闰十一月初十，元帝因忧愤染病而驾崩。也就是前面说到的"因忧愤而病死的一帝”，终年47岁，在位6年。司马睿气量太小，竟然被部下气死。司空王导接受元帝遗诏，辅佐朝政。元帝恭俭有余而明断不足，所以未能恢复大业却在内部发生祸乱。

永昌二年（323年）二月初二，将晋元帝司马睿与元敬睿皇后共葬鸡笼山之南的建平陵。谥号元皇帝，庙号中宗。

六、时人与后人评价

（唐）房玄龄、褚遂良等《晋书》：恭俭之德虽充，雄武之量不足。宾礼名贤，存问风俗，江东归心焉。

（北齐）魏收《魏书》史臣曰：元帝之窜江表，窃魁帅之名，无君长之实，局天脊地，畏首畏尾，对之李雄，各一方小盗，其孙皓之不若矣。

有人认为：晋元帝司马睿虽然偏安一隅，但毕竟在东南保住了中华衣冠，拥有尊严和国体。

第二章

举目焉能见长安——明帝司马绍

明帝司马绍（298—325年），字道畿。东晋第二位皇帝，元帝司马睿的长子。永昌元年（322年）至太宁三年（325年）在位。仅使用了1个年号：太宁（4年）。

司马绍自幼十分聪明睿智，深得其父司马睿的宠爱，曾与父亲就“太阳与长安孰远”的问题有一段经典对答，还有利用东宫卫士一夜兴建太子西池的逸闻。据《晋书》记载：“年数岁，尝坐置膝前，属长安使来，因问帝曰：‘汝谓日与长安孰远？’对曰：‘长安近。不闻人从日边来，居然可知也。’元帝异之。明日，宴群僚，又问之。对曰：‘日近。’元帝失色，曰：‘何乃异间者之言乎？’对曰：‘举目则见日，不见长安。’由是益奇之。”

将这段话翻译成现代汉语就是：司马绍小时候，坐在父亲司马睿的膝上。正好长安（今西安）有使者来朝，元帝问儿子道：“你说太阳与长安，哪个近哪个远？”司马绍答道：“长安近，没听说人从日边来。”第二天，元帝款待来使，并宴及群僚，又召儿子出来问道：“究竟长安近呢，还是日近呢？”司马绍却答言：“日近！”元帝失色道：“你昨天说长安近，今天为何又改口了？”司马绍答道：“举目能看见太阳，看不见长安。”元帝于是更加觉得惊奇，群僚都说司马绍是神童。

一夜兴建太子西池（即乐游苑，源于东吴乐游池，亦称太子西池，位于今南京北京东路）的故事，是说司马绍还是太子时，他想挖池塘，修亭台，但是他父亲元帝不许。有一天半夜他让东宫卫士挖池塘，到天亮就建成了，即“一夕中作池，比晓便成”。

可以说，司马绍首开了“违章建筑”的先河，皇帝老子还没有同意，儿子就将“太子西池”悄然建成了。难怪今天，许多违章建筑屡禁不绝，根源就在司马绍。

建兴初，司马绍拜东中郎将，镇广陵（今江苏扬州）。元帝为晋王时，立为晋王太子；及帝即尊号，立为皇太子。司马绍仁义而有孝道，喜欢文学，爱好武艺，礼贤下士，从谏如流，与当时名臣王导、庾亮、温峤、桓彝、阮放等结为平民之交。庾亮为人端庄肃正，擅长谈论老子、庄子之学，元帝很器重他，礼聘其妹庾文君为皇太子妃。元帝任命贺循行使太子太傅职权，周顗为少傅，庾亮以中书郎身份侍讲东宫。元帝喜好刑名之学（战国时以申不害为代表的学派，主张循名责实，慎赏明罚），曾将《韩非子》一书赠送给太子。庾亮规谏太子说：“申不害、韩非行事刻薄有伤圣教，不值得圣上留心。”太子听从了。

永昌元年（322年）闰十一月十一日，24岁的太子司马绍继承帝位，大赦天下。次年三月初一，改年号为太宁，是为明帝。

司马绍首先将自己的亲生母亲荀氏恭维、孝顺一番，为她加上尊号，称建安君，同时别建宫第予以安置。

太宁元年（323年)，司马绍干脆将生母荀氏接到皇宫里来住，供奉非常的隆厚。因为司马绍的生母荀氏，不是汉人，而是燕代胡人。生司马绍（太子）、司马裒（琅邪王）。由于元帝原配虞氏没有生儿子，所以忌恨荀氏。荀氏后来被元帝 “渐见疏薄”而遣出。所以，司马绍即位后，对生母更加厚待，这也是情理中的事。想当年，他安葬父皇司马睿时，曾徒跣（赤脚步行）至于陵所（今南京鸡笼山）。司马绍的这种孝心确实令人叹服。

王敦早有篡夺帝位之心，暗示朝廷征召自己，明帝亲手书写诏书征召他。四月，授予王敦黄和班剑（有纹饰的剑，用作仪仗，由武士佩持，天子以赐功臣），允许他奏事不必通名，入朝不必趋行，佩剑着履上殿。王敦移镇姑孰（今安徽当涂），屯兵于湖（今安徽芜湖鸡毛山）。让司空王导任司徒，王敦自任扬州牧。

六月初六，明帝立妃子庾文君为皇后，以皇后的兄长中领军庾亮任中书监。

明帝畏惧王敦的逼迫，想引郗鉴为外援，拜授郗鉴为兖州刺史，都督扬州及长江以西的军务，镇守合肥。王敦忌惮郗鉴，上表要求让郗鉴任尚书令。八月，明帝下诏征召郗鉴回京（今南京），中途经过姑孰，王敦与郗鉴议论西晋人物，王敦说："乐广才能有限，考较他的实际作为，哪能胜过满奋呢！"郗鉴说："乐广为人行事的风格是平淡，就连愍帝、怀帝的废弛之政，他都能慢慢纠正。满奋则是节操有损的人，怎能与乐广相比！"王敦说："在满奋那个时候，潜伏的祸端十分急迫。"郗鉴说："大丈夫应当将生死置之度外。"王敦厌恶郗鉴的言论，不再与他相见，并将他长期扣留，不让离开。

当时，王敦的党羽都劝王敦杀死郗鉴，王敦没有同意。郗鉴回到朝廷后，便和明帝共同商议讨伐王敦的办法。

十二月，会稽内史周札，一族之中有5人封侯，宗族势力强盛，吴地人士中无人可以比拟，王敦为此忌惮。王敦生病，钱凤劝王敦早日除灭周氏，得到王敦赞同。

太宁二年（324年）五月，王敦病情加剧，矫称诏令任命王应（王敦继子，其兄王含之子）为武卫将军，做自己的副职，任命王含为骠骑大将军、开府仪同三司。钱凤对王敦说："倘若您有不幸，是否将把身后之事托付王应？"王敦说："非常之事，不是平常的人所能够胜任的。何况王应年轻，哪能承担大事！我死以后，不如放下武器、遣散兵众，归顺朝廷，以保全宗族门户，这是上策；退回到武昌，集中军队谨慎自守，给朝廷贡献的物品无所缺废，这是中策；趁我还活着的时候，发遣所有的兵力攻打京城，寄希望于侥幸取胜，这是下策。”钱凤对其党羽说：“王公所谓下策，其实正是上策。”于是与沈充谋议商定，等王敦一死便作乱。

明帝准备征讨王敦，就此事征询光禄勋应詹的意见，应詹表示赞同，明帝于是下定了决心。二十七日，授予司徒王导大都督，兼领扬州刺史；任命温峤都督东安北部诸军事，和右将军卞敦同守石头城；任应詹为护军将军、都督前锋及朱雀航南诸军事；任郗鉴行卫将军都督扈从御驾诸军事。又让庾亮领左卫将军职，让吏部尚书卞壶任中军将军职。郗鉴认为有军制上的名号于实际情况无益，坚持辞谢不受，请求征召临淮太守苏峻、兖州刺史刘遐共同讨伐王敦。明帝于是下诏征召苏峻、刘遐以及徐州刺史王邃、豫州刺史祖约、广陵太守陶瞻等入京师护卫。明帝屯军于中堂之地。

为了了解王敦屯兵的情况，明帝司马绍一个人骑了他那匹巴滇骏马微行，偷偷地跑到王敦大军的营盘侦察。当其探察完后走出军营时，被王敦士卒察觉，立即向王敦报告。王敦说：“此必黄须鲜卑奴来也。”于是立即派5骑前去追赶。试想，堂堂一个皇帝，单枪匹马在前面狂奔，后面一群叛贼拼命追赶，那是一种什么样的情景？

然而，明帝也相当有勇有谋，为了摆脱追兵，他急中生智停下马来，一面用水浇凉坐骑的粪便，一面将宫中宝物七宝鞭交给路旁卖食品的老妇，并嘱咐她：“后面骑马的人来了，就把鞭子给他们看。”王敦的追兵赶到这里询问老妇，老妇说人已走远。说罢，就将七宝鞭给他们看。追兵看到七宝鞭，爱不释手，来回传玩，耽误了好长时间，又看看地上的马粪已经变凉，确认明帝已经走远，便不再追赶。明帝由此逃脱。

王敦以诛杀奸臣温峤等人为由，给明帝上疏。七月初一，王敦派王含等水军、步卒共50000人涌至秦淮河南岸，京城人心惶惶。温峤移兵驻屯秦淮河北岸，烧毁了朱雀航用以暂挫敌方锋头。王含等人无法渡河。

明帝想亲自领兵攻击，听说渡桥已断，勃然大怒。温峤说："现在宿卫的士卒人数少、体力弱，征召的援军没到，如果让敌寇窜入，将会危及朝廷，那时连祖先的宗庙恐怕都难保，何必吝啬一座桥呢！"

明帝统领各军出城屯驻南皇堂。七月初三夜间，招募勇士，派将军段秀、中军司马曹浑等率领甲士千人渡秦淮河，攻其不备。清晨，在越城（今南京中华门外）与敌交战，大胜，斩杀叛军前锋将领何康。

王敦在病床上听说王含战败，勃然大怒说："我这个兄长只是个老奴婢，门户衰落，大事完了！"回头对参军吕宝说："我要尽力起行。"随即用力起来，因气力困乏，只好又躺下。于是对自己的舅父、少府羊鉴和王应说："我死后王应立即即帝位，先设立朝廷百官，然后再安排葬事。"说完王敦就死了。王应隐瞒不公布死讯，用席子包裹尸身，外面涂蜡，埋在议事厅中，和诸葛瑶等人日夜纵酒淫乐。

七月二十六日，得知王敦已死，王含等人烧毁营帐，连夜遁逃。二十七日，明帝回到皇宫，大赦天下罪犯，惟有王敦的党羽不在赦宥之列。明帝命令庾亮督察苏峻等人追袭逃到吴兴的沈充，令温峤督察刘遐等人追击逃往江宁的王含、钱凤，又分别令各位将领追捕王敦死党。很快，王敦的党徒全部被剿灭。

朝廷官吏挖开王敦瘗（yì）埋地，拉出尸体，焚毁身上所穿衣冠，摆成跪姿斩首，和沈充的首级一同悬挂在朱雀航。郗鉴对明帝说："以往朝廷诛戮杨骏等人，都是先施加官方的刑罚，然后听任私人殡葬。我认为王法诛戮表现公理，私人情义则体现私交，应该听任王敦的家属收葬，在道义上更为弘大。"明帝接受了郗鉴的建议。

十月，明帝任司徒王导为太保，兼领司徒职，以特殊礼仪相待。令西阳王司马羕兼领太尉职，任应詹为江州刺史，任刘遐为徐州刺史，代替王邃镇守淮阴，任苏峻为历阳内史，授予庾亮护军将军，温峤为前将军。王导坚辞不受封职。

三年（325年）二月，明帝追赠已故的谯王司马丞、甘卓、戴渊、周顗、虞望、郭璞、王澄等人官衔。三月初二，立皇子司马衍为皇太子，大赦天下。

闰八月，明帝得急病，病势凶猛。垂危之时，他召太宰、西阳王司马羕，司徒王导，尚书令卞壸，车骑将军郗鉴，护军将军庾亮，领军将军陆晔，丹阳尹（京畿长官）温峤共同奉受遗诏辅佐太子司马衍，轮番入殿领兵当值宿卫。二十五日，明帝驾崩于建康宫东堂。在位3年，终年27岁。明帝明智敏捷，遇事有决断，所以能以弱制强，诛灭逆臣，光复国家大业。

太宁三年（325年）十月初九，司马绍葬于鸡笼山之南的武平陵。谥号明帝，庙号肃祖。

第三章
外戚干政险亡国——成帝司马衍

成帝司马衍（321—342年），字世根，明帝司马绍长子，元帝司马睿孙子。东晋第三位皇帝，太宁三年（325年）至咸康八年（342年）在位。共使用了2个年号：咸和（9年）、咸康（8年）。

司马衍出生于大兴（太兴）四年（321年）十一月。4岁时被立为皇太子。明帝死后，太宁三年（325年）闰八月二十六日，皇太子即位，时年5岁，是为成帝。大赦天下，提升文武官员二级职位，尊庾皇后为皇太后。

由于司马衍年龄太小，大臣们奏请庾太后按汉代和熹皇后（东汉和熹皇后邓绥，迎立出生刚百余日的刘隆为帝，尊为太后，临朝称制）旧例临朝听政。

太宁三年（325年）九月十一日，由皇太后临朝听政。司徒王导和中书令庾亮、尚书令卞壶辅佐朝政，然而政事的要旨都由庾亮裁决。又授予郗鉴车骑大将军、陆晔左光禄大夫，都是开府仪同三司。任南顿王司马宗为骠骑将军，虞胤（元敬皇后虞孟母之弟）为大宗正。

当初，王导辅佐朝政，因宽和赢得人心。等到庾亮主持政事，依法断事，颇失人心。豫州刺史祖约，自认为名望和年辈都不比郗鉴、卞壶差，却未能参与明帝遗命，又希望能得开府之号，也未能实现，再加上许多上表辞请大多不获允准，于是心怀怨恨。等到明帝遗诏褒扬和提拔大臣，又没有祖约和陶侃，2人都怀疑是庾亮删除自己的名字。历阳内史苏峻，对国家有功，威望日渐显赫，拥有精兵万人，军械很精良，朝廷把长江以外地区交付给他治理。但苏峻颇有骄纵之心，轻视朝廷，招纳亡命徒，人数日渐增多，都靠国家供给生活物资，陆运、水运络绎不绝，稍不如意，就肆无忌惮地斥骂。庾亮既怀疑苏峻、祖约的忠诚，又惧怕陶侃的深得人心。

丹阳尹阮孚因为太后临朝听政，政事由皇帝的母舅庾亮把持，对自己亲信的人说："如今江东朝廷创业的时间不长，君主年幼，时世艰难，庾亮年轻，德行和信誉却未能使人信服，在我看来，祸乱将要发生了。"

咸和元年（326年），御史中丞钟雅弹劾司马宗谋反，庾亮派右卫将军赵胤拘捕司马宗。司马宗领兵抵抗，被赵胤所杀，家族被贬黜改姓马氏，3个儿子司马绰、司马超和司马演，都被贬为庶人。又免除西阳王司马羕太宰职务，降低封爵为弋阳县（今江西弋阳）王，大宗正虞胤被降职为桂阳太守。司马宗是皇室近亲，司马羕则是先帝的太保、太傅。庾亮轻易地杀戮和废黜他们，由此更加失去众人之心。司马宗党羽卞阐逃奔苏峻，庾亮发下朝廷符令让苏峻将卞阐送来，苏峻藏匿保护，不交给朝廷。司马宗之死，成帝司马衍并不知道，过了许久，成帝问庾亮说："往常的那个白头公在什么地方？"庾亮回答说因谋反已经伏诛。成帝哭泣着说："舅父说他人是叛贼，就轻易地杀了他。如果别人说舅父是叛贼，该怎么办？"庾亮恐惧变色。

咸和二年（327年）十月，庾亮认为苏峻在历阳，终将造成祸乱，想下诏征召他进京，为此征徇王导的意见。王导说："苏峻猜疑阴险，必定不会奉诏前来，不如暂且容忍他。"庾亮在朝中说："苏峻狼子野心，最终必会作乱。今天征召他，纵然他不听从上命，造成的祸乱也还不大。如果再过些年，就无法再制服他，这就如同汉时的七国对朝廷一样。"朝臣无人敢诘难，只有光禄大夫卞壶争辩说："苏峻拥有强大的军力，又靠近京城，路途用不了一个早上便可到达，一旦发生变乱，容易出差错，应当深思熟虑。"

庾亮不听。

这年十二月初一，苏峻派部将韩晃、张健等人攻陷姑孰（今安徽当涂），夺取食盐粮米，庾亮这才后悔。初二，彭城王司马雄、章武王司马休背叛朝廷，投奔苏峻。

初十，京城戒严，授庾亮符节，都督征讨军事事务，任左卫将军赵胤为历阳太守，让左将军司马流领兵据守慈湖（今安徽马鞍山）抵御苏峻。又任前射声（射声，意为善射，闻声即能射中）校尉刘超为左卫将军，侍中褚翜（shà）执掌征讨军事。庾亮让兄弟庾翼以平民身份统领数百人守备石头城。

咸和三年（328年）正月二十八日，苏峻带领祖涣、许柳等士众20000人，渡过横江，登上牛渚（今安徽当涂县西北），屯军于陵口（今安徽当涂牛渚）。朝廷军队抵抗屡败。

二月初一，苏峻到达蒋陵（孙权陵地，今南京梅花山）覆舟山（今南京小九华山）。陶回对庾亮说："苏峻知道石头有重兵戍守，不敢直接前来，必定从小丹杨（今南京江宁小丹阳）南道徒步前来，应当埋伏兵众截击，可以一战擒获。"庾亮不听。苏峻果然从小丹杨前来，因迷路，夜间赶行，军队各部混乱。庾亮听说后才感后悔。不久，台城（东晋皇宫，今南京总统府一带）云龙门失守，庾亮等都逃奔浔阳（今江西九江）。

苏峻的军队进入台城，司徒王导对侍中褚翜说："皇上应当在正殿，你可发令让他急速出来。"褚翜立即进入内室，亲自抱着8岁的成帝登上太极前殿。王导及光禄大夫陆晔、荀崧、尚书张闿一同登上御床，护卫成帝。任刘超为右卫将军，让他和钟雅、褚翜侍立在左右，太常孔愉则穿着朝服守护宗庙。当时百官逃奔离散，宫殿、朝省悄然无声。

苏峻的士兵冲进来后，叱令褚翜，让他退开。褚翜正立不动，呵斥道："苏峻来觐见皇上，军人岂能侵犯逼近！"因此苏峻的士兵不敢上殿，于是冲进后宫，宫女及太后的左右侍人都被掠夺。苏峻的士兵驱赶百官服劳役，光禄勋王彬等都被棍捶鞭挞，并被逼担着担子登蒋山。苏峻的士兵又剥光成年男女身上的衣物，这些人都用破席或苫草自相遮掩，没有草席的人就坐在地上用土把自己身体盖住，哀哭号叫的声音，震荡于京城内外，真的十分悲惨！

二月初八，苏峻矫称诏令大赦天下，惟有庾亮兄弟不在赦免之列。他认为王导素有德行和名望，还让他保持原职，位居自己之上。祖约任侍中、太尉、尚书令，苏峻自任骠骑将军、录尚书事，许柳任丹阳尹，马雄任左卫将军，祖涣任骁骑将军。弋阳王司马羕拜见苏峻，称述苏峻的功德，苏峻又让司马羕当西阳王、太宰、录尚书事。

温峤听说建康失守，号啕痛哭。有人前往探问，也是相对悲泣。庾亮逃到浔阳后宣谕太后诏令，任温峤为骠骑将军、开府仪同三司，又授予徐州刺史郗鉴为司空。温峤说："今天应当首先翦灭叛贼，尚未建功却先授官，还怎么示范天下！"于是推辞不接受，温峤素来看重庾亮，庾亮虽然战败奔逃，温峤却更加推重奉承他，分出部分兵力交给庾亮。

五月十八日，苏峻逼迫成帝迁居石头城（今南京城西），司徒王导极力争辩，苏峻不听。成帝哀哭着登上车辇，宫中一片恸哭。当时天下大雨，道路泥泞，刘超、钟雅徒步侍从于左右，苏峻给他们马匹也不肯乘坐，悲壮慷慨。

在石头城里，苏峻将成帝软禁于一间很小的库房里，每天让司马衍吃粗菜淡饭，并在他面前大放厥词。刘超、钟雅和右光禄大夫荀崧、金紫光禄大夫华恒、尚书荀邃、侍中丁潭侍卫随从，不离成帝左右。虽然处于困厄之中，刘超仍然为成帝启蒙，讲授《孝经》和《论语》。

六月，朝廷的各路军队刚到石头城就想和苏峻决战。陶侃说："叛贼气势正盛，难以与之争锋。应当待以时日，用智谋战败他。"此后，多次交战无所建树，监军部将李根请求修筑白石垒（在石头城北十几里的白石山建筑的保垒，在今南京下关区狮子山一带），获陶侃同意后，连夜筑垒，至天明即成。

十月二十六日，陶侃督领水军开赴石头城。庾亮、温峤、赵胤率领步兵万人从白石垒向南攻击苏峻。苏峻率领8000人迎战，派儿子苏硕和部将匡孝分军先行逼近赵胤军队，将其打败。苏峻当时正在犒劳将士，乘着醉意远远望见赵胤败逃，说："匡孝能败敌，我反倒不如他吗！"于是撇下士众，和数名骑兵向北突击敌阵，但无法突破，准备回身奔向白石陂时，坐骑失足颠踬（diān zhì），苏峻坠落马下，被陶侃的部下斩首，剐割肢体，骨骸被焚烧，三军将士都高呼万岁。

咸和四年（329年）二月十三日，朝廷军进攻石头城。温峤击败叛军，随后救出成帝司马衍。

苏峻之乱以后，建康宫阙已经化为灰烬，只得用建平园（原东吴皇家苑区及宫廷禁卫营地，又称后苑）暂时作为宫室。温峤想迁都至豫章（今江西南昌），三吴（吴郡，今江苏苏州；吴兴，今浙江湖州；会稽，今浙江绍兴）的豪杰们请求迁都会稽，纷纷纭纭未有决断。

司徒王导说："孙权、刘备都说'建康是帝王的宅府'，古代的帝王，不一定因为物品的丰俭迁都。只要务本节用，还愁什么暂时的凋弊！现在只该保持宁静，人心自然安宁。"因此没有迁都。

成帝从石头城被解救后，庾亮见到成帝，叩首哽咽。成帝下诏让庾亮和大臣们都登上御座。第二天，庾亮再次叩头至地请罪，乞求免去自己职位，想全家投身于山海之中隐居。成帝派尚书、侍中拿手写诏书安慰劝谕他说："这是国家的灾难，不是娘舅的责任。"庾亮自己陈述说："祖约、苏峻肆行凶逆之事，罪过由我引发，即便寸寸斩割屠戮，也不足以向七庙的神灵谢罪，不足以平息天下人的责难。朝廷又有什么道理再将我与他人相提并论，我又有什么脸面跻身于人伦呢！希望陛下即便是赐降宽宥，保全我的头颅也就行了，对我还是应当抛弃不顾，让我自生自灭，那么天下人便能粗知劝善罚恶的纲要了。"成帝下诏劝慰，庾亮不同意。庾亮又想遁逃于山水之间，从暨阳（今江苏江阴）出发向东，成帝下诏让负责官员扣夺他的舟船。庾亮便请求外出镇守效力，出任都督豫州、扬州地段长江以西、宣城诸军事，任豫州刺史，兼领宣城内史，镇守芜湖。

四月二十三日，始安忠武公温峤故去，葬在豫章。朝廷想在元帝、明帝的陵墓北边为温峤建造大墓，太尉陶侃上表说："温峤的忠诚著称于圣世，功勋节义让人神感动，假如人死有知，难道会为今天这种劳民伤财的事情高兴吗！希望陛下慈爱有恩，停止移葬之事。"成帝下诏听从了他的意见。

咸和五年（330年）九月，成帝在建康重新建造皇宫。在孙吴苑城故址上“始用砖垒宫城”，历时两年有余。七年十二月二十九日，成帝迁入新宫。

咸康二年（336年）二月，成帝娶京兆（古代长安，今西安及其附近地区）人杜氏陵阳为皇后。杜皇后少有姿色，然长犹无齿，有来求婚者辄中止。及成帝纳采（全部婚姻程序的开始）之日，一夜齿尽生。

咸康七年（341年）三月，成帝杜皇后杜陵阳崩，年21岁。在位6年，无子。

咸康八年（342年），豫州刺史庾怿（庾亮之弟）送酒犒赏江州刺史王允之。王允之觉得酒有毒，用酒喂狗，狗饮酒后即死，王允之将此事秘密奏报成帝。成帝说：“我大舅（庾亮）曾经导致国内大乱，小舅（庾怿）又想这样吗！”二月，庾怿饮毒药自杀。

五月，成帝身体不适。六月初五，病情加重。有人伪造尚书符令，敕令皇宫门人不许让宰相入内，众人都大惊失色。庾冰说：“这一定有诈。”推究查问，果然如此。成帝的两个儿子司马丕和司马奕年幼，都在襁褓之中。庾冰因为自己兄弟执掌朝政已久，怕皇帝换代之后，自己与皇帝亲属之间的关系愈加疏远，因而被他人所乘，常常劝说成帝国家外有强敌，应当册立年纪大的君王，并请求让成帝的同母兄弟、琅邪王司马岳为皇位继承人，成帝同意。中书令何充说：“皇位父子相传，这是先王确立的旧制，改变旧制很少有不导致祸乱的。所以周武王不将天子之位传授圣贤的兄弟周公，并不是因为不爱他。现在如果琅邪王即位，拿两孺子怎么办！”庾冰不听。成帝下诏，让司马岳为皇位继承人，并让自己的儿子司马奕承袭琅邪哀王司马安国的封号。初七，庾冰、何充以及武陵王司马晞、会稽王司马昱、尚书令诸葛恢同时受任顾命国政。初八，成帝驾崩于建康宫中西堂。时年22岁，在位18年。

七月初一，成帝司马衍与成恭杜皇后合葬于鸡笼山之南的兴平陵。康帝司马岳徒步行走送葬，直至阊阖门（台城北门），然后登上素白的车舆到达陵墓所在地。司马衍谥号成帝，庙号显宗。

第四章

未及北伐身先死——康帝司马岳

康帝司马岳（322—344年)，字世同。东晋第四位皇帝，明帝之子、成帝司马衍同母弟。东晋书法家。咸康八年（342年）至建元二年（344年）在位。仅使用了1个年号：建元（2年）。

咸和元年（326年），司马岳被封吴王，二年（327年）十一月十六日，徙封吴王司马岳为琅邪王。咸康五年（339年）十二月十六日，朝廷任命骠骑将军、琅邪王司马岳为侍中、司徒。

咸康八年（342年）五月初八，成帝驾崩。初九，琅邪王司马岳即位，大赦天下。明年改元建元。十四日，封成帝儿子司马丕为琅邪王，司马奕为东海王。康帝司马岳居丧不言，将朝政委交给庾冰和何充。

十二月二十九日，康帝立妃子褚氏为皇后，征召豫章太守褚裒为侍中、尚书。褚裒因为自己是褚皇后的父亲，不愿意在内廷任职，苦苦乞求外出，于是被任命为建威将军、江州刺史，镇守半洲（今江西九江县西）。

建元元年（343年）七月，后赵汝南（今武汉江夏）太守戴开率领数千人向庾翼投降。初八，康帝下诏让朝廷论议经略中原的事宜。庾翼想全数出动所统领的士众北伐，表荐桓宣为都督司州（今河南洛阳）、雍州（今湖北襄樊）、梁州（今陕西汉中）、荆州（今湖北荆州）的四个郡诸军事及梁州刺史，前赴丹水；任桓温为前锋小督、假节，率士众进入临淮（今安徽凤阳、定远一带）。准备取蜀伐赵，收复中原。

十月初二，康帝下诏，任命车骑将军、扬州刺史庾冰都督荆州、江州、宁州、益州、梁州、交州、广州七州及豫州等四郡诸军事，兼领江州刺史、假节，镇守武昌，作为庾翼的后援。征召徐州刺史何充为都督扬州、豫州、徐州的琅邪诸军事，兼领扬州刺史，录尚书事，辅佐朝政。任命琅邪内史桓温为都督青州、徐州、兖州诸军事及徐州刺史，褚裒任卫将军，兼领中书令。

建元二年（344年），康帝突然病重，庾冰、庾翼想扶立会稽王司马昱为嗣君，中书监何充建议册立皇子司马聃，康帝听从了何充的建议。九月二十四日，立司马聃为皇太子。二十六日，康帝在建康宫式乾殿驾崩。在位3年，终年23岁。

十月二十三日，康帝葬于富贵山之南的崇平陵。谥号康帝，没有庙号。

康帝在位只有短短3年，没有大的政绩，甚至未及北伐。但是他的书法造诣很深，代表作《女郎帖》，被收进宋代《淳化阁帖》。该帖是中国最早的一部汇集各家书法墨迹的法帖，被后世誉为中国法帖之冠和“丛帖始祖”。

康帝皇后褚蒜子（324—384年），河南阳翟（今河南禹州）人，是一个十分了不起的人物，是中国历史上惟一的4次临朝听政、辅佐6帝（康帝司马岳、穆帝司马聃、哀帝司马丕、废帝司马奕、简文帝司马昱、孝武帝司马曜）的太后，被后人称为扛鼎东晋的女人。

第五章

褚太后垂帘听政——穆帝司马聃

穆帝司马聃（343—361年），字彭子，性格荒诞贪玩，康帝司马岳长子，东晋第五位皇帝。建元二年（344年）至昇平五年（361年）在位。共使用了2个年号：永和（12年）、昇平（5年）。

建元二年（344年）九月二十四日，康帝司马岳病危时将两岁的司马聃立为太子。二十六日，康帝司马岳驾崩。二十七日，何充按康帝遗诏推奉太子司马聃即皇帝位，大赦天下。由此庾冰、庾翼深深痛恨何充。穆帝司马聃尊奉康帝皇后褚氏为皇太后，并由皇太后临朝亲政。

永和元年（345年）正月，22岁的褚太后在太极殿设置白纱帷帐，抱着3岁的穆帝司马聃驾临殿前"垂帘听政"。

"垂帘听政"，可追溯至战国时期。公元前266年，赵国国君赵惠文王去世，由太子丹即位，即孝成王。因孝成王年幼，故由其母赵太后（赵威后）"垂帘听政"。

永和二年（346年）二月十九日，朝廷任左光禄大夫蔡谟兼领司徒职务，与会稽王司马昱共同辅佐朝政。司马聃在位期前十几年均由褚太后掌政，并由何充辅政。何充过世后改由蔡谟与司马昱辅政。

三年（347年），东晋的安西将军、都督荆、益等六州诸军事，荆州刺史桓温率兵入蜀，成汉国主李势（十六国成汉皇帝，后封归义侯），让散骑常侍王幼给桓温送去了请求投降的文书，自称“略阳（今陕西略阳）人李势叩头请求死罪”。不久李势便拉着棺材，双手反绑于身后来到了桓温的军营门前投降。桓温为他松开了双手，焚烧了棺材，将李势及宗室亲属10多人送到了建康（今南京）。桓温平定了蜀地以后，权威日盛，名声大振，连朝廷对他也惧怕三分。

十年（354年），太尉、征西将军桓温北伐关中，大败前秦。两年后，击破姚襄（后秦追谥为魏武王），夺回洛阳，东晋的版图不断扩大。

十二年（356年），桓温请求朝廷将国都迁移到洛阳，修复帝王的陵墓，奏章递上去10多次，都未获许可。

升平元年（357年）正月初一，15岁的穆帝行加冠礼，褚太后归政，实行大赦，改年号升平。褚太后迁居崇德宫。八月十九日，立庐江灊（qián）（今安徽霍山）人何法倪为皇后。

谢安从小就名重一时，朝廷前后多次征召，他都不去就任。闲居在会稽，以山水、文献典籍自以为乐。虽然身为布衣百姓，但时人都对他寄予三公和宰辅的期望，士大夫们在一起议论说：“谢安不出山，叫百姓该怎么办！”

十一月，穆帝封桓温为南郡公，封桓温的弟弟桓冲为丰城县公，桓温的儿子桓济为临贺县公。

升平四年（360年）八月，谢安出山，此时他已经40多岁了。征西大将军桓温向朝廷请求让他做司马，谢安应召就任，桓温十分高兴，以礼相待，十分看重他。

五年（361年）五月二十二日，穆帝司马聃驾崩于建康宫中的显阳殿。在位17年，亲政仅 4 年余，终年19岁。穆帝没有继承人。皇太后褚蒜子下令说：“琅邪王司马丕，是朝廷中兴以来的正传统嫡传，不论是道德名声，还是族亲地位，没有人能和他相比，让琅邪王奉接帝位！”于是朝廷百官备好皇帝的车驾去琅邪王的宅第迎接他。

七月二十三日，穆帝司马聃葬于富贵山之南的永平陵。谥号穆帝，庙号孝宗。

第六章

为求长寿却早崩——哀帝司马丕

哀帝司马丕（341—365年），字千龄。性格懦弱无能。东晋第六位皇帝，成帝司马衍长子，穆帝司马聃之堂兄弟。昇平五年（361年）至兴宁三年（365年）在位。共使用了2个年号：隆和（2年）、兴宁（3年）。

咸康八年（342年），司马丕被封琅邪王；永和元年（345年）拜散骑常侍；十二年（357年）加中军将军；昇平三年（359年）除（授予）骠骑将军。五年五月，穆帝司马聃崩。由于司马聃没有儿子，褚太后和会稽王司马昱便于同月迎立司马丕为帝。

司马丕本应在咸康六年（344年）成帝司马衍驾崩后即位，成为东晋的第四位皇帝，但是由于当时他才4岁，只好由成帝的同母弟司马岳继位，司马岳死后，又由其长子司马聃继位。司马聃死后，他才终于登上迟到了17年的皇帝宝座。此时，司马丕已经21岁。

昇平五年（361年）五月二十五日，司马丕即皇帝位，实行大赦。二十七日，改封东海王司马奕为琅邪王。

九月十四日，立王氏王穆之为皇后。王皇后，太原晋阳人，司徒左长史王濛之女，初为琅邪王妃。司马丕即位，立为皇后。兴宁三年（365年）崩。在位3年，无子。

隆和元年（362年）正月二十日，司马丕实行大赦，改年号为隆和。三月，桓温上疏请求迁都洛阳，将自从永嘉之乱以来迁徙流落到长江以南的人全部北迁，以充实河南地区的力量。朝廷害怕桓温，不敢持异议，准备派侍中去劝阻桓温。扬州刺史王述说："桓温是想虚张声势来威胁朝廷罢了，并非真想迁都。只要依从他，他自己就不会去了。"后来，由于朝廷的干预，迁都洛阳一事果然没有实行。

兴宁元年（363年）二月，东晋实行大赦，改年号为兴宁。三月十七日，皇太妃周氏（成帝司马衍贵人。周贵人生司马丕和废帝司马奕。司马丕登基后，尊其母为皇太妃，礼仪服饰等同于太后）死于琅邪宅第。十八日，司马丕前往周氏宅第办理丧事，诏令司徒会稽王司马昱总揽朝廷内外的各种事务。

五月，司马丕让征西大将军桓温担任侍中、大司马、都督中外诸军事、录尚书事，并给予他持黄钺的礼遇。

二年（364年），司马丕相信方术之士的话，迷上了长生术，按照道士传授的长生法，"断谷（不吃饭）、服丹药"，以求长生不老。侍中高崧劝谏说："这不是帝王应该干的事。如果这样，陛下实在就像出现日食月食一样犯了过失。"司马丕不听劝谏。不久，司马丕因为药性发作，不能亲临政事，褚太后又临朝摄政。

三年（365年）正月十六日，皇后王穆之崩。二月，司徒司马昱听说陈祐（前燕洛阳守将）放弃了洛阳，便和大司马桓温在洌洲（今安徽和县长江中的小岛）会面，共同商议征讨事宜。二十二日，司马丕也中毒死于建康宫西堂，在位4年，终年25岁。征讨事宜也就搁置起来。

司马丕没有后嗣，二十三日，皇太后下达诏令，让琅邪王司马奕继承帝位，朝廷百官到琅邪王的宅第去迎驾。

三月二十九日，司马丕及静皇后王穆之葬于富贵山之南的安平陵。谥号哀帝，无庙号。

第七章

被废失位降两级——废帝司马奕

废帝司马奕（342—386年），字延龄。东晋的第七位皇帝，晋成帝之子，晋哀帝司马丕同母之弟，又称海西公。兴宁三年（365年）至太和六年（371年）在位。仅使用了1个年号：太和（6年）。

兴宁三年（365年）二月二十二日司马丕死后，司马奕于二十三日即位，实行大赦。

七月初七，朝廷调会稽王司马昱再次为琅邪王。初十，司马奕将妃庾道怜立为皇后。庾皇后是庾冰（庾亮弟）的女儿。立琅邪王司马昱的儿子司马曜为会稽王。

太和元年（366年）五月十二日，皇后庾氏去世。七月初八，在敬平陵安葬了庾皇后。后来，司马奕被废为海西公，庾皇后被追贬为海西公夫人。

十月，朝廷任命司徒司马昱担任丞相、录尚书事，并给予他入朝晋见皇帝不必小步趋行、唱拜不直呼姓名、可以佩剑穿鞋上殿的礼遇。

按照古礼：臣上朝见君必须小步快走；臣拜君时由侍臣唱名；古人席地而坐，入室须脱鞋，贵族、大臣上殿不得佩剑。入朝不趋、谒赞不名、剑履上殿，这三条是一种特殊的礼遇。

太和三年（368年）十二月，朝廷给予大司马桓温特殊的礼遇，地位在诸侯王之上。

四年（369年）三月，桓温请求与徐、兖二州刺史郗愔（yīn）、江州刺史桓冲、豫州刺史袁真等讨伐前燕。当初，郗愔在京口的北府时，桓温经常说："京口酒可饮，兵可用。"对郗愔身居北府深为不满。而郗愔却不识时务，还给桓温写去信，想要共同辅佐王室，请求督领自己的部队渡越黄河北上。郗愔的儿子郗超是桓温的参军，拿来信看过后，便把信撕碎，重新改写了一封，信中诉说自己不是将帅之才，不能胜任军旅重任，而且年老多病，请求找一个悠闲的地方休养，劝说桓温将郗愔的部队一并统领。桓温见信后大喜过望，当即就将郗愔调任为冠军将军、会稽内史。桓温自己兼任徐、兖二州刺史。四月初一，桓温率领步兵、骑兵50000人从姑孰出发，开始他规模最大的一次北伐。

桓温讨伐前燕，由于不听参军郗超的劝谏，结果，在枋头（今河南浚县东北）之战中为燕军所败。先是被燕军截断运粮的通道，然后又中了燕军的埋伏，晋兵战死的很多。九月，桓温在交战中屡屡失利，粮食储备又已空竭，又听说前秦的军队将要到来。十九日，他们焚烧了舟船，丢弃了装备、武器，从陆路逃奔回来。

十月二十二日，桓温收拢溃散的士兵，驻扎在山阳（今江苏淮安）。桓温对遭受的惨败深感耻辱，于是将罪过归咎于豫州刺史袁真，奏请黜免袁真为庶人，还奏请罢免冠军将军邓遐的官职。袁真认为桓温诬陷自己，不服，就上表陈述桓温的罪行。朝廷没有回音。袁真于是便占据寿春（今安徽寿县）反叛，并投降了前燕。

太和六年（371年）正月十七日，桓温攻下了寿春，擒获了袁瑾及朱辅，连同他们的宗族亲属一起送往建康杀掉。

桓温倚仗他的才能与地位、声望，暗中怀有背叛皇帝的心志，曾经抚枕慨叹道："大丈夫不能流芳百世，亦当遗臭万年！"方术之士杜炅，能预测人的贵贱，桓温问他自己的官位能到什么地步。杜炅说："明公的功勋举世无双，官位能到大臣的顶峰。"桓温听后很不高兴。

桓温本想先在河朔（泛指黄河以北）建立战功，以此为自己赢得更大的声望，回来后接受加九锡的礼遇。没想到在枋头遭到失败，他的威赫名声受到挫折。攻克寿春以后，桓温对参军郗超说："这足以雪枋头的耻辱了吧？"郗超说："没有。"过了许久，郗超到桓温的住所留宿，半夜时分对桓温说："明公在这里没有考虑什么吗？"桓温说："你想有话对我说吗？"郗超说："明公承担着天下的重任，如今已60高龄，却在一次大规模的行动中失败，如果不建立非常的功勋，就不足以镇服、满足百姓的愿望！"桓温说："那么该怎么办呢？"郗超说："明公不干伊尹（商初大臣）放逐太甲（商朝第四位国王）、霍光（汉昭帝刘弗陵的辅政大臣）废黜昌邑王（刘贺）那样的事情，就无法建立大的威势与权力，镇压四海。"桓温历来怀有此心，对郗超所说的深以为然，于是就和他商定计议。考虑到司马奕平素谨慎小心，没有什么过错，而利用床笫（zǐ）之事则容易对他进行诬陷，于是就说："皇上早就患有阳痿，宠臣相龙、计好、朱灵宝等，参与服侍起居床笫之事，与田氏、孟氏两位美人生下了3个儿子，将要设立太子赐封王位，转移皇上的基业。"并将这话秘密传播到民间，当时的人们都无法辨别真假。

十一月初九，桓温准备从广陵返回姑孰（今安徽当涂），驻扎在白石（当涂西）。十三日，抵达建康，含蓄地劝说褚太后，请求废黜司马奕，立丞相、会稽王司马昱，同时还草拟了诏令进呈给褚太后。当时，太后正在佛室烧香，内侍报告说："外边有紧急奏章。"褚太后出来，倚着门看奏章，刚看了几行字就说："我自己本来就怀疑是这样！"看了一半，就停下来了，向内侍要来笔加上了这样的话："我不幸遭受了这样的种种忧患，想到死去的和活着的，心如刀绞！"

十五日，桓温将百官召集到朝堂。废立皇帝既然是历代所没有过的事情，所以没有人知道过去的典则，百官们都震惊恐惧。桓温也神色紧张，不知该怎么办。尚书左仆射王彪之知道事情不能半途而废，就对桓温说："您废立皇帝，应当效法前代的成规。"于是就命令取来《汉书·霍光传》，礼节仪制很快就决定了。王彪之身穿朝服面对朝廷，神情沉着，毫无惧色，文武仪规典则，全都由他决定，朝廷百官因此而服了他。于是就宣布太后的诏令，废黜皇帝司马奕为东海王，以丞相、录尚书事、会稽王司马昱继承皇位。百官进入太极前殿，桓温让督护竺瑶、散骑侍郎刘亨收取了废帝的印玺绶带。司马奕戴着白色便帽，身穿大臣的、仅次于朝服的盛装走下西堂，乘着牛车出了台城神虎门，群臣叩拜辞别，没有谁不哽咽。侍御史、殿中监带领100多名卫兵将他护送到东海王的宅第。

十二月，大司马桓温上奏章说："废黜放逐之人，应该把他屏弃到遥远的地方，不能让他接近黎民百姓。对东海王司马奕，应该按照过去废黜昌邑王的办法，让他到吴郡居住。"太后下达诏令说："让东海王成为庶人，于心不忍，可以特别地封他为王。"桓温又上奏章说："可以封他为海西县侯。"二十六日，封司马奕为海西县公。司马奕连降两级，从皇帝降为东海王，又降为海西公，真是可悲之极。

咸安二年（372年）四月，将司马奕迁徙到吴县（今江苏吴县）的西柴里。司马奕担心横祸发生，专事饮酒，声色犬马，有儿子也不敢养育（因为桓温说他不能生育，生下孩子就穿帮了），当时的人都很怜悯他。朝廷知道他安于屈辱，所以对他也就不再防备了，因而避免了杀身之祸。

太元十一年（386年）十月十六日，司马奕病死于吴县，终年45岁。史称废帝，又称海西公。葬于今江苏吴县境内的吴陵。

第八章

四诏难请大司马——简文帝司马昱

简文帝司马昱（320—372年），字道万。东晋第八位皇帝，元帝司马睿少子，司马绍之弟。太和六年（371年）至咸安二年（372年）在位。仅使用了1个年号：咸安（2年）。

司马昱生于晋元帝大兴（太兴）三年（320年），永昌元年（322年），晋元帝司马睿封司马昱为琅邪王，咸和元年（326年），生母郑夫人（郑阿春）薨。司马昱时年7岁，号慕（哀号父母之丧）泣血，固请服重。成帝司马衍哀而许之，故徙封会稽王，拜散骑常侍。咸和九年（334年），迁右将军，加侍中。咸康六年（340年），进抚军将军，领秘书监。司马奕即位，以琅邪王绝嗣，复徙封琅邪王，而封王子司马昌明为会稽王。司马昱固让，故虽封琅邪王而不去会稽王之号。太和元年（366年），进位丞相、录尚书事。

太和六年（371年）十一月十五日，桓温废司马奕为东海王，这天，桓温率领百官准备好皇帝的车乘，到会稽王的官邸去迎接会稽王司马昱。会稽王在朝堂更换了服装，戴着平顶的头巾，穿着单衣，面朝东方流涕，叩拜接受了印玺绶带。这天，会稽王司马昱即皇帝位，是为简文帝，改年号为咸安。

桓温临时住在中堂，分派兵力屯驻守卫。桓温的脚有毛病，简文帝诏令可以让他乘车进入殿堂。桓温事先准备好辞章，想陈述他黜废司马奕的本意，简文帝引见，一见他便流下了眼泪，但桓温战战兢兢，始终没能说出一句话来。

太宰武陵王司马晞，喜好习武练兵，被桓温所忌恨，桓温想废黜他，就将此事告诉了王彪之。王彪之说："武陵王是皇室的亲族尊者，没有明显的罪过，不能因为猜忌随便废黜他。您要拥立贤明的君主，应当尊崇辅佐王室，与伊尹、周公具有同样的美德。这件大事，应该再仔细考虑！"桓温说："这是我已经决定了的事情，你不要再说了！"

十二月十六日，简文帝尊奉褚太后为崇德太后。十七日，桓温派他的弟弟桓秘逼迫新蔡王司马晃到西堂去叩头自述，称与司马晞及他的儿子司马综，著作郎殷涓，太宰长史庾倩，掾曹秀、舍人刘强，散骑常侍庾柔等阴谋反叛。桓温把他们全都抓起来送交廷尉。

二十一日，桓温再次进上表章，坚持请求杀掉司马晞，言辞非常激烈恳切。简文帝于是就亲手写下诏令，赐予桓温说："如果晋王朝的神灵悠长，你就不必请示，尊奉执行以前的诏令；如果晋王朝的大运已去，我就请求避让贤人晋升之路。"桓温看了以后，惊慌失色，汗流满面，于是就奏请黜废司马晞及他的3个儿子，将其家人全都迁徙到新安郡（今属浙江）。二十二日，黜免新蔡王司马晃为庶人，将他迁徙到衡阳（今湖南衡阳）。

二十六日，简文帝下达诏令，晋升桓温为丞相，大司马职位则仍旧，留在京师辅佐朝政。桓温坚决辞让，还请求回到镇所。

前秦王苻坚听说了桓温废立皇帝的事情，对群臣们说："桓温先在灞上（陕西西安东）失败，后又在枋头失败，不能反思过错自我贬责以向百姓谢罪，反而还废黜君主以自我解说，60岁的老叟，举动如此，将怎样自容于天下呢！民谚曰：'怒其室而作色于父（对妻子愤怒就向父亲要脸色）。'大概说的就是桓温吧。"

桓温威震朝廷内外，简文帝虽然身处至尊地位，实际上也仅仅是拱手沉默而已，常常害怕被废黜。此前，火星居于太微（预示将有天子失去他的国家）南蕃之间，过了一个月，司马奕就被废黜。二十七日，火星逆行进入太微星垣（预示将有战事、丧葬之事），简文帝对此很讨厌。中书侍郎郗超在宫中当班，简文帝对郗超说："命运长短，本来就并不计较，所以应该不再出现前不久废黜皇帝那样的事情了吧？"郗超说："大司马臣桓温，正在对内稳定国家，对外开拓江山，我愿用百余家口来保他，不会发生那种不正常的事变。"等到郗超急于要请假回去看望他父亲郗愔时，简文帝说："告诉尊父，宗族国家之事，最终到了这种地步，是因为我不能用道德去匡正守卫的缘故，惭愧慨叹之深，怎么能用语言来表达！"接着便吟诵了庾阐的诗，道："志士痛朝危，忠臣哀主辱（志士为朝廷危险而痛心，忠臣为君主受辱而悲哀）。"吟诵得潸然泪下，打湿了衣襟。简文帝风度仪表堂堂，言谈举止得体，用心于典籍，翻阅典籍常常弄得满席尘土，一副怡然自得的样子。他虽然神情恬淡，见识通达，但没有济世大略。

咸安二年（372年）三月二十五日，朝廷派侍中王坦之征召大司马桓温入朝辅政，桓温又一次推辞了。

七月二十三日，简文帝身体不适，紧急征召大司马桓温入朝辅政，一天一夜接连发出四道诏令，桓温推辞不来。

当初，简文帝为会稽王时，娶了太原晋阳（今山西太原）人王简姬为妃，生下了长子司马道生及弟弟司马俞生。司马道生粗鲁急躁，品行不端，母子全都因此被囚禁废黜而死。其他3个儿子，司马郁、司马朱生、司马天流，全都早年夭折。众姬妾绝孕将近10年，会稽王让会相面的人来观察她们，会相面的人都说："能生儿子的不是这些人。"会稽王又让相面的人去观察女仆女佣。有一个叫李陵容的，在纺织作坊里，长得又高又黑，宫女们都叫她"昆仑"。相面的人见到她后吃惊地说："这就是会生儿子的人！"会稽王召她服侍起居，生下了儿子司马曜（司马昌明）及司马道子。二十八日，立司马曜为皇太子，这时，他已经10岁了。任命司马道子为琅邪王，兼领会稽国，以尊奉帝母郑太妃的祀位。简文帝下达遗诏："大司马桓温依据周公的旧例，代理皇帝摄政。”又说：“对年轻的儿子，可以辅佐就辅佐，如果不能辅佐，君则自己取而代之。”侍中王坦之手持诏书进入宫中，在简文帝面前把诏书撕掉了。简文帝说：“天下，来自于意外的命运，你有什么不满意的！”王坦之说：“天下，是宣帝、元帝的天下，陛下怎么能独断专行！”于是简文帝就让王坦之修改了诏书，说：“宗族国家之事，一概听命于大司马桓温，就像诸葛亮、王导辅政时的做法一样。”这一天，简文帝驾崩于建康宫东堂。在位2年，终年53岁。

十月初八，简文帝与顺皇后王简姬合葬于富贵山之南的高平陵。谥号简文帝，庙号太宗。简文帝著有文集5卷传于世。

第九章
醉酒戏妃被捂杀——孝武帝司马曜

孝武帝司马曜（362—396年），字昌明，是东晋的第九位皇帝，晋简文帝司马昱的儿子。母亲就是那位身世奇异的“昆仑”李陵容。虽然母亲相貌丑陋，司马曜却是一表人材，很得父亲的欢喜。咸安二年（372年）至太元二十一年（396年）在位。共使用了2个年号：宁康（3年）、太元（21年）。

兴宁三年（366年）七月，司马曜4岁时被封为会稽王。咸安二年（372年）七月二十八日，10岁的司马曜被立为皇太子。同一天，简文帝去世。

群臣对简文帝的诏书疑惑不解，皇帝竟然不敢确立嗣子。有人说：“应当让大司马桓温来处理。”尚书仆射王彪之脸色严厉地说：“天子驾崩，太子代立，大司马怎能有资格提出异议！如果事先当面向他询问，一定会被他责备。”于是经过朝臣讨论就决定了，由太子司马曜即皇帝位，是为孝武帝，实行大赦。崇德太后发布命令，因为孝武帝年幼，加上他要居丧（在家守丧，不办理外事），命令桓温依据周公摄政的旧例行事。仆射王彪之（王导侄）说：“这是非常大事，大司马桓温一定会辞让，从而导致政务停顿，耽误先帝陵墓的修筑，我不敢遵奉命令，谨将诏书密封归还。”于是事情也就没能实行。

桓温本来希望简文帝临终前能够将皇位禅让给他或让他摄政，但是这两个愿望都没能实现，因此非常怨恨愤怒，给弟弟桓冲写信说：“简文帝遗诏让我按诸葛亮、王导的旧例辅政。”桓温怀疑这事是王坦之、谢安从中作梗，对他们怀恨在心。

九月，孝武帝司马曜追尊过去的会稽王妃王氏为顺皇后，尊自己的生母李氏为淑妃。

宁康元年（373年）正月初一，孝武帝实行大赦，改换年号为宁康。

二月，桓温将来晋见孝武帝。二十四日，孝武帝诏令吏部尚书谢安、侍中王坦之到新亭迎接大司马桓温。这时，都城里人心浮动，有人说桓温要杀掉王坦之、谢安，晋王室的天下就要转落他人之手。王坦之非常害怕，谢安则神色不变，说：“晋朝国运的存亡，取决于此行。”桓温抵达朝廷以后，百官夹道叩拜。桓温部署重兵守卫，接待会见朝廷百官，有地位名望的人全都惊慌失色。王坦之汗流浃背，连手版都拿倒了。谢安从容就座，坐定以后，对桓温说：“谢安听说诸侯有道，守卫在四邻，明公哪里用得着在墙壁后面安置人呀！”桓温笑着说：“正是由于不能不这样做（就这么做的）。”于是就命令左右的人撤走，与谢安笑谈良久。

郗超是桓温的谋士，谢安和王坦之去见桓温，桓温让郗超藏在帐子中听他们谈话。风吹开了帐子，谢安笑着说：“郗超可谓入帐之宾。”当时天子年幼力弱，外边又有强臣，谢安与王坦之竭尽忠诚辅佐护卫，最终使晋王室得以安稳。

三月，桓温生病，在建康停留了14天。四月初七，桓温返回姑孰。七月十四日，桓温病死。他临死前希望朝廷赐其九锡（皇上赐给诸侯、大臣有殊勋者的9种器用之物，是最高礼遇的表示），但在谢安等人的拖延下，结果未能如其所愿。

孝武帝下诏，安葬桓温依据汉代霍光及安平献王的旧例（霍光去世之后，皇帝、皇太后亲自临丧，用皇帝的葬礼安葬霍光，这在汉代是绝无仅有的）。所以，桓温死后也享受了皇帝的葬礼。桓冲（桓温弟）称桓温留下遗嘱，以小儿子桓玄为继承人。当时桓玄刚刚5岁，继承南郡公的爵位。

谢安因为司马曜年幼，辅佐首臣又刚刚去世，请崇德太后（褚蒜子，司马岳皇后）临朝处理国政。八月，太后（褚蒜子）又临朝主持国政。

九月十二日，朝廷任命王彪之为尚书令，谢安为仆射，兼管吏部，共同执掌朝政。谢安每每感叹地说："朝廷大事，众人不能决断的，去询问王彪之，无不马上决断！"

宁康三年（375年）八月二十日，孝武帝册立了比他大3岁的王法慧为皇后。任命王皇后的父亲晋陵太守王蕴为光禄大夫，兼五兵（中兵、外兵、骑兵、别兵、都兵）尚书，封为建昌侯。

当初议立皇后的时候，大家一致认为王家名声好，养出来的女儿也一定性情柔顺，德、容、言、工四德俱全，可以母仪天下。然而这位王皇后却让所有的人都大失所望，她不但骄奢悍妒，而且还嗜酒、粗鲁，举止不端。尤其擅长借酒装疯，闹得孝武帝的后宫鸡犬不宁。孝武帝十分苦恼，乃召王蕴（孝武帝岳父）于东堂，具说王皇后过状，令加训诫。王蕴惶恐，过意不去，摘下帽子向女婿皇帝赔礼道歉。此后王法慧略有收敛。5年之后，21岁的王皇后病死，谥号"定皇后"，葬于富贵山之南的隆平陵。19岁的孝武帝总算恢复了自由。

九月，孝武帝讲习《孝经》，开始阅览典籍，邀请儒士。谢安荐举东莞人徐邈补中书舍人，他经常接受孝武帝的询问，匡正补益颇多。孝武帝有时宴集群臣，酣饮歌乐之后，喜欢随手写些诗章赐给侍臣，有的诗章文词草率，内容污杂，徐邈按时把这些诗章搜集起来带回中书省加以修改，使它们全都适宜观览，经过孝武帝重新审阅，然后再传播出去。当时的人们都因此而称赞徐邈。

太元元年（376年）正月初一，孝武帝加冠，皇太后下达诏令，将朝政归还给他，自己恢复崇德太后的称号。初三，实行大赦，改年号为太元。初五，孝武帝开始临朝主持国政。任命会稽内史郗愔为镇军大将军，都督浙江东五郡诸军事；任命徐州刺史桓冲为车骑将军，都督豫、江二州之六郡诸军事，从京口调到姑孰镇守。十四日，令谢安担任中书监、录尚书事。

孝武帝是东晋王朝比较有作为的皇帝。在他当皇帝的24年里，晋王朝出现了一些振兴之象，他还创造了中国军事史上的奇迹——淝水之战。

淝水之战是中国历史上著名的战役，发生在东晋太元八年（383年）八月。当时，前秦国主氐族人苻坚，在统一了黄河流域后，踌躇满志，欲图以“疾风之扫秋叶”之势，一举荡平偏安江南的东晋，统一南北。

太元八年（383年）五月，东晋中将军桓冲（桓温弟）率领10万兵众讨伐前秦，攻打襄阳。派前将军刘波等攻打沔北（今湖北北部）各城。辅国将军杨亮攻打蜀地（今四川），攻下了5座城池，又进军攻打涪城（今四川绵阳）等地。

于是，前秦国主苻坚下达诏令，开始大举入侵东晋。八月初二，苻坚派遣阳平公苻融督帅张蚝、慕容垂等人的步、骑兵25万人作为前锋，任命兖州刺史姚苌为龙骧将军，督益、梁州诸军事。

初八，苻坚发兵长安（今陕西西安），将士共有60多万，骑兵27万，旌旗战鼓遥遥相望，绵延千里。九月，苻坚抵达项城（今河南沈丘），凉州（今甘肃武威）的军队刚刚到达咸阳（今陕西咸阳），蜀、汉的军队正顺流而下，幽州（今河北北部一带）、冀州（今河北冀州）的军队到了彭城（今江苏徐州），东西万里，水陆并进，运输军粮的船只多达万艘。阳平公苻融等人的部队30万人，先期抵达颍口（今安徽颍上县）。

东晋下达诏令，任命尚书仆射谢石为征虏将军、征讨大都督，任命徐、兖二州刺史谢玄为前锋都督，与辅国将军谢琰（谢安的儿子）、西中郎将桓伊等人的兵众80000人抵抗前秦。让龙骧将军胡彬带领5000水军援助寿阳。

这时前秦的军队非常强盛，东晋京城里的人震惊恐惧。谢玄入朝，向谢安询问应对之策，谢安一副平静的样子，回答说：“已经另有打算了。”紧接着就闭口无言。谢玄不敢再问，就让张玄重新请求指令。谢安于是就命令驾车出游山间别墅，亲戚朋友云集，与谢玄在别墅玩围棋赌博。谢安的棋术一直不如谢玄，这天，谢玄由于内心恐惧，在有利的形势下投子打劫，反而还不能获胜。谢安于是就登山漫游，到晚上才回来。

桓冲对国家的根基大业深以为忧，派精锐部队3000人入城保卫京师。谢安阻拦他，说：“朝廷的处理办法已经决定，士兵武器都不缺乏，应该留在西藩之地以作防备。”桓冲对藩府参佐叹息道：“谢安有身居朝廷的气量，但不熟悉带兵打仗的方法。如今大敌临头，还尽情游玩，高谈阔论不止，只派遣未经战事的年轻人前去抵抗，再加上数量不足，力量软弱，天下的结局已经可以知道了，我们将要受外族的统治了！”

十月，前秦阳平公苻融等攻打寿阳（今山西寿阳县）。十八日，攻克了寿阳，擒获了平虏将军徐元喜等人。苻融任命他的参军河南人郭褒为淮南太守。慕容垂攻下了郧城（今湖北安陆）。胡彬听说寿阳被攻陷，后退守卫硖石（今安徽寿县西北），苻融进军攻打硖石。

前秦苻融送信给苻坚说：“敌人少而且易捕获，就是担心逃跑了，请赶快派大军过来。”苻坚见信大喜，灭东晋心切，留大军于项城，带轻骑8000赶到寿阳。这时候无论是苻坚还是苻融都认为东晋已是刀俎（zǔ）之肉。于是派出原东晋降将朱序去劝降。

朱序原是东晋襄阳守将。早在太元三年（378年），苻坚派出大军围攻襄阳城，朱序顽强抵抗坚守了一年，朱序多次出城作战，屡破秦军。后来朱序部将李伯护秘密派其子送信秦军，愿做内应。苻坚派兵加紧攻城。城破后，苻坚没有杀朱序，反而留在身边重用。

再说，朱序到了谢玄营中，将秦军部署和盘托出，并建议，趁秦军尚未完全集结，迅速出击。谢石本来是打算坚守不战，听了朱序的话后，便改变了作战方针，决定主动出击。

前秦的军队紧逼淝水（今安徽寿县南瓦埠湖一带）而布阵，东晋的军队无法渡过。谢玄派使者对阳平公苻融说：“您孤军深入，然而却紧逼淝水部署军阵，这是长久相持的策略，不是想迅速交战的办法。如果能移动兵阵稍微后撤，让晋朝的军队得以渡河，以决胜负，不也是很好的事情吗！”前秦众将领都说："我众敌寡，不如遏制他们，使他们不能上岸，这样可以万无一失。"苻坚说："只带领兵众稍微后撤一点，让他们渡河渡到一半，我们再出动铁甲骑兵奋起攻杀，没有不胜的道理！"苻融也认为可以，于是就挥舞战旗，指挥兵众后退。结果前秦的军队一退就失去控制，阵势大乱。

东晋的谢玄、谢琰、桓伊等率领军队渡过河攻击他们。苻融驰马巡视军阵，想来率领退逃的兵众，结果战马倒地，苻融被东晋的士兵杀掉，前秦的军队于是崩溃。谢玄等乘胜追击，一直追到青冈（今安徽寿县），前秦的军队大败，自相践踏而死的人遮蔽山野、堵塞山川。逃跑的人听到刮风的声音和鹤的鸣叫声（"风声鹤唳"的成语就出自于此），都以为是东晋的军队将要来到，昼夜不敢停歇，慌不择路，风餐露宿，冻饿交加，死亡的人十有七八。

苻坚中了流箭，单枪匹马逃到淮河以北。这时，前秦的各路军队全都溃散，惟独慕容垂所统领的30000人完整保全，苻坚带领1000多骑兵与他会合。

谢安接到了驿站传递的书信，知道前秦的军队已经失败，当时他正与客人下围棋，将信放在床上，毫无高兴的样子，继续下棋。客人问他是什么事，他慢条斯理地回答说："孩子们已经最终打败了寇贼。"下完棋以后，他返回屋里，过门槛时，高兴得竟然连屐齿被折断都没有发觉（这是著名的典故"屐齿之折"的出处）。这年谢安63岁。谢安的实践充分证明了战国时孙子的名言："将不在勇而在谋，兵不在多而在精。"淝水之战，以前秦的失败和东晋的胜利而告终。

太元九年（384年）三月，东晋任命卫将军谢安为太保。六月初一，崇德太后褚氏去世，享年61岁，在位40年。二十八日，康献皇后褚氏归葬于崇平陵（康帝司马岳陵）。

太元十年（385年），太保谢安因病请求回建康，朝廷下达诏令同意。八月，谢安回到了建康。二十二日，谢安去世。卒年66岁。朝廷下达诏令，按非常的礼仪安葬他，仿照桓温的遗规（即享受皇帝的葬礼）。

巧的是同年八月二十六日，苻坚被他原来的部将姚苌派人吊死在新平

（今陕西彬县水口镇）的佛寺里。时年48岁。至此，淝水之战一南一北的两个总指挥几乎同时离开历史舞台。

十二年（387年）四月初三，孝武帝司马曜尊封他的母亲李陵容为皇太妃，仪礼服饰如同皇太后。八月十八日，立皇子司马德宗为太子，宣布大赦。

当初，孝武帝亲自处理国家的政事后，权力与威望出自己手，很有君主的气度。但不久便沉溺于美酒和女色之中，把朝廷的政事统统推给琅邪王司马道子代管。但司马道子也是嗜好喝酒，从早到晚都和孝武帝一起把高歌狂饮当成主要事情。孝武帝又迷信佛教，极端奢侈挥霍，浪费在这方面的钱财很多。他所亲近的人又都是三姑六婆、和尚尼姑，所以他左右的侍从人员，便乘机争权夺利，互相勾结，公开进行贿赂，封官加赏又杂又滥，刑罚惩诫混乱冤错。尚书令陆纳遥望着皇宫叹息着说道："这么好的一个家，小孩子要把它折腾坏呀！"

太元二十年（395年）三月，皇太子司马德宗从皇宫迁到太子东宫居住，孝武帝任命丹阳尹王雅兼任太子少傅。

七月的一天，忽有长尾彗星现于江南，从须女星座出现，划破天际，直到哭星方止。孝武帝心里很讨厌它，便在华林园（今南京鸡鸣寺附近）捧着酒杯祈祷上天说："长星，劝汝一杯酒，自古哪有万岁天子邪！"

华林园，是南京六朝最早、最大的皇家园林，地处今南京市政府所在地及其附近，始建于三国孙吴。现存华林园遗迹和供奉关羽的武庙旧址。明代这里是可以容纳9000大学士的国子监的一部分。民国时，这里是考试院。

孝武帝是东晋历史上在位时间最长，又是死得最不值的皇帝。他非常喜欢喝酒，经常在内殿里流连迷醉，头脑清醒的时间很少，宫外的人很难也很少能被允许进见。张贵人是后宫里最受宠幸的，后宫中人人都很怕她。

太元二十一年（396年）九月二十日，孝武帝和后宫的嫔妃们一起宴饮，美女和乐队也都在一旁侍候。这年张贵人年近30，孝武帝故意调笑她说："如果按照年龄来说，你也应该废黜了，我的心意是喜欢更年轻的。"张贵人心中暗自气愤。到了晚上，孝武帝大醉，在清暑殿就寝。张贵人则拿酒赏赐所有的宦官，打发他们走开。然后，让贴身的服侍婢女用被子蒙住孝武帝的脸，杀了孝武帝，又用重金贿赂左右侍从，声称是“睡梦中惊悸窒息突然死去”。孝武帝在位24年，终年34岁。

当时太子司马德宗愚昧懦弱，会稽王司马道子也昏庸荒淫，便都不追究查问。中书令王国宝深夜前来，叩打禁宫的大门，打算进去替孝武帝撰写遗诏，侍中王爽拒绝了他的请求说：“皇上去世，皇太子还没有赶到，胆敢闯入的人，格杀勿论！”王国宝才打消这个念头。

十月十四日，朝廷将孝武帝与孝武定皇后王法慧合葬于富贵山之南的隆平陵。谥号孝武，庙号烈宗。

堂堂一个皇帝，竟然被自己的爱妃用被子捂死，亏得张贵人想得出来这么一个绝招。后来的潘金莲是不是受她的启发，也用被子捂死了武大郎。

第十章
天子弱智难自理——安帝司马德宗

安帝司马德宗（382—418年），字德宗，孝武帝司马曜长子，东晋第十位皇帝。生母陈归女（追崇曰皇太后）。太元二十一年（396年）至义熙十四年（418年）在位。共使用了4个年号：隆安（5年）、元兴（3年）、大亨（1年）、义熙（14年）。

太元十二年（387年）八月十八日，司马德宗被立为太子。二十一年（396年）九月二十一日，太子司马德宗即皇帝位，是为安帝，宣布大赦。

司马德宗继位时，东晋皇帝的地位已经大大下降，朝外许多将军实际上自立，不受君命；朝内的权力也落在大臣手中。晋安帝司马德宗小的时候便不聪明机敏，不会说话，甚至到了连冷热饥饱也都不能分辨的程度，他喝水、吃饭、睡觉、起床都不能自己料理。他的同母兄弟琅邪王司马德文，却性情谦恭谨慎，他经常在司马德宗的身边帮忙照顾，替他安排调度，使他的行事才勉强合理。司马德宗虽然愚钝，却做了22年的皇帝。

二十三日，有关部门上奏道：会稽王司马道子（简文帝司马昱幼子）应该晋升为太傅，任扬州牧，赐予黄钺，诏令朝中朝外的一切大小事务都要请示司马道子。

隆安元年（397年）正月初一，安帝司马德宗行加冕礼，改年号为隆安。任命左仆射王珣（王导之孙）为尚书令；领军将军王国宝为左仆射，兼管官员任免升降，仍兼任后将军、丹阳尹。会稽王司马道子将东宫太子的兵马全部交给王国宝统领。

三月十六日，司马德宗尊奉他的祖母皇太后李陵容为太皇太后。二十日，册立妃子王神爱为皇后。

王神爱，琅邪临沂人。祖父王羲之，父王献之，母新安愍公主。太元十三年（388年），司马德宗娶原中书令王献之的女儿王神爱为太子妃。安帝即位，立为皇后。王皇后无子，熙八年（412年）崩于徽音殿，时年29岁，葬于休平陵。

由于会稽王司马道子揽权，所以安帝司马德宗实际上只是个傀儡，任人摆布。司马德宗即位后，发生了3件大事：一是“王恭之乱”；二是“孙恩卢循起事”；三是“桓玄篡位”。

王恭之乱

当初，仆射王国宝是王坦之子、谢安婿，曾与谢安制止了桓温篡位。但不为重用，而与司马道子相善，其堂妹为司马道子王妃。安帝即位，司马道子摄政，他任秘书丞、琅邪内史、堂邑（今南京六合区西北）太守等。后官至中书令、尚书左仆射，与司马道子共擅朝权，威动内外。

由于王国宝、建威将军王绪等人依附于司马道子，收受贿赂，穷奢极欲，无法无天已达到了极点。人们厌恶王恭、殷仲堪，劝司马道子裁减他们2人的兵权。朝廷内外流言四起，人心动荡不安。王恭、殷仲堪各自训练部队，上表请求北伐。司马道子当然知道他们的真实想法，以盛夏出兵妨碍农业生产为由，不准北伐。

王恭（晋孝武帝皇后王法慧之兄）当年受孝武帝信任和重用，在孝武帝死前已独霸一方。他对司马道子等人的胡作非为很不满，他派人去见殷仲堪，商议首先声讨王国宝等人。殷仲堪正在犹豫之际，正巧王恭的信使来到，殷仲堪应诺了王恭的约定，王恭非常高兴。四月初七，王恭便上奏章陈述了王国宝的罪状，同时发动部队前去讨伐。

初十，王恭的奏章送到朝中，朝廷内外十分紧张，戒备森严。司马道子为人愚昧懦弱，只求暂时平息此事，便将一切罪过完全推到王国宝身上，并派遣骠骑咨议参军、谯王司马尚之前去逮捕王国宝，交到廷尉那里去问罪。

十七日，安帝下诏，赐王国宝自杀，又将王绪绑赴街市斩首，并派使者前去面见王恭，对自己的过失表示深深的歉意。王恭于是带兵回京口。王国宝的哥哥侍中王恺、骠骑司马王愉一起恳请辞职。

隆安二年（398年）七月，桓玄请求任广州刺史。会稽王司马道子非常忌惮桓玄，本来不打算让他长期居住在荆州，便根据他的请求，任命桓玄为督交、广二州军事、广州刺史。桓玄接受了这个任命却不去就任。

豫州刺史庾楷因为司马道子割除了他所统辖的四个郡交给江州刺史王愉掌管，便上奏疏说："江州地处内地，而西府历阳却在北方与贼寇相连接，不应该让王愉分管四郡。"朝廷不批准他的意见。庾楷大怒，派遣他的儿子庾鸿去向王恭游说道："谯王司马尚之（司马道子堂弟）兄弟又独揽了朝廷的机要权柄，超过了王国宝。他们打算借助朝廷的威权来削弱地方上的实力，回想以前所发生过的事，他们将制造的祸乱，实在无法预测。现在趁他们的阴谋还没有完成，应该尽早地想办法对付他们。"王恭也觉得是这样，把这意见转告了殷仲堪和桓玄。殷仲堪、桓玄同意王恭的意见，并且推举王恭作为盟主，约定日期，一起率领大军前往京师（今南京）剿除奸佞。

这时，东晋朝廷内外疑虑纷纷，交通阻塞，水陆关卡林立，形势危急而严峻。

会稽王司马道子的长子司马元显向父亲进言说："上次我们没有讨伐王恭，因此才有了今天这场灾难。今天如果还像上一次那样满足他们的要求，您太宰的杀身之祸可要到了。"司马道子此时已经慌得不知所措，将事情全部交给司马元显办理，自己每天只是痛饮美酒而已。

九月初二，东晋朝廷授予会稽王司马道子黄钺，任命司马元显为征讨都督，又派遣卫将军王珣、右将军谢琰带兵讨伐王恭，派遣谯王司马尚之带兵讨伐庾楷。

王恭历来仗恃自己的才能和地位傲视凌辱同僚，逼杀王国宝之后，他更自以为他的声威没人敢违逆。他既倚仗刘牢之作为自己的爪牙，又只把他当做自己私人的部将那样对待，刘牢之对自己的才能很自负，感到十分羞辱和气愤。司马元显知道这种情况后，便派遣庐江太守高素去游说，唆使刘牢之背叛王恭，并且答应他事成之后便把王恭的职位、封号全部转授给他。高素又把司马道子的书信交给了刘牢之，向他陈说了祸福利害。刘牢之对他的儿子刘敬宣说："王恭过去蒙受先帝的大恩大德，今天又是皇上的舅舅，但是他不能作为羽翼拥戴王室，反而多次向京师发兵，我真不能想像王恭的野心有多大，他的计划一旦实现，他还能继续处在皇上和相王的手下吗？我打算遵奉朝廷的威仪与旨意，用顺乎民心的举动来讨伐叛逆，你看如何？"刘敬宣说："现在的朝廷虽然没有周成王、周康王当政时那么完美，但是也没有周幽王、周厉王那样的昏庸残暴。而王恭却倚仗军队的威势，粗暴地蔑视、凌辱王室。父亲您与他在感情上既不是骨肉关系，在道义上也不是君臣关系，虽然一起共事一段时间，脾气秉性爱好也并不很合谐、投机。您今天去讨伐他，于情义没有什么干系。"王恭的参军何澹之知道了刘牢之的打算和计划，将这些情况告诉了王恭。

王恭因为知道何澹之历来与刘牢之有矛盾，所以没有相信何澹之的话。于是他备办下酒席，宴请刘牢之，当着众人的面，拜刘牢之为义兄，又把自己的精锐部队和一切好的装备，全部配备给刘牢之，让他率领帐下督颜延作为前锋。刘牢之来到竹里（今南京龙潭东），便斩了颜延宣布投降朝廷。他派他的儿子刘敬宣和他的女婿东莞太守高雅之回击王恭。王恭此时正在城外阅兵示威，刘敬宣驱使骑兵拦腰进攻他的队伍，王恭的军队全部溃败。王恭想要回城，高雅之已关闭了城门。王恭单人匹马逃奔曲阿（今江苏丹阳），打算前去投奔桓玄，刚到长塘湖（今江苏金坛），却被人告密，把他抓住，押送京师，在倪塘（今南京江宁东南）斩首。王恭临死时，还在从容不迫地梳理着自己的胡须，神色像平时那样自然。王恭和他的儿子、兄弟、同伙全部被处死。东晋朝廷任命刘牢之为都督兖州、青州、冀州、幽州、并州、徐州、扬州晋陵诸军事，替代了王恭。至此，“王恭之乱”宣告结束。

孙恩卢循起事

孙恩（？—402年），字灵秀。祖籍琅邪，家族世奉五斗米道，是永嘉南渡世族，后来成为民军首领。其叔父孙泰（字敬远），琅邪人。当初，孙泰向钱唐人杜子恭学习妖术，士人、百姓都很信奉他。左仆射王珣很讨厌他，把孙泰流放到广州。广州刺史王雅却把孙泰推荐给孝武帝，说孙泰知道修身养性、长生不老的药方。于是，孝武帝将孙泰从广州征召回京，并逐渐升官做到了新安太守。

“王恭之乱”爆发时，孙泰以为晋祚将尽，他假借王恭兴兵引起战乱，以讨伐王恭为名义，大量收集征召士兵部众，聚敛财富无数，三吴地区的居民，大多数都依从了他。有些见识的人都担忧他将来会制造动乱，但因为中领军司马元显与他关系亲密，没有人敢说。会稽内史谢輶（yóu）揭发了他的阴谋。二十二日，会稽王司马道子让司马元显把他诱骗来之后，杀掉了他，同时杀了他的6个儿子。孙泰的侄儿孙恩逃入东海，躲藏在小岛上，愚昧的百姓还以为孙泰像蝉一样，脱掉了一层壳，而真人并没有死，因此到海中去为孙恩送粮食等资助。孙恩于是又聚合了100多名信徒，谋划复仇。

三年（399年），会稽王世子、扬州刺史司马元显下令征召东方各郡中解除奴户身份而变成客户的人，把他们称为乐属，移京师做后备兵源，百姓深感痛苦。孙恩趁民心骚动之际，率众从海岛攻克上虞（今浙江上虞），杀死了上虞令，进而对会稽（今浙江绍兴）发起了猛攻，杀会稽内史、五斗米道徒王凝之（王羲之子）。一时之间，会稽、吴郡、吴兴、义兴、临海、永嘉、东阳、新安八郡人民群起响应，旬日之间聚众几十万。孙恩向安帝上表，历数会稽王司马道子和司马元显的罪状，请求杀掉他们。

自从安帝即位以来，朝内朝外都是变乱丛生，朝廷政令所能到达的地方，只有三吴这一小片地域。孙恩作乱之后，三吴的8郡又都被孙恩攻占，京畿几个县，也盗贼祸乱四起。

朝廷宣布全国戒严，安帝加授给司马道子黄钺，任命司马元显为中军将军，徐州刺史谢琰兼督吴兴、义兴等郡军事，来讨伐孙恩。刘牢之也出动军队征讨孙恩，向朝廷呈上奏章之后立即出师。二十六日，刘牢之带领大军渡过浙江，孙恩再一次逃进了海岛。

隆安四年（400年），孙恩带兵进犯浃口（今浙江镇海东南甬江河口），插进余姚（今浙江余姚），攻破上虞，进军到了邢浦（今浙江绍兴东）。谢琰派遣参军刘宣之将他打败，孙恩暂时撤退回去。没有几天，他又重新进犯邢浦，官军在作战中失败，孙恩乘胜径直向纵深挺进。

朝廷非常震惊，派遣冠军将军桓不才、辅国将军孙无终、宁朔将军高雅之等抵御孙恩。十一月，高雅之与孙恩在余姚交战，高雅之大败，向山阴逃跑，战死的兵卒十有七八。朝廷下诏，任命刘牢之都督会稽等5个郡，统帅兵众攻击孙恩，孙恩被迫逃回大海。刘牢之向东在上虞驻扎，派遣刘裕去戍守句章（今浙江宁波慈溪县南）。吴国内史袁崧修筑沪渎垒（今上海旧青浦镇西），用来防备孙恩的袭击。

隆安五年（401年）二月初一，孙恩又从浃口返回陆地，进攻句章。刘牢之率兵向他发起进攻，孙恩再一次逃进大海的岛中。三月，孙恩又回到大陆，向北逼近海盐（今浙江海盐）。刘裕紧追不放，与他抵抗，在海盐的旧城址上修筑阵地。孙恩几乎每天都来对刘裕阵地发动进攻，但刘裕几次都把孙恩击败，斩杀了他的将领姚盛。

五月，孙恩的军队攻克了沪渎（原指吴淞古江下游，后为上海别称），杀了吴国内史袁崧，在这场战斗中死亡4000人。六月初一，孙恩从海上发兵，突然出现在丹徒（今江苏镇江），有士兵10多万人，战舰1000多艘。都城建康大为震惊恐慌。初二，东晋都城内外戒严，文武百官全部聚集在台省机构内居住、办公。冠军将军高素等人据守石头城，辅国将军刘袭则带兵用木栅栏将秦淮河入口处切断，丹阳尹司马恢之戍守在长江南岸，冠军将军桓谦等人在白石垒驻防，左卫将军王嘏等屯兵中堂。同时，征召豫州刺史、谯王司马尚之来京师守卫。

孙恩被迫回军，从海路向北直扑郁洲（今江苏连云港一带）。孙恩手下的其他将领攻克了广陵，杀死3000人。高雅之在郁洲向孙恩发动进攻，却被孙恩的军队抓获。

八月，朝廷下诏，任命刘裕为下邳太守，命他去郁洲征讨孙恩，几次交战，把孙恩打得大败，孙恩的势力从此衰弱下来，沿海向南败逃，刘裕也紧追不放，不断地向孙恩部队发动进攻。十一月，刘裕追击孙恩，来到沪渎、海盐，又一次将孙恩打败，斩杀的俘虏数以万计，于是孙恩只好从浃口逃向大海。

元兴元年（402年）三月，孙恩又来进犯临海（今浙江临海），临海太守辛景将他打得大败。孙恩害怕自己被朝廷的部队抓获，于是跳海自杀。他的部下党羽以及姬妾艺妓等人中跟着他一起自杀的有上百人，人们把这些人称为“水仙”。其余的部众几千人又推举孙恩的妹夫卢循为首领。后卢循军占领广州，一度大举北伐，直至义熙七年（411年）终告失败。“孙恩卢循起事”大大削弱了东晋王朝的力量，国势日衰。

桓玄篡位

桓玄（369—404年），字敬道，一名灵宝，谯国龙亢（今安徽怀远）人，东晋名将大司马、南郡宣武公桓温之子，桓楚国的建立者。

宁康元年（373年）桓温去世后，由时年5岁的桓玄袭爵南郡公。桓玄长大后，对自己的才能和门第颇为自负，总认为自己是英雄豪杰。但是由于其父桓温在世时，就有当皇帝的野心，只是因为受到王、谢等士族的阻挠，才未能如愿。所以朝廷对他也一直深怀戒心而不敢重用。到了他23岁那年（391年），才被任命为太子洗马（太子的侍从官）。几年后出京任义兴（今江苏宜兴）太守，但还是颇觉不得志，于是就弃官回到其封国南郡（今湖北江陵）。

在朝廷讨伐孙恩期间，荆州刺史桓玄无时无刻不在厉兵秣马，训练部队，扩张自己的实力，经常严密注视着朝廷内部所出现的每一个对自己有利的微小变化。当他听说孙恩逼近京师，便赶紧竖起军旗，集结队伍，向朝廷呈上疏奏，请求带兵去征讨孙恩。司马元显对此大为恐惧。正好赶上孙恩的军队撤了回去，于是，司马元显以诏书制止桓玄起兵。桓玄无奈，只好命令部队解除戒备。

此时，桓玄自以为已经拥有了东晋三分之二的疆土，所以多次让人向他呈上他可以做君主的天命符征和吉兆，打算用这些来迷惑百姓，又给会稽王司马道子写信说："孙恩那些盗贼，上次逼近京城的近郊，因为风不顺而没有能够攻打进来，又因为天下大雨，而没有机会运用火攻，所以在粮食吃完之后，自然便回去了，并不是力量不足。过去，王国宝死了之后，王恭没有乘这时的威势，进一步统领朝廷政务，这就完全可以让人看出他的居心，并没有对您有丝毫的不敬和侮辱，但是，您却说他不忠。现在的朝中权贵，国家的心腹栋梁，深孚众望声名远播的人是谁？怎么能说没有更好的？只不过是您不能相信他罢了！长此以来，日复一日，才酿成像今天这样的祸患。在朝廷中的那些王公大臣们因为害怕大祸临头，所以不敢说话。桓玄我有愧远在外地任职，才有胆量揭露这样的事实。"司马元显看到了这封信，非常害怕。

元兴元年（402年）正月初一，朝廷下诏书，历数荆州刺史桓玄的罪状，任命尚书令司马元显为骠骑大将军、征讨大都督、都督18州诸军事，并把黄钺也加授给了他。又任命镇北将军刘牢之为前锋都督，任命前将军谯王司马尚之统率后卫部队。又下令实行大赦，改年号元兴。在都城内外戒严，任命会稽王司马道子为太傅。

司马元显打算借此机会把桓氏家族的人全部诛灭。中护军桓修是骠骑长史王诞（王导的曾孙）的外甥，王诞又很得司马元显的宠爱信任，所以，他向司马元显禀告了桓修等人与桓玄的志趣完全不同，司马元显才放弃了"诛灭”的想法。

东晋东部地区遭受孙恩民军所导致的战乱的影响，继以灾荒年景，百姓饥饿贫困，水路的粮食运输不能继续。桓玄以为朝廷正处在多事之秋，值得忧虑的事很多，一定没有闲暇来讨伐自己，因此，可以趁此机会积蓄力量，等待时机。等到朝廷征讨他的大部队就要出发的时候，他的堂兄太傅、长史桓石生秘密地用书信告诉了他这个消息。桓玄大吃一惊，打算把部队全部集结到江陵来据守。桓玄听从了长史卞范之的建议，留下桓伟镇守江陵，向朝廷呈上奏表，并把檄文公告传遍各地，揭露司马元显的各项罪行，同时挥师向东部（建康）进发。檄文传到都城建康，司马元显看到之后，非常害怕。

二月初七，安帝在西池为司马元显饯行。司马元显害怕桓玄，登上战船，却没有马上出发。

荆州刺史桓玄，从江陵出发，担心这次大规模的军事行动不能取胜，因此，常常怀着向西回军的打算，等到过了浔阳，还是看不见朝廷的部队，心中非常高兴，其他将士的斗志和士气也振作、旺盛起来。

二月十八日，朝廷下诏，派齐王司马柔之持驺虞幡（一种绘有驺虞图形的旗帜，用以传旨解兵）到荆州、江州两地及军中展示，告谕桓玄等立即停止军事行动。桓玄的前锋将领把司马柔之杀了。

二十八日，桓玄抵达姑孰，派遣他的部将冯该等人进攻历阳，襄城（今河南许昌）太守司马休之出城迎战失败，弃城而逃。

三月初，司马元显刚刚准备出发，听说桓玄的大部队已经到了新亭，便马上扔掉船只，返身上岸，退到城中的国子学里驻守。初三，又到宣阳门外去排开战阵，扎下大营。军营之中惊恐不安，传说桓玄的部队已经抵达朱雀航。司马元显带着部队准备回宫。这时，桓玄派遣先头部队拔出刀来，紧跟在他们的后边大声呐喊着说：“放下武器！”司马元显的部队彻底崩溃。司马元显乘着一匹马跑进了东府城，只有张法顺一个人骑马紧跟着他。司马元显向司马道子询问有没有什么办法，司马道子也只是面对着儿子哭泣不止。桓玄派遣太傅、从侍中郎毛泰把司马元显收押起来，送到新亭。桓玄把他绑在大船的前头，一条条列举他的罪状，司马元显说："我不过是被王诞、张法顺所迷惑耽误罢了。"

初四，朝廷恢复隆安年号。安帝派侍中到安乐渚（在新亭之东）去慰劳桓玄。桓玄进入京师，宣称皇帝下诏书，命令解除戒严。朝廷任命桓玄统领文武百官，都督中外诸军事、丞相、录尚书事、扬州牧，兼任徐、荆、江三州刺史，加授给他黄钺。桓玄任命桓伟为荆州刺史，桓谦为尚书左仆射，桓修为徐、兖二州刺史，桓石生为江州刺史，卞范之为丹阳尹。至此，东晋王室尽在桓玄的掌控之下。

初五，有关部门呈上奏章，指责会稽王司马道子放纵酗酒，忤逆不孝，应该斩首弃尸示众。朝廷下诏，命令将他赶出京城（今南京），贬逐到安成郡（今江西安福）居住；将司马元显及其儿子东海王司马彦璋和谯王司马尚之，以及庾楷、张法顺、毛泰等人，押到建康城的街市上，全部斩首。桓修为王诞竭力求情，所以，将他长期流放到大庾岭以南的偏荒地区去了。

这年，安帝改年号大亨。桓玄改任太尉、都督中外诸军事、扬州牧，兼任豫州刺史，统领文武百官。任命琅邪王司马德文为太宰。

四月，桓玄出都城建康，去姑孰驻扎，辞去了录尚书事的官职。安帝下诏同意，但凡是大政方针，都要去桓玄那里请示，其他小事由尚书令桓谦和卞范之决定。

自隆安以来，东晋全国上下的百姓，对接连不断的天灾人祸、动乱战争，深感厌倦。等到桓玄刚刚来到京师，罢黜奸佞的小人，选拔贤明的才俊，建康的百姓非常高兴，都希望能得到一点安定的生活环境。但是，不久，桓玄便骄奢横暴，放纵享乐，政令变化无常，朋雄奸党纷纷出现，甚至对朝廷也大加欺凌侮辱，并把皇家御用的车马轿乘、供奉的食品用具等，也都随意裁减，连安帝也几乎不免挨冻受饿。从此，民众的心里非常失望。三吴地区发生大饥荒，住户人口减少了一半左右。其中，会稽郡十人之中减少三四人；临海、永嘉两地人口则几乎全部死亡。即使是富贵人家，也都穿着绫罗绸缎，怀里抱着金玉，关起门来相互之间看着饿死。

八月，桓玄婉转地暗示朝廷，根据桓玄平定司马元显的功劳，封他为豫章公，又根据他平定殷仲堪、杨期的功劳，而封他为桂阳公，并且还像原来那样，保持他原来受封的南郡公的爵位。桓玄把豫章公封给了他的儿子桓升，把桂阳公封给了他的侄儿桓俊。

不久，桓玄杀掉了吴兴太守高素、将军竺谦之以及竺谦之的堂兄竺朗之、刘袭和刘袭的弟弟刘季武，这些人原来都是刘牢之所统辖的北府的旧部将。十二月，桓玄派御史杜林到安成（今江西安福），去监防护卫会稽王司马道子。杜林接受桓玄的旨意，让司马道子喝下毒酒，将其毒死。

东晋的袁虔之投奔后秦，对后秦国君姚兴说："桓玄乘晋室衰微动乱之机，窃取占据了可以操纵大局的宰相高位，为人多疑猜忌，刻薄残忍，刑罚赏赐又极不公平，根据我的观察，远不如他父亲。桓玄现在已经掌据了朝中的大权，看他的趋势是一定要篡夺政权，叛逆晋朝的，这样，正可以为别的人起来驱逐铲除他提供口实。"

元兴二年（403年）九月，侍中殷仲文、散骑常侍卞范之奉劝大将军桓玄早日接受禅位当皇帝，暗地里撰写好了加授九锡以及安帝让位的文告。朝廷任命桓谦为侍中、开府、录尚书事，王谧为中书监，兼任司徒，桓胤为中书令。加授桓修为抚军大将军的称号。十六日，朝廷册命桓玄为相国，统领文武百官，封地10个郡，做楚王，加授九锡。

侍中桓谦私下里向彭城内史刘裕问道："楚王功勋卓著，德望很高，朝廷中大多数人的想法，都认为应该举行禅让大典，拥立楚王做皇帝。你认为怎么样？"刘裕说:"楚王是南郡宣武公（桓温）的儿子，功勋仁德都是超过当世所有人的。现在晋室衰微，百姓的愿望早就改变，寄托在楚王的身上，乘着这个机运接受禅让，代替司马氏做皇帝，又有什么不可以的?"桓谦非常高兴，说："你说可以，那就一定可以了。"

十月，安帝下诏，让楚王桓玄使用天子的礼仪和音乐，并将他的王妃改称王后，将他的嫡长子改称为太子。十八日，散骑常侍卞范之拟写了禅让的诏书，让临川王司马宝逼迫安帝亲笔抄写。二十一日，安帝驾临宝殿，派遣兼太保、领司徒的王谧手棒皇帝的玉玺印绶，呈献给桓玄，正式向他禅位。二十三日，安帝搬出皇城，改居永安宫。二十四日，将东晋的宗室祭庙以及其中所敬的先辈的牌位，迁到琅邪国，又让何皇后和琅邪王司马德文都迁到司徒府暂时居往。文武百官则一起到姑孰去，劝说桓玄尽快登基称帝。

十二月初一，桓玄在九井山（今安徽当涂县南十里）的北侧修筑祭坛。初三，35岁的桓玄正式称帝，国号楚，改元永始。史称桓楚。实行大赦。桓玄将南康的平固县（今江西赣州东）封给安帝做封地，封他做平固王。将何皇后降为零陵（今湖南零陵）县君，把琅邪王司马德文降为石阳县（今江西吉水县东北）公，把武陵王司马遵降为彭泽县（今江西九江东北）侯。桓玄又追尊他的父亲桓温为宣武皇帝，庙号太祖，追尊他的母亲南康公主司马兴男（晋明帝女）为宣皇后，封他的儿子桓升为豫章王。任命会稽内史王愉为尚书仆射，任命王愉的儿子、相国、左长史王绥为中书令。

初九，桓玄进入建康宫，当他登上皇帝的御用宝座时，御座突然塌陷，群臣们大惊失色。殷仲文说："这可能是因为皇上的恩德太深重，大地也都难'承载'。"桓玄非常高兴。其实这预示了桓玄的皇位不会长久。二十二日，桓玄将安帝迁到浔阳。

元兴三年（404年）正月，桓玄立他的妻子刘氏为皇后。桓玄因为他的祖父桓彝以上的前辈名声地位都不显赫，因此，不再追加给他们尊贵的庙号、谥号。

桓玄自登帝位以来，心里常常觉得不安。二月初一深夜，长江波涛汹涌，江水卷进石头城中，被激流淹死卷走的人非常多，灾民的号叫哭喊声震天动地。桓玄听到之后非常害怕，说："这些奴才们要造反了（桓玄一上任，就没有好的兆头）。"

桓玄为政繁琐苛刻，又喜欢炫耀自己。手下的官员在奏章中，如果偶有一个字写得不好看，或者偶尔有一句话、一个词不太恰当，他一定会对此加以纠正指出，来表示他的聪明博学。尚书下达诏书时，把"春蒐"误写成"春菟"，因为这一点小事，从尚书左丞王纳之以下，凡是经过手、签过字的人，全部被降级甚至免职。他还特别骄奢淫逸，游猎无度，大肆兴筑宫殿，致使政治腐败，政局动荡。

桓玄派遣使节，加授益州刺史毛璩为散骑常侍、左将军。毛璩拘留了桓玄的使节，不接受他的任命。桓玄任命桓希为梁州刺史，分别命令几位大将戍守三巴（巴、巴东、巴西三郡），用来防备毛璩。毛璩到处传布檄文，列举桓玄的罪状，并且派遣巴东太守柳约之、建平太守罗述、征虏司马甄季之攻破桓希等人的防守，他自己也带领部众进发到白帝城（今重庆奉节）集结驻守。

为了拉拢朝臣镇将，桓玄对刘裕分外看重，提拔他为徐、兖二州刺史，并在朝会后的盛大酒会上亲自向他敬酒。桓玄皇后刘氏对桓玄说："刘裕龙行虎步，视瞻不凡，恐终不为人下，不如早除之！"桓玄则认为："我正要平定中原，只有刘裕这样的人才英武可用。等到关、洛平定，我再想除掉他的办法。"

二月，刘裕与何无忌同舟还京口，密谋复兴晋室。刘裕经过周密部署后，联络北府兵将领刘毅、何无忌、刘昶、刘道规、诸葛长民等人正式起兵。首先占领京口，斩徐州刺史桓修。然后进攻广陵，杀青州刺史桓弘。大家推举刘裕为征讨桓玄的盟主，刘裕率军向建康进发，沿途又杀死前来抵抗的著名猛将吴甫之、皇甫敷两员大将。桓玄又急又气，命桓谦、卞范之率兵20000出城御敌。刘裕率众奋击，桓谦诸军顷刻溃散。在屡次战败后，桓玄带着儿子桓升、侄子桓浚逃出建康。

桓玄一行逃到浔阳，江州刺史郭昶之提供器用、兵马，这才松了一口气。三月十四日，桓玄挟持安帝继续西逃，途中自己作《起居注》（皇帝的言行录），叙述如何抵御刘裕事，自吹算无遗策，只因诸将违背节度，以致造成败局，并非用兵的过错云云。

四月初三，桓玄挟持安帝来到江陵，桓石康收留了他们。桓玄在江陵重整部队，以苻宏为前锋，再次东下与刘毅率领的勤王军决战。五月，桓玄自江陵急率舟师东下，双方大战于武昌附近的峥嵘州（今湖北鄂城），大败。

桓玄再次逃回江陵城，众人见大势已去，人心惶惶，虽令不行，城内一片混乱。桓玄走投无路，欲乘船逃往汉中（今陕西汉中）。二十六日，晋将毛祐之、费恬与桓玄在枚回洲（江陵西南30里）相遇，迎头袭击桓玄，箭如雨下，桓玄宠爱的弄臣丁仙期、万盖等人急忙以身蔽挡桓玄，都死于非命。益州督护汉嘉人冯迁抽出配刀，冲上前去准备刺杀桓玄，桓玄拔下头上玉导（用以引发入冠帻之内）做的头饰递给冯迁（企图贿赂），说："你是什么人？竟敢杀天子！"冯迁说："我这只是在杀天子之叛贼而已！"一刀挥至，桓玄头落，时年36岁。同船的桓石康、桓浚、庾赜之均被冯迁杀死。活捉了6岁的桓升押送到江陵，在街市开刀问斩。安帝在江陵重新复位，并任命毛修之为骁骑将军。

二十二日，东晋将司马氏祖先的牌位重新供于太庙。刘毅等人将桓玄的首级送到建康，挂于朱雀航示众。

桓玄属于历史上的乱臣，他从元兴二年（403年）十二月初三称帝，到兵败出逃，及至元兴三年（404年）五月二十六日被杀，前后不到半年，桓楚政权就宣告灭亡了。

义熙元年（405年）正月十三日，安帝下诏，将国家重大事件的处理权，全部交给冠军将军刘毅。十六日，安帝司马德宗下令实行大赦，改年号为义熙。

二月初五，留台（帝王因故离京，奉命留守京师之官及机构）准备皇帝专用的车驾仪仗，去江陵迎接安帝司马德宗。三月十三日，司马德宗抵达建康。十四日，文武百官前往宫门拜见请罪。司马德宗下诏命令恢复他们职务。

四月，刘裕回到京口镇守。朝廷改任他为都督荆、司等16州诸军事，兼任兖州刺史。

义熙三年（407年）二月初九。刘裕前往都城建康，坚决辞让刚刚加封他的那些官职，否则打算自己投监问罪。安帝下诏同意他所坚持的意见，刘裕才回到丹徒（今江苏镇江）。

五年（409年）三月，刘裕上表请求讨伐南燕，朝廷中商议，大臣们都以为不可轻举妄动。只有左仆射孟昶、车骑司马谢裕、参军臧熹认为一定能胜利，劝说刘裕出征。

四月十一日，刘裕从建康出发开始北伐南燕。第二年，晋军俘虏南燕皇帝慕容超，占领了山东等地，南燕亡。同时广州刺史卢循又反，乘刘裕北伐之机向建康进发，刘裕及时班师南下后才解除了建康的危机。次年，卢循在交州被刺史杜慧度所杀。这时，刘裕开始接受太尉、中书监的职务。

十一年（415年），朝廷下诏加封太尉刘裕为太傅、扬州牧，特许他可以带剑穿鞋上殿，进宫朝见皇帝不必小步走，奏事时不必司仪称名通报。

十二年（416年）二月，后秦国君姚兴去世，由太子姚泓继位。下令大赦，改年号为永和。

十一月，太尉刘裕派遣左长史王弘返回建康，委婉地向安帝请求加授自己九锡。十二月二十九日，安帝下诏任命刘裕为相国、总百揆、扬州牧，加封为食邑十郡的宋公，备办九锡的礼仪，尊位在各诸侯王之上，并仍像原来那样兼任征西将军，司、豫、北徐、雍四州刺史。刘裕推辞，不接受任命。

十三年（417年）七月，太尉刘裕抵达陕城，沈田子、傅弘之等率兵进入武关（今陕西丹凤县），后秦的守将纷纷弃城逃走。八月二十四日，姚泓携妻子儿女、文武百官，前往王镇恶的大营投降。九月，刘裕占领长安，后秦亡。

刘裕在长安谒汉高祖刘邦的陵墓，又在未央殿召见文武大臣，一时间风光无限。

刘裕下令没收后秦的宗室祭祀用具彝器、浑天仪、测日仪器土圭、计程用的记里鼓、指南车等，送往建康。其余金银玉石、绫罗绸缎、稀世珍宝都赏赐给将士。后秦平原公姚璞、并州刺史尹昭，献出了蒲阪城（今山西永济县）投降；东平公姚绍，率领皇室100多人，前往刘裕的大营投降，刘裕把他们全部杀死。然后将姚泓送到建康，绑到市井刑场斩首。

十月，安帝司马德宗下诏封宋公刘裕为宋王，采邑（封地）增加10个郡，刘裕辞让，没有接受。

不久，刘裕将回建康。三秦（旧时泛称陕西为“三秦”）父老闻刘裕将返回江南，都痛哭流涕地来到大营门前诉说：“我们这些残余的汉人，没有接受朝廷的教化，至今已有100年之久。长安自晋愍帝建兴四年（316年）被匈奴人占领后，已经过去了100多年，直到今天才看到汉民族衣冠装束，人人都互相庆贺。长安10陵是你们刘家的坟墓，咸阳宫殿是你们刘家的住宅，你放弃它们想要去哪里！”刘裕也很伤感，安慰他们说：“我接受朝廷的命令，不敢擅自停留。感谢诸位怀念故国的诚意，现在留下我的次子与文武贤才共同镇守这里，希望你们和好共处。”十二月初三，刘裕从长安出发，自洛水进入黄河，开掘汴渠（沟通黄河与淮河的运河）东返。

义熙十四年（418年）六月，太尉刘裕接受了相国、宋公、九锡之命。赦免了宋公封邑内死罪以下的囚徒。尊崇刘裕的继母、兰陵人萧氏为太妃。

宋公刘裕认为，谶书上有句话：“昌明（即孝武帝司马曜）之后，还有两个皇帝。”于是，派中书侍郎王韶之（骠骑将军王廙曾孙），与晋安帝左右亲信密谋毒死安帝司马德宗，另立琅邪王司马德文。司马德文常在司马德宗身边，饮食睡眠，都不离开。王韶之窥伺多时，没有机会下手。正巧，司马德文患病，出宫休养。十七日，王韶之用衣裳拧成绳索，在东堂勒死司马德宗（虽是白痴，可也是一条皇帝命，就这样无辜地被刘裕给杀了）。这年，司马德宗37岁，在位22年。

元熙元年（419年）正月二十九日，东晋朝廷安葬晋安帝司马德宗于富贵山之南的休平陵。谥号为安帝，无庙号。

第十一章
被逼禅让仍惨死——恭帝司马德文

恭帝司马德文（386—421年），字德文，孝武帝之子，安帝司马德宗之弟。东晋第十一位皇帝，也是末代皇帝。义熙十四年（418年）至元熙二年（420年）在位。仅使用了1个年号：元熙（2年）。

太元十七年（392年）十一月二十七日，孝武帝立司马德文为琅邪王，把原琅邪王司马道子改封为会稽王。之后，司马德文历任中军将军、散骑常侍、卫将军、开府仪同三司，加侍中，领司徒、录尚书六条事（相当于丞相）等职。晋安帝被桓玄所废时，司马德文与晋安帝都居于浔阳，桓玄败死后被迁至江陵。

义熙十四年（418年）六月十七日，刘裕声称奉司马德宗的遗诏，拥立司马德文即皇帝位，是为恭帝。大赦天下。

元熙元年（419年）正月初一，恭帝改年号元熙。立琅邪王妃褚氏褚灵媛为皇后。初三，恭帝司马德文召宋公刘裕回朝，入宫晋见。司马德文封他为宋王，刘裕谢绝。

七月，宋公刘裕接受了晋封为宋王的诏命。八月，从彭城移驻寿阳，任命度支尚书刘怀慎为督淮北诸军事、徐州刺史，镇守彭城。宋王刘裕鉴于河南人稀荒凉，二十八日，召回司州（今河南洛阳）刺史刘义真，改任扬州刺史，镇守石头城。十二月，宋王刘裕被朝廷加授特殊礼仪，进封萧太妃为太后，称世子刘义符为太子。

元熙二年（420年）正月，刘裕希望晋恭帝司马德文能以禅让的形式将帝位传给自己，却难于启齿。于是，他召集手下朝臣饮酒欢宴。在筵席上，刘裕若无其事地说："当年桓玄篡位，晋国大权旁落。是我首先提倡大义，复兴皇帝宗室，南征北讨，平定了天下，可谓大功告成，业绩卓著，于是承蒙皇上恩赐而有九锡之尊。如今我的年纪也快老了，地位又如此尊崇，无以复加，天下的事最忌讳装得太满而盈溢出来，那样就不可能得到长久的安宁了，现在我要将爵位奉还皇上，回到京师颐养天年。"

群臣不理解刘裕一番话的真正含意，只是一味盛赞他的功德。这日天色已晚，群臣散去。中书令傅亮走出门时，突然悟出了刘裕一席话的真实用意，但是此时门已经关闭，傅亮便叩门请求见刘裕，刘裕即令开门召见他。傅亮入宫，只说："我应该暂且返回京师。"宋王刘裕明白他的用意，也没有多说什么，便直截了当地问："你需要多少人护送？"傅亮回答说："数十人就足够了。"随即与宋王刘裕辞别。

傅亮出门时已是半夜时分，只见彗星划过夜空，傅亮拍腿叹曰："我过去常常不信天象，今天看来天象开始应验了。"傅亮来到京师建康，当时正值初夏四月。不久，恭帝司马德文就征召刘裕入京辅弼。刘裕让他的儿子刘义康留守，坐镇寿阳。

六月初九，宋王刘裕来到建康。傅亮用委婉的语言暗示恭帝将帝位禅让给宋王，并且草拟了退位诏书呈给恭帝，让他亲自抄写一遍。恭帝欣然提笔，并对左右侍臣说："桓玄之乱的时候，晋朝已失掉天下，后来幸赖刘公才得以延续将近20年；今日禅位给他，是我甘心所为。"于是将傅亮呈来的草稿作为正式诏书抄写在红纸上。

十一日，晋恭帝司马德文让位，回到了琅邪旧邸，百官叩拜辞别，秘书监徐广痛哭流涕，不胜哀恸。

永初元年（420年）六月十四日，刘裕在南郊设坛，即皇帝位。

二年（421年），宋武帝曾将一瓦罐毒酒交给前琅邪郎中令张伟，让他毒死已改封为零陵王的晋废帝司马德文，张伟叹息说："毒杀君王而求活命，不如一死。"于是就在路上自饮而亡。太常褚秀之、侍中褚淡之，二人都是零陵王的王妃褚灵媛的哥哥。司马德文的妻妾中，每每有人生下男孩，刘裕便命褚秀之兄弟趁便扼杀。司马德文逊位后，他深恐自己也不免遭毒手，就与褚妃同住一室，在床前煮饭烧汤，饮食等所需用的都由褚妃亲手操办。所以刘裕的人一时没有机会下手。

九月，刘宋武帝命令褚淡之与其兄右卫将军褚叔度前往探视他们的妹妹褚妃。褚妃出来到另一间房子与二兄相见。伏兵翻墙而入，把毒药递给零陵王司马德文。司马德文不肯饮服，说："佛教的教义，自杀而死的，再世投胎时，将不能得到人身。"士卒一拥而上，用被子蒙住司马德文的头，将他闷死。刘裕率领文武百官亲临朝堂哭泣哀悼3天。

十一月初七，刘宋将晋恭帝司马德文安葬于富贵山之南的冲平陵。谥号恭帝。宋武帝亲自率领文武百官护送灵柩。

至此，东晋王朝在南方统治了约104年，终于走到了尽头。

东晋以后，刘裕建立了刘宋王朝。请看下一篇：寄奴谈笑取秦燕。

刘宋篇

寄奴谈笑取秦燕

“寄奴谈笑取秦燕，愚智皆知晋鼎迁。”——摘自宋朝陆游《书陶靖节桃源诗后》。寄奴，宋武帝刘裕的小名。

南朝（420—589年），是继东晋之后，由汉人在建康（今南京）建立起来的宋、齐、梁、陈四个朝代的总称。虽有偏安之嫌，且每个朝代平均只存在40多年，但其作为正宗的汉族统治，使传统汉文化得以传承和发展，却远远超出了朝代长短的意义。

南朝宋是在南京建立的第三个王朝，也是南朝的第一个王朝，史称刘宋。刘宋王朝，始于宋武帝刘裕永初元年（420年），终于建元元年（479年），历9位皇帝，约60年。

在时光隧道中，刘裕左手一条绳索，勒死了晋安帝司马德宗，右手一床棉被，捂死了晋恭帝司马德文。之后，历史进入了刘宋王朝。刘宋一朝，最具特色的就两个字：杀戮。

第一章

弑杀二帝登皇位——宋武帝刘裕

高祖武皇帝刘裕（363—422年），彭城（今江苏徐州铜山县）绥舆里人，字德舆，小名寄奴。刘裕是刘宋王朝的创立者，政治家、军事家。元熙二年（420年）至永初三年（422年）在位。仅使用了1个年号：永初（3年）。

武帝刘裕

刘裕是汉高祖刘邦同父异母弟楚元王刘交的21世孙。

西晋末年，五胡乱华，发生了“永嘉南渡”，中原士民纷纷南迁过江。刘裕的先祖武原（今江苏邳县西北）县令刘混，就是在这个时候举家从祖居地彭城（今江苏徐州）绥舆里渡江南下，徙居晋陵郡丹徒县京口里（今江苏镇江丹徒镇），成为东晋侨民。

刘混迁居京口后，生子刘靖，刘靖

曾任东晋东安（今山东沂源县）太守。刘靖生子刘翘，是为皇考（在位的皇帝对先皇的称呼）。

刘翘，字显宗。宋武帝刘裕之父。仕东晋为郡功曹（县令的主要佐吏）。死后，葬丹徒兴宁陵。这支侨迁京口的彭城刘氏，传到刘翘一代时，家境已经败落，成为京口的寒门人家。

一、险成弃婴

晋哀帝兴宁元年（363年）四月十六日，刘裕出生在京口寿丘山（今江苏镇江梦溪园一带）。其母赵安宗（343—363年），是刘裕父亲刘翘的第一任妻子，出身下邳，其祖赵彪为治书侍御史，其父赵裔为平原（今山东德州陵县）太守。昇平四年（360年），赵安宗18岁时嫁给了刘翘。

当初，刘裕生下来后，母亲便死了。父亲刘翘客居京口，因家境贫寒，便想将刘裕扔掉。同郡人刘怀敬的母亲是刘裕的姨母，她生下刘怀敬还不到一年，便来到刘裕家将刘裕救了下来，断了刘怀敬的奶来喂养刘裕。因此刘裕就有了一个小名“寄奴”。刘裕长大后，异常勇武健壮（身高约为1.83米），胸怀远大志向。他识字不多，依靠贩卖鞋子维持生计（跟他老祖宗刘邦“织席贩履”差不多），又爱好樗（chū）蒲（用于掷采的骰子）这种赌博游戏，被同村的人所轻视。

当时，京口有一家姓刁的大族，因为有钱有势，鱼肉乡里，被称为“京口之蠹”。那时，刘裕名声小，官位低，轻浮狡狯，社会的上层人士都不和他交往，只有王谧认为他奇伟，对他异常推崇爱惜。他对刘裕说：“你一定会成为一代英雄。”刘裕曾经与刁逵（东晋大臣刁协之孙）在一起玩樗蒲赌博，经常输了钱还不起。一次刁逵将他捆绑在拴马桩上，被王谧看见，他一边责备刁逵，一边将刘裕释放，并帮刘裕还了赌债。

刘裕是个血性男儿，发誓一定要有所作为，报此奇耻大辱。他一怒之下砍掉自己一根手指，彻底戒赌（刘裕当年的“斩指”戒赌法一直流传至今）。

二、建功立业

之后，刘裕来到北府兵将领孙无终冠军府，开始了他传奇的一生。孙无终见他身材高大，气宇不凡，于是先让他做自己的亲兵，不久又提拔他为司马（掌管兵马之职）。就是这样一位出生寒门、曾有不良倾向、没有家庭背景的刘裕，后来竟然当上了开国皇帝。

隆安三年（399年）十一月，会稽妖贼孙恩、卢循（2人为东晋五斗米道道士和民军首领）等27人在会稽起兵反晋，朝廷派前将军刘牢之前往镇压，刘牢之召刘裕为参府军事。一次，刘牢之派他带几十个人去探听民军的动静。刘裕遇上一支数千人的民军，便立即迎上前去攻击，跟他同来的士兵全部战死，刘裕跌入岸下。民军士兵来到河岸边准备下去，刘裕奋勇地挥舞长杆大刀，仰面朝上砍杀了数名敌人，才得以重新登上岸来，仍然大声吼叫着追杀敌人，敌人全部逃走。刘裕杀死杀伤的人非常多。刘敬宣（刘牢之之子）觉得奇怪，刘裕为什么这么久没有回来，就带兵出去寻找，正巧看见刘裕一个人驱赶砍杀几千敌兵，大家同声感叹，于是冲上前去一起追杀民军，将他们打得大败，斩杀的与抓获的共有1000多人。一般人以一当十就不容易了，刘裕竟然以一当千，简直可称之为奇人。

刘裕为人机智有谋，勇敢善战，多次克敌致胜，屡立战功。因功升建武将军、下邳太守（地方最高行政长官）、彭城内史（奉王命策命臣下的官）。

元兴二年（403年）十二月，桓玄篡晋自立为帝。三年（404年）二月初一，刘裕经过周密部署后，联络北府兵将领刘毅、何无忌、刘昶、刘道规、诸葛长民等在家乡京口起兵讨伐篡晋的楚帝桓玄。

元兴三年（404年）五月，刘裕击败桓玄。晋安帝司马德宗复位，任刘裕为侍中、车骑将军、督中外诸军事，徐、青二州刺史，兖州刺史，录尚书事。刘裕从此控制了东晋朝政，权倾天下。

义熙二年（406年）十月，尚书评定勤王举义的功劳，奏请封刘裕为豫章郡公。五年（409年），刘裕率军灭掉广固（今山东益都县）的南燕政权，回师击败民军首领卢循。六年（410年）六月，东晋任命刘裕为太尉、中书监，加授黄钺。刘裕接受了黄钺，其他的职位却坚决推辞。七年（411年）三月，刘裕开始接受太尉、中书监的职务。八年（412年），又西攻盘踞四川的谯纵（十六国时期后蜀国君），收服巴蜀（今四川境内）。十一年（415年），后秦姚兴病逝，姚泓继位，兄弟相残，关中大乱。十三年（417年），刘裕攻克长安，灭后秦。安帝下诏封宋公刘裕为宋王，采邑增加10个郡，刘裕辞让，没有接受。次年六月，刘裕接受了相国、宋公、九锡之命。

元熙元年（419年）七月，东晋宋公刘裕接受了晋封为宋王的诏命。

三、废晋建宋

元熙二年（420年）六月十四日，宋王刘裕在建康南郊设坛，柴燎告天，废晋建宋，时年58岁。典礼结束后，宋武帝乘皇帝的车驾从石头城进入建康宫。宋武帝刘裕登太极殿即皇帝位，国号宋，史称宋武帝。改元永初。大赦天下。

宋武帝封晋恭帝司马德文为零陵王，对待晋室的优崇之礼，一律仿照晋初优待魏室的先例。在故秣陵县（今南京秦淮河南）为晋恭帝司马德文兴建王宫，派遣冠军将军刘遵考率兵保卫。又将晋恭帝的皇后褚灵媛降为王妃。第二年，宋武帝又派人将零陵王司马德文杀死。

宋武帝追尊他的父亲为孝穆皇帝，母亲赵氏为孝穆皇后；尊封其继母萧氏（萧文寿，萧文寿生刘道怜、刘道规）为皇太后。刘裕事奉萧太后一向恭谨，即皇帝位以后，虽然他年事已高，每天清晨必入后宫给皇太后问安，从未错过时辰。

十七日，宋武帝提升司空刘道怜为太尉，封他为长沙王。追封司徒刘道规为临川王，并以刘道怜的儿子刘义庆继承刘道规的爵位。其余的功臣徐羡之等，也分别加官增禄或晋升爵位。

八月十九日，武帝追赠妃臧爱亲谥号敬皇后。臧爱亲是武帝刘裕的结发妻子，祖籍山东沂水。臧爱亲嫁给刘裕时，刘裕还是京口里的一介布衣平民，不但穷苦潦倒，而且嗜斗好赌，令乡人侧目。婚后，臧爱亲生下了女儿刘兴弟。可惜臧爱亲没有等到刘裕称帝的那一天。义熙四年（408年），臧爱亲病逝于东城（今安徽定远东南），时年48岁。八月二十一日，刘裕立王太子刘义符为皇太子。

这年，北魏国主拓跋嗣前往翳犊山（在北魏都城平城、今山西大同之西），又西去冯卤池（一说泻卤池，即五原盐池）。他闻知刘裕接受禅让，用驿车征召崔浩，对他说："你当年的预言全部都应验了，我到今日才开始相信天道。"

早在义熙十四年（418年）十二月，彗星从天津星穿出，进入太微星，经过北斗星，联结紫微星，80多天以后，彗星消失。拓跋嗣征召名儒、术士，问道："如今天下四分五裂，各自为主。这次天上变异所暗示的灾祸，到底应在哪一国？我心中十分恐惧，你们可以畅所欲言，不要有所隐瞒。"众人都推举博士祭酒崔浩回答这个问题，崔浩说："天灾异变的发生，通常照应地上人间的事变，如果人间的统治没有发生问题，又有什么值得畏惧的？当年王莽将要篡夺汉位时，彗星出入的方向，正与今天相同。我们魏国，主尊臣卑，老百姓就没有不安分的想法。现在晋朝皇室日趋没落，危亡不远。彗星的出现，莫非预示刘裕将要篡夺皇位！"其他人都没有不同意见，如今果然被崔浩言中。

宋武帝即位后，以司马氏前车之鉴，他削弱强藩，集权中央，巩固帝位，显示了他的治国才能。

南京云锦始于宋武帝刘裕。早在东晋义熙十三年（417年），刘裕北伐期间，就在建康城南郊斗场寺（亦名"斗场市"，今南京中华门外雨花台一带），设立专门管理织锦的官署——锦署，南京云锦由此诞生。此后，元、明、清三朝都指定云锦为皇室御用贡品。据史料记载，《红楼梦》作者曹雪芹祖上3代4人曾任清代江宁织造官达65年之久。

永初三年（422年）正月初十，宋武帝任命徐羡之为司空、录尚书事，继续兼任扬州刺史。任命江州刺史王弘为卫将军、开府仪同三司；中领军谢晦为领军将军兼散骑常侍，入宫值班，总管宫廷安全保卫事务。徐羡之由平民起家，又没有学问，但有很大的志向和气度，一旦居于高位，掌理国家大权，朝野上下都推崇佩服，认为他有宰相的声望。二月初四，宋武帝下诏，分割豫州淮河以东土地为南豫州，州治设在历阳，任命彭城王刘义康为南豫州刺史。

刘宋初期，刘裕又收复了北方的青、兖二州，西至关中，大致拥有黄河以南的广大地区，全国有州22个、郡274个、县1299个、户94万，成为南朝时期疆域较大的一个王朝。

四、精心治政

刘裕在位期间，比较关心百姓生活，曾下令“蠲（juān，免除）租布二年”，要求减免税役。在平定刘毅时，也曾下令减免税役，对于那些原来因战争需要被征发的奴隶也一律放还。

在精兵简政方面，刘裕于永初二年（421年）三月，对官吏人数及规制进行了严格控制：“初限荆州府置将不得过二千人，吏不得过一万人；州置将不得过五百人，吏不得过五千人。兵士不在此限。”可见刘裕在1000多年前就提倡精兵简政，对各级官吏的人数和规制都进行了严格控制，这一做法至今仍有十分积极的意义。

在改革刑罚方面，刘裕对东晋以来置官滥乱和苛刻的刑罚进行了改革。永初三年（422年）正月，下诏“刑罚无轻重，悉皆原降”。刘裕还经常去华林园延贤堂听讼，如此注重听讼的皇帝，在历史上并不多见。

在日常生活方面，刘裕的个人生活十分简朴，他称帝后，“清简寡欲，严整有法度”。衣服和住所都很朴素，连齿木屐，普通裙帽。住处用土屏风、布灯笼、麻绳拂。甚至连床脚上的金钉也令人取下，换上铁钉。宁州人把一个琥珀做的枕头进献给刘裕，刘裕因为琥珀可以治疗外伤，命人将它捣碎，分别赐给即将要去北方征战的将士。他患有热病和刀伤，坐卧常需冷物，有人献上石床，他却嫌过于奢侈，下令毁掉。日常回到家里，马上脱掉公服，只穿普通衣衫。他喜欢逍遥散步，每次只带几个随从，从不要任何仪仗。为了警诫后人，他在宫中悬挂了少儿时使用过的农具，补缀多层的破棉袄，一直保存在身边，至死都没扔掉。后来，他的孙子孝武帝刘骏看见这些东西，讥诮他是“乡巴佬”。

刘裕游览欢宴也很少，后宫嫔妃相对来说也不多。他曾经获得后秦文桓帝姚兴的侄女，对她倍加宠爱，并因此耽误了政事。谢晦稍加劝谏，他立即将姚妃遣送出宫。

刘裕的财产全部放在国库里，宫内没有私藏。岭南曾经进贡过一种筒装细布，刘裕嫌它过于精美华丽，耗费人力，于是他命令有关部门弹劾太守，并将进贡的细布还给当地，下令禁止岭南织造这种细布。公主出嫁，嫁妆不过20万，此外再也没有锦绣等精品。宫内宫外，都严奉禁约，没有人敢奢侈浪费。

永初三年（422年）三月，武帝病重，太尉长沙王刘道怜、司空徐羡之、尚书仆射傅亮、领军将军谢晦、护军将军檀道济一道进宫，侍侯刘裕治疗服药。朝中大臣们请求向神灵祈祷，刘裕不许，只派侍中谢方明到宗庙焚香，向祖先报告病情。刘裕一向不信神怪，当他还是一个平民的时候，曾有许多祥兆，等到后来大贵，史官们向他查证传闻，刘裕都拒而不答。

五月，刘裕病危，他将太子刘义符召到床前，亲笔写下遗诏：“后世如果出现年幼的君主，朝中政事一概委托给宰相，皇太后用不着临朝主政。”司空徐羡之、中书令傅亮、领军将军谢晦、镇北将军檀道济共同接受遗命。二十一日，宋武帝刘裕在西殿去世。在位仅3年，终年60岁。

宋武帝皇后臧爱亲，系结发之妻，后追封豫章公夫人、敬皇后。妃嫔：张夫人（张阙），孙修华，胡婕妤（胡道安），王修容，袁美人，孙美人，吕美人。

儿子：少帝刘义符、庐陵王刘义真、文帝刘义隆、彭城王刘义康、江夏王刘义恭、南郡王刘义宣、衡阳王刘义季等。

女儿：稽宣长公主刘兴弟、义兴恭长公主刘惠媛、宣城德公主（第四女）、豫章康长公主刘欣男等。

这年七月初八，宋武帝与武敬臧皇后臧爱亲合葬于初宁陵。谥武帝，庙号高祖。

宋武帝初宁陵，今在南京东郊麒麟门外麒麟铺，陵墓已平。陵前尚存石兽一对，如今分别坐落在道路两侧的民居院内。这对石兽浮雕纹饰刚健，两翼作振翅欲飞之势，遍体鳞毛为云钩，石刻粗犷，体态凝重，是南朝早期石雕的代表作。东为天禄，身长2.96米、高2.80米、颈高1.35米、体围3.10米；西为麒麟，身长3.18米、残高2.56米、颈高1.15米、体围3.21米。石刻前有南京市人民政府1988年立的“初宁陵全国重点文物保护单位”石碑。

五、时人与后人评价

（南朝梁）沈约《宋书》：上清简寡欲，严整有法度，未尝视珠玉舆马之饰，后庭无纨绮丝竹之音。

（南朝宋）北魏谋臣崔浩：刘裕奋起寒微，不阶尺土，讨灭桓玄，兴复晋室，北禽慕容超，南枭卢循，所向无前，非其才之过人，安能如是乎！

（北宋）何去非《备论》：宋武帝以英特之姿，攘袂而起，平灵宝于旧楚，定刘毅于荆豫，灭南燕于二齐，克谯纵于庸蜀，殄卢循于交广，西执姚泓而灭后秦，盖举无遗策而天下惮服矣。北方之寇，独关东之拓跋，陇北之赫连耳。方其入关，魏人虽强，不敢南指西顾以议其后。

（南宋）陆游《书陶靖节桃源诗后》诗云：寄奴谈笑取秦燕，愚智皆知晋鼎迁。独为桃源人作传，固应不仕义熙年。

（南宋）辛弃疾《永遇乐·京口北固亭怀古》：千古江山，英雄无觅孙仲谋处。舞榭歌台，风流总被，雨打风吹去。斜阳草树，寻常巷陌，人道寄奴曾住。想当年，金戈铁马，气吞万里如虎。元嘉草草，封狼居胥，赢得仓皇北顾。四十三年，望中犹记，烽火扬州路。可堪回首，佛狸祠下，一片神鸦社鼓。凭谁问：廉颇老矣，尚能饭否？

第二章

玩掉江山的主子——少帝刘义符

少帝刘义符（406—424年），字车兵，宋武帝刘裕长子，母张夫人张阙。刘义符是刘宋王朝的第二位皇帝，永初三年（422年）至景平二年（424年）在位。仅使用了1个年号：景平（2年）。

义熙二年（406年），刘义符生于京口。义熙十二年刘义符10岁时，拜豫章公世子。元熙元年（419年），进为宋太子。永初元年（420年）八月二十一日，宋武帝立刘义符为皇太子。

永初三年（422年）五月二十一日，刘裕去世，刘义符即皇帝位，时年17岁，下令大赦。尊皇太后萧文寿（武帝刘裕的继母）为太皇太后；封太子妃司马茂英为皇后。司马茂英是晋恭帝司马德文的女儿海盐公主。

景平元年（423年）正月初一，刘义符大赦天下，改年号为景平。二十一日，刘义符下诏，征召豫章太守蔡廓为吏部尚书。蔡廓对尚书令傅亮说："官员的任免和升迁调补的权力，如果全部交给我，我就接受，否则，我将不接受任命。"于是不接受任命。

二月初十，太皇太后萧氏去世。三月十五日，安葬孝懿皇后于兴宁陵

（今江苏丹阳丹徒镇）。七月，刘义符尊母亲张夫人（张阙）为皇太后。

早先，刘义符在为其父宋武帝刘裕服丧期间，与左右侍从亲昵轻佻，嬉戏游乐，不能自我节制。以特进（为引见之称）衔退休的范泰呈上一本用皂囊（黑绸口袋）封板的奏章，说："我听说陛下常常在后花园习武练功，鼓虽在宫中，鼓声却远传宫外，在禁宫深院，打闹砍杀，又在朝廷各部公堂之间，喧哗嘶喊。如此，则不但不能威服四方夷族，而只能使远近各邦觉得怪诞不经。陛下即位以来，把政务都交给了宰相大臣，实际上同商朝的高宗武丁一样，有着服丧期间闭口不言的美誉。想不到您却与小人亲近，恐怕这不是治理国家的好办法和维持世风的好策略。" 刘义符没有理会范泰的劝告，依然我行我素，引起了大臣们的强烈不满。

景平二年（424年）三月，司空徐羡之等人密谋策划废黜刘义符。徐羡之等人因南兖州刺史檀道济是宋武帝时代的大将，威望震慑朝廷内外，而且掌握强大的军队。于是，征召檀道济及江州刺史、卫将军王弘入朝。五月，2人先后抵达京师建康，徐羡之等将废黜刘义符的计划告诉了他们。

当时，刘义符在皇家华林园（今南京鸡鸣寺一带）造了一排商店，亲自买入卖出，讨价还价。就像东汉的汉灵帝刘宏一样，在后宫中设列市肆，让宫中的婢女嫔妃打扮成买东西的客人，而他自己扮作是卖货物的商人。

这天傍晚，刘义符率左右游逛华林园天渊池，划船取乐。夜里就睡在龙舟上。他无论如何也没想到，第二天清晨醒来时，他的江山就没了，他的皇位也被他弟弟刘义隆所取代。

五月二十五日凌晨，由檀道济引兵开路，徐羡之等随后继进，从云龙门入宫。邢安泰等已先行说服了皇家禁卫军，所以没有人出来阻挡。刘义符还没有起床，军士已经闯入，杀掉刘义符的两个侍从，砍伤刘义符的手指，将刘义符扶持出东阁，收缴了皇帝的玉玺和绶带，文武百官向他叩拜辞行，由军士将刘义符送回到他的故居太子宫。

侍中程道惠劝徐羡之等人拥立南豫州刺史刘义恭（刘裕第五子）。徐羡之等却认为宜都王刘义隆一向有很高的声望，又多有祥瑞之兆出现，于是，就宣称奉皇太后之命，列举刘义符过失之罪，废为营阳王，而由宜都王刘义隆继承皇帝之位，赦免死罪以下人犯。又声称奉皇太后之命，收回皇帝印信，贬皇后司马茂英为营阳王妃，将营阳王送到吴郡（今江苏苏州），由檀道济入宫守卫朝堂。营阳王抵达吴郡后，被软禁在金昌亭。

六月二十四日，徐羡之等派中书舍人邢安泰，前去刺杀营阳王刘义符。营阳王年轻力壮，奋战突围，逃出昌门。追兵用门闩捶击，将营阳王打翻在地后杀死。年仅19岁。在位仅2年。营阳王死后葬于建康（今南京），谥为少帝，无庙号。

就这样，刘义符只因一个“玩”字，玩掉了皇位，玩掉了江山，也玩掉了自己的性命。

第三章

元嘉毁于子杀父——文帝刘义隆

太祖文皇帝刘义隆（407—453年），小字车儿，宋武帝刘裕第三子，刘义符二弟，刘宋王朝第三位皇帝。景平二年（424年）至元嘉三十年（453年）在位。仅使用了1个年号：元嘉（30年）。

义熙三年（407年），刘义隆生于京口（今江苏镇江）。5岁时，生母胡婕妤（胡道安）被父亲赐死。义熙十一年（415年），刘义隆被封彭城县公。永初元年（420年）六月十七日，被封为宜都（今湖北宜都）王。

景平二年（424年）六月二十四日，刘义符被杀后，尚书令傅亮率领行台（台省在外者称行台）的文武百官，前往江陵迎接刘义隆。随行的祠部尚书蔡廓走到浔阳（今江西九江），患病不能继续前进。傅亮与蔡廓辞别时，蔡廓说："如今营阳王刘义符在吴郡，朝廷的供奉应十分优厚。万一发生不幸，你们几人有弑君之罪名，到那时候，仍想活在世上就难了！"当时，傅亮已经与徐羡之商量好，决定谋害营阳王刘义符，听了蔡廓这番话后，便急忙写信给徐羡之，阻止这次行动，但已来不及。徐羡之大怒，说："与人共同商议的计划，怎么能够转过身就改变主意，而把恶名加给别人呢！"徐羡之等又派人杀死了流放在新安的庐陵王刘义真。

七月，行台到达江陵（今湖北江陵），把象征性的宫城城门立在城南，题名“大司马门”。傅亮率领文武百官前往“大司马门”，呈上奏章、皇帝玉玺和服装，仪式盛大隆重。刘义隆当时年仅18岁，发布文告说：“我无才无德，蒙上天错爱降下大命。我实在惶恐惊悸，怎么能够担负起如此大任！现在暂且回到京师，哀祭祖先陵墓，并与朝中贤能的大臣陈述我的意见，希望诸位大臣体谅我的用心，不要再说别的。”荆州府州长史及其他辅助官员一律称臣，并请求仿效国都宫城，更改各门名称。刘义隆一概不许。刘义隆左右将领和亲信闻知营阳王刘义符、庐陵王刘义真2人被杀，都认为可疑，劝刘义隆不要东下，刘义隆不听。

十五日，刘义隆一行从江陵出发。当他问及刘义真及少帝刘义符被废杀的经过时，不胜哀恸，悲哭不止，两旁侍从都不敢抬头。傅亮汗流浃背，张口结舌不能应对。中兵参军朱容子，手抱佩刀，衣不解带地守卫在刘义隆所乘船舱门外。

八月初八，刘义隆抵达京城建康，朝廷文武百官都赶赴新亭迎接叩拜。徐羡之问傅亮说：“宜都王可以比历史上的谁？”傅亮说：“比晋文帝（司马昭）、景帝（司马师）还要高明。”徐羡之说：“他一定明白我们的一片忠心。”傅亮说：“未必。”

初九，刘义隆拜谒了其父宋武帝的陵墓初宁陵。朝廷的文武百官呈上皇帝的印信，刘义隆推让了几次才接受，在中堂继承了皇位。然后又乘坐皇帝专用的法驾入宫，登太极前殿，下令大赦，改年号为元嘉，文武百官一律加官二等。

初十，刘义隆祭拜皇家祖庙。下诏恢复刘义真庐陵王的封号，将刘义真的灵柩及刘义真的母亲孙修华、刘义真的正室谢妃，迎回建康。

十二日，刘义隆下诏，命代理荆州刺史谢晦改为实任。谢晦赴任前，向祠部尚书蔡廓辞行，屏去左右侍从，问蔡廓：“你看我能够幸免吗？”蔡廓说：“你们接受先帝临终托孤大事，以社稷的兴衰为己任，废黜昏庸无道的君主而改立英明的皇帝，从道义上讲，没有什么不可。可是，杀害人家的两个哥哥，却又北面称臣，则有震主之威。你又镇守长江上游重镇，这样，以古推今，你恐怕在劫难逃。”谢晦这才开始害怕起来，等到船只离岸，谢晦回首顾望石头城，按捺不住内心的喜悦，说：“今日终于得以脱险了！”

十五日，刘义隆下诏，擢升司空徐羡之为司徒，王弘进升为司空，傅亮加授开府仪同三司，谢晦则加授卫将军，檀道济进号征北将军。十六日，刘义隆追尊生母胡婕妤为章皇太后，并为之立庙于京师。封皇弟刘义恭为江夏王，刘义宣为竟陵王，刘义季为衡阳王。任命刘义宣任左将军，镇守石头城。

九月十八日，封王妃袁齐妫为皇后。袁齐妫，陈郡阳夏（今河南太康）人。袁皇后生太子刘劭、东阳公主刘英娥。

起初，文帝刘义隆待袁皇后恩礼甚笃，袁皇后的娘家贫穷，便常请求文帝拿钱资助，但文帝生性节俭，给的钱也只是三万五万而已。文帝的潘淑妃很得宠，常自称只要请求皇上，没有什么得不到的。袁皇后听说这事，不知是真是假，便假借潘淑妃的名义向文帝要30万回家，没想到才一晚上文帝就将钱拨下来了。为此袁皇后相当气愤，便假称自己身体不适，再不与文帝见面。文帝每次要来见她，她都回避不见。最后袁皇后终于怨恨成疾。

袁皇后病危之际，文帝前来看望她，哭着握着她的手，问她有什么遗言要交代。袁皇后只是看着文帝很久，一句话也没说，然后用被子把头蒙起来，再也不看他。不久，袁皇后在显阳殿病逝，时年36岁。

文帝甚相悼痛，诏前永嘉太守颜延之（南朝宋文学家）作哀策，辞藻之华丽凄婉，几乎能与司马相如为汉武帝刘彻的陈皇后（陈阿娇）所作的《长门赋》相媲美。文帝并以“抚存悼亡，感今怀昔”八字致意。有司建议给她谥“宣”，刘义隆亲自定其谥号为“元”，故称其为“文元皇后”。

三年（426年）正月十六日，文帝下诏公布徐羡之、傅亮、谢晦杀害营阳王刘义符、庐陵王刘义真的罪状，命有关部门逮捕诛杀。这就应验了当年傅亮的判断。

这天，文帝下诏召见徐羡之、傅亮。徐羡之走到建康城西明门外，谢皭（jiào）正在值班，派人飞报傅亮说："殿内举动异常！"傅亮马上借口嫂嫂生病，暂时回家，派人通知徐羡之。徐羡之回到西城，乘坐宫廷内部人出差的车逃出建康城，又步行走到新林（今南京雨花台区板桥河，古名新林浦，亦名新林港），在一个烧陶器的窑里，自缢身亡。傅亮乘车逃出建康城，再骑马奔其兄傅迪的墓园，被屯骑校尉郭泓逮捕。

在建康城北广莫门，文帝派中书舍人拿诏书给傅亮看，对他说："因你当初在江陵迎驾时，态度至为诚恳，所以饶恕你的儿子们不死。"傅亮读过诏书说："我出身平民，蒙先帝垂爱，赋予托孤大任。废黜昏君，迎立明主，全是为国家百年大计。要想把罪过强加在我身上，还怕没有借口吗？"于是，傅亮被杀，他的妻室和子女被放逐到建安（今福建建瓯）。又斩杀了徐羡之的两个儿子，而饶恕了他的侄儿徐佩之。诛杀了谢晦的儿子谢世休，逮捕了谢皭。

辅国府中兵参军乐冏（jiǒng），派人报告谢晦，说徐羡之、傅亮等已被杀。于是，谢晦先为徐羡之、傅亮举行祭礼，又为弟弟及儿子发布死讯，然后走出虎帐统领军队。

谢晦当年随武帝刘裕南征北讨，经验丰富，所以发号施令，指挥调动兵马，莫不切实妥当，几天之间，人们从四面八方投奔谢晦，很快就聚集了精兵30000人。于是，谢晦上表，盛赞徐羡之、傅亮等都是忠贞之臣，却遭受横暴的冤杀，又说："我们这些人如果想长久地把握权柄，不一心为国家着想，当初在废黜营阳王时，陛下您远在荆州，武皇帝的儿子中还有幼童，我们完全可以拥戴小皇帝，发号施令，谁敢说个不字！怎么会逆流而上3000里，虚位70多天，去迎接陛下的鸾旗！现在，我要发动大军，以清除陛下身边的邪恶之徒。"

文帝下诏戒严，实行大赦，然后率军讨伐谢晦。二月十一日，文帝从建康出发，命令王弘与彭城王刘义康留守京师建康，进驻中书下省，侍中殷景仁也参与负责留守京师的任务。文帝的姐姐会稽长公主刘兴弟住进皇宫，总管后宫事务。

十九日，檀道济率领的官军舰队挺进到忌置洲尾（今湖北洪湖西南），战舰排列着渡过长江。谢晦的军队一触即溃，全军大败。谢晦在夜色的掩护下出走，投奔巴陵，找到一艘小船回到江陵。

谢晦逃回江陵，又携同他的弟弟谢遁等人共7匹马向北逃去。三十日，谢晦一行才逃到安陆延头（今湖北黄陂县西），被当地戍守的将领光顺之俘虏，用囚车送到京师建康。

文帝下令斩谢晦、谢皭、谢遁以及他们兄弟的儿子，同时被斩的还有谢晦的同党孔延秀、周超等人。

四年（427年）二月十一日，文帝前往丹徒（今江苏镇江），祭拜祖陵兴宁陵（刘翘陵）。最初，武帝刘裕在当了皇帝之后，下命把他幼年贫穷微贱时所用耕田农具收藏起来，以展示给子孙。文帝抵达故宫（刘裕登大位后，将旧宅改为丹徒宫），看到父亲早年用过的那些耕具，深感惭愧。他身边侍臣中有人进言说："当年大舜亲自在历山耕田种地，大禹也曾亲自治理水土。陛下不看到这些遗物，怎么能够知道先帝崇高的仁德和耕种的艰难呢！"

文帝自从即位以来，就有收复黄河以南失地的雄心。元嘉七年（430年）三月初二，文帝下诏挑选披甲精兵50000人，分配给右将军到彦之，并责令到彦之统率安北将军王仲德、兖州刺史竺灵秀带水军进入黄河。同时，文帝又派骁骑将军段宏率领精锐骑兵8000人，直指虎牢（今河南荥阳）。命令豫州刺史刘德武率军10000人随后进发；命令后将军、长沙王刘义欣统兵30000人，监征讨诸军事。

九年（432年）三月初六，宋卫将军王弘晋升为太保，加授中书监。十三日，征南大将军檀道济晋升为司空，回浔阳镇守。五月二十九日，太保、华容文昭公王弘去世。王弘聪明敏捷有思想，但往往轻率行事，威仪不足以使人佩服。他性情狭隘偏激，常常侮辱别人，人们因而对他表示不满。他虽然地位尊崇，又是朝中显贵，却不营求财利。到了去世的时候，家里竟没有多余的财产。文帝听说后，特地赏赐王弘的家属钱100万，米1000斛。

六月二十九日，朝廷任命江夏王刘义恭为都督南兖等6州诸军事，开府仪同三司，南兖州刺史；任命临川王刘义庆为都督荆、雍等7州诸军事，荆州刺史；任命竟陵王刘义宣为中书监，衡阳王刘义季为南徐州刺史。当初，武帝刘裕认为，荆州是长江上游的军事重镇，土地辽阔，财物和军事实力占全国的一半，所以临死前下遗诏，命令必须由皇子来镇守。文帝刘义隆认为刘义庆是宗室子弟，并有美好的声誉。何况他的父亲烈武王刘道规，对宋国的建立有大功，所以特别擢用了他。

刘义庆（403—444年），字季伯，彭城（今江苏徐州）人，武帝侄子，南朝文学家。袭封临川王，曾任荆州刺史、江州刺史等职。刘义庆自幼才华出众，爱好文学。除《世说新语》外，还著有志怪小说《幽明录》。

《世说新语》是我国最早的一部笔记小说集。在中国文学史上具有重要地位，鲁迅先生称它为“名士的教科书”。

秘书监谢灵运，是当朝的诗人，东晋名将谢玄的孙子。他喜欢游历山川，探险搜奇。跟从他游玩的常有几百人，往往在山林中伐木开路，当地百姓不胜惊恐，以为是山贼前来抢劫。会稽太守孟凯与谢灵运有矛盾，上疏朝廷，指控谢灵运心怀不轨，阴谋叛乱，并且发动军队防备。谢灵运亲自赴皇宫门前，为自己申辩，文帝任命他为临川内史。

谢灵运任职后，仍然寻游放纵自若，全然不管郡中政事，被有关部门弹劾。元嘉十年（433年）年末，司徒刘义康派使节随同州从事（即从吏史）郑望生，前往逮捕谢灵运。谢灵运反而将郑望生逮捕，率领军队逃走。写下诗句云：“韩亡子房奋，秦帝鲁连耻。本自江海人，忠义感君子。”将刘宋王朝比作暴秦政权，并以张良、鲁仲连自比，暗示要像他们那样为被灭亡的故国复仇雪耻。

朝廷立即派兵追赶讨伐谢灵运，并将其生擒。廷尉上奏朝廷说，谢灵运率众反叛朝廷，论他的罪刑，应判死刑。文帝怜惜谢灵运的才华，打算只免掉他的官职，不必伏法。彭城王刘义康却坚持认为，谢灵运的罪过不宜宽恕。文帝下诏，谢灵运减罪一等，流放到广州。

过了一段时间，有人告发谢灵运命人购买兵器，结交武士，打算在夺取三江口后反叛，没有成功。刘义隆下诏，将谢灵运在广州就地斩首，弃市示众，终年49岁。

十三年（436年）正月初一，文帝患病，不举行朝会。二月，司空、江州刺史、永修县公檀道济，在刘裕时代就立下奇功，享有很重的威名。他左右心腹战将都身经百战，几个儿子都有才气，文帝对他又猜忌又畏惧。这时，文帝久病不愈，领军将军刘湛劝说司徒刘义康说："皇上一旦驾崩，檀道济将不可控制。"正巧文帝的病情加重，刘义康劝说文帝，征召檀道济入京朝见。檀道济的妻子向氏对他说："高于当世的功勋大臣，自古以来都易被猜忌。如今没有战事却召你入京，大祸降临了。"檀道济来到建康以后，文帝留他在京一个多月。文帝病情稍稍好转，就要遣送他回到任所，船已下到码头，还没有出发。而文帝的病情突然加重，刘义康假传圣旨召回檀道济到祭祀路神的地方，声称为他设宴饯行，将他逮捕。三月初八，宋文帝下诏称："檀道济暗中散发金银财物，招募地痞无赖。乘我病重之时，图谋不轨。"将檀道济交到专管司法的廷尉处理，连同他的儿子、给事黄门侍郎檀植等11人，一并诛杀，仅仅饶恕了他年幼的孙子。同时，又杀死了司空参军薛彤、高进之2人，他们都是檀道济的心腹爱将，勇猛善战，当时的人把他们比作关羽、张飞。

檀道济被收捕时，愤怒气盛，目光如炬，片刻间便饮光一斛酒。临刑前，檀道济把头巾狠狠地摔在地上愤怒地喊道："你们这是在自毁长城啊！"

北魏人听到檀道济被杀的消息非常高兴，都说："檀道济死了，东吴那些竖子（对人的蔑称）就没有值得我们忌惮的了。"

十五年（438年）四月，文帝迎娶已故黄门侍郎殷淳的女儿为太子刘劭的正妃。

十六年（439年）十二月十六日，文帝为太子刘劭举行冠礼，大赦天下。

刘劭眉目清秀，喜欢读书，擅长骑马射箭，喜爱延接宾客。只要他有所要求，文帝都予以满足。于是刘劭在东宫设置亲兵的数目与羽林军相等。

十七年（440年），司徒刘义康独揽朝政大权。文帝多年患病，稍微操劳，旧病就复发，多次病危。刘义康对文帝尽心侍奉，药物非经自己亲口尝过，绝不让文帝服用，有时一连几夜都不睡觉。朝廷内外的大小事务，他都一个人决定施行。因为生性就喜爱办理公务，所以阅读公文、处理诉讼等政务，他都处理得无不精密妥善。文帝因此将很多大事都委派给他。刘义康只要有奏请，立即就获批准。州刺史以下官员的人选，文帝都授权刘义康选拔任用。至于赦免和诛杀这类大事，有时刘义康就以录尚书事的身份裁决。因而，刘义康的势力倾动远近，朝野上下的各方人士，都集中在他周围。每天早晨，刘义康府第前面常有车数百辆，刘义康对来访客人亲自接待，从不懈怠。刘义康记忆力极强，一经耳闻目睹，终生不忘，他喜好在大庭广众的场合下，提起自己记忆中的事情，用来显示自己的聪明才干。许多有才能的士大夫，都被他委以重任。刘义康曾对领军将军刘湛说："王敬弘、王球这些人，有什么能力？坐享荣华富贵，真让人费解！"

然而，刘义康一向没有学问，不识大体，朝中有才干的士大夫都被他延聘到府中来，府中没有才能的，或冒犯他的幕僚，都被贬斥到朝廷机构任职。他自以为，兄弟之间是至亲手足，因此他也不严格用君臣的礼节约束自己的行为，常常任性行事，从不考虑他的行为是否会触犯禁忌。他在府中私养僮仆6000多人，未曾上奏朝廷。各地进贡的物品，都把上品呈献给刘义康，而把次等的呈献给文帝。有一年冬天文帝吃柑，叹息柑的外形和味道太差。刘义康说："今年的柑也有好的！"于是派人到府中去取，取来的柑比进贡文帝的直径大3寸。当时朝廷内外，只知有彭城王，不知有皇上。

领军将军刘湛与仆射殷景仁结怨很深。刘湛打算倚靠刘义康的势力，排挤殷景仁。当时刘义康的势力十分强盛，刘湛更加推崇他的权势，使刘义康对文帝不能再保持臣属的礼节，文帝的内心很不平静。

仆射殷景仁秘密报告文帝说："相王刘义康权势太重，并非国家久远的考虑，应该对他稍加抑制！”文帝心里暗暗同意。文帝一度病重，命刘义康起草托孤诏书。刘义康回到府中，痛哭流涕地告诉刘湛和殷景仁。刘湛说：“治理国家，不胜艰难，怎么是年幼君主所能胜任的！”等到文帝愈后，略微听到这些情况。此时，刘湛、刘斌等人却加紧活动，秘密策划，打算让刘义康登上帝位。

这年九月，文帝认为司徒、彭城王刘义康的猜忌怨恨已经明显，势必酿成祸乱。十月，文帝命令逮捕刘湛交付廷尉，并且下诏公布刘湛的罪行，在狱中就地处决。同时斩杀了刘湛的儿子刘黯、刘亮、刘俨以及刘湛的党羽刘斌、刘敬文、孔胤秀等8人。这天，文帝命令刘义康进宫值班，随即将他软禁在中书省。文帝派人将刘湛等人的罪状传达给刘义康。刘义康上疏请求辞职，文帝下诏命刘义康为江州刺史，仍然保留侍中、大将军职，出京（今南京）镇守豫章。

彭城王刘义康被软禁在中书省10多天后，晋见文帝并辞行（出京镇守豫章）来到码头。文帝见到他时，悲伤痛哭，没有一句话。文帝派僧人慧琳去看望他，刘义康说：“您看我还有回到京师的可能吗？”慧琳说：“真遗憾你不多读几百卷书！”

过了很久，文帝驾临会稽公主（刘裕嫡长女刘兴弟）家赴宴，兄弟姐妹在一起非常愉快。突然，会稽公主起身跪在地上，再拜叩头，不胜悲伤。文帝不明白她的用意，亲自把她扶起来。会稽公主说：“车子（义康）到了晚年，陛下一定不能容他，今天特地求你饶他一命。”随后痛哭不止。文帝也泪流满面。他指着蒋山（今南京紫金山）说：“你不必担心。我如果违背今天的誓言，就是辜负了高帝。”于是，把正在饮用的酒封起来，送给刘义康，附一封信说：“我与会稽姐宴饮，想起了你，把剩下的酒封起来送给你。”因此，会稽公主在世的日子里，刘义康得以平安。

二十二年（445年）九月十七日，文帝在建康城广莫门外宣武场的武帐冈（皇帝的行宫）为衡阳王刘义季（刘裕第七子、文帝弟）饯行。文帝将要离开皇宫时，他告诉儿子们暂时不要吃东西，等到达送别刘义季的地方再设宴进餐。直到太阳西斜，刘义季还没有来到，大家饿得脸色很难看。文帝这才对大家说："你们从小生活在富裕安适的环境中，看不到老百姓生活的艰难。今天就是想让你们知道还有饥饿困苦，让你们以后知道使用东西要节俭罢了。"

二十三年（446年）六月，建康北湖中有黑龙见，刘宋文帝下令：筑北堤，立玄武湖于乐游苑北。从这一年起，古称桑泊，东吴的练湖、后湖、蒋陵湖，以及东晋时称的北湖被"玄武湖"一名取代，沿用至今已有1500多年。

二十七年（450年）六月，文帝想要攻伐北魏，丹阳尹徐湛之、吏部尚书江湛、彭城太守王玄谟等人都赞成和拥护，只有左军将军刘康祖认为："今年已到年半，等到明年再说。"文帝说："北方老百姓苦于北方蛮虏的虐政，反抗义军不断兴起，我们停兵延迟一年进攻，就会使这些义军的抗暴之心受挫，我们不能这么做。"太子步兵校尉沈庆之进谏说："我们是步兵，他们是骑兵，在攻势上我们敌不过他们。"

沈庆之坚持不该现在讨伐北魏的意见，于是，文帝就让徐湛之、江湛同他辩论。沈庆之说："治理国家就像治理自己的家一样，耕田种地的事，应该请教种地农夫，纺织的事该问纺织婢女。陛下您现在想要去讨伐一个国家，却和白面书生们谋划大略，这对大事又有什么帮助呢？"文帝大笑。

北魏国主拓跋焘听说刘宋文帝要率领大军大举北伐，就给文帝去信说："我们两国和好的时间已经很长了，可你却贪得无厌，引诱我边境的老百姓。今年春季我南下巡察，顺便去看看我那些逃亡到你那里的人民，驱赶他们回到自己的土地上。现在听说你打算自己亲自来，倘若你能到中山（原后燕都城，今河北定州）及桑干川，就请随便行动。来的时候，我不迎接，离开这里我也不相送。如果你已厌倦你所居住的国土，那么，你可以到平城（今山西大同）来居住，我也前去扬州（总官府设在丹阳，今南京）居住，我们不妨易地而居。你已有50岁了，还未曾迈出过家门口，虽然你自己有力量前来，你也不过像3岁的孩子，同我们生长在马背上的鲜卑人相比，你该是个什么模样呢？我们也没有多余的东西可以送给你，现在暂且送给你12匹猎马和毛毡、药物等。你从很远的地方来此，你的马力不足，可以乘我送给你的马。或许有时水土不服，可以吃我送去的药自己治疗。”

过去皇帝说话也很搞笑，拓跋焘在信中极尽讥讽调侃之能事，将宋文帝奚落了一番。

七月十二日，文帝下诏说：“蛮虏魏虽然近来被我们挫败，但是，他们野兽般的心并没有除去。最近，朝廷得到河朔、秦、雍等州的汉族和戎族人士上疏表奏，他们都诉说了自己的痛苦，举踵翘首地等待我们前去拯救，他们已经暗中秘密相互联合起来，等待朝廷派去的军队。甚至柔然汗国也派遣秘密使节，从小路赶来向我朝廷表达他们的诚意，发誓联合夹击，向北征伐的机会，正在这天。现在，可派遣宁朔将军王玄谟率领太子步兵校尉沈庆之、镇军咨议参军申坦率领水军进入黄河，受青、冀二州刺史萧斌的督统。太子左卫率臧质、骁骑将军王方回直接到许昌、洛阳。徐、兖二州刺史、武陵王刘骏，豫州刺史、南平王刘铄各自统领自己的部队，在东西两个方向一起举兵进攻。”

此时，刘宋在全国进行大规模动员，上起王公、王妃、公主，以及朝廷官员、牧守，下到富有的民众，每人都捐献出金银、玉帛及其他物品来援助国家的用度。因为兵力不足，又动员并征召了青州、冀州、徐州、豫州、北兖、南兖6个州郡的青壮年，以每三个壮丁抽一人、每五个壮丁抽二人的比例进行征召，也可以雇用他人代替参军。命令到达之日起，10天时间整理行李衣物，然后出发。

宋军建武司马申元吉率领军队向前趋近。十七日，北魏济州（今山东济宁）刺史王买德弃城逃跑。刘宋青、冀二州刺史萧斌派遣将军崔猛攻打乐安（今山东高青县），北魏的青州刺史张淮之也弃城逃走。

北魏朝廷众大臣听说刘宋发兵攻击，马上报告给了拓跋焘，请求派遣兵力抢救黄河沿岸储存的粮食、布帛。拓跋焘说：“现在我们的战马还没有养肥，天气还处于炎热期，我们反击，一定不会取胜。倘若宋军不断地前进，我们暂且撤退到阴山（今内蒙古自治区中部）躲避一下。我们鲜卑人本来就是穿羊皮裤子的，要这些棉布丝帛有什么用！只要拖到十月，我就没有什么可忧虑的了。”

在伐魏初期，宋军很顺利。但是十一月以后，北魏国主果然大举南下反攻。十一月二十六日，北魏国主抵达彭城（今江苏徐州），在戏马台（今江苏徐州中心区户部山岗上）上设立毡屋行宫，以此来侦望和观察城内情况。

十二月十五日，北魏国主抵达瓜步（又作瓜埠，今南京六合区），毁掉老百姓的房舍，又砍伐芦苇建造小筏，声称要南渡长江。建康受到震惊，一片恐怖，老百姓都挑着担子站在那里，准备随时逃走。二十七日，建康城内外戒严。丹阳境内所有的壮丁以及王公以下的子弟，全都服役从军。刘宋文帝又命令领军将军刘遵考等率军分别据守沿江渡口及险要地带，巡逻上起于芜湖（今安徽芜湖），下到蔡洲（南京江中小岛），江面排列着一排排的船只，且沿岸相互连接，从采石矶（今安徽马鞍山）一直到暨阳（今江苏江阴），长达六七百里。太子刘劭率领军队镇守石头城，全权指挥水军。丹阳尹徐湛之镇守石头城所属仓城。

文帝登临石头城，不禁面露忧色，对江湛说：“当初我们决定向北征伐时，赞同的人本来就很少。如今将士、百姓劳顿怨苦，我们不能不感到惭愧。我为大家带来了灾难，这是我的过失。”又说：“如果檀道济仍然在世，岂能让胡虏军马跑到这里来！”14年前文帝杀了檀道济，至今仍后悔不已。文帝又登上幕府山（今南京中央门外），观察形势，下诏悬赏购买拓跋焘及其王公的首级，许诺若有成功者就加封爵位，赏赐金银绸缎。同时，文帝又派人把用野葛酿成的毒酒放在空无人烟的荒村，想毒死北魏将士，但没有成功。

拓跋焘看到刘宋防卫严密，撤军而回。魏军沿途掠夺，江北赤地千里。

宋文帝这次北伐北魏，不仅输掉了战争，也输掉了元嘉盛世。刘宋国开始走向萧条衰败阶段。

元嘉二十九年（452年）三月，刘宋文帝听到北魏世祖（拓跋焘）去世，打算再次向北讨伐，司州刺史鲁爽也表示赞成。文帝征求其他文武官员的意见，太子中庶子何偃认为："淮河、泗水几个州郡，受到北魏入侵的创伤，至今还没有恢复过来，不应该轻举妄动。"文帝没有接受何偃的建议。

五月十九日，文帝下诏书说："残暴的胡虏穷凶极恶，自古至今都很少见，不用辛苦我们使用武力去讨伐，他就已经遭到上天的诛杀了。拯救快要淹死的人，荡涤世间污泥浊水，今天正是好机会。现在，我下令骠骑、司空二府各自统率自己的军队，东西相互呼应。对于起义立功、回到自己土地上的人，按照他的功劳的大小进行奖励酬劳。"于是，派遣抚军将军萧思话督统冀州刺史张永等，向碻磝（qiāo áo，今山东济宁）进攻；派鲁爽、鲁秀、程天祚率领荆州甲士40000万人向许昌、洛阳发起攻势；雍州刺史臧质率领他所统率的部众向潼关进军。沈庆之竭力劝谏文帝不要北征，文帝因为他与自己意见不同，不派他率军出征。但是，文帝3次北伐，3次均以失败告终。

吴兴（今浙江湖州）女巫严道育，自称不食人间烟火，能驱使鬼神做事。由于东阳公主刘英娥（文帝与袁皇后的女儿）婢女王鹦鹉的推荐，使得严道育也得以出入公主家。严道育对公主说："神灵将有吉祥物赏赐给公主。"晚上，公主躺在床上，果然就看见一道像萤火样的流光闪过，飞进竹制的书箱里，打开书箱一看，看见里面有两颗青色宝珠。自此以后，刘英娥和刘劭、刘浚3兄妹，都对严道育的巫术深信不疑。刘劭、刘浚2人犯了很多错误，为此也多次受文帝的责怪盘问，于是，2人就请严道育祈求鬼神，请求鬼神帮忙，要让文帝再也听不到他们犯的错误。严道育说："我已经替你们向上天诉说你们的情况，上天已经答应以后一定不会再让皇上知道你们的过失。"刘劭等对严道育更加尊敬，恭敬侍奉，给她立号为天师。从此以后，刘劭、刘浚就跟严道育、王鹦鹉及东阳公主刘英娥的家奴陈天与、黄门陈庆国一起从事巫蛊活动，他们用玉石雕刻了一座文帝的雕像，把它埋在含章殿前。刘劭又增补陈天与为太子宫的队主（队长）。

所谓"巫蛊"，就是用以加害仇敌的巫术，包括诅咒、射偶人和毒蛊等。古人认为以言语诅咒能使仇敌个人或敌国受到祸害；射偶人是用木头、泥土或纸张做成仇家偶像，暗藏于某处，每日诅咒之，或用箭射之，用针刺之，认为如此可使仇人得病身亡；毒蛊指用毒虫害人。汉代的法律明令禁止过巫蛊之术。

东阳公主刘英娥去世，王鹦鹉应该出嫁，但刘劭、刘浚惟恐他们的巫蛊活动会暴露出去。刘浚府中的辅佐、吴兴人沈怀远一向受刘浚的厚爱，刘浚就把王鹦鹉嫁给了他为妾。

文帝听到陈天与担任队主的消息后，责怪刘劭说："你所任用的队主、队副，为什么都是家奴？"刘浚知道以后，回信对刘劭说："那个人（指文帝）如果一直问个不休，正可以加速缩短他的余生，或许这也是值得大庆的日子即将到来了。"在刘劭和刘浚2人相互往来的信件上，经常把文帝称为"彼人"、"其人"，而把江夏王刘义恭称为"佞人"。

王鹦鹉以前曾和陈天与私通过，嫁给沈怀远以后，她害怕过去的奸情败露出去，就将此事告诉了刘劭，让刘劭派人暗地里将陈天与杀了灭口。陈天与被杀后，陈庆国害怕了，说："巫术害人之事，只有我同陈天与上下传达。如今陈天与死了，我也就岌岌可危了。"于是，就将以上所有事情全都报告了文帝。文帝听后大吃一惊，马上派人逮捕了王鹦鹉，搜查了她的家，在她家里搜取了刘劭、刘浚2人的几百封往来信件，信上所写的都是巫术和害人的话。又挖出了埋藏在含章殿前玉石雕刻的文帝像。文帝下令有关部门将这件事严加追查。严道育出走逃命，没有抓到。

三十年（453年），女巫严道育逃走之后，文帝派出人马，到各地严加搜捕，形势很紧迫。严道育把自己打扮成尼姑的样子，一直躲藏在太子宫内，后来又随始兴王刘浚到了京口。有时，她也出入当地居民张家。刘浚进京朝见文帝，又将她偷偷带回到了太子宫，打算携她一道前往江陵。二月十一日，文帝升殿，刘浚入殿，接受荆州刺史之职。当天，有人向朝廷告发严道育藏在居民张家，文帝派人突然前去搜捕，抓到了严道育的两个婢女，供说严道育已经跟着征北将军刘浚回到了京都（今南京）。文帝一直认为刘浚和太子刘劭已经赶走了严道育，现在忽然听说他仍然和严道育秘密来往，不禁大为惊异叹息，非常伤心。他命令京口官府把两个婢女押送到京师，等到调查完后，再决定如何定刘劭和刘浚的罪过。

在京都，潘淑妃（刘浚的生母）抱住刘浚，哭着说：“你上次与严道育一起进行巫咒蛊惑的事情败露，当时我还希望你能仔细反省自己的过失，哪里想到你还把严道育窝藏起来了！皇上气得不得了，尽管我跪下叩头乞求他开恩，都不能使他平息愤怒。现在这样，我活着还有什么用呢？你可以先把毒药给我送来，我该先行一步自杀，因为我实在不忍心看见你自己闯祸，弄得身败名裂啊！”刘浚听完，立刻挣脱母亲，跳起来说：“天下大事都要靠自己来解决裁断，我希望您能稍放宽心，我肯定不会连累您。”

文帝打算废黜太子刘劭，并要赐始兴王刘浚自杀。同时，另立刘宏（宋文帝第七子）为太子。可是，他又担心不符合长幼次序，因而，商议许久也决定不下来。就在文帝犹疑之际，无意中将这一计划告诉了潘淑妃。潘淑妃去告诉了儿子刘浚，刘浚骑马飞奔去告诉了刘劭。刘劭得知此事后，立刻和心腹陈叔儿、张超之等人谋划叛乱。

当初，文帝认为皇室力量强大，惟恐内部发生变难，因此，他特别加强了太子东宫的兵力，使东宫的兵力和羽林军的兵力差不多，有10000人。刘劭性情狡猾而又刚强勇猛，文帝对他一直有所依赖。

刘劭准备反叛时，每天夜里都要设宴犒劳东宫卫队的将士们，有时甚至亲自敬酒。王僧绰听说后，秘密报告给了文帝。这时正赶上严道育的两个婢女就要被押到朝廷。

刘劭伪造了文帝的诏书说：“鲁秀图谋反叛，命令你清晨守住宫门，率领众兵入宫。”刘劭又命令张超之等集合起平时特别豢养的士兵2000多人，让他们全副武装。接着，刘劭又召集内外巡逻队的正、副队长，事先作了安排，声称有紧急征讨。这天深夜，刘劭传唤前中庶子右军长史萧斌、左卫率袁淑、中舍人殷仲素和左积弩将军王正见，一同进入东宫。刘劭涕泪横流，对他们说：“主上听信别人的谗言，要将我治罪废黜。我自己反省并没有什么过失，不能被别人冤枉了。明天一早，我就该做出一件大事，希望你们和我共同努力。”说完，刘劭就从座位上站了起来，向在座各位下拜。大家听后都极为惊愕震憾，没有谁敢吭声。袁淑和萧斌都说：“自古以来都没有过这样的事情，希望再好好考虑考虑。”刘劭听后不禁勃然大怒，板起面孔。萧斌一看，感到害怕，就和其他人一起说：“我们自当竭尽全力执行您的命令。”袁淑听后，叱责他们说：“你们以为殿下是真要这样吗？殿下小时候曾经得过疯病，大概是疯病发作了。”刘劭听后更是怒不可遏，斜着眼睛看着袁淑说：“我的事能不能办成？”袁淑回答说：“你现在处在绝对不会被人怀疑的地位，怎么能做不到呢！只是担心你在做成之后，不会被天地所容，大祸也会马上随之而来。假使真有这种打算还可以收回。”左右之人把袁淑拉出去说：“这是什么事，怎么可以说半途而废呢！”

二月二十一日，皇宫宫门还未打开，刘劭身穿朝服，内穿戎装，与前中庶子、右军长史萧斌一同乘坐画轮车（轮毂有彩饰，故名），侍卫随从们和平时入朝朝见一样。刘劭拿出伪造的皇帝诏令给守卫说：“我奉皇帝旨令，要进宫讨伐叛逆。”又催促后面的队伍赶快前进。张超之等几十人从云龙门跑进了斋阁（书房），拔出佩刀直接来到合殿（书房后面的卧室）。文帝那天夜里和徐湛之屏退旁人秘密商谈直到第二天早上，蜡烛还没有熄灭，门前、台阶、窗外值班的卫士还在睡觉没有起床。

文帝见张超之进来，立刻举起身旁的小几（小桌子）来抵挡，5个手指全部被砍掉了，然后，张超之就将文帝杀了。文帝死时47岁，在位30年，元嘉30年的统治就此结束，也应验了孔熙先当年在狱中上书文帝的预言：“小心骨肉之间的祸变。”

徐湛之见状大吃一惊，起身向北窗奔去，还没有打开北窗，士卒们就杀了他。刘劭走到合殿中屋，听说文帝已死，立刻出来登临东堂。萧斌持刀站在一旁侍卫。接着，刘劭又派人从东阁门闯入后宫，杀了潘淑妃以及文帝生前的亲信左右几十人。同时，又紧急传召始兴王刘浚前来，让他率领手下士卒屯驻中堂。

此时，刘浚正在西州（今江苏省委党校东面）城，府舍人朱法瑜飞奔前来告诉刘浚说："宫内人声喧哗得很，宫门紧紧关着，路上传说太子谋反，还不知灾祸变化的结果如何。"刘浚听后，假装大吃一惊。然后，刘浚入宫拜见刘劭。刘劭告诉他说："潘淑妃已被乱兵所害。"刘浚说："这正是我一直盼望的事。"看看刘浚，自己的生母被杀，还说是"一直盼望的"，这刘浚也真可以。

文帝性情宽厚仁慈，恭谨勤俭，勤奋刻苦，从不荒怠朝廷政务。他遵循法规而不苛刻，对人宽容却不放纵。朝廷的文武百官都能久居职位。郡守、县宰也都以6年为一任期。官吏不轻易免职，百姓才有所依托。文帝在位30年间，刘宋境内，平安无事，人口繁盛。至于租赋徭役，从不增加，只收取常赋，从不额外征收。百姓早晨出去耕作，晚上回家休息，可以随意做事，安居乐业。乡里街巷之间，读书的声音不绝于耳。士大夫重视操守，乡下人也讨厌轻薄无识的人。江左的风俗，在这个时代最为美好。后代评论前世政治得失的人，都称道元嘉治世（元嘉之治）。

刘义隆有文元皇后袁齐妫和17位嫔妃。儿子：太子刘劭、始兴王刘浚、孝武帝刘骏、南平穆王刘铄、庐陵昭王刘绍、庐陵孝献王刘义真、竟陵王刘诞、建平宣简王刘宏、东海王刘祎、晋熙王刘昶、武昌王刘浑、宋明帝刘彧、始安王刘休仁、晋平王刘休祐、海陵王刘休茂、鄱阳哀王刘休业、临庆冲王刘休倩、新野怀王刘夷父、桂阳王刘休范、巴陵哀王刘休若等。女儿：临川长公主刘英媛、新蔡公主刘英媚、东阳献公主刘英娥等。

太初元年（453年）三月二十日，宋文帝刘义隆葬于长宁陵（今南京紫金山麓）。改谥文皇帝、庙号太祖。

第四章

太初又见弟弑兄——元凶刘劭

太子刘劭（422—453年），字休远，刘宋王朝四个月的昏君，宋文帝刘义隆长子，刘宋王朝第四位皇帝。太初元年（453年）二月至五月在位。

当初，文帝刘义隆的皇后袁齐妫生下刘劭时，端详婴儿良久，派人飞快报告文帝说："此儿相貌异常，将来一定会弄得国破家亡，不能养他！"就要动手将婴儿弄死。文帝急急忙忙赶到后殿门外，用手拨开门帘阻止，这才留下刘劭一命。刘义隆因为是在为父亲守丧期间生子，违犯礼教，所以他一直保密。闰正月初六，才对外宣布皇子刘劭诞生。

刘劭是宋文帝刘义隆即位后由皇后生的长子。在刘劭之前，很少有人即皇帝位后皇后生子，只有殷商的商纣王如此。帝乙登基后，正宫妃子生下纣王，然后被立为太子。这样的太子继位后不但不会有作为，还会祸害国家，商纣王就是这样，没有好下场。

史书上对刘劭有一个特别的称呼："元凶劭，字休远，文帝长子也。"刘劭出生3日，文帝去看他，本来帽子戴得很好，却无端坠落于刘劭身边。这岂不是在冥冥之中就意味着要在儿子面前掉脑袋？这使相信迷信的文帝很不开心。但是，因为刘劭是他即帝位后所生的长子，所以文帝对他还是相当宠爱，“年六岁，拜为皇太子”，“意之所欲，上必从之。东宫置兵，与羽林等”。后来刘劭也长得一表人才，能文能武。

元嘉二十七年（450年），刘劭曾上书劝阻其父皇刘义隆北伐。在魏军进抵江北时，刘劭还统帅水军出镇石头城，表现很不错。但是，刘劭想当皇帝心切，于是私底下搞了不少“巫蛊”的小动作。

三十年（453年）二月二十一日，刘劭杀了父亲文帝以后，假称文帝的诏令，征召大将军刘义恭、尚书令何尚之入宫，将2人囚禁在宫内。同时，又召集文武百官，但来的人才几十人。刘劭立刻继承帝位，颁布诏令说：“徐湛之、江湛二人图谋反叛，逆弑皇上。我率领士卒入殿，已经来不及，悲愤难挡，心肝欲裂。而今，罪恶之徒已被杀，元凶也被消灭，所以实行大赦，改年号为太初。”

刘劭登基后，立即宣称自己有病，回到了永福省（皇宫内宫）。他不敢亲自主持父亲文帝的葬礼，只是手持佩刀自己守护，夜里则点得灯火通明，以防备左右有人谋害他。刘劭任命萧斌为尚书仆射、领军将军何尚之为司空；命前右卫率檀和之镇守石头城，征虏将军、营道侯刘义綦镇守京口。

当时，武陵王刘骏（文帝第三子）屯驻五洲（今湖北浠水西南），沈庆之从巴水（今湖北麻城）前来请教军事方略。三月初二，典签（君主派亲信为典签，可直接向皇帝汇报地方诸王的行事表现）董元嗣从建康来到五洲，将太子刘劭反叛杀害父亲的事全都告诉给了刘骏和沈庆之，刘骏让董元嗣把这一消息告诉手下文武僚属。沈庆之偷偷对他的心腹说：“东宫中死心踏地地与刘劭一同作恶的人，不超过30人，除此而外都是被逼暂时屈从的，决不会为他效死力。如今，我们辅佐顺应天下人心的人前去讨伐叛逆之贼，不用担心不会成功。”

这时，刘劭给沈庆之写了一封密信，命令他杀了武陵王刘骏。沈庆之前来请求晋见刘骏，刘骏极为害怕，就以生病为借口拒绝和他见面。沈庆之却突然闯了进来，将刘劭的信拿给刘骏看，刘骏看后，哭着请求沈庆之允许他到内室跟自己的母亲诀别。沈庆之则说："我承受先帝的厚恩，今天的事情，我会尽我全部的力量。殿下您为什么对我有如此重的疑心呢？"刘骏听后方才醒悟，起身两次叩谢，说："个人和国家的安危，全在将军你。"沈庆之听后，立即下令全部文武百官收拾武器，进入临战状态。

十七日，刘骏下令戒严誓师。南谯王刘义宣、雍州刺史臧质，以及司州刺史鲁爽一起举兵响应。

二十二日，武陵王刘骏从西阳（今湖北黄州）出发。二十四日，到达浔阳。二十七日，刘骏命令颜竣向四方发布讨伐檄文，让他们共同讨伐刘劭。各州郡接到檄文，全都起来响应。

刘劭自认为自己从小就熟悉军事，对朝廷文武官员们说："你们只要帮助我整理文件书信就可以了，不必担心战场上的情况。如果有什么贼寇前来发难，我自己就能抵挡得了。只是怕贼寇们不敢有所举动罢了。"当他听到四方起兵前来讨伐时，才开始忧虑害怕起来。

四月初一，柳元景统领宁朔将军薛安都等12路兵马，从湓口（今江西九江县西）出发，司空中兵参军徐遗宝率领荆州军队在后面相接。初五，武陵王刘骏从浔阳发兵，沈庆之总领中军随在左右。这天，刘劭封立王妃殷氏为皇后。

初八，武陵王刘骏的声讨檄文传到建康。十一日，武陵王刘骏在鹊头（今安徽铜陵县西北）屯兵。十六日，武陵王刘骏抵达南洲（今安徽当涂一带），前来归降的人络绎不绝。十七日，军队又到达溧洲（今南京西南长江中小岛）驻扎。

二十四日，武陵王刘骏抵达江宁。二十五日，江夏王刘义恭单枪匹马，南下投奔声讨刘劭的大军。刘劭将刘义恭留在建康的12个儿子全都杀了。

此时，刘劭、刘浚焦虑忧心，束手无策。于是，就用皇帝专用的辇车，把蒋侯庙（今南京蒋王庙，供奉的是秣陵县尉蒋子文。东汉末年，他追逐盗贼，受伤后死于钟山，葬在钟山脚下，筑蒋王庙）供奉的蒋侯神像迎接到宫内供奉，向神像叩头，乞求神灵给予恩典，并拜蒋侯为大司马，封蒋侯为钟山王。

又拜苏侯（苏峻，曾帮助东晋明帝司马绍平定王敦之乱）神为骠骑将军。

二十六日，武陵王刘骏驻军新亭，大将军刘义恭上表，劝说刘骏登基即位。散骑侍郎徐爰在宫内骗刘劭说，自己要去追击刘义恭。于是徐爰出宫投奔了武陵王刘骏。这时，武陵王府内军事总部草草成立，大家都不知道朝廷的法令规章。正好徐爰来到，就让徐爰兼任太常丞，拟定安排皇帝即位时需要的礼仪。

元嘉三十年（453年）四月二十七日，武陵王刘骏在新亭即皇帝位，时年24岁，是为孝武帝。实行大赦，文武官员赐爵一等，随从讨伐的升二等。同时，将刘劭加给父亲的谥号撤掉，改称文皇帝，庙号为太祖。刘骏又任命大将军刘义恭为太尉、录尚书六条事、南徐州刺史。

这一天，刘劭也来到金殿平台，封皇子刘伟之为太子，实行大赦，只有刘骏、刘义恭、刘义宣和刘诞不在赦令之列。在此之前，刘劭已经杀死了长沙王刘瑾、刘瑾弟刘楷、临川王刘烨、桂阳侯刘觊、新谕侯刘球等多位宗室成员。

二十八日，刘骏任命南谯王刘义宣为中书监、丞相、录尚书六条事、扬州刺史，随王刘诞为卫将军、开府仪同三司、荆州刺史，臧质为车骑将军、开府仪同三司、江州刺史，沈庆之为领军将军，萧思话为尚书左仆射。三十日，又任命王僧达为右仆射，柳元景为侍中、左卫将军，宗悫（què）为右卫将军，张畅为吏部尚书，刘延孙和颜竣同为侍中。

五月初二，中书郎鲁秀等人招募突击的勇士去进攻朱雀航，大获全胜。王罗汉听到声讨大军已渡过秦淮河，就放下武器投降了，秦淮河北岸沿岸所有守军，纷纷奔逃离散，刀枪弓箭、战鼓仪仗，充塞了整个街道。这天夜里，刘劭关闭台城六门，紧紧防守。又在门内挖掘了壕沟，立起栅栏。京城内部一片混乱，丹阳尹尹弘等文武将士们都争先恐后地跳出城墙，向声讨军投降。刘劭在宫中焚烧了辇车以及加冕时的冠帽衣裳。萧斌命令他所统率的部队全体将士放下武器，脱下战服，从石头城举着白旗前来投降。

刘骏下诏，命令在军门外将萧斌斩首。刘浚劝说刘劭带着金银财宝逃向大海，刘劭认为众叛亲离，没有走成。

初三，刘骏军攻克刘劭所据守的东府城。初四，各路大军又攻克了台城（禁城），之后，又分别从各门涌进，在殿前会师，抓获了王正见，将其斩首。张超之匆匆逃到合殿皇帝御床的地方，被军中将士所杀，挖了他的心，掏了他的肠子，各路将士争着割下他的肉，生吞活剥了他。建平王等7王从被囚禁的地方号哭着逃了出来。

这时，刘劭已经挖通西墙，自己藏到了武器仓库的井里，被卫士队队副高禽抓住，他将刘劭捆绑在马上，送到了刘骏军营。当时，找不到传国玉玺，就问刘劭，刘劭说："玉玺在严道育处。"立刻派人到严道育处去拿，果然拿到玉玺。刘骏下令在牙旗下将刘劭和他的4个儿子全部斩首。刘劭终年31岁。

刘浚带领随从几十人挟持着南平王刘铄向南逃去，走到越城时遇到了江夏王刘义恭，刘浚翻身下马，说："南中郎刘骏现在在做什么？"刘义恭回答说："皇上现在已君临万国。"刘浚又问："虎头（刘浚小名）我来得不晚吧？"刘义恭回答说："实在遗憾，太晚了。"刘浚又问："我该不会被判死罪吧？"刘义恭回答说："你可以回到行宫，请求处罚。"刘浚又问："不知道皇上还能不能赐给我一个官职，让我为他效忠尽力？"刘义恭回答说："这不好估计。"于是，刘义恭就带着刘浚一起从越城往京师返，走到中途就把他斩了，同时也斩了跟着他的3个儿子。

刘劭和刘浚父子的头都被砍下来悬挂在朱雀航，他们的尸体也被拖到集市上暴尸示众。刘劭的妃子（皇后）殷玉英以及刘劭、刘浚所有的女儿、姬妾也都在监狱里被命令自杀。殷玉英临终前凄惨地说："汝家骨肉相残害，何以枉杀天下无罪之人。"狱丞斥道："都立你当伪皇后了，还说无罪！"殷玉英说："这是暂时的册封，马上就要立王鹦鹉为皇后了。"严道育、王鹦鹉等全都被押到街上，用皮鞭抽打至死，又焚烧了她们的尸体，骨灰被扔进长江。

五月初八，建康解除戒严。初九，刘骏前往东府城，文武百官分别向刘骏请求治罪，刘骏下诏不再追究。十二日，刘骏尊封母亲路淑媛为皇太后。十三日，封立妃子王氏为皇后。十六日，刘骏任命柳元景为雍州刺史。二十日，任命太尉刘义恭为扬、南徐二州刺史，并晋升为太傅，兼领大司马。二十二日，刘骏祭拜初宁（刘裕陵墓）、长宁（刘义隆陵墓）二陵。二十六日，刘骏任命南平王刘铄为司空，任命建平王刘宏为尚书左仆射，萧思话为中书令和丹阳尹。六月初五，刘骏返回宫内。初七，改任柳元景为护军将军，兼任石头戍事。

刘氏家族自相残杀，刘劭杀了父亲刘义隆，自己当了3个月的皇帝，又被自己的弟弟刘骏所杀。所以当时北朝人评价说："遥望建康城，小江（指秦淮河）逆流萦。前见子杀父，后见弟杀兄。"

第五章

如此乱伦开先河——孝武帝刘骏

世祖孝武皇帝刘骏（430—464年），字休龙，小字道民，文帝刘义隆第三子（母路淑媛）。刘宋王朝第五位皇帝。元嘉三十年（453年）至大明八年（464年）在位。共使用了两个年号：孝建（3年）、大明（8年）。

刘骏于元嘉七年（430年）八月出生。少机颖，神明爽发，读书七行俱下，才藻甚美，雄决爱武，长于骑射。十二年，立为武陵王，食邑2000户。十六年，都督湘州诸军事、征虏将军、湘州刺史，领石头戍事。二十八年，进督南兖州、南兖州刺史，当镇山阳。寻迁都督江州、荆州之江夏，豫州之西阳、晋熙、新蔡四郡诸军事，任南中郎将。

元嘉三十年（453年）二月，刘劭弑宋文帝，刘骏、刘义宣、臧质等举兵进讨。四月二十七日，刘骏在新亭登基，是为孝武帝。七月十四日，孝武帝颁下诏令，要求文武官员畅所欲言，对朝廷内政进行评说。二十一日，再次下诏，裁减细作署（专门制作金银器物、珠宝镶嵌和织作绫罗锦绣），并入尚方署（负责制造帝王所用器物）；宫廷雕刻和装饰，皇亲贵戚竟相贪利，一律加以禁绝。

孝建元年（454年）正月初一，孝武帝前往南郊祭天，改年号为孝建，实行大赦。二十八日，立皇子刘子业为太子。

刘劭被斩以后，刘义宣和臧质的功劳都列为第一等，于是他们又开始骄横跋扈起来，做事大都独断专行，横行霸道，他们向朝廷所要求的东西，没有不被依从的。刘义宣在镇守荆州10年期间，财产丰富，兵力强盛。朝廷颁布的法令章程，刘义宣只要不同意，就不遵照执行。臧质从建康前往江州就任时，带了1000多艘船，船队前后相接有100多里。孝武帝此时也正独揽大权，以显示自己的威严和权要。可是，臧质却把他当成一个不懂事的少年君主来对待，因此，有关行政、刑法和庆贺奖赏之类的事情，他都一律不奏请刘骏批准。臧质又擅自动用湓口和钩圻（今江西湖口）粮仓里的粮食，朝廷多次调查追问臧质这一事件，双方渐渐相互猜忌对立起来。

当时的丞相，荆湘二州刺史、南郡王（改封）刘义宣（宋武帝刘裕第六子）是刘骏的亲叔叔，他有4个女儿自幼养在皇宫里。个个杏眼桃腮，如花似玉，妩媚迷人。孝武帝刘骏生来好淫，见到美女就不能自制，管她是谁一概要求侍寝。就在这年，孝武帝奸淫了刘义宣留在建康的所有女儿，刘义宣听说后，十分气愤和怨恨。臧质就偷偷派遣密使前去游说刘义宣："您可以率领8个州的军队，缓慢地向前推进，兵临建康，那么，即使是韩信、白起（也叫公孙起，号称"人屠"，一生共歼灭六国军队约165万）转世再生，也不能为建康想出什么好的办法来。况且，如今少主丧失道德，丑名路人尽知。"让他借机起兵造反，刘义宣终于下定了决心。

豫州刺史鲁爽勇敢有武力，刘义宣平时一直跟他结交。刘义宣派密使偷偷把自己的决定告诉了鲁爽和兖州刺史徐遗宝，约定在这年的秋季共同发兵起义。使者到达寿阳时，正赶上鲁爽喝醉，他听错了密使向他传达的刘义宣的意思，而在当天就起兵反叛了。

二月，刘义宣得到鲁爽已经反叛的消息，他也只好仓促起兵响应鲁爽。孝武帝命令臧质逮捕自己的府佐（高级官署中的佐治官吏）鲁弘，臧质却把孝武帝派来的使节抓了起来，也起兵反叛。

刘义宣和臧质都上表，宣称自己受到皇帝左右小人的谗言陷害，因而起兵，打算杀了皇帝身边的邪恶之徒。

此时，刘义宣兼有荆州、江州、兖州、豫州4个州的军事力量，其声势浩大，威震远近四方。孝武帝刘骏有点沉不住气了，打算奉上皇帝专用的法驾和专用器物迎接刘义宣，但竟陵王刘诞坚决反对，说："你怎么能将帝位轻易地让给他人？"刘骏才没有这么做。

二月十二日，孝武帝任命领军将军柳元景为抚军将军。二十四日，又任命左卫将军王玄谟为豫州刺史。下令柳元景统领王玄谟等各路将士讨伐刘义宣。二十六日，柳元景进军占据梁山洲（今安徽和县南的长江西岸），在梁山洲两岸修筑月牙形阵地，从水路和陆路同时准备，等待迎战。

三月十一日，刘义宣亲自率领10万大军从江津（今重庆江津）出发，船只相继连绵几百里。刘义宣命令臧质做前锋率军前进，鲁爽率领军队南下，直奔历阳，与臧质从水路和陆路同时发兵。

四月二十日，鲁爽兵败被斩。南郡王刘义宣抵达鹊头，听说鲁爽已死，刘义宣和臧质都极为震惊害怕。五月初八，刘义宣到达芜湖。不久刘义宣军队被朝廷军队打败，刘义宣、臧质逃走。

六月初三，臧质被军主郑俱儿发现，郑俱儿举箭便射，正中心脏，士卒们乱刀齐下，臧质的肠胃全都流了出来，追兵们砍下他的头送到了建康。臧质的子孙也都被斩首示众。

刘义宣逃到江夏，听说巴陵有朝廷的军队，吓得又向江陵回逃。他的脚疼得不能继续走，向当地老百姓租了没有顶篷的车辆，自己赶着继续走，沿路讨饭充饥。到达江陵郊外，就派人前去通报留守在江陵的左司马竺超民。竺超民派出华丽的仪仗部队前去迎接刘义宣。见到刘义宣沮丧无志，总是魂不守舍，已经不能自己独立。于是又派人将他抓了起来，送进监狱。

孝武帝下令王公以及八座，给荆州刺史朱之写信，让朱之告诉刘义宣自己裁断。信还没送到，二十五日，朱之已经进入江陵，杀了刘义宣，同时诛杀了刘义宣的16个儿子以及刘义宣的同党竺超民、从事中郎蔡超、咨议参军颜乐之等。至此，刘义宣的反叛以失败而告终。

孝建二年（455年）七月，雍州刺史、武昌王刘浑（宋文帝刘义隆第十子），命左右手下作檄文，自号楚王，改年号为永光，设立文武百官，以此作为戏笑。长史王翼之（王羲之第五子王徽之之孙）将刘浑亲笔写的这一文告，呈报给了朝廷。八月初一，孝武帝下令，将刘浑贬为平民，放逐到始安郡（今广西桂林）。又派人前去强令他自杀。这一年，刘浑17岁。后来明帝刘彧即位后，追封刘浑为武昌县侯。

大明元年（457年）正月初一，孝武帝改年号大明，宣布大赦。

孝武帝自从为父亲服丧期满后，就开始过起荒淫无度、奢侈糜烂的生活。女子不论亲疏、尊卑关系如何一律召入宫中侍寝，丑闻流传民间，没有不知道的。

孝武帝的生母路太后名叫路惠男，建康人，以色貌出众被文帝刘义隆选入后宫，册封为淑媛。起先文帝对她十分宠爱，后来生了儿子刘骏，文帝便对路淑媛失去了兴趣。元嘉十二年（435年），刘骏5岁被封为武陵王。路淑媛不忍心儿子小小年纪一个人到册封地，就请求文帝让她陪儿子一起去。这一年她24岁，刘骏母子在封地相依为命。直到19年后刘骏当了皇帝，当年的淑媛路惠男以太后的身份重返建康城，入住显阳殿，成为刘宋王朝的第一位皇太后。

路惠男出身贫贱，在当时门阀观念相当严重的社会里很没有地位。俗话说："一人得道，鸡犬升天。"路惠男就是在儿子刘骏当上了皇帝以后，身价倍增。孝建二年（455年），也就是刘骏称帝的第二年，他便着手为母亲的家族拔高身份，追封路惠男早死的父亲路兴之为散骑常侍、母亲为余杭县君。刘骏登基的第七年（大明四年），路家又更进一步，路惠男的弟弟路道庆赠官给事中，侄子路琼之、路休之、路茂之也都得到了肥缺显官。路惠男自己更是经常参与政事。然而她的参政几乎都出于私心，凡有好处都不会忘了给路家一份，以至于她的娘家侄儿们所享受的住宅器物服饰，都与皇子达到了同样的水平。

路太后住在显阳殿中，朝廷内外的命妇以及宗室的女儿，免不了时常进去朝谒太后。孝武帝往往在这个时候闯进去，看见合意的就要纳入后宫侍寝。有时直接在太后的房内一番云雨，路太后也不劝阻。

更不堪的是，孝武帝甚至与生母乱伦。据《宋书·后妃列传》："上于闺房之内，礼敬甚寡，有所御幸，或留止太后房内。故民间喧然，咸有丑声。宫掖事秘，莫能辨也。"《魏书》的记载则是："骏淫乱无度，蒸（在古代，父亲死后，儿子可以娶庶母，叫做"蒸"）其母路氏，秽污之声，布于欧越。"由此可见，刘骏可谓开创了乱伦的先河。这种宫廷丑闻很快传遍建康城。

二年（458年），孝武帝亲自上朝处理政务，而不信任手下大臣。他的心腹、耳目不能无所寄托。戴法兴非常熟悉古代历史和当代政治，平时一直受到孝武帝的亲近和厚待。鲁郡人巢尚之出身寒门，他通览文史，深受孝武帝的赏识，被任命为中书通事舍人。凡是官员的遴选、免职、赏赐、诛杀等重大事情，孝武帝都要和戴法兴、巢尚之商量讨论，宫廷内外事务大都委托戴明宝处理。在当时，这3人权力重大，超过所有人。但戴法兴、戴明宝大肆收受贿赂，凡是他们推荐上的官员，从来没有不通过的。天下趋炎附势的人都集中到他们那里争相巴结，家门外像闹市一样人来人往，他们的家产也都积累到了千金。

三年（459年）正月二十一日，刘宋朝廷任命骠骑将军柳元景为尚书令，右仆射刘遵考为领军将军。三月，竟陵王刘诞知道孝武帝猜忌他，也私下里做好了应变的准备。他利用北魏大军侵入的时机，修筑城墙，疏通护城河，积蓄粮食，整治武器。刘诞手下的记室参军江智渊知道刘诞有谋反的打算，就向刘诞请假，先回到了建康，孝武帝刘骏任命他为中书侍郎。

十八日，孝武帝下诏，将刘诞的爵位贬为侯爵，遣返回他所在的封国。诏书还没有颁下，孝武帝先将羽林禁卫军配给兖州刺史垣阆，让垣阆和给事中戴明宝联合袭击刘诞。

刘诞退守广陵。他建起一座高台，与众将士歃血为盟，又将全体官员的官职都升了一级，任命主簿刘琨之为中兵参军。

右卫将军垣护之、虎贲中郎将殷孝祖等进击北魏后班师回朝，走到广陵，孝武帝让他们一并听从沈庆之的指挥。沈庆之率军前进，直逼广陵城。沈庆之率领士卒向广陵城发起猛攻，他身先士卒，亲自冒着飞箭和石头，向前冲杀。

刘诞听说朝廷大军已攻入城内，就马上逃到后花园里。队主沈胤之等人追上，把他击伤。刘诞掉到水里，沈胤之等把他拉上来，斩了他。刘诞的母亲、妻子全都自杀。

孝武帝听说广陵叛乱被平，亲自走出宣阳门，下令左右一起高呼万岁。侍中蔡兴宗陪坐在辇车旁，孝武帝回过头问他说："你为何不喊？"蔡兴宗严肃地说："陛下今天正应该对施行诛杀痛哭流涕，怎么能让大家都喊万岁呢？"孝武帝很不高兴。孝武帝颁下诏令，贬刘诞姓留。

四年（460年）正月二十七日，孝武帝立皇子刘子勋为晋安王，刘子房为浔阳王，刘子顼为历阳王，刘子鸾为襄阳王（后改为新安王）。

大明五年（461年）十月初三，孝武帝任命新安王刘子鸾为南徐州刺史。刘子鸾的母亲殷淑仪（刘义宣的二女儿，伪称殷）在后宫最受孝武帝的宠爱，刘子鸾受到的宠爱也超过了其他皇子。凡是孝武帝看上或喜欢的东西，没有不进入刘子鸾府内的。

六年（462年）四月，孝武帝的宠姬殷淑仪去世，追赠为贵妃，谥号为宣。孝武帝为殷淑仪的死伤心不已，不断凭吊，以致于精神恍惚，无心处理朝廷政事。由于孝武帝每天仍然思念殷淑仪，便把棺材做得像抽屉一般，每当想见她的时候，便将棺材拉开一睹遗容。

十月二十五日，孝武帝在龙山（今南京将军山）厚葬了宣贵妃，在山上开凿山路几十里，老百姓忍受不了这一艰苦的劳役，死亡、逃走的人很多。自从江南有葬礼以来，这一葬礼的隆重场面，还从来没见过。孝武帝又给宣贵妃另建了一座祭庙。庙建成后，以殷淑仪之子刘子鸾的封号，称为新安寺。当时有巫师说可以仿汉武帝的前例，招殷淑仪的魂与孝武帝相见，果然在帷幕后有影子出现，但是当孝武帝想与之握手时，鬼魂却消失了。孝武帝颇为哀怨，便作了拟汉武《李夫人赋》。金紫光禄大夫谢庄也作了《殷贵妃诔》哀文献上，孝武帝看了以后非常感动，命令下属们传抄，使得一时之间纸与墨价钱大涨。

七年（463年），孝武帝每次在宴请饮酒时，都命令臣属们彼此之间相互嘲讽、攻击，以此取乐。吏部郎江智渊平素安恬、文雅，他的行为渐渐不合孝武帝心意。孝武帝曾经让江智渊传令，让王僧朗嘲弄自己的儿子王彧。江智渊严肃地说："恐怕不应该有这样的玩笑！"孝武帝大怒说："江僧安（江智渊父）真是一个大傻瓜，傻瓜同情傻瓜。"孝武帝经常把金紫光禄大夫王玄谟叫做"北方佬"，把仆射刘秀之喊做"老抠门"，把颜师伯叫做"大板牙"，其他无论是高矮、胖瘦，都给起过外号。黄门侍郎宗灵秀身体肥胖，叩拜后起身很不方便，每次聚会，孝武帝偏偏不断赏赐给他东西，就是想要看他跌跌撞撞谢恩的样子，以此取笑。孝武帝还宠爱一个昆仑奴，他经常让昆仑奴拿着棍棒殴击各位官员，自尚书令柳元景以下，都不免挨打。

孝武帝安葬了殷贵妃后，几次带臣属来到殷贵妃的墓前凭吊。他对刘德愿说："你哭殷贵妃，如果哭得很悲伤，我就厚厚地赏赐你。"话刚说完，刘德愿已经失声嚎啕起来，"抚膺擗踊，涕泗交流"（捶胸顿足，眼泪、鼻涕都流到了一起）。孝武帝大为高兴，就将豫州刺史的官职赏赐给了他。孝武帝又命令医师羊志也哭殷贵妃，羊志也呜呜咽咽地哭起来，哭得撕心裂肺，极其悲痛，全身的衣服都被泪水湿透了，甚至差点昏死过去。过了些日子，有人问羊志："你从哪里这么快弄来了这些眼泪？"羊志回答说："我那时不过是哭自己死去的小妾罢了。"古人当年就如此会搞笑，让现代人都汗颜。

孝武帝为人机警、勇敢、果断、迅速，他学问渊博，文章写得敏捷华丽，他阅读书信或奏章能一目七行。同时，他又善于骑马和射箭。孝武帝的诗文造诣也相当高，王夫之（明末清初的思想家）评价孝武帝《登作乐山》说："得之于悲壮而不疏不野，大有英雄之气。"《全宋文》录其文2卷。《文心雕龙·时序》称"孝武多才，英采云构"。他的乐府诗写得清新自然，有《乐府诗集》、《玉台新咏》、《丁督护歌》等。如《丁督护歌》："闻欢去北征，相送直渎浦。只有泪可出，无复情可吐。"他开创了帝王写民歌的先河。

孝武帝在《伤宣贵妃拟汉武帝李夫人赋》中写道："流律有终，深心无歇。徙倚云日，裴回（徘徊）风月。"其情之深，其意之切，足令天下文人折服。

当初，自司马氏建立东晋以来，宫殿都是草草建造的，朝会或宴请也不过在东堂或西堂而已。晋孝武帝司马曜末年才建造了清暑殿。刘宋初期，也没有什么增加或改动。到了孝武帝刘骏，就开始大兴土木，扩建宫室，墙上和柱子上都用锦绣装饰。对他宠爱的妻妾和臣属的赏赐，把国库内所有的东西都拿空了。他曾经毁掉武帝刘裕住过的屋子，在那里兴建了玉烛殿，与手下大臣一同前去观看，旧屋床头上还有一截土墙，墙上挂着麻葛灯笼和麻线蝇拂。侍中袁颉看完，盛赞武帝节俭朴素的品德。孝武帝没有回答什么，只是自言自语地说："庄稼汉得到这种享受已经是很不错了。"

孝武帝晚年，更是贪财好利，凡是刺史、两千石官员免官回京时，一定限令他们进献贡奉，同时，还和他们一块儿赌博，直到把他们的钱赢光才停止。他整天都是开怀畅饮，很少有清醒的时候。

孝武帝共有文穆皇后王宪嫄和14位嫔妃，28个儿子和8个女儿。他虽然后宫佳丽甚多，但自殷贵妃死后，再也找不到一个合心意的人。渐渐地因愁生病，不能再亲理政事。

大明八年（464年）五月二十三日，孝武帝刘骏在玉烛殿病逝，时年35岁，在位11年。留下遗诏说："免去太宰刘义恭的尚书令一职，加授中书监。任命骠骑将军、南兖州刺史柳元景兼任尚书令，进入内城居住。朝廷事务，无论大小，都要奏启二人。国家大事要和始兴公沈庆之商量决定。如果有军务，就全都委托沈庆之处理。尚书府的事务，托付给仆射颜师伯处理。统领外监事务，交给领军将军王玄谟处理。"

七月初九，朝廷葬孝武帝刘骏于丹阳秣陵县岩山景宁陵（建康城西南岩山）。谥号孝武帝，庙号世祖。

第六章

纳姑通姐淫无道——废帝刘子业

刘宋前废帝刘子业（449—465年），小字法师，孝武帝刘骏长子，刘裕曾孙。刘宋王朝第六位皇帝。大明八年（464年）至景和元年（465年）在位。共使用了2个年号：永光（1年）、景和（1年）。

刘宋朝有两个“废帝”，前面的叫前废帝，后面的叫后废帝。所谓废帝，就是被废黜的皇帝。

前废帝刘子业生于元嘉二十六年（449年）正月，当时刘骏镇守浔阳（今江西九江一带），刘子业留京邑（今南京）。元嘉三十年（453年），刘骏继位，立刘子业为皇太子。

孝建三年（456年）正月二十六日，孝武帝为太子刘子业娶右卫将军何瑀的女儿何令婉为太子妃。大明二年（458年），出居东宫。四年（460年），讲《孝经》于崇正殿。七年（463年），加元服（古称行冠礼为加元服）。

大明八年（464年）五月二十三日，孝武帝去世。这一天，太子刘子业登基即位，时年16岁，下令大赦。当时，吏部尚书（相当于现在集中央组织与人事管理于一身的部长）蔡兴宗亲自将玉玺捧上来，交给刘子业，可刘子业懈怠无礼，接过玉玺时脸上一点悲哀的表情都没有。蔡兴宗对人说："从前，鲁昭公即位时，毫无悲伤之色，叔孙穆子（叔孙豹，春秋时鲁国大夫）就知道他不会有什么好结果。如今，刘宋国家的灾祸，莫非就要在他身上出现吗？"二十七日，诏令太宰刘义恭再任录尚书事；加封柳元景为开府仪同三司，兼任丹阳尹，免去南兖州（今江苏扬州）刺史之职。

七月十三日，刘子业尊祖母皇太后路惠男为太皇太后，尊生母王宪媛为皇太后。

十八日，刘子业下令废掉南北御用大道，废除孝建年以来更改的规章制度，恢复元嘉时代的制度。吏部尚书蔡兴宗不禁感慨地对颜师伯说："先帝虽然并不是品德很好的皇帝，总的说来他还始终没有离开正路。但是，3年不改父亲的制度，这是古代认为难能可贵的事。如今，先帝的祭堂刚刚撤掉，还没有离开他的墓陵多远，将所有的规章制度，不管对错、好坏，就要一律削砍改变。虽然这是改朝换代，也不至于到如此地步。天下有识之士，可以据此判断一个人。"

八月，皇太后王宪媛病势严重，派人去叫刘子业。刘子业说："病人房子里鬼多，我怎么能去。"皇太后气得大怒，对身旁侍者说："拿把刀来，剖开我的肚子看看，我怎么会生出这种东西！"二十三日，皇太后去世。九月十九日，刘子业在景宁陵（刘骏陵）安葬生母文穆皇后。

永光元年（465年）正月初一，刘子业改年号为永光。实行大赦。

刘子业年幼时就急躁粗暴。即位后，开始时他还多少接受母亲皇太后、大臣以及戴法兴等人的管束，不敢放任。皇太后去世后，他也慢慢长大了，他想要有所作为，但每次戴法兴都加以阻止，对他说："你这么乱来，难道想当营阳王（刘义符被废为营阳王）吗？"刘子业听到这种威吓，心里越来越不高兴。他宠爱小太监华愿儿，赏赐给他的金银财宝不计其数，戴法兴经常加以限制，减少这一支出，华愿儿因此忌恨戴法兴。刘子业令华愿儿到宫廷外打听老百姓对朝廷的议论，华愿儿对刘子业说："外面人们都说'皇宫内有两个天子，戴法兴是真天子，您是假天子'。况且，您住在深宫之内，和外边没有接触，戴法兴和太宰刘义恭、颜师伯、柳元景结为一体，他们门下来往的宾客，总有数百人之多，内外官民对他们没有不畏惧、服从的。戴法兴又是孝武帝的左右亲信，在宫廷内已经很久了。如今，他和别人合为一家，我深怕您这个位子不再会属于您所有。”刘子业立刻下诏罢免了戴法兴，遣返他回到农村老家，又将他放逐到边远的郡县。八月初一，又命戴法兴自杀，免去巢尚之的中书通事舍人之职。

当初，孝武帝对人十分猜忌，所以，王公大臣们行事都十分谨慎，没有谁敢随便来往。孝武帝去世，太宰刘义恭（刘裕第五子）等人都互相庆贺，说：“到今天才可免于横祸之死了。”刚刚将孝武帝安葬完毕，刘义恭就和柳元景、颜师伯等人欢歌听曲，开怀畅饮，不分昼夜，刘子业心中大为不满。戴法兴被杀以后，各位大臣无不感到震动，人心惶惶，人人自危。于是，柳元景和颜师伯秘密策划，要废掉刘子业，立刘义恭为皇帝。柳元景把这一密谋偷偷告诉了沈庆之，沈庆之和刘义恭平日关系就不好，他就将柳元景等人的预谋告发了。

八月十三日，刘子业亲自率领羽林军讨伐刘义恭，杀了刘义恭及他的4个儿子。又将刘义恭的身体肢解，将胃肠挑出来，将眼睛剜出来，然后用蜜糖浸渍，称它为“鬼目粽”。同时，刘子业又另外派遣使者前去柳元景家里，征召柳元景，并派士兵跟在使者左右。柳元景的左右侍从赶快跑来告诉柳元景，说“兵刃非同往常”。柳元景知道大祸来临，他进去和母亲辞别，然后，镇定自若，穿上朝服，乘车前去应召。柳元景的弟弟、车骑司马柳叔仁穿着战服，率领左右壮士打算拒绝听命，柳元景苦苦劝阻。等到柳元景走出巷口，行刑军士已经到达。于是，柳元景下车，接受斩首。临刑前，他面色安然，从容镇定。柳元景的6个弟弟、8个儿子及侄子也同遭杀戮。同时，行刑军士又在路上抓获了颜师伯，将其斩首，颜师伯的6个儿子也被诛杀。

刘子业又下令杀了廷尉刘德愿。改年号为景和，文武官员全都提升二级。刘子业派遣使者杀了湘州刺史、江夏王世子刘伯禽。至此，公卿以下官员都随时会像奴隶一样被刘子业殴打侮辱。

最初，刘子业在东宫当太子时，经常出现过失，所以，孝武帝想要废黜他，而立新安王刘子鸾为太子，但是，侍中袁觊大赞刘子业，称："太子喜爱学习，有日求进取的美德。"孝武帝这才作罢。刘子业为此十分感激袁觊。

山阴公主刘楚玉是刘子业的姐姐，嫁给了附马都尉何戢。山阴公主是一个恣意放荡的人，刘子业时常和她同乘一辇，一同出行。她曾经对刘子业说："妾与陛下，虽然男女性别不一样，但都是一个父亲所生。陛下的六宫可以有上万美女，可妾却只有驸马一人，实在是太不公平了。"于是，刘子业就为山阴公主选了30个面首，侍奉在山阴公主身旁，供其发泄性欲。又加封山阴公主为会稽郡长公主，俸禄和郡王一样。吏部郎褚渊容貌俊美，于是，公主就去刘子业那里请求让褚渊侍奉自己。刘子业答应了她。褚渊侍奉了公主十几天，备受公主的威逼，但褚渊宁死不屈，最后才得以幸免放回。褚渊算得上是坐怀不乱的"褚下惠"。

刘子业命令在太庙绘制祖先的画像，画成之后，他进入庙内观看，指着高祖刘裕画像说："他可是一位大英雄，活捉了几个天子。"又指着文帝刘义隆的画像说："他也不错，只可惜晚年被儿子砍了头。"然后，指着自己的父亲孝武帝刘骏的画像说："他是个大酒糟鼻子，可现在怎么没有了？"说完，立刻叫画匠把刘骏的酒糟鼻子画出来。

新安王刘子鸾很受孝武帝的宠爱，刘子业极其嫉妒。九月十一日，刘子业派遣使者命刘子鸾自杀，同时还杀了刘子鸾的同母弟弟南海王刘子师以及同母妹妹，掘除了殷贵妃（刘子鸾生母）的坟墓，又打算掘开其父孝武帝刘骏的景宁陵，因太史认为这样做会对刘子业不利才没做。

最初，金紫光禄大夫谢庄为殷贵妃写诔文（叙述死者生前事迹，表示哀悼），说："辅佐在尧母门中。"《诔》中有"赞轨尧门"一典，此典语出《汉书》，刘子业认为这是谢庄把殷贵妃比作了汉武帝的钩弋夫人，所以打算杀了他。有人对刘子业说："死这件事，人人都是一样的，一下子的痛苦，不足以不能忍受。谢庄生长于富贵人家，如今，应该把他关押在尚方署（制办和掌管宫廷饮食器物的官署），让他尝尝天下最大的痛苦，然后再杀他也不晚。” 刘子业依从了这一建议。

宁朔将军何迈，娶了刘子业的姑母、新蔡长公主刘英媚。可是，刘子业却将刘英媚留在自己的后宫，称她为谢贵嫔。而对外又谎称刘英媚死了。他又杀了一个宫女，送给何迈，用公主的礼仪发葬。何迈平素豪爽，有侠士风范，而且蓄养了许多为他效死的人。他不能忍受这种侮辱，就计划趁刘子业出游时，将他废了，拥立晋安王刘子勋为皇帝。不料事情败露，刘子业亲自率兵杀了何迈。

蔡兴宗前去探望沈庆之，向他游说道：“主上近来的所作所为，已丧尽人伦天道。要想改变他的德行，已经没有什么指望了。如今他所忌惮的，只是你一人。老百姓所仰望依附的，也只有你一个人了。你威名素来传播很远，天下之人都很佩服。如今，举朝人士都惶惶不可终日，人人自危，如果你举起大旗，有谁能不热烈响应呢？如果你现在还是犹犹豫豫，不能决断，只是打算坐观国家的兴衰，岂只是大祸将临，而且，将来四海之内都会为此责骂你。我承蒙你不同寻常的厚爱，所以敢于把话全都说出来。希望你能仔细考虑一个办法。”沈庆之说：“我已经知道现在面临的危险和忧患，我已不能再保全自己了，只是想尽忠报国，始终如一罢了，一切只能听从天命了。加上我年事已高，退职在家，手中无一点军权。即使是想这样做，恐怕也不能成功了。”

刘子业杀何迈时，他估计沈庆之一定会前来劝谏，就先关闭了青溪各桥，拒绝沈庆之进来。沈庆之听说何迈被杀后，果然前往劝谏，没有被允许进宫，只好返回。于是，刘子业让沈庆之的堂侄、直将军沈攸之赐沈庆之毒药，命沈庆之自杀。沈庆之不肯喝，沈攸之就用被子将沈庆之闷死，这年沈庆之80岁。刘子业对外诈称沈庆之病死，追赠沈庆之为侍中、太尉，谥号为忠武公，葬礼也很隆重。

十一月十三日，刘子业立路氏（浣英）为皇后。路皇后是太皇太后路惠男弟弟路道庆的女儿。

刘子业对各位叔父是又忌恨又害怕，惟恐他们在外制造祸患，就把他们全都集聚在建康，拘禁在殿内，任意殴打鞭笞欺辱，毫无人道。湘东王刘彧、建安王刘休仁、晋平王刘休祐，长得都很肥壮，刘子业就将他们3人关在竹笼里，放到秤上称量。因为刘彧最胖，就称他"猪王"，称刘休仁为"杀王"，刘休祐为"贼王"。又因为这3人年纪较大，所以更讨厌他们，而且常常押着他们跟随着自己，不离左右。东海王刘祎（yī）品性顽劣，刘子业就称他为"驴王"。桂阳王刘休范、巴陵王刘休若年纪还小，所以2人还可以自由。刘子业曾经在一个木槽里放上饭，里面又搅拌些杂食，然后在地上挖了一个坑，里面灌满泥巴、脏水，将刘彧剥光，放到泥坑里，让他用嘴吃槽子里的饭，以此来取笑。他前后十几次要杀了这3位叔父，每次都亏得刘休仁机智，谈笑之间，用谄佞阿谀的话去讨好，3人才得以苟延残喘，保住性命。

少府（官名，掌宫中御衣、宝货、珍膳等）刘曚的妾怀孕即将临产，刘子业就把她接到后宫，打算等到她生下个男孩后，立为太子。刘彧表示不解，触怒了刘子业，刘子业就命人将他衣服剥光，捆住他的手脚，用一个木棍抬着，将他交给太官说："今天杀猪。"刘休仁笑着说："猪不该杀。"刘子业问为什么，刘休仁说："等到皇子生下来，再杀了猪，掏出他的肝肺来。" 刘子业的怒气这才化解，说："暂时交给廷尉处理。"关了一夜才放了刘彧。十八日，刘曚的妾生了一个儿子，刘子业就称之为皇子，并为此下令大赦。与此同时，全国凡是这天有了儿子的臣属，也都赐爵一级。

刘子业因为文帝刘义隆、孝武帝刘骏在兄弟中都排行第三，而江州刺史、晋安王刘子勋也是排行第三，所以很讨厌他。又由于何迈事件，命令侍从朱景云给刘子勋送去毒药，命他自杀。朱景云走到湓口（今江西九江），故意停下不再前进。刘子勋的典签谢道迈、刘帅潘欣之、侍书褚灵嗣听说后，立即飞马去报告浔阳长史邓琬，哭着请求邓琬想个办法。邓琬决定领文武官员直接去京城，和各位公卿朝臣一起废了刘子业这个昏君，另立明主。

景和元年（465年）十一月二十九日，刘子业召集所有妃子、公主排列在自己面前，然后强迫左右侍从侮辱她们。南平王刘铄的妃子江氏不从命，刘子业大怒，杀了江氏的3个儿子南平王刘敬猷、庐陵王刘敬先、安南侯刘敬渊，还抽了江氏100鞭。

在这之前，民间讹传说湘中要出天子（暗示湘东王刘彧要当天子），所以，刘子业打算南巡荆州、湘州，以压制这种灾难。准备第二天先杀了湘东王刘彧，然后出发。

当初，刘子业杀了很多文武官属，所以害怕官属们谋害自己，又因为直将军宗越、谭金、童太一、沈攸之等人武勇有力，就把他们提拔起来做自己的爪牙，赏赐的美女、金帛，塞满他们的家宅。刘子业倚仗他们更加无所忌惮，无所不为，使宫内外人心骚动。左右的宿卫将士也都有背叛之心，只是害怕宗越等人，所以没敢发动。此时，刘彧、刘休仁、刘休祐被幽禁已久，不知道如何是好。湘东王刘彧的主衣（掌管御衣服玩等事）会稽人阮佃夫、内监始兴人王道隆、学官令（主管学务的官员）临淮人李道儿，同直将军柳光世以及刘子业侍从、琅邪人淳于文祖等一起图谋杀刘子业。刘子业因为册封皇后的缘故，就调各王府宦官入宫帮忙。刘彧的侍从钱蓝生也在其中，刘彧就暗中命钱蓝生观察刘子业的动静。

在这之前，刘子业出游华林园竹林堂时，命令宫女赤裸身体相互追逐、戏笑，有一宫女拒不从命，刘子业将她杀了。

刘子业的这一嗜好，使人想起东汉时的汉灵帝刘宏。刘宏曾要求宫廷女子都穿开裆裤，里面什么也不许穿，为的就是让他临幸起来方便。

这天夜里，刘子业做梦，梦见自己在竹林堂，有一个女子骂他说："你悖逆不道，活不到明年小麦成熟的时候。"于是，刘子业在宫中找到一个和自己梦中所见模样相仿的人杀了。夜里，又梦见了所杀的女子骂他："我已经向上帝控诉你了！"于是，巫师、巫婆们都说竹林堂里有鬼。这天中午过后，刘子业从华林园出来，建安王刘休仁、晋平王刘休祐和会稽公主都跟在他左右，湘东王刘彧一人在秘书省里，未被征召，他心里越发担忧恐惧。

刘子业一向讨厌主衣吴兴人寿寂之，一见他便常常恨得咬牙切齿。阮佃夫把密谋告诉了寿寂之和外监典事、东阳人朱幼，细铠主（侍卫官）、南彭城人姜产之，细铠将（侍卫将）、晋陵人王敬则，中书舍人戴明宝、寿寂之等人，他们一听，全都响应。朱幼在宫廷内外先做安排，他让钱蓝生秘密向刘休仁、刘休祐报告。此时，刘子业正打算南巡，他的心腹宗越等人也被允许回家准备行装，只有队主樊僧整驻守在华林阁。柳光世和樊僧整是同乡，所以，柳光世就偷偷劝樊僧整参加行动，樊僧整一口答应下来，参与预谋的有十几人。

这天晚上，刘子业赶走所有的侍从、卫士，和一群女巫及宫女，约计几百人在竹林堂射鬼。射杀完毕，要演奏舞乐，寿寂之立刻抽刀来到刘子业面前，姜产之跟在寿寂之后面，淳于文祖等人也都紧随其后。刘休仁听见路上有急切的脚步声，就对刘休祐说："事情已经开始了。"2人于是跑到了景阳山。刘子业看见寿寂之突然来到，就拉开弓箭射向寿寂之，但没射中。宫女们全都向外逃散，刘子业也跟着逃，大呼3声"寂寂"，寿寂之追上杀了他。时年17岁，在位仅一年。

刘休仁跑到秘书省，看见了湘东王刘彧就称臣，接着就将刘彧拉到了西堂，登上皇帝座位，立即召见各位大臣。因为这件事来得太突然了，以至于刘彧连鞋都不知丢在哪儿了，只好光着脚来到西堂。刘彧的头上还戴着一顶黑帽子，等他坐定后，刘休仁立刻叫主衣换一顶白帽子给湘东王戴上（"王"头上戴"白"帽子为"皇"字）。刘休仁又下令准备好羽林仪仗队，虽然刘彧还没有登基即位，但所有的事情都用命令方式执行。接着，就开始宣称奉太皇太后（文帝刘义隆妃、孝武帝刘骏生母、刘子业祖母路惠男）令，列举刘子业的罪行，命令湘东王刘彧继承帝位。

三十日，刘彧又以太皇太后的名义，赐刘子尚（刘子业的同母弟弟）和会稽公主刘楚玉自杀。建安王刘休仁等这才得以出宫，回到了自己的家。刘子业的尸体仍然放在太医阁前。于是，蔡兴宗就对尚书右仆射王彧说："此人虽然凶残暴虐，也还做过天下之主，应该为他举行个简单的葬礼。如果一直这样放着，四海之内肯定会有投机者趁机起事。"于是，刘彧将崇献皇后何令婉与刘子业合葬于龙山北（今南京南郊）。无谥号、庙号。

第七章

借腹生子有高招——明帝刘彧

明帝刘彧（439—472年），字休炳，小字荣期，宋文帝刘义隆第十一子，孝武帝刘骏的异母弟，刘宋前废帝刘子业的叔父。是刘宋王朝的第七位皇帝。景和元年（465年）至泰豫元年（472年）在位。共使用了2个年号：泰始（7年）、泰豫（1年）。

明帝刘彧生于元嘉十六年（439年）十月，很早失去双亲，被路太后养在宫内。二十五年（448年）封淮阳王，二十九年（452年）改封湘东王。刘劭弑文帝自立后，以刘彧为骁骑将军，加给事中。孝武帝刘骏践祚，为秘书监，迁冠军将军、南兰陵和下邳二郡太守，领石头戍事。孝建元年（454年），徙为南彭城、东海二郡太守，镇京口。大明元年，转中护军。八年，出为使持节、都督徐、兖二州、豫州之梁郡诸军事、镇北将军、徐州刺史，给鼓吹一部（九锡的一种）。泰始元年（465年），又出为使持节、散骑常侍，都督南豫、豫、司、江4州和扬州之宣城诸军事、卫将军、南豫州刺史，镇姑孰。

景和元年（465年）十一月二十九日，寿寂之杀了前废帝刘子业，湘东王刘彧登上皇帝宝座，时年26岁。为了安慰路太后，下令任命路太后的侄子路休之为黄门侍郎，路茂之为中书侍郎。同时，对寿寂之等14个人进行论功行赏，分别封为县侯（寿寂之为应城县侯）、县子。

十二月初一，湘东王刘彧任命东海王刘祎为中书监、太尉，提升镇军将军、江州刺史、晋安王刘子勋为车骑将军、开府仪同三司。初四，任命建安王刘休仁为司徒、尚书令和扬州刺史，晋平王刘休祐为荆州刺史，桂阳王刘休范为南徐州刺史。

十二月初七，刘彧正式登基即位，是为宋明帝。宣布大赦，改年号泰始。废除了刘子业制定的荒唐法规和封赏制度。

十一日，明帝任命右卫将军刘道隆为中护军。刘道隆过去很受刘子业宠信。一次，刘子业将刘休仁的母亲建安王太妃陈氏宣上殿。陈氏年逾40岁，而容颜尚少，论辈分陈氏是刘子业爷爷的妾，算是刘子业的祖母辈。待陈氏进殿，刘子业命亲信右卫将军刘道隆当着殿上君臣众人面强暴陈太妃，并让叔父刘休仁站在一旁观看。到了这时，建安王刘休仁看见刘道隆又继续升迁，就请求辞职。于是，明帝命刘道隆自杀。不久宗越、谭金、童太一等人，也被投入狱中处死。

十三日，明帝任命尚书右仆射王景文为尚书仆射。王景文就是王彧，因避讳皇帝刘彧的名字，所以就用字称呼。十六日，追尊生母沈太妃（沈婕妤）为宣太后，陵园称为崇宁。

有关部门奏请，路太后应该恢复以前的称号，迁到外宫居住，明帝没有批准。十九日，尊路太后为崇宪皇太后，住在崇宪宫里，一切供奉和礼仪，和平时没有两样。又立王妃王贞风为皇后。王皇后是王景文的妹妹。

江州官员得到明帝下达的命令后，都很高兴，一起去造访邓琬（刘子勋的镇军长史）说："暴君已被铲除，殿下又开黄，这实在是件公私都该庆祝的事。"邓琬却认为，晋安王刘子勋在兄弟排行中是老三，而浔阳起兵，和孝武帝刘骏当初的情形是一样的，大事一定成功。所以，邓琬拿过明帝刘彧的命令扔在地上对晋安王说："殿下应该打开端门，开黄是我们的事。"众人一听，大吃一惊。邓琬更加积极地和陶亮整治武器铠甲，向四方征兵。

雍州刺史袁顗到了襄阳后，就立刻同咨议参军刘胡一起整治修缮兵器，招兵买马，谎称奉太皇太后的命令，让大家起兵反叛。接着就竖起了大旗，急传文告，向各州郡发出檄文；又表奏刘子勋，劝说他登基称帝。

泰始二年（466年）正月初六，刘宋朝廷内外戒严。任命司徒建安王刘休仁为都督征讨诸军事，命车骑将军、江州刺史王玄谟做他的副手。刘休仁驻军南州（今安徽当涂一带）；沈攸之为浔阳太守，带兵驻扎虎槛（今安徽芜湖长江中小岛），准备进攻刘子勋。

邓琬以上天显示的种种祥瑞为借口，诈称接到路太后（路惠男）的密诏，率领各将领、僚佐等向年仅10岁的晋安王刘子勋奉上皇帝尊号。初七，刘子勋在浔阳登基称帝，改年号为义嘉。任命安陆王刘子绥为司徒、扬州刺史，浔阳王刘子房、临海王刘子顼都加封为开府仪同三司，还任命邓琬为尚书右仆射，张悦为吏部尚书，加封袁顗为尚书左仆射。其他各将领、僚佐以及各州郡等地方长官，按等级进官加爵。

明帝征召浔阳王长史、代理会稽郡事孔觊为太子詹事，另派平西司马庾业接替孔觊的职位，又派都水使者（掌管水利的官员）孔璪到东方各郡慰劳。孔璪反而游说孔觊："建康力量虚弱，不如以所管辖的东方五个郡来响应袁顗、邓琬。"孔觊遂下令起兵，宣布拥护刘子勋。一时间，吴郡太守顾琛、吴兴太守王昙生、义兴（今江苏宜兴）太守刘延熙、晋陵太守袁标都占据郡城响应孔觊，拥护浔阳政权。明帝又命庾业接替刘延熙为义兴太守，庾业走至长塘湖（今江苏金坛），却与刘延熙联合反叛朝廷。

益州刺史萧惠开，听到晋安王刘子勋起兵，召集将领，对他们说："湘东王刘彧是太祖（刘义隆）的儿子，晋安王刘子勋是世祖（刘骏）的儿子，无论哪一个继承皇位，都没什么不合法的。"萧惠开很有头脑，他认为这本是刘家内部的事情，外姓人最好不要干预。

因为刘子勋是武帝刘骏的第三个儿子，名分比较正，一时间四方响应，纷纷倒向浔阳，拥护刘子勋。这一年，各地的贡品和报告都送往浔阳。建康朝廷的势力范围只剩下丹阳、淮南等几个郡（均在京师建康周围），而这几个郡中又有很多县起兵响应刘子勋，东线的反朝廷军队已到达永世（今江苏溧阳南）。

建康朝廷惊恐危急。明帝召集群臣讨论国家的安危。蔡兴宗说："当今之时，几乎举国一起反叛，我们应该镇静，以诚待人。叛臣的亲戚，很多在宫廷或朝廷任职，如果绳之以法，我们就会立刻土崩瓦解。应该强调父子兄弟之间，犯罪互不株连的大义，民心安定之后，将士才能有斗志。朝廷的六军精练勇猛，武器犀利，用来对付那些没有经过训练的叛乱部队，形势相差很多，请陛下不要忧虑。"明帝认为他的分析有理。

明帝派冗从（散职侍从官）仆射垣荣祖回徐州游说薛安都。薛安都说："如今，建康势力范围，不到百里地，无论攻城还是野战，我们都可以在拍手大笑中取胜。并且，我不想辜负孝武皇帝。"垣荣祖说："孝武皇帝的行为，足以为他的后代留下祸殃。现在虽然天下响应，不过是加快灭亡的速度，不可能有什么作为。"

十八日，明帝亲自统率全军到中堂驻扎。二十三日，任命晋平王刘休祐为豫州刺史，指挥辅国将军彭城人刘勔、宁朔将军广陵人吕安国等各路人马，向西讨伐殷琰。命令巴陵王刘休若指挥建威将军吴兴人沈怀明、尚书张永、辅国将军萧道成等各路人马，向东讨伐孔觊。当时，建康的许多将领是东方各郡人士，父子兄弟全都投靠了孔觊。明帝因此在送他们出征时，向全军宣布说："朕正在推行皇家恩德，减轻刑罚，使父子兄弟之间的罪行，互不株连，无论顺从或叛逆者，都以他自己的行为作判断标准。你们要深刻理解朕的用意，不要替亲戚担忧。"军心为此欢欣鼓舞，凡是叛党留在建康的亲属，都让他们像过去那样，保持原来的官职。

这年正月二十四日，路太后去世，终年55岁。五月二十八日，葬路太后于修宁陵（刘骏墓的东南），谥号为昭。

二月下旬，晋平王刘休祐驻防历阳，辅国将军刘勔进军小岘（今安徽含山）。叛军殷琰委任的南汝阴（今安徽合肥）太守裴季之，献出合肥，投降建康朝廷。

邓琬根据晋安王刘子勋的命令，征召袁顗前来浔阳。袁顗率领雍州所有兵将急行军南下。邓琬任命黄门侍郎刘道宪掌管荆州，任命侍中孔道存掌管雍州。

五月，邓琬因刘胡（建安王刘休仁安西中兵参军）跟建康官军沈攸之等对阵僵持，很久分不出胜负，于是加授袁顗为督征讨诸军事。六月十八日，袁顗率楼船1000艘，兵士20000人，抵达鹊尾（安徽铜陵至繁昌长江中，有鹊洲）。袁顗本无大将的才略，又性情卑怯。在军营中，他从不穿军服，谈话也不涉及战阵，而只吟诗作赋，谈论义理，对各将领既不安抚鼓励，又不肯接见。刘胡每次讨论军事，袁顗对他的回答和应酬都很简略、怠慢。于是，袁顗大失人心，刘胡对他恨之入骨。刘胡因后方补给未到，士兵缺粮，向袁顗借襄阳的存粮，袁顗拒绝，说："京师还有两处住宅没有完工，正需要用钱。"又听信过路人的传言，说："建康米价飞涨，一斗高达数百钱。"他认为不用进攻，建康将自行崩溃，所以按兵不动，坐等胜利。

八月，官军镇东中兵参军刘亮向前推进，直逼刘胡军营，刘胡抵抗不住，袁顗惊慌地说："敌人已侵入到我们的肝脾中间，怎么能活命！"刘胡准备暗中逃走。二十四日，刘胡谎报袁顗说："我打算率步、骑兵20000人，到上游夺回钱溪（今安徽贵池梅龙），并运回积存在大雷（今安徽望江县雷港附近）的余粮。"要求袁顗挑选马匹配备给他。当天，刘胡丢下袁顗，直奔梅根。先命薛常宝征集船只，又命南陵（今安徽芜湖）各军全部出发，纵火焚烧大雷各城而逃。夜里袁顗才得知消息，勃然大怒，骂道："今年可被这小子害苦了！"呼唤侍从牵来他平日所骑名叫"飞燕"的马，对他的部属说："我要亲自去追击刘胡！"于是也乘机逃走。

八月二十五日，朝廷派建安王刘休仁率朝廷兵进入袁顗遗弃的大营，接纳10万人投降，同时派沈攸之等追捕袁顗。袁顗逃到鹊头（今安徽铜陵），与镇守那里的主将薛伯珍会合，并带他所属的部队数千人一同向西撤退，打算前往浔阳。夜晚，住宿山间，原打算在刘子勋面前请罪后自刎，不料被薛伯珍砍下人头。

刘胡率20000人奔回浔阳，谎报晋安王刘子勋说："袁颢已经投降，全军溃散，只有我率领部属独自逃回。应紧急采取措施，决一死战，我暂时驻防湓城（今江西九江），誓死效忠您。"于是，率船队从江中外航道西上，连夜直奔沔口（今湖北汉口）。

邓琬听到刘胡逃走的消息，惊恐万状，急忙召集中书舍人褚灵嗣等商量对策，大家都不知如何是好。吏部尚书张悦假装有病，请邓琬到私宅商讨大事，密令左右全副武装，在帐后埋伏，吩咐："听见我命你们拿酒，便出来动手。"邓琬到后，张悦说："你当初第一个坚持称帝，今天事已吃紧，你有什么办法？"邓琬说："应当杀掉晋安王，查封仓库，以此来赎罪。"张悦说："现在你宁可出卖殿下，也要保全自己活命吗！"于是呼唤拿酒，张悦的儿子张洵，提刀冲出，砍下邓琬人头。邓琬死时，年60岁。

张悦逮捕了邓琬的儿子，一并杀掉。然后，张悦单乘一只小船提着邓琬的人头东下，向朝廷建安王刘休仁投降。

浔阳大乱，蔡那的儿子蔡道渊原被囚禁在浔阳专门制造兵器的作坊里，这时挣脱枷锁，进入浔阳城，逮捕了刘子勋，将他投入大牢。不久，沈攸之等大军抵达浔阳，杀掉时年11岁的刘子勋，将人头押送到建康。从泰始二年（466年）正月初七，邓琬诈称接到路太后的密诏，率领各将领、僚佐向年仅10岁的晋安王刘子勋奉上皇帝尊号，到八月二十五日被杀，仅仅8个多月。

九月十六日，司徒刘休仁抵达浔阳，即分遣将士进击荆、郢、雍、湘等州，平定刘子勋余党。刘休仁返回京师后对明帝说："松滋侯刘子房的兄弟仍在人间，将来一定会对国家不利，如何处置应该及早打算。"十月初一，明帝下诏：松滋侯刘子房、永嘉王刘子仁、始安王刘子真、淮南王刘子孟、南平王刘子产、庐陵王刘子舆、刘子趋、刘子期、东平王刘子嗣、刘子悦等全部赐死，镇北咨议参军路休之、司徒从事中郎路茂之、兖州刺史刘祗、中书舍人严龙等人都受株连被杀。孝武帝刘骏共有28个儿子，至此被杀尽。二十四日，明帝立皇子刘昱为太子。

起先，刘子勋叛乱时，在巫师请求下，明帝刘彧挖掘刘子勋祖母路太后的修宁陵，摧毁墓穴，作为对浔阳政权的一次巫术镇压。直到泰始四年（468年）十二月，才将路太后重新安葬。

泰始五年（469年）二月，河东郡（今湖北松滋县西）人柳欣慰等聚众谋反，打算拥护太尉、庐江王刘祎当皇帝。刘祎自以为是明帝刘彧的哥哥，但明帝和其他兄弟都对他很轻视，于是刘祎与柳欣慰等结交，制订计划互相呼应配合。征北咨议参军杜幼文将此事向朝廷告发。二十六日，明帝下诏贬黜刘祎为车骑将军、开府仪同三司、南豫州刺史，镇守宣城（今安徽宣城）。明帝派心腹侍从杨运长率军防卫。之后，柳欣慰等全被诛杀。

六月，明帝刘彧命下属有关部门启奏，说庐江王刘祎忿恨不满而且口出怨言，请求彻底处理他。明帝不许。初九，明帝下诏：免除刘祎的所有官爵，派大鸿胪持节带着诏书前去斥责刘祎，从而逼令刘祎自杀。刘祎的儿子辅国将军刘充明也被废黜，放逐到新安（今河南新安）。

泰始六年（470年）二月十九日，明帝命太子刘昱娶江智渊的孙女江简珪为太子妃。二十日，实行大赦。明帝命文武百官呈献礼物，始兴太守孙奉伯只呈献弦琴、书籍。明帝大怒，派人送去毒药，赐孙奉伯一死，但马上又下令原谅了他。

六月十一日，朝廷任命江州刺史王景文为尚书左仆射、扬州刺史，尚书仆射袁粲为右仆射。

一天，刘彧在宫中大摆宴席，命宫女脱光衣服，让大家欣赏裸体。只有皇后王贞风一个人单独用扇子遮住脸，不笑也不说话。刘彧大怒说："真是穷家的寒酸相！今天大家一同取乐，为什么只你不看！"王贞风说："寻求欢乐的方法很多，哪有姑嫂姐妹聚在一起观看裸体妇女取乐的！我们家的欢乐，与此不同。"刘彧更是大怒，将皇后王贞风赶出去。皇后的哥哥王景文听说这件事后，说："我妹妹在家时，性情柔弱，想不到这次竟如此刚正。"

南兖州刺史萧道成已经在军旅中很长时间，民间有人传言说萧道成的相貌和普通人不一样，应当做天子。明帝起了疑虑，下诏征召萧道成回京任黄门侍郎、越骑校尉。萧道成很恐惧，不想回京，可是又没有办法留下来不走。这时他看见河泽之中有群鹤，乃命笔咏之曰："八风舞遥翮，九野弄清音，一摧云间志，为君苑中禽。"以示冠军参军、广陵人荀伯玉深指（深旨，深刻的意旨），荀伯玉劝萧道成派数十个骑兵，深入北魏国境，张贴布告，号召居民起义。北魏果然派出游骑兵数百人，沿边境巡逻。萧道成紧急报告朝廷，明帝才恢复萧道成的原职。九月，明帝命萧道成迁驻淮阴（今江苏淮安）。

十月初一，明帝下诏说：孝武帝的儿子，因为身犯国法，全被诛杀。命皇子刘智随过继到孝武帝名下为子，封为武陵王。

当初，明帝还是亲王时，性情宽厚平和，有良好的声誉，所以深受孝武帝的宠爱。即位初年，对拥护浔阳政权的官员，大多数都留住了他们的性命，加以原谅，而且按照各人的才干，分别任用，像对旧有臣下一样对待。到了晚年，却猜疑、嫉妒、残忍、暴虐，迷信鬼神巫术，忌讳很多。无论言论、文书，对祸败凶丧以及含混难辨的话和字有成百上千条，都加以回避，如有触犯，一定加以惩罚和诛杀。左右官员只要触犯禁忌，常常有人被挖心或剖出五脏来。

明帝皇后王贞风先后生了两个女儿，晋陵长公主伯姒与建安长公主伯媛，但是没有儿子。后宫的其他嫔妃也没有生下一个男孩。于是他就把各亲王怀有身孕的姬妾秘密接到宫中，如生男孩，就把生母杀掉，由他自己的宠妃认作儿子。

就这样，明帝刘彧竟然有了刘昱、刘法良、安成王刘准等12个儿子。

泰始七年（471年）二月，明帝患病。南徐州刺史、晋平王刘休祐，从前镇守江陵时，贪污暴虐，无法无天。这次调任路过京师，明帝不让他去赴任，将他留在建康，派他的高级属官代理府州事务。刘休祐性情暴烈凶恶，不止一次冒犯明帝，明帝都记在心中，无法再忍，并且考虑到将来儿子没有能力控制他，所以准备找个机会把他除掉。二十六日，刘休祐随同明帝前往岩山射猎野鸡，兄弟二人向前奔驰，左右侍从被抛在后面。天将黄昏，明帝派亲信寿寂之等数人，将刘休祐从马背上挤下来，大家一拥而上，痛打一气，直至死亡，然后传呼："骠骑将军落马！"明帝假装大吃一惊，立即派出御医，一个接一个地前往诊视。等到刘休祐左右侍从赶到，刘休祐已气绝身亡。于是将他所乘车的轮子拆掉，改作病床，由人抬回家。明帝下诏追赠刘休祐为司空，按照规定的丧礼安葬。

建康民间传播谣言，说荆州刺史、巴陵王刘休若有尊贵的面相。明帝写信将此言告诉了刘休若，刘休若忧虑恐惧。三十日，明帝任命刘休若接替刘休祐为南徐州（今江苏镇江）刺史。刘休若心腹将领一致认为：刘休若只要回到建康，就难逃大祸。

晋平王刘休祐被杀之后，又将他追废为平民。五月初一，明帝派人送去毒药，强迫建安王刘休仁吞服。刘休仁骂道："你能得到天下，是谁的力量！孝武帝因为诛杀兄弟的缘故，子孙灭绝，今天你又要诛杀兄弟，宋国的统治岂能长久！"明帝担心有变，乘轿到皇城端门坐镇，直到刘休仁气绝，才回后宫。贬刘休仁为始安县王，由其子刘伯融继承爵位。

明帝与刘休仁素来十分友好，虽然他害死刘休仁，但常对人说："我与建安王刘休仁，年纪差不多，幼年时候，便在一起玩耍。景和、泰始年间，他一片忠心，建功立业，功勋的确不小。可是，到了利害关头，不得不先行下手除掉他，哀痛想念之至，不能排除。"于是，流泪哭泣，悲不自胜。杀了人，又为他悲伤哭泣，不知是何种心态。

当初，明帝为亲王时，因褚渊风度翩翩，气质雅素，而与他成为至好的朋友。明帝即位后，彼此也十分信赖依托。明帝病重，褚渊正任吴郡太守，明帝急召褚渊入宫。褚渊到京后，入宫晋见，明帝痛哭流涕说："我的病情危险，所以召见你，打算请你穿黄棉袄！"黄棉袄是乳母的服装，意为向他托孤。明帝与褚渊谋划诛杀建安王刘休仁，褚渊认为不能那样做，明帝大怒道："你是个呆子，不足与你共商国家大事。"褚渊惧怕，只好从命。于是，明帝再任命褚渊为吏部尚书。五月十三日，又提升尚书右仆射袁粲为尚书令，褚渊为左仆射。

明帝对太子屯骑校尉寿寂之的英勇无畏感到不安。正巧，有关部门奏报寿寂之擅自诛杀巡逻军官。明帝将寿寂之贬到越州（今浙江绍兴），在途中将他杀掉。

巴陵王刘休若抵达京口，听到建安王刘休仁被毒死的消息，十分恐惧。明帝认为刘休若性情温和，品格憨厚，能调解纠纷，各方人士对他都十分敬重，害怕他将来有一天夺取幼主刘昱的帝位。原打算派使臣前往诛杀刘休若，怕他拒不从命；打算征召他到朝廷朝见，又怕引起他猜疑和震惊。六月初十，明帝任命江州刺史、桂阳王刘休范为南徐州刺史；任命刘休若为江州刺史。明帝亲笔写信给刘休若，十分亲切地召刘休若前来京师，参加七月七日的皇家盛宴。

七月，巴陵王刘休若抵达建康。初九，明帝派人到巴陵王府，命刘休若自杀。随后追赠刘休若为侍中、司空。再命桂阳王刘休范回任江州刺史。当时，明帝的所有兄弟全部被铲除，只有刘休范因人品低劣，才能平庸，不为明帝所忌患，故得以保全性命。

南朝梁著名史学家、文学家裴子野（469—530年）论曰：吞食猛虎的野兽，知道爱它的儿子；搏斗狸猫的飞鸟，不保护异类鸟的巢穴。太宗明帝（刘彧）为了保护他的养子，却屠杀一母同胞兄弟，昏庸无道已极，自然不了解兄弟天性、父子伦常。刘宋统治的败亡，并不是上天之意。亡国之君，没有一个不是先砍断本枝，而去养育旁枝的。

八月十二日，明帝刘彧封皇子刘准为安成王。刘准实际上是桂阳王刘休范的儿子。

十一月，明帝将原来的府邸改为庙院，称湘宫寺，装潢修建，极为壮观华丽。准备兴建一座十层佛塔，没有建成，于是便修成两座。新安太守巢尚之解除职务后，回京朝见，明帝对他说："你去过湘宫寺没有？那可是我的大功德，花费不少钱。"通直散骑侍郎、会稽人虞愿正在一边侍立，说："那是百姓用卖子、卖妻的钱所建造的，佛陀如果有灵，会慈悲为怀，哭泣哀叹。罪恶高过佛塔，有什么功德！”在座的人脸色全都大变，明帝大怒，命人把虞愿驱逐出殿。虞愿慢慢离开，没有恐惧的表情。如今很少有人记得虞愿，更没有人敢像他那样跟皇帝直言。

泰豫元年（472年）正月初一，明帝因患病很久，不能痊愈，于是改年号泰豫。初五，皇太子刘昱在东宫接见四方前来朝贺的官员，并接受各地方的贡品及报告。

二月，明帝病情加重，考虑到死后，皇后王贞风一定会临朝主政，而她的哥哥江安侯王景文以国舅的势力非当宰相不可，王氏家族强大，可能会有篡位的想法。初七，明帝派人送毒药给王景文命他自杀，并亲写诏书说：“我与你为多年朋友，为了保全王家一门，所以做出这个决定。”使节到时，王景文正与客人下围棋，打开信封看罢，放到棋盘下，神色不变，继续与客人争先打劫。一盘棋下完，将棋子收到盒内，王景文才慢慢地说：“接到圣旨，命我自尽。”这才将明帝的亲笔诏书拿给客人看。中直兵焦度、赵智略非常愤怒，说：“大丈夫怎么能坐以待毙，州中文武官员数百人，足可以一拼。”王景文说：“我知道你们的心，如果要想帮助我，应当为我家男女老少100余口想一想！”于是研墨写奏，回敬诏书，引罪自责，饮药身亡。明帝下诏追赠王景文为开府仪同三司。不久，明帝梦见有人报告他说：“豫章太守刘愔谋反。”梦醒后，派人前往郡城，杀了刘愔。

四月十七日，明帝病危，任命江州刺史、桂阳王刘休范为司空，又命尚书右仆射褚渊为护军将军，加授中领军刘勔为右仆射。下诏指定褚渊、刘勔和尚书令袁粲、荆州刺史蔡兴宗、郢州刺史沈攸之同时接受托孤遗命。褚渊与萧道成的关系一向十分亲密，就把萧道成推荐给明帝，明帝再下诏，任命萧道成为右卫将军，兼卫尉，与袁粲等共同掌管朝廷大事。当晚，明帝刘彧崩于建康景福殿，在位8年，时年34岁。谥为明帝，庙号太宗。五月二十七日，朝廷将明帝葬于高宁陵（今南京幕府山一带）。

刘彧少年的时候风姿端雅，好读诗书，爱好文艺。曾撰写《江左以来文章志》，并续卫瓘所注《论语》2卷，都在世间流传。

第八章

促狭暴虐变态狂——苍梧王刘昱

后废帝刘昱（463—477年），字德融，小字慧震，明帝刘彧长子，刘宋王朝第八位皇帝。泰豫元年（472年）至元徽五年（477年）在位。仅使用了1个年号：元徽（5年）。

刘昱，大明七年（463年）正月生于卫尉府（负责京城防卫的府邸）。刘昱虽然是宋明帝与贵妃陈妙登的长子，但是由于陈妙登曾经侍奉过李道儿，所以刘昱的身世也一直被质疑。泰始二年（466年）十月二十四日，刘慧震3岁的时候，刘彧册立他为太子，改名为刘昱。

泰豫元年（472年）四月十七日，刘彧崩于建康。十八日，太子刘昱即皇帝位，宣布大赦。此时刘昱年仅10岁。袁粲、褚渊主持朝政，在明帝奢侈糜烂的生活之后，力求节俭，积极革除积弊。但是，阮佃夫、王道隆等人依然掌权，贿赂公开施行，袁粲、褚渊无力禁止。

四月二十三日，刘昱任命安成王刘准为扬州刺史。六月二十四日，尊嫡母、皇后王贞风为皇太后，封太子妃江简珪为皇后。

皇后江简珪，济阳考城（今河南兰考）人。泰始五年（469年），明帝刘彧为皇太子刘昱选妃。明帝喜选娇小玲珑的女子，名门之女多不合意。江简珪自幼身材弱小，卜筮（shì）又最吉利，因此被选中为太子妃。后来刘昱被杀，追封为苍梧王，江皇后被贬为苍梧王妃。

七月，拜生母陈贵妃（陈妙登）为皇太妃。

元徽元年（473年）正月初一，改年号元徽，实行大赦。桂阳王刘休范（文帝刘义隆第十八子）一向平凡庸俗，口舌木讷，愚昧无知，兄弟们都瞧不起他，社会上也没有人称赞他。所以，明帝屠杀亲骨肉时，他得以幸免。太子刘昱即位时，年纪还幼小，寒门平民出身的官员主持朝政，左右亲近掌握大权。刘休范自认为无论是地位尊贵还是皇家血统，都没有人能超过他，他应该到朝廷担任宰相。意愿未得实现，心里极不平衡，异常怨恨，不能自制。

典签新蔡（今河南新蔡）人许公舆是刘休范的谋士，他让刘休范礼贤下士，广交朋友，给他们优厚的待遇。于是，无论远近都有许多人前来投奔，一年之中集结的人数以万计，刘休范都收养为勇士，让他们制造武器。朝廷察觉刘休范行为异常，定怀二心，因此也暗中戒备。此时，正赶上夏口（今湖北汉口）无人镇守，朝廷认为那里位居浔阳上游，打算派亲信去镇守。二月二十八日，任命晋熙王刘燮为郢州（今武汉武昌）刺史。刘燮本年才4岁，任命黄门郎王奂（王景文的侄儿）为长史代理府州事，配备充足的军事物资和兵力，镇守夏口，又惟恐刘燮等经过浔阳时被刘休范强行劫留，便让他们绕过浔阳，从小路前往。刘休范得知后，勃然大怒，跟许公舆密谋袭击京城建康（今南京）。

二年（474年）五月十二日，江州刺史、桂阳王刘休范起兵反抗朝廷。十六日，刘休范率军20000人，骑兵500人，从浔阳出发，昼夜不停地进军。他写信给朝廷各位执政官员，宣称："杨运长、王道隆蛊惑蒙蔽先帝，致使建安刘休仁、巴陵刘休若2位亲王无罪被杀，请逮捕这两个奸臣，用来向冤魂谢罪。"

二十日，大雷（今安徽安庆望江）戍主杜道欣飞驰东下，报告事变，朝廷惶恐震惊。护军褚渊、征北将军张永、领军刘勔、仆射刘秉、右卫将军萧道成、游击将军戴明宝、骁骑将军阮佃夫、右军将军王道隆、中书舍人孙千龄、员外郎杨运长在中书省紧急集会，商讨对策。当天，朝廷内外戒严。

朝廷命萧道成领前锋军进驻新亭，征北将军张永屯白下垒（今南京金川门外），前兖州刺史沈怀明戍石头城（今南京西清凉山），袁粲、褚渊进驻宫城加强防卫。时间紧迫，来不及点发武器，只好打开南北两个大军械库，由将士自己随意挑选武器。

萧道成来到新亭，连忙整修城垒，尚未完工，刘休范前军已于二十一日进至新林垒（今南京西南板桥河附近营垒）。萧道成脱衣大睡，以安定军心，又从容不迫地拿出白虎幡（有白虎图像的旗，用作传布朝廷政令或军令的符信），登上西城墙，派宁朔将军高道庆、羽林监陈显达、员外郎王敬则，率舰队迎战刘休范，取得了很大的战果。

二十二日，刘休范自新林上岸，部将丁文豪请求直接攻打台城（宫城），刘休范不同意，另派其他将领攻打台城，而自己率大军攻击新亭萧道成的营垒。萧道成率军拼全力抵抗，从上午巳时苦战到午时，叛军攻势越来越猛，官军逐渐难以支持，部众全都惊骇失色。萧道成说："贼寇虽然多，可是杂乱无章，不久我们就会将他们击败。"

刘休范身穿白色便服，坐着两人抬的轻便小轿，亲自登上新亭南面的临沧观，仅带数10名卫士。

萧道成部下屯骑校尉黄回与越骑校尉张敬儿，商量向刘休范诈降，以便偷袭他。黄回对张敬儿说："你可以取刘休范的性命，我曾发誓绝不诛杀亲王！"张敬儿把这打算报告给萧道成，萧道成说："如果你能够成功，就把本州赏赐给你。"于是张敬儿跟黄回一道出城，放下武器，边跑边大喊："投降！"刘休范大喜，将2人叫到轿旁，黄回假装传达萧道成的秘密旨意，刘休范信以为真，将两个儿子刘德宣、刘德嗣，送给萧道成作为人质。两个儿子一到，萧道成立即将他们斩首。

刘休范将黄回、张敬儿留在身边，他的亲信李恒、钟爽都加以劝阻，刘休范不听。刘休范每天饮酒，黄回看刘休范没有防备，便向张敬儿使一个眼色，张敬儿抽出刘休范的防身佩刀，砍下刘休范的人头，刘休范的侍卫人员惊慌逃窜，张敬儿骑马飞奔，带着刘休范的人头跑回新亭向萧道成报告。

萧道成派队主陈灵宝把刘休范的人头送回宫城。刘休范的将士不知道主帅已死，将领杜黑骡对新亭继续发动攻击，越攻越猛。萧道成在射堂，叛军司空主簿萧惠朗率敢死队数十人，突破东门，直逼射堂。萧道成上马，率部下奋战，萧惠朗这才退走，萧道成守住了新亭城池。

叛军大将丁文豪，在皂荚桥（新亭附近）击败官军，一直挺进到朱雀航南。

叛军杜黑骡也舍弃新亭北上，到朱雀航跟丁文豪会师。朝廷右军将军王道隆率羽林禁卫军的精锐部队，驻防在朱雀门内，看到形势危急，马上召驻守石头城的鄱阳公刘勔增援。刘勔到达后，命令撤除朱雀航，阻止叛军的攻击之势。王道隆大发雷霆，说："贼兵到了，只应迎头痛击，怎么能撤除浮桥，先使自己处于劣势！" 刘勔不敢顶撞这位得宠的权贵，不再说什么。王道隆催促刘勔进攻，刘勔在朱雀航战败身亡。

叛军杜黑骡乘胜渡过秦淮河，王道隆弃军而逃，奔向台城。杜黑骡追击，杀了王道隆。黄门侍郎王蕴（王景文哥哥的儿子）身负重伤，倒在御水河旁，幸而有人扶起他逃走，才保住性命。于是，朝廷内外，人心受到很大震惊。民间到处传言说："宫城已经陷落。"白下垒、石头城驻军全都溃散，张永、沈怀明逃回。宫中又传言新亭也已陷落，皇太后王贞风握着小皇帝刘昱的手，哭泣道："天下败落了！"

二十四日，抚军长史褚澄，开东府城门，迎接叛军，拥戴安成王刘准占领东府城，宣称桂阳王刘休范有令："安成王本是我的儿子，不可侵犯。" 叛军将领杜黑骡一直挺进到杜姥宅（旧址在宫城南掖门外，晋成帝司马衍杜皇后母裴氏立第于此，因名）。中书舍人孙千龄打开承明门出来投降，宫中和朝廷乱成一团。当时，国库已经枯竭，皇太后、皇太妃把宫中所有的金银财宝器物都挑捡出来，用作赏赐，无奈军士已经没有斗志。

不久，叛军丁文豪部队得知刘休范已死的消息，稍稍后退打算解散。丁文豪厉声说："难道我不能单独夺取天下！"许公舆诈称桂阳王刘休范没有死，正在新亭，官民恐惧困惑，纷纷奔往新亭，将萧道成的大营当成刘休范的大营。萧道成登上北城门，对大家说："刘休范父子昨天已经被杀，尸体抛在劳山南冈下（今南京城南）。我是平南将军萧道成，诸位不妨看个仔细。"

二十六日，张敬儿等在宣阳门大破叛军，杀了杜黑骡和丁文豪，乘胜攻克东府城，叛党余孽全部平定。萧道成整顿大军，返抵建康。百姓夹道观看，说："保全国家的就是这位将军啊！"萧道成与袁粲、褚渊、刘秉都上表引咎辞职，朝廷没有批准。

六月初一，朝廷擢升平南将军萧道成为中领军、南兖州刺史，留守京师建康，并与袁粲、褚渊、刘秉轮流进宫值班，裁决政事，当时称4人为"四贵"。至此，宋皇室成员争权，自相残杀，朝廷实权渐集于萧道成。

四年（476年）六月十七日，朝廷加授萧道成为尚书左仆射，刘秉为中书令。当时，刘昱喜爱独自出来游逛，常常去远郊野外。曹欣之打算占领石头城，趁刘昱单独外出时，发动政变。韩道清、郭兰之准备游说萧道成，利用刘昱夜间出游机会，把他抓获，迎接建平王刘景素（刘义隆长孙）。萧道成如果拒绝，便谋杀萧道成。但刘景素每次都禁止这样做，嘱咐不可仓促发动政变。

七月，羽林监垣祗祖率数百人，从建康逃到京口，声称京师已经大乱，劝刘景素火速前往接收。刘景素信以为真。初一，刘景素占据京口起兵，士人和平民响应的数以千计。杨运长、阮佃夫得知垣祗祖叛变逃走的消息，下令戒严。初二，朝廷派骁骑将军任农夫，领军将军黄回，左军将军、兰陵（今山东苍山县）人李安民率领陆军，右军将军张保率领水军，出发讨伐叛军。

朝廷将领张保率领水军停泊在西渚（长江中小洲），刘景素左右勇士几十人，互相约定以死相拼，攻击张保的水军。

初七，张保战死。但是，叛军其他将领为了各自保全实力，不肯增援扩大战果，又被官军反攻击败。官军紧逼城下后，沈颙首先率领他的部众逃走，垣祗祖也跟着逃走，其他各路人马一哄而散，只有参军左暄与官军奋战在万岁楼（旧址在今镇江月华山）下，但因分配给他的兵力不足，不能抵挡，最终溃败。

初八，官军攻克京口。殿中将军张倪奴生擒刘景素后，连同他的3个儿子及同党垣祗祖等数十人一齐斩首。

当初，刘昱当皇太子时，常常亲自动手，油漆篷帐高竿，能爬到距地面一丈多的高处。他喜怒无常，侍从官员无法劝阻。明帝刘彧屡次让刘昱的母亲陈太妃（陈妙登）痛打他。刘昱即帝位后，对内害怕皇太后、皇太妃，对外害怕各位大臣，不敢放纵。可是，自从刘昱行过加冠礼后，宫内宫外对他逐渐失去控制，于是刘昱不断出宫游逛。最初出宫，还有整齐的仪仗卫队。不久，便丢下随从车马，只带身边几个人，或跑到荒郊野外，或出入街头闹市。陈太妃每次乘坐青盖牛犊车，尾随其后，监视、约束他，他便换乘轻装快马，一气奔跑一二十里，让太妃追赶不上。仪仗卫队也畏惧大祸临头，不敢追寻刘昱的去向，只好将部队驻扎在另外一个地方，远远眺望而已。

当初，明帝曾经将陈太妃赏赐给他宠信的弄臣李道儿为妻，后来又将她接回去生下刘昱。所以，刘昱每次改穿便服外出，就自称刘统，或自称李将军。刘昱经常穿短裤、短衫，无论军营、官府、街巷、田野，到处出入。有时夜晚投宿旅店，有时白天就睡在马路旁边，在下等人中间挤来挤去，跟他们做买卖，有时遭到怠慢侮辱也全然不顾。任何低贱的事情，像裁制衣服、制作帽子，只要看过一遍，就能够学会。他从来没有吹过器乐，拿起来一吹，就能吹奏曲调。

京口事变平息以后，刘昱骄纵横暴更为严重，没有一天不出宫，不是晚上出去，凌晨回来，就是凌晨出去，晚上回来。随从人员手持短刀长矛，路上的行人，不管是男是女，不管是狗、马、牛、驴，只要碰上，立即诛杀，无一幸免。百姓惊慌恐惧，店铺及商行，全都停止经营，家家户户白天闭门，路上行人几乎绝迹。刘昱钳、锥、凿、锯，不离左右，只要稍觉得谁不顺眼，便顺手抓起凶器，当场杀人剖腹。一天不杀人，他就闷闷不乐。宫廷侍从和朝廷官员，惊恐担忧，饮食作息都不能正常。阮佃夫与直将军申伯宗等，密谋趁刘昱到江乘打野鸡之时，宣称奉皇太后命令，传唤仪仗卫队回京，关闭城门，派人逮捕废黜刘昱，拥立安成王刘准。不料消息泄漏。元徽五年（477年）五月初二，刘昱逮捕阮佃夫等，并斩首。

皇太后王贞风经常教训刘昱，刘昱很不高兴。正逢端午节，太后赏赐给刘昱一把羽毛扇，刘昱嫌它不够贵重，下令御医配制毒药，打算毒死太后。左右劝阻他说："如果真的这样做，陛下便要当孝子（守孝），怎么还能出入宫门玩耍游戏？"刘昱说："你这话很有道理。"于是打消主意，暂时收起杀心。

六月二十二日，有人上告散骑常侍杜幼文、司徒左长史沈勃、游击将军孙超之，与阮佃夫同谋。刘昱立即率领卫士，亲自突袭3家，全部诛杀，砍断肢体，将肉一块块割下，连婴儿也不能幸免。沈勃当时正在家里守丧，卫队还没有到，刘昱挥刀独自一人冲在前面。沈勃知道不能避免被杀，赤手空拳搏斗，猛击刘昱耳朵，唾骂道："你的罪恶，超过桀、纣，死在眼前。"于是被刘昱砍死。

一天，刘昱闯入领军府，当时天气炎热，萧道成正裸身躺在那里睡觉。刘昱将他叫醒，让他站在室内，在他肚子上画一个箭靶，自己拉紧了弓，就要发射。萧道成收起手版说："老臣无罪。"左右侍卫王天恩说："萧道成肚子大，是一个奇妙的箭靶，一箭射死，以后就再也找不到这样的箭靶了。不如改用圆骨箭头，多射几次。"刘昱就改用圆骨箭头（是一种不带镞箭头的演习用的箭支，不会伤人）。一箭射去，正中萧道成的肚脐，他把弓扔到地上，得意地大笑，说："这只手如何！"刘昱对萧道成的威名十分畏惧忌恨，曾亲自磨短矛，说："明天就杀萧道成。"陈太妃骂他道："萧道成对国家有大功，如果杀了他，谁还为你尽力！"刘昱才住手。

萧道成感到愤怒和恐惧，与尚书令袁粲、中书监褚渊密谋废黜刘昱，另立新君。袁粲说："主上年纪还小，轻微的过失，容易改正。伊尹、霍光的往事，在这末世已难实行。即使成功，最后仍无安身之地。"褚渊沉默不语。领军功曹丹阳人纪僧真对萧道成说："现在，皇上凶残疯狂，无人可以自保，天下百姓的盼望，不在袁粲、褚渊，明公怎么能坐待被剿灭？存亡的关键，请深思熟虑。"萧道成同意。

萧道成的族弟、镇军长史萧顺之，以及萧道成的次子、骠骑从事中郎萧嶷都认为："皇上喜爱单独出来乱窜，在这方面下手，比较容易成功。"

越骑校尉王敬则主动暗中结交萧道成，一到夜里，王敬则就换上平民衣服，匍匐路旁，替萧道成侦察刘昱的行踪。萧道成命王敬则秘密结交刘昱左右亲信杨玉夫、杨万年、陈奉伯等25人，他们都在宫城内殿中任职，窥探有什么机会。

七月初六夜晚，刘昱身穿便装，走到领军府门口，左右侍从说："府里的人全都睡熟，我们为什么不跳墙进去？"刘昱说："今天晚上，我要到别的地方玩个痛快，明晚再来。"员外郎桓康等在领军府大门后听到了这番话。

初七，刘昱乘坐露天无篷车，与左右侍从前往台冈（南京城东有冈，谓之台冈），比赌跳高。然后，前往青园尼姑庵（为晋恭帝司马德文恭思皇后褚灵媛立的青园寺，旧址在覆舟山，即今南京小九华山）。夜晚，来到新安寺偷狗，又找到昙度道人，煮吃狗肉。吃过狗肉，醉醺醺地回仁寿殿睡觉。弄臣杨玉夫一向得到刘昱的宠信。而这天，刘昱忽然对杨玉夫大为痛恨，一看见他就咬牙切齿地说："明天就杀了你这小子，挖出肝肺！"这天夜里，命杨玉夫观察织女渡河，说："看见织女渡河时，马上叫醒我；看不见，就杀了你。"此时，杨玉夫只有一个选择，那就是先下手为强。

当天夜晚，王敬则出营等候消息。杨玉夫等到刘昱呼呼大睡时，与杨万年合伙取下刘昱的防身佩刀，砍下刘昱的人头（可怜变态小皇帝在位5年，15岁就被砍掉了头颅）。然后假传圣旨，命外庭演奏音乐。陈奉伯将刘昱的人头藏在袍袖里面，跟往常一样，神色自若，宣称奉皇帝派遣，打开承明门出宫，将刘昱的人头交给王敬则。王敬则飞马奔向萧道成的领军府，敲门大喊。萧道成怀疑是刘昱的诡计，不敢开门。王敬则将人头从墙上扔进去，萧道成令人洗净血迹辨识，果然是刘昱的人头，这才全副武装，骑马而出。王敬则、桓康等都随从其后，直往宫城，到了承明门，宣称皇帝御驾回宫。王敬则恐怕守门官兵从门洞往外察看，用刀柄堵住门洞，同时咆哮催促，打开门进入宫城。萧道成进入仁寿殿，殿中官员惊慌恐怖，但紧接着听到刘昱已死的消息，都高呼万岁。

初八早晨，萧道成全副武装，站在殿前庭院中槐树下，以皇太后的命令召集尚书令袁粲、中书监褚渊、中书令刘秉入殿举行会议。萧道成对刘秉说："这是你们刘家的事，应该如何决定？"刘秉还未及回答，萧道成顿时大怒，胡子翘起，双目发出凶光，如同两道闪电。刘秉说："尚书省的事，可以交付给我。军事措施，全依靠你。"萧道成依次让给袁粲，袁粲推辞不敢当。王敬则拔出佩刀，在座位旁跳起来厉声道："天下大事，全都要萧公裁决，谁胆敢说半个不字，血染我刀！"说着亲手取出白纱帽，戴到萧道成头上，要求萧道成登基称帝，并威胁说："今天谁敢乱动？大事要趁热一气呵成。"萧道成板起面孔，呵止道："你什么也不明白！"袁粲打算讲话，王敬则大声喝他闭嘴，他只好闭嘴。褚渊说："非萧公不足以办理善后！"就将处理一切事务的权力交给萧道成。萧道成说："既然大家都不肯接受，我怎么可以推辞。"于是提议，准备法驾，前往东府城，迎接安成王刘准继任皇帝。

当天，萧道成以皇太后的名义发布命令，列举刘昱罪状，说："我密令萧道成暗中运用智谋。安成王刘准，应君临万国。"皇帝仪仗队抵达东府城门前，刘准命守门的人不要开门，等待袁粲的到来。袁粲到了之后，刘准才动身到金銮殿。

太后又令曰："昱穷凶极暴，自取灰灭，虽曰罪招，能无伤悼。弃同品庶，顾所不忍。可特追封苍梧郡王。"朝廷将苍梧郡王葬于丹阳秣陵县郊祭天神坛西（今南京南郊）。

第九章

誓不投生帝王家——顺帝刘准

顺帝刘准（469—479年），字仲谋，小名智观，明帝刘彧第三子，刘昱之弟，是刘宋王朝的第九位皇帝，也是末代皇帝。元徽五年（477年）至昇明三年（479年）在位。仅使用了1个年号：昇明（3年）。

刘准生于泰始五年（469年）七月。以昭华（九嫔之一）陈法容为母亲，实际上是桂阳王刘休范的亲生之子。刘准姿貌端华，眉目如画，见者以为神人。七年，封安成王。刘昱即位，为扬州刺史。元徽二年（474年），进号车骑将军，都督扬、南豫二州诸军事，给鼓吹一部，刺史如故。四年（476年），又进号骠骑大将军。及至元徽五年（477年）“七夕”刘昱被杀，萧道成奉太后令迎安成王刘准入居朝堂。

元徽五年（477年）七月十一日，安成王刘准在萧道成的拥立下即皇帝位，本年11岁（实际应为8岁），是为顺帝。改年号昇明，实行大赦。

十三日，中领军将军萧道成亲自坐镇东府城。十五日，朝廷任命萧道成为司空、录尚书事、骠骑大将军；袁粲为中书监；加授褚渊开府仪同三司；刘秉为尚书令，加授中领军；晋熙王刘燮为扬州刺史。二十五日，任命武陵王刘赞为郢州刺史，萧道成改兼南徐州刺史。

八月十二日，诏命袁粲出京镇守石头城。袁粲性情淡泊，每次任命他新官职，都要坚决辞让，实在迫不得已，才勉强就职。现在他发现萧道成有推翻刘家王朝的野心，打算秘密谋划除掉萧道成，所以立即接受。

当初，明帝命妃陈昭华抚养刘准。十七日，刘准尊陈昭华为皇太妃。二十九日，朝廷任命萧道成为骠骑大将军、开府仪同三司。

九月二十八日，朝廷分别封废杀刘昱有功的杨玉夫等25人，依次为侯爵、伯爵、子爵、男爵。

原先，沈攸之与萧道成在孝武帝及废帝刘昱在位时，曾经同时担任朝廷警卫，轮流入殿值班。萧道成的女儿嫁给沈攸之的儿子、中书侍郎沈文和为妻。按说，萧道成和沈攸之是儿女亲家，但是因为萧道成的名望、官位一向比沈攸之低，此时却时来运转，控制朝廷，沈攸之心里愤愤不平。

十二月十二日，沈攸之派辅国将军孙同等，相继顺长江东下。沈攸之写信给萧道成，认为："幼主（苍梧王刘昱）昏暴疯狂，你应与朝中大臣秘密商议，共同报告太后，下令废黜。怎么可以勾结他的左右侍从，下手杀害，甚至不肯早日入殓下葬，致尸体生蛆，爬到门户之上！身为臣属，谁不惊骇叹息！另外你将朝廷的旧臣，纷纷驱逐，全部安排你的党羽，宫殿官署的门禁钥匙，都由你萧家的人掌管。霍光、诸葛亮的遗训，难道就是这样！你既然有灭亡宋国的野心，我岂敢摒弃申包胥乞秦救楚的节操！"朝廷听到这个消息，惊恐万状。沈攸之放言，要像申包胥那样救国。

"申包胥乞秦救楚"说的是：楚昭王十年（前506年），吴王用伍子胥计破楚入郢。申包胥随楚昭王撤出，辗转到随国。后自请赴秦，求秦哀公出兵救楚。初未获允，乃7日不食，日夜哭于秦廷。秦哀公为之感动，派公子子蒲、子虎率领战车500辆来援救楚国而攻打吴国。在秦、楚军队的反击下，楚人驱走吴国军队，收复了楚国的都城郢都。

十八日，萧道成入宫坐镇，命侍中萧嶷代替自己镇守东府城，抚军行参军萧映镇守京口。十九日，朝廷内外戒严。二十日，任命郢州刺史、武陵王刘赞为荆州刺史。二十一日，任命右卫将军黄回为郢州刺史，率前锋各军讨伐沈攸之。

十二月二十二日，尚书左丞、济阳（今山东济南）人江谧，建议朝廷授给萧道成黄钺，顺帝刘准批准。二十六日，萧道成出居新亭，对骠骑参军江淹说："天下大乱，你认为形势如何？"江淹说："成功失败在于德行，不在于人数的多少。你具有雄才大略，这是第一胜因；你宽宏大量，仁爱宽恕，这是第二胜因；贤能的人才，愿意为你竭尽全力，这是第三胜因；民心归附，这是第四胜因；奉天子之命，讨伐叛逆，名正言顺，这是第五胜因。而沈攸之性情急躁，器量狭小，这是第一败因；只有威严，没有恩德，这是第二败因；士卒离心离德，这是第三败因；地方势力和豪门世族不支持他，这是第四败因；深入敌境几千里，而无同党援助，这是第五败因。他们即使是10万只豺狼，最终也会被我们活捉。"

萧道成笑着说："你的议论太过了。"南徐州行事刘善明对萧道成说："沈攸之招兵买马，制造船只，铸造武器，野心勃勃，迄今已有10年。他的性情阴险而急躁，缺乏深谋远虑，起兵已经数十天，却迟迟不敢前进。他一是不懂军事，二是军心离散，三是受到牵制，四是上天夺取了他的灵魂。我本来担心他骠悍勇猛，轻装急进，在我们尚未准备妥当之前发动袭击，一战决定成败。而今朝廷各路大军已经集结，士气高昂，各地诸侯都统一行动，沈攸之已成为笼中之鸟。"

沈攸之一向丧失人心，只靠暴力来胁迫。他刚从江陵出发时，便有人逃亡。后来攻击郢城（今武汉武昌），历时30多天，不能攻克，逃亡的人却无法制止。

昇明二年（478年）正月，沈攸之率残兵西返，距江陵100余里，得知江陵城已被雍州刺史张敬儿占领，士卒再度逃散。沈攸之走投无路，跟他的儿子沈文和逃到华容（今湖北鄂州）边界，在栎树林中上吊自杀。二十一日，乡民砍下沈攸之父子人头，送到江陵。张敬儿将沈攸之父子的首级放到盾牌上，用青布伞盖在上面，到各集市上展览，然后送到建康。

二十八日，朝廷解除戒严。任命侍中柳世隆为尚书右仆射，骠骑大将军萧道成返回，镇守东府城。二十九日，任命左卫将军萧赜为江州刺史，侍中萧嶷为中领军。

二月初五，朝廷加授萧道成太尉、都督南徐等16州诸军事。任命卫将军褚渊为中书监、司空。萧道成上疏交还皇帝诛杀专用的铜斧。

萧道成计划延聘当时德高望重的人才，共同帮助他建立伟业。夜晚，萧道成召见骠骑长史谢庄的儿子谢朏（fěi），屏去左右侍从，说出了自己的打算，等了很久，谢朏却不说一句话。这时有两个手举蜡烛的小儿在一旁侍候，萧道成想到也许谢朏认为还不够保密，于是他自己手举蜡烛，将两个小儿打发出去，可是，谢朏仍不表态（此人城府太深）。

太尉、右长史王俭知道萧道成的意图。有一天，他向萧道成请求密谈，王俭说："功劳太高，就没有赏赐，这种事情，从古到今，不止一人。以公今天的地位，想要始终面北称臣，怎么可以？"萧道成严厉斥责他，但神色却很温和。王俭说："我蒙公特殊爱护，所以说出别人不敢说的话，为什么拒绝得如此坚决？刘姓皇家失德，如果没有你，他们怎么能闯过难关？可是，人心浇薄（社会风气浮薄，不淳朴敦厚），感恩之心，无法持久。只要你稍稍迟疑，恐人情易变，七尺之躯也不能自保。"萧道成说："你说的不是没有道理。"最后，王俭就建议加授萧道成为太傅，再赐给黄钺，命中书舍人虞整撰写诏书。

九月初二，顺帝刘准下诏，赐给萧道成持有黄钺，任命他为大都督中外诸军事、太傅，兼扬州牧。上殿时可以穿鞋佩剑，入朝时不必快步小跑，奏事时不称名，使持节、太尉、骠骑大将军、录尚书、南徐州刺史等官职，仍然如故。萧道成坚决辞让特殊的礼遇。

十月二十八日，顺帝刘准立谢梵境为皇后。谢梵境，陈郡阳夏（今河南太康县）人，右光禄大夫谢庄孙女。顺帝禅位萧道成后，萧道成封宋顺帝为汝阴王，谢梵境降为汝阴王妃。

昇明三年（479年）正月初二，顺帝任命江州刺史萧嶷为都督荆湘等8州诸军事、荆州刺史，任命尚书左仆射王延之为江州刺史，任命安南长史萧子良为都督会稽等五郡诸军事、会稽太守。初九，顺帝任命竟陵世子萧赜（萧道成长子）为尚书仆射，晋升封号为中军大将军、开府仪同三司。十二日，顺帝任命谢朏为侍中，另外任命王俭为左长史。十四日，顺帝任命给事黄门侍郎萧长懋为雍州刺史。二十二日，顺帝颁诏重申以前的命令，让太傅萧道成朝拜时，不必自己称名。

三月初二，顺帝任命太傅萧道成为相国，总领百官，封给他10个郡的封地，号称齐公，颁赐九锡，让他仍然担任骠骑大将军、扬州牧、南徐州刺史。顺帝刘准又颁诏决定，齐国的官职爵和礼典仪式，一概仿效朝廷。初四，顺帝刘准任命萧道成的世子萧赜兼任南豫州刺史。

十二日，齐公萧道成接受策书的任命，大赦齐国境内的囚犯，以石头城为世子萧赜的宫室，与皇室设立东宫完全一样。褚渊援引何曾由曹魏的司徒担任西晋的丞相（司马炎为晋王时，何曾为丞相）的旧事，请求担任齐国的官员，萧道成没有应允。他却任命王俭为齐国尚书右仆射，主管吏部。当时，王俭只有28岁。

四月初一，顺帝进封齐公萧道成为王，增加10个郡的封地。十五日，顺帝以特殊的礼节对待齐王萧道成，将齐国的世子萧赜称作太子。

二十日，刘宋顺帝颁诏将帝位传让给齐王萧道成。二十一日，顺帝应当到殿前去会见百官，但他不肯出面，却逃到佛像的宝盖下面。王敬则率领军队来到宫殿的庭院中，抬着一顶木板轿子入宫，去迎接顺帝。太后王贞风害怕了，便亲自率领宦官找到了顺帝。王敬则劝诱顺帝，让他从宝盖下面出来，领着他上了轿子。顺帝止住眼泪，对王敬则说："准备杀死我吗（此问出自小皇帝之口，真是可怜兮兮的）？"王敬则说："只是让你到另外的宫殿中居住罢了。您家先前取代司马氏一家也是这样做的。"顺帝掉着眼泪弹着食指说："但愿今后生生世世永不生在帝王家中！"宫中的人们都哭泣起来。顺帝拍着王敬则的手说："如果不发生意外，就赠送给你10万钱（企图用钱买命）。"

末代皇帝死得都很惨，也很可怜，但是哭着喊着“今后生生世世再不生在帝王家”的也无独有偶。在这之前20年，前废帝刘子业逼令年仅10岁的新安王刘子鸾自杀时，刘子鸾也曾说过“愿不再投生帝王家”，但是依然难逃一死。

当天，百官为齐王萧道成陪席，侍中谢朏正在值班，应当解送玺印，但他假装不知道，还说：“有什么公事吗？”有人传达诏旨说：“解送玺印，交给齐王。”谢朏说：“齐王自然应当另有自己的侍中。”说着，他便拉过枕头躺了下来。传达诏旨的官员害怕了，便让谢朏声称得了疾病，打算另找一个代替侍中的人，谢朏说：“我没有生病，为什么说我有病！”于是，他穿着朝服，徒步走出东掖门，上车回住宅去了。萧道成便让王俭担任侍中，解送玺印。

礼典结束以后，刘准坐着彩漆画轮的车子出了东掖门，前往太子的府邸。刘准问：“为什么今天没有器乐演奏？”周围的人都没有回答。可见皇帝年龄太小，被人篡了皇位，撵出宫去了，还不知道是怎么回事，还要奏乐。

右光禄大夫王琨（这时候已经80多岁了），抓着车上悬着的獭尾痛哭着说：“人们都为长寿高兴，老臣却为长寿悲哀。遗憾此身不能够及早死去，所以才屡次目睹今天发生的这种事情！”他呜呜咽咽地哭泣着，难以自制，百官也都泪如雨下。

司空兼太保褚渊等人捧上玺印，率领百官前往齐王宫请萧道成即帝位，齐王推辞谦让，没有接受。

这年五月十八日，有人骑马经过已经被废为汝阴王刘准的家门口，刘准的卫士们便恐惧起来。有一个作乱的人跑进去杀死了刘准。刘准在位3年，终年13岁（据《宋书》应为11岁）。谥曰顺帝。六月十五日，葬汝阴王刘准于遂宁陵（今南京栖霞区新合村北）。

二十日，萧道成杀害了刘宋宗室阴安公刘燮等人，对这些人家，无论老少，一律处死。至此，由刘裕开创的刘宋王朝全部结束。

刘宋以后，萧道成建立了萧齐王朝。请看下一篇：使黄金与土同价。

萧齐篇

使黄金与土同价

“使我治天下十年，当使黄金与土同价。”——摘自北宋司马光《资治通鉴》。

南朝齐是南朝四朝中王朝寿命最短，皇帝更换最快的朝代。因为皇帝姓萧，故又称萧齐。

萧齐始于齐高帝建元元年（479年），终于齐和帝中兴二年（502年），是南北朝时期继刘宋以后在南方割据的第二个朝代，也是南京六朝古都中的第四个朝代。萧齐创造了后世王朝难以逾越的杀戮记录。萧齐共约24年，历7帝。

第一章

崇尚节俭除弊政——高帝萧道成

齐太祖高皇帝萧道成（427—482年），字绍伯，小名斗将，南兰陵（今江苏镇江丹阳东城村）人。南朝齐（萧齐）的创立者，即齐高帝。昇明三年（479年）四月二十三日至建元四年（482年）三月初八在位。仅使用了1个年号：建元（4年）。

高帝萧道成

齐高帝萧道成是西汉相国萧何第24世孙。汉惠帝刘盈二年（前193年）七月，萧何去世，谥为文终侯。

萧何居沛（今江苏沛县），其孙侍中（皇帝的侍从）萧彪因事被免官，居东海兰陵县中都乡中都里（今山东苍山县兰陵镇）。晋元康元年（291年），分东海为兰陵郡。中朝乱，淮阴令萧整（萧何20世孙），字公齐，于“永嘉之乱”后过江（长江）居晋陵（今江苏常州）武进县东城里（今江苏镇江丹阳东城村）（因为西晋太康二年（281年），分丹徒县与曲阿县的部分区域置武进县，其境域大致为今常州西北部和丹阳东北部，所以会有两种不同的说法）。东晋于此地侨置兰陵郡，称南兰陵，所以萧道成被称为南兰陵人。

萧整的后代在南朝（420—589年）近170多年中，连续建立起了萧齐、萧梁两个朝代近80年，在南京的历史上是绝无仅有的。

萧整生即丘（今山东诸城）令萧隽；萧隽生辅国参军萧乐子，刘宋昇明二年（478年）九月赠太常；萧乐子生皇考萧承之。

萧承之是齐高帝萧道成的父亲，字嗣伯。少有大志，才力过人，宗人丹阳尹（南朝之京畿长官，时京师建康隶于丹阳郡）萧摹之、北兖州（今山东兖州）刺史萧源之并见知重。萧承之初为建威府参军。东晋安帝义熙年间，蜀贼谯纵（十六国时期后蜀国）初平，萧承之迁扬武将军、安固、汶山（今四川益州、茂县）二郡太守，善于绥抚（安定抚慰）。刘宋元嘉初，徙为武烈将军、济南太守。官至右军将军。元嘉二十四年（447年）殂（cú），时年64岁。葬永安陵（今江苏丹阳胡桥乡北张庄村东侧农田中）。

刘宋昇明二年（478年），顺帝刘准追赠萧承之为散骑常侍、金紫光禄大夫（正三品文官）。

萧道成母陈道正，临淮东阳（今江苏盱眙）人（三国时曹魏司徒陈矫的后代）。其父陈肇之，曾举郡孝廉。陈道正年少时，家境贫穷，后来嫁给萧承之，生萧道度（衡阳元王）、萧道生（始安贞王）、萧道成。一天一位相士对她说：“您有一个儿子当大富贵，可惜您看不见那天。”陈道正感叹说：“我有3个儿子，究竟谁能应验呢？”经过反复考察，最后她认定大富大贵的一定是三子萧道成。

一、少有大志

刘宋元嘉四年（427年），也就是宋文帝刘义隆统治的年代，萧道成出生在万绥村，原名“万岁镇”（今江苏常州孟河镇）。万绥村，因出了齐、梁两朝10多位帝王，故有“齐梁故里”之称，历史上还有“兰陵古墟”之称。

传说萧道成小时候旧宅的门前，有一棵很大的桑树，树的形状很像皇帝出巡时的华盖。萧道成喜欢在树底下与小伙伴们玩耍，他的堂兄萧敬宗跟他开玩笑，说：“这棵树就是为你长的。”

有一次，萧道成与萧顺之（萧道成的族弟，梁武帝萧衍的父亲）同游金牛山（今镇江丹阳胡桥经山），路上多枯骨，萧道成感叹道：“周文王以来千百年，谁能掩埋山野尸骨呢？”萧顺之由此认为萧道成有大志。

十七年（440年），萧道成13岁时，就读于儒师雷次宗开办的鸡笼山学馆，学习治《礼》及《左氏春秋》。雷次宗曾称赞：“萧道成内润，良璞也。”

同年，宋文帝刘义隆与彭城（今江苏徐州）大将军刘义康兄弟2人因朝务发生激烈冲突，宋文帝一怒之下将刘义康贬为江州刺史，出镇豫章（今江西南昌）。派萧道成的父亲萧承之率军前去防范监控刘义康。13岁的萧道成放弃学业随父萧承之南行。

十九年（442年），竟陵（今湖北荆门东北）发生蛮（中原古人对南方非汉族人的称呼）动，文帝刘义隆派遣15岁的萧道成领偏军（指主力以外的军队）讨沔北蛮。二十一年（444年），萧道成17岁，参加北伐索虏（索指发辫，古代北方民族多有发辫，故称索虏）作战，至丘槛山，击败北魏军。二十三年（446年）萧道成19岁，破沔北樊城（今湖北襄樊西北）、邓州（今河南邓州）山蛮，初为左军中兵参军。二十七年（450年），文帝刘义隆使萧道成宣旨，授节度（调度、指挥）。

二十九年（452年），萧道成率偏师征讨仇池（一说今甘肃仇池山）的氐人（古族名），梁州西境旧时置有武兴（今陕西略阳）戍，晋安帝隆安年间被氐人攻陷，武兴西北又有兰皋（今甘肃徽县一带）戍，距离仇池200里。萧道成攻破了这两个堡垒后，又率军从谷口（今陕西咸阳礼泉）进入关中，进至距长安（今西安西）80里的地方，正逢刘宋梁州刺史刘秀之所遣司马马注率领的援军，于是合力攻打武都郡（今甘肃武都东）的谈堤城，攻克后，北魏河间公（拓跋齐）逃走。北魏高平镇（今甘肃固原）镇将苟莫于率精锐骑兵2000人救援。萧道成兵疲人少，又得知建康（京师南京）发生政变，宋文帝刘义隆被太子刘劭弑杀，于是烧城退出武都，返回南郑（今陕西汉中）。萧道成承袭父爵加授晋兴县五等男（爵名，从五品）。

萧道成13岁随父从军，南征北战数十年。孝武帝刘骏孝建初年（454年），萧道成出任江夏王刘义恭的大司马参军，迁员外郎、直阁中书舍人（掌制诰，撰拟诏旨）、西阳王刘子尚的抚军参军、建康令（相当于今天首都市市长）。有能名，当时的少府萧惠开赞扬说："昔日魏武（曹操）为洛阳北部时，人服其英。今看萧建康（萧道成），但当过之耳。"就是说，萧道成的英姿不在曹操之下。

萧道成在刘宋明帝刘彧时为右军将军，先后镇会稽（今浙江绍兴）、淮阴（今江苏淮安），以军功累官至南兖州（今江苏扬州）刺史。明帝卒，他与尚书令袁粲等共掌朝政，并领石头戍（旧址在今南京，是保卫京师的军事要地）军事（京师卫戍长官）。元徽二年（474年），平江州刺史桂阳王刘休范的反叛，进爵为公，迁中领军将军，掌握了禁卫军，督五州军事。与袁粲、褚渊、刘秉号称"四贵"。后来，刘宋皇室成员争权，自相残杀，朝廷实权渐集于萧道成。

昇明元年（477年）七月，萧道成杀后废帝刘昱，立顺帝刘准。萧道成受封齐王，兼总军国。之后，又诛灭了忠于宋室的袁粲、荆州刺史沈攸之、黄回等。昇明二年（478年）三月，萧道成升任相国，封为齐公。四月，晋爵齐王。

孝建三年（479年）四月二十日，顺帝刘准颁诏将帝位禅让给齐王萧道成。当时司空兼太保褚渊等人奉皇帝玺绶，率领百官来到萧道成的齐宫，而萧道成辞让不受。百官又再三恳请，兼太史令、将作匠（掌管宫室修建之官）陈文建奏符命曰：东汉历经196年禅让于魏；魏历经46年禅让于晋；晋历156年而禅让于宋；宋自永初元年到昇明三年，共60年。"六"是亢位。历代都是六终六受，这就是天命。因此，请萧道成顺应天时，膺符瑞称帝。群臣一再恳求，“太祖（萧道成）乃许焉”。经朝臣们商议，选定黄道吉日，萧道成举行了隆重的即位大典。

二、建立齐国

昇明三年（479年）四月二十三日，齐王萧道成在建康南郊即帝位，是为齐高帝。群臣山呼万岁，回到宫中，大赦天下，改年号为建元。国号“齐”，史称齐高帝。至此，萧齐王朝正式建立。

六朝的南郊祭坛旧址，在今江宁上坊青龙山麓的赵家山和梅家山一带。1500年前，赵家山一带就被认为是风水宝地。六朝乃至后朝，许多在南京称帝的皇帝都在此举行登基仪式或开展祭祖活动。

齐高帝将顺帝刘准奉为汝阴王，优待尊崇汝阴王的礼典，完全效仿刘宋初年的做法。高帝在丹阳为汝阴王刘准修筑宫室，并设置兵力守卫，刘宋诸帝的神位都被迁移到汝阴庙中。刘宋诸王都被降爵为公；如果没有为齐室出力，公侯以下一律削除国号。削除国号的诸王计有120人。这年五月，汝阴王刘准被杀。

奉朝请（有资格参加朝会的人）河东人氏裴觊上表指斥高帝的过失与丑行，直接辞官离去。高帝大怒，将他杀死。太子萧赜请求杀掉谢朏，高帝说：“杀了他，便成就了他的名望。我们恰恰应该把他置之度外包容下来哩。”过了好长一段时间，谢朏终于因事被废免在家中。

高帝向前任抚军行参军沛国人刘献（术士，博通五经）询问如何处理政务，刘献回答说：“政务就在《孝经》里面。大凡刘宋灭亡，陛下得国的原因，其中都包含着《孝经》阐述的道理。倘若陛下能够将前车之鉴引以为诫，再加上待人宽和仁厚，即使国家已经垂危了，也可以安定下来；倘若陛下重蹈覆辙，即使国家原来很安定，也一定会招致危亡。”高帝感叹着说：“儒士的话，真是可以用作万代之宝啊！”

四月二十六日，高帝任命太子詹事张绪为中书令，任命齐国左卫将军陈显达为中护军，任命右卫将军李安民为中领军。二十七日，任命荆州刺史萧嶷为尚书令、骠骑大将军、开府仪同三司、扬州刺史，任命南兖州刺史萧映为荆州刺史。

高帝命令群臣各自进言朝政得失。高帝对进言者刘善明等人都给予奖励，还将有的表奏交付外廷，让有关部门详细斟酌适用的办法，上奏施行。

四月二十八日，高帝颁诏说："皇子、皇孙两宫和诸王，一律不允许营建庄园别墅，霸占山林湖泊。"

五月十一日，高帝封赏辅佐自己建立新朝的功臣，褚渊、王俭等人晋升爵位，增加封户，各有等差。隐士何点（曾著《齐书》讥刺褚渊、王俭背叛宋室）对人说："我已经将《齐书》撰写完毕，有一段论赞是这样说的：'褚渊既是世家大族，王俭也是国家的精英。他们连自己的舅父都背叛了，又哪里有工夫顾惜自己的国家！'"何点是何尚之的孙子。褚渊的母亲是刘宋的始安公主（宋武帝刘裕第七女），继母是吴郡公主（宋武帝刘裕第五女），自己又娶了巴西公主（宋文帝刘义隆女）。王俭的母亲是武康公主（齐武帝萧赜女），自己又娶了阳羡公主（宋明帝刘彧女）。所以，何点才有这种说法。

五月二十五日，高帝追尊亡父为宣皇帝，追尊亡母陈氏为宣孝皇后。

六月十四日，高帝立王太子萧赜为皇太子，皇子萧嶷为豫章王，萧映为临川王，萧晃为长沙王，萧晔为武陵王，萧秀为安成王，萧锵为鄱阳王，萧铄为桂阳王，萧鉴为广陵王，皇孙萧长懋为南郡王。

建元二年（480年）十月十五日，汝阴王太妃王贞风（刘宋明帝刘彧的皇后）故去，谥号恭皇后。十一月十三日，高帝将裴氏立为皇太子萧赜的妃子。

自孝建年（454年）以来，刘宋朝廷政务废弛，法纪紊乱，田簿户籍谬误百出。高帝颁诏命令黄门郎会稽人虞玩之等人重新核查审定，还说："户籍，是对百姓的基本记载，是国家治理的端绪。"这时，南朝萧齐境内拥有23个州，390个郡，1485个县。

自从东晋以来，建康宫室的外城只是用竹篱环绕着，有6个大门。适逢有人揭开白虎樽（古代用以奖劝谏直言者的一种盖上有白虎图像的酒器）的盖子，饮酒进言说："白门（六朝建康宫城正南门宣阳门）三重关，竹篱穿不完。"高帝被这个人的话说动了，便命令改建城墙。

为了加强建康城的防务，高帝于建元二年（480年）五月，着手改建建康城墙，用砖砌筑。这样，建康城才成为真正坚固的堡垒。所以说，建康都城城墙始于南齐一代。南朝建康城的范围并未扩大，与东吴、东晋时都城基本相同，仅是一个政治统治中心。西明门至建春门，一条横街东西贯通，将都城分为南北两大部分。北是宫城，南为朝廷各台省所在地。也有皇亲国戚住在都城内的，但为数甚少。重要商市、居民区以及宰相大臣的宅舍别墅，则都在城外。宣阳门到朱雀门之间的御街是建康城的中轴线。御街两侧分布着大小官廨（官吏办公的房舍）和军营。它与从宫城大司马门前经过的东西横街构成了"T"字形的骨架，形制比较规整。

建元四年（482年）正月初七，高帝颁诏设置学生200人，任命中书令张绪为国子祭酒。三月，高帝病重。初六，高帝召见司徒褚渊和尚书左仆射王俭接受遗诏，辅佐太子。

初八，高帝在临光殿去世，终年56岁。太子即帝位，宣布大赦。

高帝萧道成高昭刘皇后刘智容（423—472年），广陵（今江苏扬州）人，祖刘玄之，父刘寿之，并员外郎。刘智容母亲桓氏梦吞玉生刘智容，时有紫光满室，以告刘智容的父亲刘寿之，刘寿之曰："恨非是男。"桓曰："虽女，亦足兴家矣。" 桓氏寝卧，家人常见上如有云气焉。在刘智容17岁时，裴方明（刘宋朝大将）要娶她做儿媳妇，刘家已经许诺。但刘智容又感到不合适，便反悔。后嫁给萧道成，她比萧道成大4岁，后生下儿子萧赜、萧嶷。刘智容严正有礼法，家庭肃然。宋泰豫元年（472年）殂，终年50岁。归葬宣帝（萧道成父亲太祖宣皇帝萧承之）陵侧，今泰安陵。昇明二年（478年）萧道成称帝后，追封刘智容为昭皇后。

高帝另有9个嫔妃：张淑妃、罗太妃、任太妃、何太妃、区贵人、谢贵嫔、袁修容、陆修仪、李美人。育子：萧赜（武帝）、萧嶷（豫章文献王）、萧映（临川献王）、萧晃（长沙威王）、萧晔（武陵昭王）、萧暠（安成恭王）、萧锵（鄱阳王）、萧铄（桂阳王）、萧鉴（始兴简王）、萧钧（衡阳王）、萧锋（江夏王）、萧锐（南平王）、萧铿（宜都王）、萧銶（晋熙王）、萧铉（河东王）等。育女：义兴公主、陵海公主等。

高帝喜欢书法。一次，萧道成召丹阳尹王僧虔（南朝齐书法家）来朝，提出要与他比试书法。两人各自写了一幅字，齐高帝问王僧虔道："朕与公卿书法，谁是第一？"王僧虔深知齐高帝意思，答曰："臣书第一，陛下亦第一；臣书为群臣中第一，陛下书为帝王中第一。" 王僧虔的回答十分巧妙，既不贬低自己，又保了高帝的面子，君臣双赢。

高帝提倡节俭自奉，要求："后宫器物栏槛以铜为饰者，皆改用铁，内殿施黄纱帐，宫人著紫皮履，华盖除金花瓜，用铁回钉。"同时，禁止民间使用各种华丽饰物，不得将金银制成金箔银箔，马鞍等不能使用金银装饰，不能用金、铜铸像等等，甚至不准织绣花裙，不准穿着锦鞋等（皇帝管得太多、太细）。每曰："使我治天下十年，当使黄金与土同价。"并欲以身率天下，移变风俗。可惜，他只在位4年。

高帝在位期间，大戮宋之宗室，手段十分残忍。据《南史·宋本纪下》记载："宋之王侯无少长皆幽死矣。"刘宋朝的王侯，皆被高帝斩杀殆尽。

四月初六，朝廷为萧道成上谥号称高皇帝，庙号太祖。奉梓宫于东府城前渚（今南京通济门秦淮河一带）升龙舟，二十二日，下葬武进（今江苏常州。一说，今江苏镇江丹阳胡桥乡赵家湾）泰安陵，与皇后刘智容合葬。1908年，泰安陵已掘。陵前原有两只石兽残躯，相距18.5米，毁于1968年。

三、时人与后人评价

（南朝梁）萧子显《南齐书》：上少沈深有大量，宽严清俭，喜怒无色。博涉经史，善属文，工草隶书，弈棋第二品。虽经纶夷险，不废素业。从谏察谋，以威重得众。即位后，身不御精细之物，敕中书舍人桓景真曰：

“主衣中似有玉介导，此制始自大明末，后泰始尤增其丽。留此置主衣，政是兴长疾源，可即时打碎。凡复有可异物，皆宜随例也。”

史臣曰：孙卿（荀子）有言：“圣人之有天下，受之也，非取之也。”

赞曰：于皇太祖，有命自天，同度宇宙，合量山渊。宋德不绍，神器虚传。宁乱以武，黜暴资贤。庸发西疆，功兴北翰，偏师独克，孤旅霆断。援旆东夏，职司静乱；指斧徐方，时惟伐叛；抗威京辇，坐清江汉。文艺在躬，芳尘渊塞。用下以才，镇民以德。端己雄晬，君临尊默。苞括四海，大造家国。

（唐）张怀瓘《书断》：善行草，笃好不已，祖述子敬，稍乏筋骨。

（北宋）司马光《资治通鉴》：南齐高帝深谋远虑，宽宏大量，学识广博，能写文章，生性朴素节俭。

叱咤风云的开国皇帝，敢于祛除弊政，恪尽节俭。能容人，善用人。

第二章

痛恨奢华难自律——武帝萧赜

武帝萧赜（440—493年），字宣远，小名龙儿，太祖萧道成长子，母刘智容。南朝齐第二位皇帝。建元四年（482年）至永明十一年（493年）在位。仅使用了1个年号：永明（11年）。

萧赜生于建康青溪宅，他出生的那天夜里，陈孝后（萧赜祖母）和刘昭后（萧赜母）两位皇后都梦见一条龙盘踞在屋顶上，因此给他取小名叫龙儿。

泰始二年（466年）六月，23岁的萧赜任南康（今江西赣州）赣县令。当时宋废帝刘子业无道，邓琬遂举九江之众，拥戴刘子勋，进攻废帝。邓琬派人前去逮捕了萧赜。萧赜的门客兰陵人桓康，带着萧赜的妻子裴氏和萧赜的两个儿子萧长懋、萧子良逃到山中。跟随萧赜的同族萧欣祖等结集佃客（租种土地的佃户）100余人，袭击郡城，攻破监狱，救出萧赜。南康相沈肃之率将士追赶萧赜，萧赜迎战，活捉了沈肃之。萧赜于是自称宁朔将军，据郡起兵，与安成郡的刘袭等呼应。

萧道成建立齐国之前，萧赜随其父东征西讨，屡立战功。最值得一提的是昇明元年（477年）十二月，刘宋大将沈攸之据荆楚发动叛乱。当初，萧道成任命长子萧赜为晋熙王刘燮的长史，代理郢州事，整修城池，磨砺武器，以防备沈攸之。到萧道成征召刘燮任扬州刺史时，任命萧赜为左卫将军，与刘燮同时东下。刘怀珍对萧道成说："夏口是军事要冲，应该有适当的人驻守。"萧道成写信给萧赜说："你既然前来京师，应该物色一个文武双全，而又与你见解一致的人，把你走后的大事委托给他。"萧赜乃推荐刘燮的司马柳世隆代替自己。萧道成遂命柳世隆任武陵王刘赞的长史，代理郢州事。萧赜将要动身，对柳世隆说："沈攸之一旦叛变，纵火焚烧夏口战船，顺长江东下，就很难控制。如果能将沈攸之引诱到郢州城下，留他攻城，一定不会立即攻下。这样，你在城内，我在城外，两面夹击，一定可以击败他。"等到沈攸之宣布起兵，萧赜才到浔阳，还没有得到朝廷的指示，众人都打算加快速度，直回建康。萧赜说："浔阳地处长江中游，接近京师，我们如果留下来据守湓口（今江西九江），内可以作朝廷的屏藩，外可以援助夏口，占据有利地形，控制西南。我们今天路过此地，全是上天的安排。"有人认为湓口城池太小，难以坚守。左中郎将周山图说："我们据守长江中游，声援四方，不可以把这种小事当作困难，只要万众一心，到处都是城池。"二十一日，萧赜陪同刘燮镇守湓口，把军事的事情全部交给周山图。周山图封锁长江，掠取民间旅行船上的木板，建造战船，竖立水中木栅，10天时间，全部完成。萧道成接到报告，高兴地说："萧赜不愧是我的儿子！"任命萧赜为西讨都督，萧赜又推荐周山图任军副。

建元元年（479年）正月初九，顺帝任命竟陵世子萧赜为尚书仆射，晋升封号为中军大将军、开府仪同三司。三月初四，顺帝任命萧道成的世子萧赜兼任南豫州刺史。四月十五日，顺帝以特殊的礼节对待齐王萧道成，将齐国的世子萧赜称作太子。二十三日，齐王萧道成在建康南郊即帝位。六月十四日，齐高帝萧道成立萧赜为皇太子。

建元四年（482年）三月初八，高帝在临光殿去世，太子萧赜即帝位，时年43岁，是为武帝。宣布大赦。

十一日，朝廷任命褚渊为录尚书事，任命王俭为侍中、尚书令，任命车骑将军张敬儿为开府仪同三司。十三日，任命前任将军王奂为尚书左仆射。十六日，任命豫章王萧嶷（萧道成次子）为太尉。

五月初七，武帝萧赜追尊穆妃为武穆皇后。穆妃裴惠昭（442？—480年），河东闻喜（今山西闻喜）人，左军参军裴玑之的女儿，母檀氏。

刘宋大明年间（约457年），18岁的萧赜娶16岁的裴惠昭为妻，裴氏生长子萧长懋，次子萧子良。昇明二年（478年），顺帝封萧道成为齐王，立萧赜为齐王世子，裴氏为世子妃。翌年，萧道成称帝，立萧赜为皇太子，裴氏为太子妃。但裴氏没有等到丈夫萧赜当皇帝就于建元二年（480年）去世了，时年约40岁。后来萧赜加赠裴氏的父亲裴玑之为金紫光禄大夫，母檀氏为余杭广昌乡元君（女子成仙者之美称）。

六月初一，武帝将南郡王萧长懋立为皇太子。十三日，武帝立王氏为太子妃。太子妃是琅邪人。武帝还封皇子闻喜公萧子良为竟陵王，临汝公萧子卿为庐陵王，应城公萧子敬为安陆王，江陵公萧子懋为晋安王，枝江公萧子隆为随郡王，萧子真为建安王，皇孙萧昭业为南郡王。

南齐吏部尚书济阳人氏江谧，生性谄媚浮躁。高帝去世的时候，江谧因没有接受高帝临终交托遗命而遗憾不已。武帝即位后，江谧又没有升官，因此他怨恨不满，口出诽谤之言。适逢武帝身患疾病，江谧便前往豫章王萧嶷处请求秘密进言说："皇上已经得了不治之症，太子又没有帝王的才具，如今您准备作何打算？"武帝闻讯，指使御史中丞沈冲奏陈江谧历来犯下的罪恶，赐江谧自裁而死。

永明元年（483年）正月初二，武帝前往建康南郊祭天，宣布大赦，更改年号为永明。十三日，武帝立皇弟萧锐为南平王，萧铿为宜都王，皇子萧子明为武昌王，萧子罕为南海王。

有关部门认为天体运行失调见于记载，请求禳除灾害。武帝说："顺应天象，在于实际，而不在于虚文。我克制自己的欲望，谋求为政清明，希望使仁爱政治发扬光大。如果灾难是由我造成的，祭祷祈福又有什么用处！"

二年（484年）六月初一，中书舍人吴兴人茹法亮，被封为望蔡（今属江西）县男（爵名，从五品）。此时共有四位中书舍人，被分别派驻尚书省（决策机构）、中书省（发布机构）、门下省（执行机构）、集书省（顾问机构），号称“四户”，分别由茹法亮和临海人吕文显等人担任。他们总揽大权，声势超过了朝廷其他文武官员，地方官不断来去调换，四面八方给他们送的礼物，一年就达几百万之多。茹法亮曾经当众对人说：“何必一定要求得外任官的俸禄。就在这一户里，一年就可弄到100万。”他所说的100万也不过是个大概的数目。后来，天象星辰发生了变化，王俭坚决认为：“吕文显等人专断独行，徇私舞弊。所以，苍天出现异变，这一灾难出自‘四户’。”武帝萧赜亲自写诏酬答王俭，却没有改变这种现状。

武陵王萧晔多才多艺，但性情直率，也得不到武帝的宠爱。有一次，他参加皇宫御宴醉倒在地，帽子边上的貂尾沾上了肉汤。武帝笑着说：“肉汤把你的貂尾都弄脏了。”萧晔回答说：“陛下您喜爱这些皮毛，却疏远亲生骨肉。”武帝很不高兴。萧晔把钱财看得很轻，喜欢施舍。所以，他自己没有积蓄。他把后堂山叫做“首阳山”（位于今河南偃师。典出伯夷、叔齐兄弟不当国君，隐居首阳山，采蕨而食，最终饿死），就是抱怨自己生活贫困以及武帝薄情。

三年（485年），武帝下诏恢复国学。用祭祀上公的礼仪祭祀孔子。当初，刘宋明帝刘彧设立总明观（总管儒、玄、文、史四学），聚集学士，也叫东观。武帝认为，国学已经成立，所以在五月二十九日，下令撤销总明观。当时，王俭正兼任国子祭酒，诏令在王俭住宅内，开设学士馆，把总明观的甲、乙、丙、丁四部的图书，移交给学士馆。同时，又命令王俭把家作为办公的官署。

从刘宋孝武帝刘骏喜欢文章辞采以来，士大夫也都以华丽的文辞章句互相推崇欣赏，却没有专门研究经典的人。王俭小时候就喜欢《礼》和《春秋》，即使是随便言谈，也都一定遵循儒家法则，从王俭这里开始，士大夫又追随模仿，崇尚儒家学说。王俭在撰写朝廷礼仪、国家大典时，对晋、刘宋王朝以来的掌故，无不了如指掌。因此，在他处理朝廷各项事务时，能够迅速做出决断。每次建言，都旁征博引，上自八坐（宫廷中的8类高级官员），下到左右丞、各署曹郎（官吏），没有人能提出异议。拿着公文向他请示的令史经常有几十人，宾客盈门，王俭都从容接待，条分缕析，从不积压延迟，无论是口头发表见解，还是下笔批示，都是有声有色，神采飞扬。王俭每10天去学监一次，测试学生，学监内都是头戴葛巾、手拿试卷的学生，佩剑的卫士和令史站在一旁，仪式非常隆重。王俭解散发髻，将头簪斜插在上面，朝廷内外都很仰慕他的风采，争相模仿。王俭经常对人说："江左风流倜傥的宰相，只有谢安一人。"言下之意是把自己比作谢安。武帝也非常器重他，并委以要职。选用士人，只要是王俭推荐的，统统批准。

早年，高帝萧道成曾命令门下省黄门郎虞玩之等人重新校订户籍。武帝萧赜即位后，又另行设立校籍官，设置令史，限定令史每天每人都要查出几件奸伪案件。这样连续几年都没有停止，老百姓为此愁苦不安，怨声载道。外监会稽人吕文度就此启奏皇上，武帝下令凡是撤销户籍的，都要发配远方戍守边疆，百姓大都畏罪逃亡。富阳（今浙江富阳）百姓唐宇之，趁机利用妖术，蛊惑人们起来叛乱，攻陷了富阳。三吴一带被撤销户籍的人纷纷投奔富阳，人数多达30000。

变民头目唐宇之攻陷了钱唐（今浙江杭州），吴郡各县县令大多弃城逃走。唐宇之在钱唐称帝，封立太子，设置文武百官。接着，又派他的大将高道度等人攻陷东阳（今浙江东阳），杀东阳太守萧崇之。萧崇之是高帝萧道成的族弟。唐宇之又派大将孙泓进犯山阴（今浙江绍兴），孙泓率军走到浦阳江（今钱塘江支流）时，浃口（今浙江镇海东南甬江河口）戍主汤休武击败了孙泓。武帝派几千名禁军，几百匹战马，往东进攻唐宇之。朝廷禁军抵达钱唐，唐宇之手下都是一群乌合之众，对骑兵都十分惧怕，双方刚一交战，唐宇之全军崩溃，禁军抓获了唐宇之，将其斩首，进而平定了叛乱。

朝廷禁军乘胜对老百姓大肆奸淫虏掠。班师后，武帝听到了这一情况，就下令逮捕军主、前军将军陈天福，将他绑赴刑场斩首，免除左军将军刘明彻的官职，削除他的爵位，发配到东冶（京城东郊炼铁场）做苦工。陈天福是武帝平时最宠爱的大将，他被处死，朝廷内外人士无不感到震惊。武帝派通事舍人丹阳人刘系宗前往禁军去过的郡县安抚百姓。

五年（487年）正月初二，朝廷任命豫章王萧嶷为大司马，任命竟陵王萧子良为司徒。将临川王萧映、卫将军王俭和中军将军王敬则3人一并加授为开府仪同三司。萧子良起用记室范云担任郡守。武帝对萧子良说："我听说，他在你面前经常卖弄才能，朕没有追究并惩罚他，应该宽宥并把他调到边远地区。"萧子良说："事实并不是这样。范云经常对我进行规劝教诲，他写给我的谏书仍然保存着。"说完，萧子良就拿出来呈上，大约有100多张纸，言辞十分恳切直率。武帝不禁叹息，对萧子良说："没有想到范云能够这样，你正需要这样的人辅佐，怎么能够让他去边远地区镇守呢！"

十年（492年）十二月，武帝萧赜命令太子家令沈约撰写《宋书》，沈约不能确定是否写《袁粲传》，请求武帝决定。武帝说："袁粲当然是宋室的忠臣。"沈约又记载了刘宋孝武帝（刘骏）和明帝（刘彧）许多卑鄙、荒淫的事。武帝说："孝武帝的各种事情，不能这么写。我当过明帝的臣属，侍奉过他，你应该想到为尊者讳的《春秋》大义。"于是，沈约删去了很多对皇室不利的内容（从古到今，历史就是这样被掌权人篡改的）。

十一年（493年）正月二十五日，太子萧长懋去世，时年36岁。萧长懋仪态风韵都很温和。武帝晚年喜欢游乐欢宴，就将尚书各曹的事务交给萧长懋处理，因此，萧长懋威望著称全国。

萧长懋生性奢侈、铺张，他修建自己的殿堂、花园，远远超过了武帝的宫殿，建筑费用都要以千万计算，他害怕武帝看见，就沿着殿门，种植了一排排修长的竹子。各种服饰、玩物，萧长懋大多都奢侈过分。他请求武帝让他在东田建造一个小规模养禽畜的林苑，让东宫的将士们轮番充当修筑的工匠，营造城墙，围住街巷，伸展辽远，异常华丽。武帝性情虽然严厉，到处都有自己的耳目。但是，太子萧长懋的所作所为，却没有人敢告诉他。

萧长懋生前一直讨厌西昌侯萧鸾，他曾经对萧子良说："我心里特别不喜欢这个人，不知道这是什么缘故，该是他福分浅吧。”萧子良经常替萧鸾解释辩白。等到后来萧鸾夺取政权后，就将萧长懋的子孙全都杀了，一个没留。

四月十四日，武帝立南郡王萧昭业为皇太孙，太子宫内的文武官属，全都改为太孙的官属。武帝又封太子妃琅邪人王氏（王宝明）为皇太孙太妃，南郡王妃何婧英为皇太孙妃。何婧英是何戢的女儿。

这年七月，中书郎王融倚仗自己的才能和门第，不到30岁就打算当公辅（宰相一类的大臣）。一次他在宫中值夜，自己手抚桌子，叹息说：“竟然落寞到如此地步，被邓禹（24岁被东汉光武帝刘秀任命为大司徒）所耻笑啊！”有一天，他路过朱雀桥，当时正赶上朱雀桥打开浮桥，行人车马十分喧闹拥挤，王融不能前行，就用手捶打车厢，叹息说：“车前没有8个骑兵开道，怎么能称得上是大丈夫！”显然王融也嫌自己的官太小，出行没有骑兵开道。

不久，武帝身体不舒服，命令萧子良全副武装去延昌殿，为他服侍医药。萧子良就任命萧衍、范云等人都担任帐内军主。二十日，派江州刺史陈显达镇守樊城。武帝恐怕他的病情会引起朝廷内和民间的担忧恐惧，所以又强挺着，征召皇家乐队进宫演奏正统雅乐（宫廷音乐）。萧子良日日夜夜守在禁宫，皇太孙萧昭业每隔一天就要进来问安、侍奉。

三十日，武帝病势加重，一时气闷晕倒。这时皇太孙萧昭业还没有入宫，宫内宫外人人惶恐不安，文武百官也都穿上了丧服。

王融打算假传圣旨，命萧子良继承皇位，他已将诏书草稿写好。萧衍对范云说：“民间已是议论纷纷，都说宫内可能要发生不一般的情况。王融并不是治理国家的人才，他眼看着就要出事了。”范云说：“忧国忧民的人，也只有王融一人了。”萧衍说：“忧国忧民，是想要当周公、召公呢，还是想当齐桓公死后的竖刁呢？”范云不敢回答。等到萧昭业入宫，王融已是全副武装，穿着红色战服，站在中书省厅前要道，截住东宫卫队不让他们进入。过了一会儿，武帝醒转过来，问皇太孙萧昭业在哪里，于是召东宫卫队全部入宫，武帝将国家大事全部托付给了尚书左仆射、西昌侯萧鸾。不一会儿，武帝就去世了。在位11年，终年54岁。

王融采取紧急措施，命令萧子良的军队接管宫城各门。萧鸾得到消息后，立刻上马飞奔到云龙门，但被守在那里的卫士挡住，不让他进去，萧鸾说："皇上有诏令，让我晋见。"接着，他推开卫士，直接闯了进去，马上拥戴皇太孙萧昭业登基即位，命令左右侍从将萧子良搀扶出金銮殿。萧鸾指挥和安排警卫戒备，声音洪亮如钟，殿内所有的官员侍从，没有一个不听他的命令的。王融知道自己的计划不能实现，也就只好脱下战服，返回中书省，叹息着说："萧子良耽误了我。"从此以后，萧昭业对王融深为怨恨。

武帝遗诏说："皇太孙的品德一天比一天高尚，国家也就有所寄托了。萧子良要努力尽心辅佐皇太孙，考虑如何治理国家的大计，对于朝廷内外各种事情，无论是大是小，都要和萧鸾一起商量裁决，一起提出意见。尚书省的事务，是政务的根本，将它全都交给右仆射王晏、吏部尚书徐孝嗣处理。军事方面的大计，委托给王敬则、陈显达、王广之、王玄邈、沈文季、张瓌（xiāng）、薛渊等人。"

武帝在世时，对国家政治事务十分用心，总揽全局，严明果断，郡守、县令都能长期任职，地方长官触犯法令，就封缄钢刀，派人执行诛杀。所以，在南齐永明时代，老百姓生活富足，祥和安乐，盗贼不敢横行。不过，武帝非常喜欢游乐饮宴，虽然对于奢华靡烂的生活，他经常说很痛恨，但是他自己也并没能避免。

武帝共有文惠太子萧长懋、竟陵王萧子良等23个儿子，武帝去世后，萧齐宗室内部为争夺皇位的相互残杀，一直就没有停止过。

永明十一年（493年）九月十三日，追尊文惠太子为文皇帝，庙号世宗，葬于崇安陵（今南京城东北45里夹石山）。

武帝的棺木要在东府城前秦淮河上船，萧昭业在皇城端门恭奉送别，丧车还没有走出端门，就立刻声称自己有病，回宫去了。他刚刚踏进宫内，就在殿内演奏起了胡人（对汉人以外部族的称呼）的音乐，皮鼓、铜铃之声响彻皇宫内外。

十八日，在景安陵（今江苏丹阳建山乡前艾庙）将武帝的棺木下葬，谥号武皇帝，庙号世祖。

齐武帝景安陵现已平。陵前现存石兽两只，东为天禄，西为麒麟，均为雄兽。天禄身长3.15米，高2.8米，颈高1.55米，体围3米。因其体长，高颈斜出，双目平视，显得俊逸秀美。麒麟身长2.7米，残高2.2米，颈高1.4米，体围2.5l米，四足已失。1956年，两兽均保持原方向后移1.5米，安放在混凝土基座上。

第三章

打白条封官鬻爵——郁林王萧昭业

郁林王萧昭业（473—494年），字元尚，小名法身。武帝长孙，文惠太子萧长懋长子，萧齐第三位皇帝。永明十一年（493年）七月三十日至隆昌元年（494年）七月二十日在位。仅使用了1个年号：隆昌（1年）。

如果权力正常交班，那么接替皇位的应该是36岁的太子萧长懋。武帝萧赜晚年注意培养太子萧长懋，将尚书省的很多具体事务都交给他去处理，可惜老天爷没有给萧长懋这个机会，他已经早逝。

永明十一年（493年）七月三十日，武帝萧赜病逝，20岁的皇太孙萧昭业即位。大赦，改年号隆昌。

萧昭业还没有登基即位时，大家都怀疑可能要册立萧子良（武帝萧赜次子），一时之间，传言很多。武陵王萧晔（高帝萧道成第五子）曾经在大庭广众之下大声说："如果选择辈分高的继承王位，就应该是我；如果选择嫡系继承王位，那么，就应该是皇太孙。"为此，萧昭业对萧晔深加信赖。直将军周奉叔和曹道刚二人，平时就是萧昭业的心腹，于是，命令二人同时主管殿中值班宿卫。过了几天，又任命曹道刚为黄门郎。

当初，西昌侯萧鸾生性节俭朴素，他所乘坐的车马、所穿的衣服，以及他的仪仗随从，和平常人家一样。他对所担任的官职都能胜任，号称严厉能干，所以武帝对他也很重视。武帝留下遗诏让竟陵王萧子良辅政，萧鸾为知尚书事。萧子良平素仁义宽厚，不喜欢处理朝廷各种各样的事务，于是，就特别推荐萧鸾。所以遗诏上说“朝廷内外各种事情，无论是大是小，都要和萧鸾一起商讨决定”，这是萧子良的主张。

萧昭业从小是由萧子良的妃子袁氏抚养大的，袁氏对他非常慈爱关心。王融阴谋立萧子良以后，萧昭业对萧子良也就深为忌恨起来。武帝的遗体移到太极殿时，萧子良住在中书省，于是，萧昭业就派虎贲中郎将潘敞率领200名士卒驻守在太极殿西阶，严防不测。等到武帝的遗体装入棺木，各位亲王都走出宫中后，萧子良请求允许他在这儿等到下葬那天再离开，未被应允。

八月初四，萧昭业声称奉武帝的遗诏，任命武陵王萧晔为卫将军，和征南大将军陈显达一同为开府仪同三司，尚书左仆射、西昌侯萧鸾为尚书令，太孙詹事沈文季为护军。初五，又任命竟陵王萧子良为太傅。下令免除3种征调，对老百姓以前所欠的赋税也一律免除。减省皇室各府、署和不使用的田庄、水池、宅第、冶炼铸造场，减少关卡税收。在这以前，虽然也有免除赋税的诏令，但它也不过是一纸空文，朝廷大多没有真正实施，还像以前一样严加征收。现在，西昌侯萧鸾当权执政，他恩德和信用一同实施，所以老百姓都非常高兴。

萧昭业生性聪明，反应迅速，容貌清秀，举止高雅，善于应对，无论是悲哀还是欢乐，都比别人强烈。因此，武帝很宠爱他。但是，他善于伪装矫饰，表面善良，内心却是阴险卑鄙，他跟左右一些恶劣的小人混在一起，衣食不分，就连睡觉也挤在一块儿。

萧昭业担任南郡王时，跟随叔父、竟陵王萧子良一起住在西州城。文惠太子萧子懋经常管束他的生活起居，限制他的花销费用。他就偷偷向富有人家要钱，没有人敢不给他。他还另外制造了一把钥匙，夜里私自打开西州城后门，和左右侍从一起到各个军营去荒淫欢宴。他的老师史仁祖和侍书胡天翼商议说："如果我们把这件事报告给皇上或皇太子，事情就不会那么容易解决了。如果他在军营中被别人打了，或者被狗什么的咬伤了，岂只是我们本身要获罪，我们全家都要被牵连进去。我们俩都年已70岁啦，哪里还吝惜自己以后的岁月！"于是，几天之内，史仁祖和胡天翼都先后自杀，但武帝和太子却不知道。萧昭业对他所宠爱的左右侍从，都预先封爵任官，写在黄纸上，让这些人装在口袋里，随身携带，答应在他登基即位的时候，就照此执行。

由此看来，打白条封官鬻爵古已有之，今人的创新，主要是手段越来越隐蔽，方法越来越高明罢了。

萧昭业在侍奉祖父萧赜养病及后来守丧期间，面带忧愁，悲泣哀号，甚至哭坏了身体，看见他的人也都被他的行为感动得哭泣起来。可是，他一返回自己家里，就立刻笑逐颜开，大吃大喝起来。他经常命令女巫杨氏替他向上天祈祷，祈祷祖父和父亲快点死去。太子去世时，萧昭业认为是借杨氏巫祝（掌占卜祭祀的人）力量的结果，于是，更加敬重信任杨氏。等到被封为皇太孙以后，武帝有病，他又命令杨氏向上天祈祷。此时，他的正室何婧英还留在西州城，武帝的病开始严重时，他给何婧英写信，就在信纸中间写了一个大喜字，又围绕着大喜字，在旁边写了36个小喜字。

萧昭业侍奉其祖父武帝时，他每说一句话，眼泪就忍不住往下流。所以，武帝认为他一定能够承担起国家大业，就对他说："我死之后，五年之内，国家大事先全部托付给宰相，你不要过问。5年之后，你再亲自处理，不再交给别人。如果你自己执政没有干出什么成就来，也没有什么可遗憾的。"临去世之前，武帝又拉着他的手说："如果还想念你祖父的话，你就应该好好干。"说完，就去世了。武帝的遗体刚刚放入棺内，还没有安葬，萧昭业就将武帝的所有歌舞伎都叫来，让他们一个接一个地演奏各种音乐。

萧昭业登基即位刚十几天，就逮捕了王融，交付给廷尉审判，命令中丞孔稚控告王融阴险、浮躁、轻率、狡黠，招降纳叛没有成功，又随便批评攻击朝廷。王融向竟陵王萧子良求救，萧子良又忧又怕，不敢去求萧昭业。于是，萧昭业命令王融在狱中自杀，这年王融27岁。

十月二十五日，萧昭业尊皇太孙太妃为皇太后，立正室何婧英为皇后。皇太孙太妃王宝明是文惠太子萧长懋的太子妃，萧昭业的生母（宣德太后）。

西昌侯萧鸾将要谋划废除萧昭业，另立新皇帝，叫来原镇西咨议参军萧衍（梁武帝）一起密谋。担任荆州刺史的随王萧子隆性情温和，风雅而有文才，萧鸾想要调用他，但又担心他不听从。萧衍说："随王这个人虽然美名外传，其实非常平庸顽劣。他身边没有一个智谋人物，手下武将中他只依靠司马垣历生和武陵太守卞白龙。垣历生和卞白龙这两个家伙是唯利是图之徒，如果以显要的官职引诱他们，没有不来的道理。至于随王本人，仅用一封信即可请到。"萧鸾听从了萧衍的计划。

萧昭业宠幸中书舍人綦毋（qí wú，复姓）珍之、朱隆之、直将军曹道刚、周奉叔、宦官徐龙驹等人。凡是綦毋珍之所论定、荐举的事情和人选，没有得不到答应、信任的。因此，綦毋珍之将朝廷内外的重要官职统统划定价格（明码标价、择钱录用，这种风气代代流传至今），然后交钱任命，一月之间，他就富得家累千金。他还擅自攫取朝中物品，占用差役人员供自己驱使，不等待朝廷的诏旨。朝中的官员在一起言谈时说："宁可抗拒皇上的圣旨，也不可以违背綦毋珍之的命令。"萧昭业任徐龙驹为后舍人，徐龙驹经常住在含章殿中，戴着黄纶帽，披着貂皮大衣，面朝南坐在案前，代替皇帝批阅文告，左右侍奉，与皇帝没有什么两样。

萧昭业自从登基之后，就与左右侍从们穿上民服在闹市中游走戏玩，还喜欢在文惠太子崇安陵的墓道中扔掷泥巴、比赛跳高，做种种粗鄙下流的游戏，任意赏赐随从人员，动辄就是成千上万。萧昭业一见到钱就说："过去我想得到你10个都不行，现在我还用得着你吗？"武帝生前聚敛钱财，上库中存有5亿万之多，斋库中所存也多于3亿万，至于金银布帛更不可胜计，而萧昭业即位还不满一年，就挥霍殆尽。他经常进入主衣库，让何皇后以及宠爱的妃子们用各种宝贵器具互相投击，直到把它们打破成碎片，以此玩笑取乐。他还乱伦，与父亲文惠太子的宠妾霍氏通奸，让她改姓徐。朝廷中的大小事情，全部由西昌侯萧鸾来决定。萧鸾数次劝谏，可是萧昭业不但不听从，反而心生忌怨，想把萧鸾除掉。由于尚书右仆射、鄱阳王萧锵曾被武帝所厚爱优待，萧昭业私下对萧锵说："您听说萧鸾对待我如何呢？"萧锵为人向来平和谨慎，就回答说："萧鸾在皇室宗族中年岁最长，而且接受了先帝的托嘱，我们都年幼，朝廷中所可以依赖之人惟有萧鸾，盼愿陛下您不要以他为虑。"萧昭业回宫之后，对徐龙驹说："我想与萧锵一起合计收拾掉萧鸾，但萧锵不同意，而我独自一人又不能办到，那么只好让萧鸾继续专权一阵子了。"

萧昭业的皇后何婧英非常淫荡，私通萧昭业的随从杨珉（女巫杨氏之子），与他同枕共寝就像夫妻一般。何皇后对萧昭业极尽狎昵亲热之能事，所以萧昭业很是宠惯她。他还把何皇后的亲戚迎进宫中，安排住在耀灵殿里，门户彻夜洞开，内外淆杂混处，没有任何分别。西昌侯萧鸾派遣萧坦之进宫奏请诛杀杨珉，何皇后哭得泪流满面，对萧昭业说："杨郎多么年轻、多么英俊啊！又没有什么罪，怎么可以无缘无故就杀掉呢？"萧坦之见状赶紧向萧昭业悄悄耳语道："外面纷纷传说杨珉同皇后有苟且之情，事实确凿，远近皆知，不可以不杀掉呀！"萧昭业不得已，只好同意处死杨珉。不一会儿，萧昭业又后悔了，诏令赦免杨珉，可是已经行刑完毕了。萧鸾又启奏萧昭业，请求诛死徐龙驹，萧昭业亦不得不违心同意，但是从此他对萧鸾的忌恨之心更加强烈了。

萧谌、萧坦之（两人分别是萧昭业祖父和父亲的人）见萧昭业狂荡放纵一日甚于一日，已经到了无可悔改的地步，担心连累自己，祸害及身，就反过来一心依附萧鸾，劝说他将萧昭业废掉，另立新皇帝。从此，他们两人就成了萧鸾安排在萧昭业身边的耳目，而萧昭业却丝毫没有觉察。

周奉叔倚仗自己的勇武和与皇帝亲近，有恃无恐，凌辱欺侮朝中公卿百官，常常以20口单刀分挂在身体两侧，出入于皇宫禁门，门卫敢怒不敢言。他还经常对人讲："我周某人的刀可是不认人啊！"萧鸾对他特别忌恨，借机与萧谌称皇帝有令，把他召到官署中来，殴打致死，并启奏皇帝说："周奉叔傲慢朝廷，因此处死。"萧昭业不得已，只好认可他们的奏章。

隆昌元年（494年）四月十四日，竟陵王萧子良因忧郁成疾而去世。萧昭业一直担忧萧子良谋反，听到他死了，大喜过望。

西昌侯萧鸾诛杀徐龙驹、周奉叔之后，一些进宫的尼姑妇女纷纷传言，说萧鸾等人密谋叛乱。中书令何胤是何皇后的堂叔，萧昭业非常亲近信任他，让他在殿省入值（入宫值班）。萧昭业与何胤共同策划诛杀萧鸾，命令何胤承担这件事情，但是何胤不敢担当，不顾萧昭业的意图而反复劝谏，萧昭业只好作罢。于是，又谋划使萧鸾离开台城（宫城）到西州城去，诏令及朝廷事务等，不再咨问于萧鸾。

萧昭业对萧坦之说："人们都说镇军将军萧鸾同王晏、萧谌一起想把我废掉，似乎并不是虚传谣言。你听到的是些什么呢？"萧坦之回答道："岂能有这样的事情呢？谁喜欢没事找事废除天子呢？朝廷中的大臣们是不可能制造这种谣言的，一定是那些瞎尼姑们说的，岂可以相信呢？陛下如果无故将他们3人除掉，谁还能保全自身呢？"直将军曹道刚怀疑外面有异变，秘密地有所布置。

当时，始兴内史萧季敞、南阳太守萧颖基都调迁朝中，萧谌想等待他们2人到位后，凭借他们的势力而开始行动。萧鸾担心事情有变故，就把自己的忧虑告诉了萧坦之，萧坦之又骑马去急告萧谌说："废除天子，自古以来就是一件大事。最近听说曹道刚、朱隆之等人已经猜疑我们了，您如果明天还不行动，就要失去机会，无法弥补了。我有百岁老母亲在堂，岂能坐视不动，眼看灾祸降临呢？所以不能不为以后想一想。"萧谌听了，也觉得事情危急，心中非常不安，就匆忙地答应了。

建武元年（494年）七月二十日，终于时机成熟，萧鸾发动政变。萧鸾派萧谌先进入宫中，正遇上了曹道刚以及中书舍人朱隆之，就将2人一齐杀了。萧鸾带兵从尚书府进入云龙门，他武装披挂，但是心中难免恐惧紧张，才进入宫门，鞋子就掉了3次。王晏、徐孝嗣、萧坦之、陈显达、王广之、沈文季等人都紧随在萧鸾之后。这时，萧昭业正在寿昌殿（皇帝寝殿）中，听得外面有变故，还秘密写诏令传唤萧谌前来相救，又让人把内殿的门窗全关闭了。不一会儿，萧谌就领兵进入寿昌殿，萧昭业见状，匆忙跑进徐姬的房中，拔出宝剑抹脖子自杀，被萧谌制止，又用帛绸把他的脖子缠裹好，然后用轿子把他抬出了延德殿，在延德殿西边夹道中将他杀了，时年21岁。徐姬和其他宠人统统被杀。

二十一日，萧鸾以太后（王宝明）之令追封萧昭业为郁林王，又废黜何皇后为郁林王妃，不久也将她杀死，免得她继续淫乱。另准备迎立新安王萧昭文为新皇帝。

萧昭业在位时荒淫无度，只在女色上下工夫，与父姬淫通，信用佞邪，赏赐无度，基本不理朝政，最终被臣子所杀。

当时，萧昭业尸体被运出宫中，灵柩停在徐龙驹的府中，用亲王的礼仪安葬。萧昭业墓在今江苏镇江丹阳埤城镇水经山村东南数十米处，墓今已平。墓前存两尊石辟邪，南北向对列，南为雌兽，北为雄兽。造型体长而颈短，作蹀躞（xiè）状，两兽动势对称，形象健壮饱满，充满活力。南辟邪身长1.85米，高1.45米，颈高0.65米，体围1.62米；北辟邪身长2米，高1.51米，颈高0.73米，体围1.65米。

第四章

身居帝位不作主——海陵王萧昭文

海陵恭王萧昭文（480—494年），字季尚，郁林王萧昭业弟，文惠太子第二子，萧齐第四位皇帝。隆昌元年（494年）七月二十五日至延兴元年（494年）十月初十在位。仅使用了1个年号：延兴（1年）。

永明四年（486年），萧昭文被封临汝公，邑1500户。初为辅国将军、济阳太守。十年（492年），转持节、督南豫州诸军事、南豫州（今安徽和县）刺史，将军如故。十一年（493年），进号冠军将军。其父亲文惠太子死后，他回到京师建康。郁林王萧昭业即位，萧昭文为中军将军，领兵置佐。封新安王，邑2000户。隆昌元年（494年），为使持节，都督扬、南徐2州诸军事，兼扬州刺史，将军如故。其年，萧昭业被废，尚书令、西昌侯萧鸾建议立萧昭文为帝。

隆昌元年（494年）七月二十五日，新安王萧昭文即皇帝位，时年15岁。任命西昌侯萧鸾为骠骑大将军、录尚书事、扬州刺史、宣城郡公。大赦天下，改年号为延兴。

八月初二，朝廷任命司空王敬则为太尉，鄱阳王萧锵为司徒，车骑大将军陈显达为司空，尚书左仆射王晏为尚书令。

鄱阳王萧锵最初并不知道萧鸾有废掉萧昭业的阴谋。后来，萧昭业被废，宣城公萧鸾的权势日益增大，朝廷内外都知道他心里有觊觎皇位之意。但是，萧锵每次去拜见他时，萧鸾常常匆忙得连鞋都来不及穿好就到车子后面去迎接他，说到国家大事，萧鸾无不声泪俱下，表现得非常忠贞，因此萧锵还是很信任他。朝中各方都倾向于萧锵，劝他入宫发兵，取代萧鸾，辅佐朝政。制局监谢粲游说萧锵和随王萧子隆，对2人说："两位王爷只需乘着油壁车（四周有幔幕垂挡）进入宫中，将皇帝带出来，挟持到朝堂之上，左右辅佐，发布号令，我和其他人关闭城门，带卫士前来声援，谁敢不听令呢？只怕东府里的人会乖乖地将萧鸾缚送过来呢。"萧子隆想认真计谋一番，但是萧锵却因朝中兵力全控制在萧鸾手中，且考虑到事情不一定能成功，心中犹豫万分。马队头目刘巨是武帝时的旧人，他来见萧锵，要求和萧锵单独说话，跪下磕头，力劝萧锵采取行动。萧锵命令准备车马，将要进宫，但是又回到内室，与母亲陆太妃告别，结果天黑了还没有出发。萧锵身边的典签知道了这一计划，就向萧鸾告发了萧锵等人。

九月初二，萧鸾派遣2000士兵围住萧锵的住处，将他杀了，接着又杀了萧子隆、谢粲等人。

江州刺史晋安王萧子懋闻知鄱阳王萧锵和随王萧子隆已被萧鸾杀死，准备起兵讨伐，不料被中兵参军于琳之所杀。

萧鸾派遣平西将军王广之去袭击南兖州（今江苏扬州）刺史、安陆（今湖北安陆）王萧子敬。王广之派部下将领济阴人（今山东曹县）陈伯之为先驱，前去袭击。陈伯之到后，见城门大开，就率先而入，斩了萧子敬。

萧鸾又派遣徐玄庆去西边杀害诸位藩王。临海王萧昭秀为荆州刺史，西中郎长史何昌主持州中事务，徐玄庆到了江陵之后，想不经奏报直接作出处置杀了临海王，何昌义正辞严地说道："我受朝廷之委托，辅助临海王。殿下并没有什么过失，你只不过是别人派来的一个使臣，如何就能让我把殿下交给你呢？如果圣上一定索要殿下，我自己会启奏陈述，等待圣上的答复。”徐玄庆的目的没有达到。所以，萧昭秀才得以回到建康。

萧鸾派吴兴太守孔琇之主管郢州事务，想让他杀害晋熙王萧銶。孔琇之坚决辞而不干，但是萧鸾不答应，孔琇之绝食而死。

军主裴叔业从浔阳出发，来到了湘州（今湖南长沙），想要杀掉湘州刺史、南平王萧锐，南平王属下的防阁（王府警卫官）周伯玉对众人大声说道：“这并不是天子的命令。现在，我要斩掉裴叔业，举众发兵，匡扶社稷江山，哪个敢不听从呢？”萧锐的典签喝退周围的人，斩了周伯玉。十四日，杀害了南平王萧锐，郢州刺史、晋熙王萧銶，南豫州刺史、宜都王萧铿亦同时被杀害。

十月，朝廷任命宣城公萧鸾为太傅、领大将军、扬州牧、都督中外诸军事，并加以特殊的礼仪，进爵位为王。

宣城王萧鸾策划篡位当皇帝，因此广为招揽朝廷名士参与筹谋。侍中谢朏心里不愿意，于是就请求出任吴兴太守。他到任之后，给担任吏部尚书的弟弟谢瀹送去好几斛酒，并且附信一封，信上说：“可以尽量饮酒，不要参与、人事。”

司马光曰：“我听说：‘穿了他人衣服的人替他人分忧，吃了他人东西的人要替他人的事情而死。’”谢朏、谢瀹弟兄2人，同时任皇帝身边的亲近大臣，但是他们只知道安享自己的荣华富贵，朝廷的危难竟然不参与、不过问，如此做臣，可以说是忠良吗?

萧鸾虽然一手专权，独断国政，但是人们并不服他。他的肩胛处有一个红色的痣，骠骑咨议参军、考城（今河南兰考）人江祐劝他出示给人看。宣城王就出示给晋寿太守王洪范看，并说道：“人们说这个痣是日月之相（日月为“明”），你一定不要往外泄露。”王洪范回答：“大人您有日月在身上，怎么能隐而不宣呢？应该转告别人。”

不久，桂阳王萧铄、衡阳王萧钧、江夏王萧锋、建安王萧子真、巴陵王萧子伦同时被杀害。

萧鸾每当杀害一个藩王，总是在夜间派兵包围其住所，翻墙破门，喝喊而人，把他的家产全部查封没收。

萧鸾又派中书舍人茹法亮去杀巴陵王萧子伦。萧子伦其人性情英勇果敢，当时任南兰陵太守，镇守琅邪。琅邪城中有守兵，萧鸾担心萧子伦不肯轻易屈服，任人宰杀，就问典签华伯茂如何办，华伯茂说："大人您如果派兵去收拾他，恐怕不能很快达到目的。如果把这事委托与我办理，只以一人之力就可以办妥。"于是，华伯茂就亲自手执配有毒药的酒，声称为御赐，逼使萧子伦喝下去。年仅16岁的巴陵王萧子伦，在接到所谓被御赐的毒酒之后，理正自己的衣服、帽子，出来接受诏书，并且对茹法亮说："先前，太祖（萧道成）灭宋而自立。今天的情况，也是天数所定，在劫难逃（太祖的报应）。你是曾事奉过武帝的老人了，现在受指使而来，当是身不由己，奉命行事而已。这酒绝非是平常饮宴的酒。"说完接过酒杯，一仰而尽饮之，受毒而死，茹法亮以及周围的人无不感动而流泪。

那个年代杀一个皇帝、一个亲王，比杀头驴和杀一个草寇还要容易，说杀立刻就杀了，不需要任何法律依据、审判程序、行刑规则，全凭手里的刀子说话，刀把子底下出政权。

当初，各藩王出镇州、郡，都配置典签官（南朝地方长官之下典掌机要的官，官小权大），凡地方之事全部委任其统管。典签官时不时地入朝奏告情况，一年之内数次往返于镇所与朝廷之间，皇帝经常与其单独谈话，询问州里的事情。因此，州刺史的好坏善恶全凭典签的一张嘴而定，于是从刺史到下属其他官员无不对其毕恭毕敬，曲意奉承，惟恐不及。所以，典签威行一州之内，干了许多奸邪不法的事。

到了萧鸾诛杀诸藩王之时，都令典签去杀，竟然没有一个人能够抗拒。孔琇之听到情况之后，流着眼泪说道："齐朝的衡阳王、江夏王非常有意于辅佐帝室，然而仍被杀害，如果不设立典签，肯定不会至于如此的。"萧鸾也深知给诸王设典签的弊端，因此发布诏令："从今开始，各州有紧急事情，应当秘密地奏告朝廷，不要再派遣典签进都。"从此，典签这一职务的作用就渐渐弱小了。

萧昭文虽然身居帝位，但起居饮食等事项，统统要请问萧鸾准许后才可以进行。一次，他想吃蒸鱼，太官令说没有萧鸾的命令，竟然不给他吃。

十月初十，皇太后（也称宣德太后）被迫发出诏令："新继位的皇帝年龄幼小，不明国事，昧于朝政。况且，他从小就疾病缠身，体质羸（léi）弱，不能承受过重的负担。太傅、宣城王萧鸾，是宣皇帝萧承之的嫡孙，又深得太祖皇帝的钟爱，所以宜于入宫承受皇位。皇帝可降封为海陵王（萧昭文皇后王韶明，同时降为海陵王妃），我本人也因年老而告退，不再过问朝政。并且，以宣城王萧鸾为太祖的第三子。"

二十二日，明帝萧鸾即位，大赦天下，改换年号为建武。任命太尉王敬则为大司马，司空陈显达为太尉，尚书令王晏加封骠骑大将军，左仆射徐孝嗣加封中军大将军，中领军萧谌为领军将军。

这一年，明帝诈称海陵王萧昭文有疾病，几次派遣御医前去看视，终于害死了海陵王，其葬礼依照东汉时曾让出皇位的东海恭王刘强的旧例进行。谥曰恭王。可怜15岁的海陵王萧昭文，就这样成了宫廷斗争的牺牲品。

海陵王墓坐落在江苏丹阳建山乡烂石弄北不远处，墓今已平。墓前有两尊石辟邪，南北对列。南辟邪现已碎，北辟邪较完好。形似狮，身长1.58米，高1.54米，颈高0.75米，体围1.7米。张口吐舌，作蹲踞状，其形态为南朝石刻中所仅见。

齐明帝建武元年（494年），是萧齐历史上极不幸运和不光彩的一年，萧齐王朝竟然出演了一年三帝（郁林王萧昭业、海陵王萧昭文、齐明帝萧鸾）和一年三号（隆昌、延兴、建武）的"活报剧"来，真是"你方唱罢我登场"。

第五章

杀戮狂患妄想症——明帝萧鸾

高宗明皇帝萧鸾（452—498年），字景栖，小名玄度，始安贞王萧道生的儿子，高帝萧道成的侄子，南朝齐的第五位皇帝。延兴元年（494年）至永泰元年（498年）在位。共使用了2个年号：建武（5年）、永泰（1年）。

萧鸾自小父母双亡，由高帝萧道成抚养，萧道成对其视若己出。宋泰豫元年（472年），萧鸾担任安吉（今浙江安吉）令，以严格而闻名。元徽二年（474年），为永世令。昇明二年（478年），为邵陵王安南记室参军。然后，迁宁朔将军、淮南、宣城二郡太守。齐高帝萧道成时任西昌候，邑千户。建元二年（480年），为持节、督郢州、司州之义阳诸军事、冠军将军、郢州刺史，进号征虏将军。世祖萧赜即位，转度支尚书，领右军将军。永明元年（483年），迁侍中，领骁骑将军。二年（484年），出为征虏将军、吴兴太守。四年（486年），迁中领军，常侍并如故。五年（487年），为持节、监豫州、郢州之西阳司州之汝南二郡军事、右将军、豫州刺史。七年（489年），为尚书右仆射。八年（490年），加领卫尉。十年（491年），转左仆射。十一年（492年），领右卫将军。这年武帝萧赜去世，遗诏以萧鸾辅政，辅佐萧昭业。

延兴元年（494年）七月二十日，萧鸾废杀了萧昭业，改立其弟萧昭文。十月，又废萧昭文为海陵王并杀之。

十月二十二日，43岁的萧鸾堂而皇之地登上了帝位，是为明帝，改年号为建武。任命太尉王敬则为大司马，司空陈显达为太尉，尚书令王晏加封骠骑大将军，左仆射徐孝嗣加封中军大将军，中领军萧谌为领军将军。

十一月初三，明帝萧鸾任命始安王萧遥光为扬州刺史。初十，封皇子萧宝义为晋安王，萧宝玄为江夏王，萧宝源为庐陵王，萧宝寅为建安王，萧宝融为随郡王，萧宝攸为南平王。十五日，明帝追尊始安贞王萧道生（萧鸾之父）为景皇帝，其妃子为懿后。十八日，明帝立皇子萧宝卷为太子。

齐永明年间，御史中丞（掌图籍秘书事）沈渊上表，凡百官中年龄达到70岁的，皆令其退休。这些人退休之后，都穷困家门之中。三十日，明帝发布诏令，依照旧例铨叙（按资历或劳绩核定官职）百官。又将他在摄政期间所杀害的诸位藩王，都重新列入皇室宗族，封他们的儿子为侯。

北魏孝文帝因不满南朝萧鸾连续废去郁林王萧昭业、海陵王萧昭文两位皇帝而自立为君，所以率30万大军，要渡过淮河，前来讨伐萧鸾。

建武二年（495年）正月初二，萧齐派遣镇南将军王广之、右卫将军萧坦之、尚书右仆射沈文季分别督率司州、徐州、豫州3地的军队，抵抗北魏的入侵。

经过几番交战，萧齐的左卫将军崔慧景听从了平南内史张欣泰“建议双方休兵”的主意，派遣张欣泰到邵阳城（今安徽钟离东北淮河中小岛上的城堡）下与北魏交涉谈判，建议双方休兵，取得了一致协议，于是孝文帝撤兵返回本国。

明帝萧鸾废除萧昭业时，曾许诺萧谌为扬州刺史，但是事后却任命他为领军将军、南徐州刺史。萧谌心怀不满，怨恨地说：“饭做熟了，却推给别人吃了。”明帝知道之后非常有意见，不久明帝在华林园宴会后杀死了萧谌，他的弟弟萧诔也被杀。明帝又派遣黄门郎萧衍为司州别驾，去司州拘捕萧诞，并杀害了他。萧谌被杀害的那天，明帝又杀害了西阳王萧子明、南海王萧子罕、邵陵王萧子贞。

十一月十四日，明帝为太子萧宝卷纳妃子褚氏，大赦天下。太子妃褚令璩是吴郡太守褚澄的女儿。十二月初三，明帝诏令修缮晋代诸位皇帝的陵墓，并且增置了守护陵墓的卫士。

三年（496年）二月十九日，明帝诏令："乘坐的车子上面有金银装饰的，全部去掉。"明帝一心要做到节俭朴素，负责膳食的太官给他进献一种名叫裹蒸（粽子的一种）的食品，他对太官说："我一次吃不完这么一个，可以把它分成4块，剩下的晚上再吃。"还有一次，明帝使用皂荚洗浴，指着用过的皂荚水对身边近侍说："这个还可以使用。"太官在正月初一给明帝上寿，温酒时使用了一个用银子制作的酒铛，明帝要将它毁掉。

明帝事无巨细，必须躬亲，要求很繁琐，因此连下面各郡、县，以及朝中六署、九府的日常事务，也必须全部向他报告，取得他的旨令才能办理。文武官员中功臣和旧臣的选拔、任用等，都不归于吏部管理，而是凭借亲戚关系互相提拔，以致使明帝陷于事务之中，负担过于繁重。南康王侍郎、颍川人钟嵘上书明帝，指出："古时候，圣明的国君根据下属的才干分派事情，量其能力授以官职，三公坐而论道，九卿具体分工执行，而天子则只是高高在上，无为而治。"钟嵘的上书被奏上，明帝阅过之后心中不悦，问太中大夫顾暠（hào）："钟嵘何许人也？想干涉朕的事务，你认识不认识他？"顾暠回答说："钟嵘虽然地位卑微，没有名气，但是他所讲的或许有可采纳之处。确实，那些繁重琐碎的事务，都分别由职能部门来办理，现在陛下您全部包揽过来，亲自处理，结果弄得陛下越是劳累，臣子们则越是清闲，正所谓'代替庖人宰割，代替大匠斫削'。"钟嵘虽然地位卑微，但是敢于直谏，令人钦佩。

想想我们今天，这样的情况依然存在，往往是省长做县长的事，县长做乡长的事，乡长做村长的事，村长就只能去做家务事啦。早在1500多年前，钟嵘就指出了这样做法的害处，我们今天依然如故，这算不算是一种悲哀呢？

早先，尚书令王晏深得武帝的宠信，到了明帝谋划废去萧昭业之时，王晏又立即赞同，帮助实施。萧昭业被废去之后，明帝与王晏在东府城宴饮，谈到时事，王晏拍着手掌说道："您经常说我王晏胆怯，今天又认定我如何呢？"明帝即位，王晏自以为对新朝有佐命之功，经常非薄讥讽武帝萧赜在世时候的事情。

四年（497年）正月，奉朝请鲜于（复姓）文粲揣摩到了明帝的心思，就奏告了王晏有异图。明帝的心腹陈世范又启奏明帝："王晏密谋借建武四年南郊祭天之机，与武帝过去的主帅在道中起事。"正好遇上老虎闯入南郊祭坛，明帝愈加惧怕了。郊祭前一日，明帝敕令不去南郊祭祀，派人先告诉了王晏和徐孝嗣。徐孝嗣奉旨不言，而王晏则不同意明帝不去，陈述了自己的理由："郊祀事关重大，圣上一定要亲自前去。"这样一来，明帝越加相信陈世范所说的了。

二十八日，明帝在华林省召见王晏，杀了他，一同诛死的还有北中郎司马萧毅、台队主（守台城的军队队主）刘明达，以及王晏的儿子王德元、王德和。

永泰元年（498年）正月初一，明帝患疾病，他认为自己的亲属人少力弱，所以特别防忌高帝和武帝的子孙。当时，高帝、武帝的子孙还有10个藩主，他们每月初一和十五都入朝拜见明帝，明帝见过他们回宫之后，常常叹息着说："我和弟弟司徒的几个儿子都年龄幼小，而高帝和武帝的子孙却一天天地长大了。"就想把高帝和武帝的后代全部除掉。

二十四日，号称萧齐杀戮之王的明帝萧鸾，杀害了河东王萧铉等11个亲王，以及武帝萧赜和文惠太子的儿子。

四月初三，明帝改年号为永泰。明帝屡次病危，于是就任命光禄大夫张瓌为平东将军、吴郡太守，并且秘密布置兵力，以便提防王敬则。朝廷内外传说纷纷，说明帝一定又有非常的举动了。王敬则听了传言之后，私下里说："东边现在还有谁？只不过是要除掉我罢了。"于是，王敬则决定举兵造反，开始召集兵力，配给袍甲兵器，二三日之内便出发了。

五月，明帝诏令前军司马左兴盛、后军将军崔恭祖、辅国将军刘山阳、龙骧将军马军主胡松在曲阿（今江苏丹阳）长冈修筑战垒工事。胡松带领骑兵从背后对王敬则军队发起攻击，那些追随王敬则的民众手中没有武器，纷纷惊慌而逃。王敬则的军队一败涂地，但是他还想找一匹马骑上再战，可是找不到，结果被崔恭祖一枪刺倒在地，刘兴盛部下武士袁文旷立即上前将其斩首。初五，王敬则的脑袋被送到了建康。

之前，明帝的病情已经非常严重，因王敬则突然在东边起兵举事，因此朝廷内部一片震惊，人人恐慌不已。太子萧宝卷让人登上屋顶，望见征虏亭失火，一片火光，以为是王敬则率领军队打过来了，就急忙穿上戎装，将要逃走。王敬则知道此事之后，高兴地说："檀公三十六策，走为上策，我想你们父子也只有逃走这么一条路了。" 所谓"檀公三十六策，走为上策"，是当时人们讥刺檀道济见了北魏军队只会逃跑的话语。王敬则起兵，其来头凶猛，声势甚大，但是仅在很短的时间内就以失败而告终。

二十四日，明帝任命太子中庶子萧衍为雍州刺史。七月三十日，明帝死于正福殿。明帝在遗诏中说："前次曾授以尚书令徐孝嗣开府仪同三司，辞而不受，可以再次授之。沈文季可以担任左仆射，江祏可以担任右仆射，江祀可以担任侍中，刘暄可以担任卫尉。军政大事可以委托于太尉陈显达，而朝廷内外众多事务，无论大小一并委托于徐孝嗣、萧遥光、萧坦之、江祏，其中重大事情与沈文季、江祀、刘暄3人商量决定。关键要害职务可以委托于刘悛、萧惠休、崔慧景3人。"

明帝性格猜疑多虑，深居而简出，竟然没有去南郊祭祀过上天。他又对卜筮深信不疑，每次出外都要先占卜吉凶利害。如果去东边，则告人说去西边；如果去南边，则告人说去北边，不让人预先知道其行迹。萧鸾大概是平生杀人太多，担心遭到报应的缘故。他刚有病之时，特别保密，害怕别人知道，所以照样听政、阅览公文不止。很久以后，他在下达给台省的文件中要白鱼来做药，外界这才知道他有病。明帝死后太子萧宝卷登皇帝位。

八月，南齐安葬明帝于兴安陵，谥号明皇帝，庙号为高宗。萧宝卷不喜欢明帝的灵柩停放在太极殿里，想快速安葬了事，因徐孝嗣一再坚持，才得以停放超过一个月。

萧宝卷每当该哭灵的时候，他就说自己喉咙痛。太中大夫羊阐进殿哭灵，他没有头发，号啕大哭，前仰后合，以致头巾都掉到了地上，这时萧宝卷停止哭泣而放声大笑，对左右的人说："秃来啼叫了。"

明帝兴安陵位于今江苏丹阳荆林乡三城巷东北500米处，现兴安陵已平，陵前现存石兽两只，两兽间隔一小沟。北兽仅残存部分前躯。南兽为雄麒麟，4足全失，独角已残，身长3.02米，残高2.7米，颈高1.35米，体围2.78米；兽身雄健，颈项短肥，头上昂，4小翼组成一大翼，形状别致，装饰味浓厚。

明帝皇后刘惠端，彭城（今江苏徐州）人。建元三年（481年），为西昌侯萧鸾夫人。永明七年（489年）去世。葬江乘县（今南京栖霞山附近江边）张山。萧鸾即位后，尊为"敬皇后"。萧鸾死后，刘惠端改葬，祔于兴安陵。

第六章

凿金莲花步步开——东昏侯萧宝卷

东昏侯萧宝卷（483—501年），字智藏，萧齐明帝萧鸾次子，母刘氏。萧齐第六位皇帝。萧宝卷原名萧明贤，萧鸾辅政后改名。永泰元年（498年）至永元三年（501年）在位。仅使用了1个年号：永元（3年）。

建武元年（494年），明帝立萧宝卷为皇太子。永泰元年（498年）七月三十日，明帝萧鸾驾崩后，由15岁的太子萧宝卷登皇帝位。十一月十一日，立妃子褚氏为皇后。

褚皇后褚令璩，河南阳翟（今河南禹州）人。父褚澄，萧齐建元（479—480年）中拜为吴郡太守，后官至左中尚书；母为宋文帝之女庐江公主。

建武二年（495年），萧宝卷纳褚令璩为皇太子妃。萧宝卷即位，立为皇后。褚令璩未育，她将黄淑仪之子萧诵视为已出。萧宝卷被杀，褚令璩、萧诵被废为庶人。

萧宝卷生性轻佻，他曾经酒醉后对亲信们说："娶妻若得山阴公主，才无所遗憾！"山阴公主是萧宝卷的亲妹妹。众人只以为他酒后狂言。谁知过了不久，萧宝卷竟然真的跟山阴公主鬼混在一起（亲兄妹恋，自萧宝卷起）。

永元元年（499年）正月初一，萧齐大赦天下，改年号为永元。萧齐太尉陈显达督率平北将军崔慧景四万大军出击北魏，想要收复雍州（今湖北襄樊）诸郡。初六，北魏派遣前将军元英前去抵抗。陈显达与北魏元英交战，屡胜元英。

萧宝卷在做东宫太子时就不好学，只喜欢玩要，嬉戏无度，并且性格沉闷寡言。即位之后，他不爱与朝臣们接触往来，专门亲信宦官以及身边左右御刀（佩刀侍从）和应敕（传达旨意）侍从。

这时候，扬州刺史、始安王萧遥光，尚书令徐孝嗣，右仆射江祏，右将军萧坦之，侍中江祀，卫尉刘暄6人轮留在朝中内省当值，轮到谁当值，谁就在当天的敕令后面签署执行意见。雍州刺史萧衍知道了这一情况之后，对他担任录事参军（掌管文书、纠查府事）的堂舅、范阳人张弘策说："一国有三公已经不堪其乱，何况如今六贵同朝，他们之间势必要互相图谋，因此必定会发生动乱。"

起初，明帝虽然在临终遗诏中将朝政委托于朝中诸大臣，但是最信任的是江祏、江祀兄弟2人，将更多的遗命嘱托于他们2人。所以，萧宝卷即位之后，江氏兄弟2人轮流在殿内当值，皇帝的一举一动都要经过他们的同意。萧宝卷渐渐想要自行其意，徐孝嗣不能加以制止，萧坦之有时也表示不同意，而江祏则坚决限制，不许其自作主张，萧宝卷对此非常忿恨。萧宝卷左右心腹会稽人茹法珍和吴兴人梅虫儿等人，受萧宝卷委任办理一些事情，江祏常常对他们加以控制、阻挡，以致茹法珍等人对江祏恨得咬牙切齿。因此，徐孝嗣就对江祏说："皇上稍微有些自己的主张，这也是正常的，怎么可以一概加以反对和阻拦呢？"江祏不以为然，说："只要把事情交给我，完全没有什么可忧虑的。"

萧宝卷失德作恶的情况越来越严重，江祏等就商议废萧宝卷，另立江夏王萧宝玄为帝。刘暄曾经做过萧宝玄的郢州行事，对萧宝玄非常怨恨，所以不同意江祏的主张，而想立建安王萧宝寅为帝。江祏与始安王萧遥光秘密计谋，可是萧遥光自以为年长，想自己取而代之，把这个意思隐约地向江祏表示了。江祏的弟弟江祀也认为年幼的皇帝难以保得住，就劝说江祏立萧遥光为帝。江祏一时也拿不定主意，就去同萧坦之商量，萧坦之当时正为其母守丧，不敢对此发表意见。

刘暄认为如果立萧遥光为皇帝，自己就要失去皇舅之尊，所以不肯赞同江祏的意见，因此江祏也迟迟不能决定。为此，萧遥光大怒，派手下人黄昙庆在青溪桥刺杀刘暄。黄昙庆因见刘暄的部下特别多，不敢前去，而刘暄察觉了，于是告发了江祏的阴谋，萧宝卷命令拘捕江祏兄弟俩。当时，江祀正在内殿值守，怀疑情况有异常，派人报信给江祏说："刘暄似乎有别的阴谋，现在作何计议呢？"江祏说："正应该以静待不动而镇之。"一会儿，就有诏令传江祏入见，江祏进朝之后留在中书省等待。

当初，袁文旷由于斩了王敬则有功，应当封官，但是江祏执意不给，萧宝卷就让袁文旷去中书省杀江祏，袁文旷去执行，他用刀环击江祏的心口，说道："看你还能夺去我受封之官否？"江祏、江祀兄弟一并被杀。刘暄得知江祏等人已死，从床上大惊而起，奔出门外，问左右说："抓捕的人来了没有？"过了许久才定下心来，重新回到屋中坐下，十分悲哀地说："我并非是怀念江氏弟兄，而是自知祸将及身，故而痛心啊！"

从此以后，萧宝卷无所忌惮，越发自恣其意，日夜与亲近之人在后堂鼓吹弹唱、驰马作乐，常常闹至五更时分才就寝，睡到傍晚才起床。朝中群臣们按例应于每月初一和其他固定的日子入朝参见，但是到傍晚方才前去入朝参见，就这样有时等到天黑萧宝卷还不出见，只好被遣退而出。尚书们的文案奏告，一个月或者更长时间才上报一次，而报上去后有的竟然不知去向，原来是宦官们用来包裹鱼肉拿回家去了。

萧宝卷以骑马为乐事，常常是一骑必求极意尽兴，忘乎所以。他还对随从之人说道："江祏经常禁止我骑马，这小子如果还在的话，我哪能像现在这样痛快呢？"因此又问道："江祏的亲属还剩下谁？"有随从回答说："江祥现在还在东冶。"萧宝卷就立刻在马背上发出诏令，赐江祥自杀。

始安王萧遥光向来心怀异意，觊觎皇位，与他的弟弟、荆州刺史萧遥欣密谋策划，准备发兵拥据东府城，争夺帝位。萧遥光让萧遥欣率兵从江陵直下建康，但是就在按规定日期将要出发之时，萧遥欣却病死了。

萧宝卷杀了江祐兄弟之后，考虑到萧遥光难以自安，就准备将他升任为司徒，让他回到自己的府第中休养，不问朝政，因此就召他进朝。但是，萧遥光担心进朝后被杀，就于十二日傍晚，召集从荆州和豫州来的部属到东府城的东门之前，又叫来刘沨、刘晏等人一起谋划如何举兵起事，并决定以讨伐刘暄为名义。这天夜间，萧遥光派遣几百人打进东冶，放出狱中的囚徒，从尚方那里取出兵械。萧遥光派人前去抓萧坦之，萧坦之来不及戴上头巾，光着膀子，越墙而逃，跑到朝廷禁城中去报信。

八月十三日，萧宝卷诏令，因特殊情况而赦免建康的囚徒，朝廷内外戒严。从徐孝嗣以下都驻扎在宫城外护卫，萧坦之率朝廷兵众讨伐萧遥光。十六日，萧遥光部下投降，他自己爬进床底下躲起来，朝廷兵破门而入，在黑暗中将他从床下拉出来，立即斩首。

江祐等人失败之后，萧宝卷身边拿刀和应敕的一帮子人全都恣意纵横，想怎么办就怎么办，没有忌惮，当时人们称他们为“刀敕”（借指权臣）。萧坦之刚愎自用，凶狠残忍，专横独断，萧宝卷周围的宠信之徒们因害怕而特别憎恨他。在萧遥光死后20多天，萧宝卷派遣延明殿主帅黄文济率兵包围了萧坦之的住宅，将他杀掉，他的儿子秘书郎萧赏也一起被杀。

当初，齐明帝临死之时，以萧隆昌的事件告诫萧宝卷：“做事行动不可以落在他人之后。”所以，萧宝卷数次同身边亲近密谋诛杀大臣之事，每次都突然行动，主意坚定，没有半点迟疑之心。于是，搞得大臣们人人自危，难以自我保全。

枝江文忠公徐孝嗣是个文士，待人处事圆滑周到，不露棱角，因此虽然官高名显，但犹自得以久存，未被除去。虎贲中郎将许准给徐孝嗣讲述时事要害，劝说他废去萧宝卷，另立新帝。徐孝嗣长久迟疑难决，以为欲行此事一定不能动用干戈，必须是等待皇帝出游的机会，关闭城门，召集群臣百官在一起商议，把萧宝卷废掉。

萧宝卷及身边的那帮“刀敕”对徐孝嗣渐渐厌憎。十月二十三日，萧宝卷将徐孝嗣、沈文季、沈昭略3人召入华林省，沈文季上了车子，回过头来说：“此行恐怕有去无回了。”萧宝卷指使外监茹法珍赐他们毒酒。沈昭略愤怒不已，骂徐孝嗣说：“废掉昏君，另立明主。这是从古到今的宪章大法，全因你这做宰相的无能，以致我们才有今日。”接着把酒瓯砸到徐孝嗣脸上，并且说：“我让你死了也做一个破了面的鬼！”徐孝嗣喝药酒，一气喝了一斗多才死去。徐孝嗣的儿子徐演娶了武康公主为妻，另一个儿子徐况娶了山阴公主为妻，但是都受父亲牵连而被杀。

当初，太尉陈显达因自己曾经是高帝萧道成、武帝萧赜时候的旧将，所以在明帝萧鸾之时，心存疑惧，也非常低调，不敢张扬，经常乘坐一辆破破烂烂的车子，外出时扈从（随侍人员）也只选10多个老弱病残的人。

到了萧宝卷即位之后，陈显达不愿意住在建康，被派做江州刺史，他十分高兴。陈显达曾经得病，但是他不让医治，不久自己好了，可是他心中却非常不高兴。

陈显达知道萧宝卷多次诛杀大臣，又知徐孝嗣等皆死，萧宝卷将派兵袭击江州，遂于永元元年（499年）十一月十五日，在浔阳（今江西九江西南）起兵。命令长史庾弘远等人给朝廷中的新贵们送去一封信，信中列举了萧宝卷的罪恶行径，并且说道：“准备拥立建安王萧宝寅为帝，待京中诸害一除，就西迎建安王登基。”

二十四日，朝廷任命护军将军崔慧景为平南将军，督率诸路军队攻击陈显达，后军将军胡松、骁骑将军李叔献统领水军占据梁山（今安徽当涂长江边），左卫将军左兴盛督率前锋军队驻扎在杜姥宅（台城南掖门外。由于东晋成帝司马衍杜皇后的母亲裴穆相当长寿，当地百姓都称她为“杜姥”，又称其宅为杜姥宅）。

十二月，陈显达从浔阳发兵，在采石（今安徽当涂西北）打败了胡松，消息传到建康，朝中一片震惊，惶恐不安。十三日，陈显达到达新林，左兴盛统率诸路军队抵挡陈部。陈显达在长江岸边设置了许多火堆，夜间率军偷渡过江，去袭击宫城。十四日，陈显达带领数千人马登上落星冈（又名落星墩，在今南京城西9里长江南岸），驻守在新亭的诸路军队得知之后，拔腿往回跑，宫城之内大为恐惧，只好闭门设守。陈显达骑马执槊，带领几百名步兵，与朝廷军队开战，两次交战，陈显达大胜，亲手斩杀好几人，但是不幸的是手中的槊折断了。这时，朝廷军队开过来，陈显达抵抗不住，只好逃跑。陈显达逃到西州城之后，骑官赵镡用手中之槊投刺他，陈显达中槊坠马，被赵镡斩首，终年72岁。陈显达的几个儿子也都伏法被斩。

萧宝卷诛杀了陈显达之后，越发骄横恣意。他渐渐开始喜欢出外游走，但又不想让人看见，每次出外，总是事先将所要经过地方所住的人家赶走，只留下空房子。他出游时，先由尉司敲着鼓沿途走一大圈，居民们凡是听到鼓声，就应立即跑开，连衣服和鞋都来不及穿好，违反禁令的人就被随手杀掉。一月之中，萧宝卷要出去20多次，而且从来不说个具体的去处，东西南北，无处不去。他还常常在夜间三四更时分出游，弄得鼓声四出，火光照天，幡仪兵戟横路。这时，士人民众们喧叫奔路，前后相随，老人小孩惊慌失措，哭喊成一片，拥挤在路上，但是处处禁止通行，所以都不知道何处可以经过。就这样，搞得建康城的百姓无法从业，连去打柴割草都无路可行，红白喜事不能按时进行。一些孕妇不能把孩子生在家里，甚至有的人抱病躲逃，结果死在路上，得不到殡葬。

萧宝卷还让人在小巷和田间小道悬挂布幔，形成高高的屏障，并且布置人手执兵器守护，称作是“屏除”，也叫作“长围”。有一次，萧宝卷来到沈公城（沈庆之公馆），有一个妇人因临产而没有躲逃，于是剖开产妇的腹部看是男孩还是女孩。又有一次，萧宝卷来到定林寺，有一个老和尚因年老患病不能离去，藏在草丛中，他就命令随从用箭射老和尚，百名弓手一起发射。萧宝卷臂力过人，能拉开三斛五斗力的弓。萧宝卷还喜好“担幢”，又叫“顶方”（表演者须有大膂力）的游戏，做白虎幢高7丈5尺，左臂右臂来回担玩，不过瘾又将几十斤重的白虎幢移到牙上担玩，折掉了好几颗牙齿，仍旧担玩不已。萧宝卷自制担幢校具，表演时穿的服装上饰以金玉，每次表演侍卫站满两侧，使出各种技能把戏，从来不感到不好意思。萧宝卷跟东冶营兵俞灵韵学骑马，经常穿着编织的衣裤，不穿外服，头戴薄金制的帽子，手执七宝槊（槊是十八般兵器中的重型兵器之一），戎装束裤，冒着雪，遇上陷坑，也不避开，总是一跃而过。

萧宝卷又选择那些善于长跑的无赖痞子500人，称为逐马左右，经常让他们随马而跑。他或者在市中自己亲近宠幸的人家中游玩，从这家转到那家，来回转悠，能转遍全城。他或者去郊外射野鸡，布置了射雉场296处，奔走往来，从一处到另一处，忙得没有闲暇之时。

永元二年（500年）正月，按例皇帝在大年初一接见群臣。但是萧宝卷直到吃过饭之后方才出来露面，朝贺之礼刚一完毕，他立即回殿内西厢屋就寝去了。从巳时（上午9时至11时）到申时（下午3时正至5时），群臣百僚们站着等待萧宝卷前来，都站得腰腿僵直，无法坚持而倒地，肚子也饿得咕咕叫。所以，等到萧宝卷起来朝见时，只是敷衍一通，匆匆收场。

豫州刺史裴叔业得知萧宝卷数番诛杀大臣，心中不安。陈显达反叛之后，裴叔业派遣司马、辽东人李元护率领兵马去解救建康，而实质上则持骑墙观望态度，陈显达失败之后，李元护又回去了。朝廷怀疑裴叔业有异谋，裴叔业也派遣使者去建康观察消息动静，众人对他更加怀疑了。于是，裴叔业就派遣裴芬之以及他哥哥的女婿、杜陵人韦伯昕带着降书去投降北魏。初七，北魏派遣骠骑大将军、彭城王元勰和车骑将军王肃统领步骑兵10万前去受降，任命裴叔业为使持节，都督豫、雍等五州诸军事，征南将军，豫州刺史，并封他为兰陵郡公。

三十日，萧宝卷下诏令讨伐裴叔业。二月十六日，朝廷任命卫尉萧懿为豫州刺史。二十八日，北魏任命彭城王元勰为司徒，并且兼任扬州刺史，坐镇寿阳（今安徽寿县）。北魏派遣大将军李丑、杨大眼率领两千骑兵入寿阳，又派遣奚康生率领羽林兵1000人急驰赶赴寿阳。二十九日，裴叔业病死。

三月十五日，朝廷派遣平西将军崔慧景统率水军讨伐寿阳，萧宝卷令人在所经过之处两旁悬挂高幔，走出琅邪城（建康城北，幕府山南麓）为征军送行。萧宝卷身着武服，坐在楼上，传召崔慧景一人骑马进入他的所谓屏障长围之内，没有一人相随。崔慧景进去之后，只与萧宝卷说了几句话，就拜辞而出。崔慧景出来之后，心里异常得意。

崔慧景从建康出发之时，他的儿子崔觉任直将军，崔慧景秘密地与儿子约定要发动事变。崔慧景到达广陵时，崔觉根据事先的约定，跑去追随父亲。崔慧景在过了广陵几十里之后，召集各位军主，对他们说："我承受前面三代皇帝的厚恩，担负着明帝死前所托付的重任。但是，现在年幼的皇帝昏庸狂妄，搞得朝纲败坏，一片混乱。国家危难而不加匡扶，责任就正在今天。所以，我要同诸君共同建立大功伟业，以便安定社稷江山，不知诸位意下如何呢？"众人都一致响应。于是，崔慧景挥师返回广陵，司马崔恭祖驻守广陵城，大开城门，接纳崔慧景进城。

萧宝卷闻知事变，于四月十二日，临时授与右卫将军左兴盛符节，让他督率建康水陆诸军讨伐崔慧景。崔慧景在广陵停驻了两天之后，就集合军队渡过长江，进逼建康。

当初，萧齐的南徐州和兖州刺史、江夏王萧宝玄娶徐孝嗣的女儿为妃子，徐孝嗣被诛杀之后，萧宝卷诏令萧宝玄与徐孝嗣的女儿离婚。因此，萧宝玄心里对萧宝卷非常忌恨。崔慧景派遣使者去见萧宝玄，表示要奉立他为皇帝，萧宝玄故意斩掉了前来的使者，并且发动将士们守城。萧宝卷不知内情，派遣马军主戚严、外监黄林夫协助萧宝玄镇守京口。崔慧景将要渡江之时，萧宝玄秘密与他联络，与他响应合作。萧宝玄杀了司马孔矜、典签吕承绪以及戚平、黄林夫，打开城门迎接崔慧景，并且派长史沈佚之、咨议柳憕调配布置军队。萧宝玄乘坐8人大轿，手执绛红色指挥旗，随着崔慧景向建康进发。

朝廷派遣骁骑将军张佛护、直将军徐元称等六位将帅依据竹里，筑建了好几个城堡以抵抗崔慧景。萧宝玄派人送信给张佛护说："我自己回朝廷，你为何要如此费力地阻拦呢？”张佛护回答说：“小人承蒙国家重恩，派我在这时略加设防，殿下回朝，只管径直通过，我岂敢加以阻截呢？”说着，张佛护就用箭射崔慧景的军队，于是双方混战开始。崔觉、崔恭祖率领前锋部队，士兵们都是江北人，十分英勇善战，又都轻装上阵，不带军粮煮饭吃，而用几只船沿着长江载送酒食为军粮，供士兵们食用。他们一看见朝廷军队所住的城堡升起烟火，就立即拼力攻击，使得朝廷士兵连顿饭也吃不成，因此都饿得饥肠辘辘，无力作战。徐元称等人在一起商议要投降，张佛护不允许。崔恭祖等人猛力攻城，一举成功，斩了张佛护，徐元称投降，其余4位军主都战死。

十五日，萧宝卷派遣中领军王莹统领众路军马，依据湖头（今南京玄武湖东）修筑堡垒，同时上连蒋山西岩一带，布置甲兵数万人。崔慧景到了查硎（即查浦，今南京清凉山南），竹塘人万副儿对崔慧景说：“如今平坦大路全被朝廷军队拦断，不可考虑从这里进兵，只宜从盘旋道登上蒋山，以出其不意，攻其不备。”崔慧景采纳了他的意见，分派1000多人，一个紧随一个，鱼贯而上山，夜间从西岩而下，击鼓呐喊，降临城中。朝廷军队大为吃惊，惶恐万分，一时逃奔，如鸟兽散。萧宝卷又派遣右卫将军左兴盛统率台城内兵士30000人在北篱门抵挡崔慧景，但是还未交战，左兴盛就望风败逃。

二十四日，崔慧景进入乐游苑（今南京玄武湖南小九华山一带），崔恭祖率领轻骑兵10多人突进北掖门，然后又退了出来。由于宫门都关闭，崔慧景带领部下围住宫城。这时，东府城、石头城、白下城、新亭垒等几城人马溃散。左兴盛退逃，进不了宫城，只好逃进秦淮河边芦苇丛中的船里藏匿起来，被崔慧景擒获斩杀。宫中派遣兵力出城冲杀，但是没有获胜。崔慧景火烧了御史台府署，辟为战场。朝廷守御尉萧畅驻守南掖门，指挥布置城内兵力，根据战情，调兵遣将，应对抵抗，这样人心才稍微安定了一些。崔慧景以宣德太后名义发令，废皇帝萧宝卷为吴王。

陈显达反叛之后，萧宝卷再次召集诸王进宫。巴陵王萧昭胄有鉴于永泰元年（498年）王敬则反，明帝召诸王入宫而欲行杀戮之事，与弟弟永新侯萧昭颖装扮成和尚，逃往江西。萧昭胄是萧子良的儿子。到崔慧景起兵之时，萧昭胄兄弟2人出来前去参加。崔慧景内心更倾向于立萧昭胄为帝，但是仍然犹豫不决，不知到底立谁为好。

其时，豫州刺史萧懿率兵屯驻小岘（今安徽含山北），萧宝卷派遣密使去告诉他前来保驾。萧懿正在吃饭，他扔下筷子站起来，立即率领军主胡松、李居士等几千人马，从采石（今安徽当涂西）渡过长江，驻扎在越城（今南京中华门外），燃起大火，台城中见到火光，知道援兵到了，高兴得打鼓欢叫，拍手称庆。在这之前，崔恭祖劝说崔慧景派遣2000人马阻挡西岸之兵，让他们不能渡江。然而，崔慧景却以为宫城早晚要投降，外来的救援之兵自然会散去，所以不予采纳。在这时，崔恭祖请求攻击萧懿的军队，而崔慧景还是不同意，只派遣崔觉（崔慧景子）率领精锐兵力几千人渡过秦淮河，到达南岸。萧懿的军队在天快亮时发起进攻，交战了几个回合，士兵们都英勇死战，崔觉一败涂地，部下跳进秦淮河里淹死的有2000多人。崔觉单人匹马逃退，打开朱雀航上的浮桥，以秦淮河阻挡萧懿军队。

四月初四，崔慧景带领心腹数人偷偷离去，想北渡长江，城北的各路军马尚不知道，还在拒战。城中兵马冲杀出来，杀死了数百人。官军萧懿的部队渡过秦淮河到达北岸，崔慧景余下的人马都逃走了。崔慧景围攻宫城12天，最后被朝廷军击败而逃。他单枪匹马逃至蟹浦（今南京西南），被渔夫杀死，终年63岁。他的首级被放在盛鱼的篮子中，担送到建康，献给朝廷。崔恭祖投降之后，被拘囚在尚方省，不久即被杀。崔觉逃亡当了道人，被捕获，伏诛。

江夏王萧宝玄初到建康时，驻扎在东府城，士人和民众们纷纷前去投靠，聚集在东府城中。崔慧景失败之后，朝廷收集了朝野上下投靠萧宝玄以及崔慧景的人名，列为名册，准备一一追查，萧宝卷命令将它烧掉，说：“江夏王尚且还这样，岂可以治罪他人呢？”萧宝玄逃亡了好几天，然后才露面。萧宝卷把他召入后堂用布帐把他围起来，命令左右好几十人擂鼓吹号，环绕着他跑动，并且派人对他说：“你近来围攻我也如同这个样子。”

五月初十，江夏王萧宝玄伏法被诛。

这时，萧宝卷所宠幸的左右侍从共有31人，宦官10人。直骁骑将军徐世向来为萧宝卷所信任，凡有杀戮之事，都由他去执行。徐世知道萧宝卷昏庸狂纵，所以暗中对茹法珍、梅虫儿2人说："哪一朝代的天子身边没有要人？但是我这是出售主上的恶行呀。"茹法珍等人与徐世争夺权力，因此就将徐世的话报告给萧宝卷。于是，萧宝卷就派遣宫中卫兵去杀他，徐世与卫兵们搏战，但最终被杀。从此之后，茹法珍、梅虫儿专权。

萧宝卷称所宠幸的潘贵妃的父亲潘宝庆，以及茹法珍为阿丈，称梅虫儿、俞灵韵为阿兄。萧宝卷同茹法珍等人一起去潘宝庆家中，亲自去打水，帮助厨子做饭。潘宝庆仗势欺人，作奸犯科，对于富有之人，他都以罪名诬陷，对于这些人的田产宅院以及财物，他都要启告皇上索取。

永元二年（500年）八月，后宫失火。当时，萧宝卷去市里游走没有回宫，宫内之人不得出去，而外面的人又不敢擅自打开后宫门去救火，等到后宫门开了之后，烧死者尸体遍地，共烧毁璇仪殿及昭阳、显阳等宫殿房宇30余间。

当时，萧宝卷周围的宠幸之徒都号称为鬼，有一个叫赵鬼的，能读《西京赋》，引用其中之言对萧宝卷说："柏梁台（故址在今陕西长安故城内）既然被烧毁了，那么就营建章宫（汉武帝刘彻于太初元年建造的宫苑）。"于是，萧宝卷就大兴土木，修建芳乐、玉寿等殿，并且用麝香涂在墙壁上，雕画装饰，富丽堂皇，豪华到了极点。

后宫中的服饰用具，无不是尽意挑选的珍奇之品，如此奢侈，以致府库中旧有的物品，不再能满足其用。萧宝卷派人以高价收买民间的金玉宝器，价格皆高于正常之价数倍。他又将建康的酒税全都折合成银钱交入官库，就这样仍不能满足后宫之用。他命人将金子凿制成莲花贴在地上，让潘贵妃在上面行走，说："这是步步生莲花呀。"并在玉寿殿"七贤壁画"的每个人画像旁画了一个美女。据说他又剥取庄严寺的五九子铃装饰殿外。他还命令交纳赋税的民众上贡锦鸡头、白鹤翎、白鹭羽毛。此外，潘贵妃的服饰，也极尽奢华珍贵，主衣库旧物，不复再用。潘贵妃有虎魄钏一只，价值170万。百姓倾家荡产，没有活路，无不呼号泣哭于道路之中。

萧懿帮助朝廷平定崔慧景反叛之时，萧衍急忙派亲信虞安福去游说萧懿，对萧懿讲道："如果诛杀了崔慧景，平定叛乱之后，则你所立的功劳太大了，不是朝廷的封赏所能酬劳，即使遇上一个圣明贤仁的君主，你尚且难以立得住脚，何况在现今混乱的朝廷之中，昏君奸臣们哪能容得了你，不知到时你将何以自全，所以，如果把反贼歼灭之后，进一步再率兵进宫，如商代的伊尹放逐太甲、汉代的霍光废昌邑王那样，废掉昏君萧宝卷，此乃千载难逢之良机。如果你不愿意这样做，便以抵拒北魏为借口，上表求放还历阳（今安徽和县），这样，则威震朝廷内外，谁敢不听从。如果一旦放弃了兵权，虽然所享受的官爵很高，但手中没有军队和民众，必将束手就死，到时后悔也来不及了。"长史徐曜甫对萧懿苦苦相劝，但萧懿并不为所动，没有采纳萧衍的建议。

崔慧景死后，萧懿被任命为尚书令。萧懿有9个弟弟：萧敷、萧衍、萧畅、萧融、萧宏、萧伟、萧秀、萧憺、萧恢。萧懿以朝廷元勋，位列朝班之首；萧畅任卫尉，掌握着宫门的钥匙。当时，萧宝卷时常出外游走玩嬉，有人就劝萧懿乘其出游之际，起兵废之，但是萧懿不听。宠臣茹法珍、王之等人忌惮萧懿的威望和权力，游说萧宝卷道："萧懿将要像隆昌年间废郁林王那样将你废掉，陛下命在旦夕。"萧宝卷听了大怒。徐曜甫知道这一情况之后，秘密准备了船只，停在长江边上，力劝萧懿西奔襄阳。然而，萧懿却说："自古以来，人谁无一死，岂有尚书令叛逃的呢？"萧懿的弟弟和侄子们都对将会发生的事变做了准备。十月，萧宝卷派人到尚书省给萧懿赐送药酒，萧懿临死之前说道："家弟萧衍在雍州，是朝廷的一大忧患。"由此可见，萧懿对朝廷来说是绝对的忠臣，但对骨肉兄弟来说则是大逆不道。萧懿死后，他的弟弟和侄子们全都逃亡藏匿于里巷之中，没有人加以告发，只有萧融被捕获，遭到杀害。

起初，萧宝卷怀疑雍州刺史萧衍有异谋。荥阳人郑植的弟弟郑绍叔担任了萧衍的宁蛮长史，萧宝卷就派郑植以探望弟弟郑绍叔为借口，去刺杀萧衍。郑绍叔知道了这一阴谋，秘密地报告了萧衍，萧衍在郑绍叔家中备办了酒席，以开玩笑的口吻对郑植说："朝廷派遣您来谋害我，今天我正得闲，与您宴饮，这正是下手的好机会呀。"说罢，宾主大笑不已。萧宝卷又让郑植把雍州的城墙、壕沟、仓库、兵士、战马、器械、船舰等仔细观察一番，以便弄清萧衍的实力。郑植看过之后，对郑绍叔说："雍州的实力强大，是无法轻易解决了的。"郑绍叔对他说："哥哥回到朝廷之后，请一字不差地对天子说：如果要攻取雍州的话，我郑绍叔要率众搏一死战！"郑植回朝去，郑绍叔将他送到南岘，兄弟2人执手相视，恸哭而别。

萧衍知道兄长萧懿已死的噩耗，连夜召集张弘策、吕僧珍、长史王茂、别驾柳庆远、功曹吉士瞻等人到府第商议对策。十一月初九，萧衍将手下的僚佐们召集到一起，对他们说："昏乱的君主残暴，罪恶超过了纣王。所以，我们应当一起把他除掉。"在这一天，萧衍竖起大旗，召集兵马，共得到带甲兵士10000多人，战马1000多匹，船舰3000艘。

这时，南康王萧宝融任荆州刺史，西中郎长史萧颖胄代理州府事务。萧宝卷派遣辅国将军、巴西（今四川南充）和梓潼（今四川绵阳）两郡太守刘山阳率领3000兵士赴任，会同萧颖胄的兵力一起袭击襄阳。萧衍知道了这一计划，就派遣参军王天虎去江陵，给荆州和西中郎府的官员们每人送去一封书信，信中说："刘山阳率兵西进，要同时袭击荆州和雍州。"于是萧衍对部下的众位将佐们说："荆州人向来害怕襄阳人，况且雍州和荆州地界相邻，唇亡而齿寒，所以岂能不与我们暗中联络，通力合作呢？我只要能会合荆州和雍州的兵力，大张旗鼓地东进，就是使韩信、白起再生，也无法为朝廷想出什么好招来，何况是昏君差使着一帮提刀传敕的宠幸之徒呢！"萧颖胄收到萧衍的信之后，心中迟疑而不能决断。刘山阳到了巴陵（今湖南岳阳），萧衍再次命令王天虎送信给萧颖胄及其弟弟南康王萧宝融的僚友萧颖达。

十一月初，刘山阳到了江安（今湖北公安），迟疑了10多日，不往前开进。萧颖胄对此大为恐惧，然而又想不出什么良策妙计来。夜里，他叫来西中郎城局参军、安定人席阐文，咨议参军柳忱，一起商议对策。席阐文说："萧衍在雍州招兵买马，已经不是一天两天的事了。江陵人向来害怕襄阳人，要收拾他们很难办到，即使能制服了他们，最终也不会为朝廷所容忍。如今，如果杀了刘山阳，与雍州方面一道起兵举事，立天子以令诸侯，则霸业可成。刘山阳迟疑而不进，这是不相信我们。现在，如果斩了王天虎，把首级送给刘山阳，那么他的疑虑就可以消除。等他来了之后，再把他收拾掉，无不可以成功的。"柳忱接着说："朝廷的昏狂悖乱一天比一天严重，京城中的大臣们惴惴不安，人人吓得连大气也不敢出，只有垂首听命的份儿，哪敢稍有移动。好在我们现在远离朝廷，可以暂时安全。朝廷命令我们袭击雍州，只不过借此让我们双方互相残杀罢了。难道忘记了尚书令萧懿了吗？他以几千精兵，打败了崔慧景的10万大军，然而竟被那帮邪恶的小人所陷害，很快就灾祸及身。'前事不忘，后事之师'，他的教训实在值得我们记取。再说雍州兵力精锐，粮草充足，萧衍雄姿英发，谋略过人，罕有人能与他匹敌，刘山阳一定不是他的对手。如果他击败了刘山阳，我们荆州也会因没有执行朝廷之令而受到责难，这真是进也不可，退也不可，所以应该认真加以考虑。"萧颖达也劝萧颖胄听从席阐文等人的计策。第二天早晨，萧颖胄对王天虎说："您同刘山阳相识，现在不得不借您的头用一用。"于是，萧颖胄令人斩了王天虎，把他的脑袋送给刘山阳看，并且调用民众的车和牛，声称派遣步军去征讨襄阳。刘山阳见状欣喜若狂。

十八日，刘山阳到了江津（今湖北沙市），独自乘坐一辆车，穿着白色便服，只带了几十个随从，去见萧颖胄。萧颖胄指派曾经任过汶阳（今山东泰安）太守的刘孝庆等人在城内埋伏兵力，刘山阳进入城门之后，就在车中把他斩了，副军主李元履收集余部，请求投降。

萧颖胄派遣使者把刘山阳的首级送给萧衍，并且告诉萧衍说年月不吉利，应当等到明年二月再起兵出发。萧衍说："起兵的开头，所凭藉的就是一时之骁锐的气势与信心，即使不停息地干下去，还恐怕要担心出现松劲情绪，如果停兵等待3个来月，必定会产生后悔和顾惜。何况聚集了10万大军，时间一长，粮食就要消耗光。如果那毛孩子再提出什么不同意见，那么大事就难以成功。况且现在已经一切安排就绪，怎么能中途停息呢？过去周武王讨灭殷纣王，出发时间正好冲犯太岁星，岂能等待什么吉利的年月呢？”

十一月二十二日，萧衍上表南康王萧宝融，劝他称帝，但萧宝融不答应。十二月，萧颖胄同夏侯详向建康朝廷中的百官群臣以及各州郡的长官们传送了声讨萧宝卷以及梅虫儿、茹法珍罪恶的檄文。萧颖胄派遣冠军将军、天水人杨公则出发去湘州（今湖南长沙），派遣西中郎参军、南郡人邓元起向夏口进发。军主王法度因按兵不进而被免职。初十，荆州的将佐们再次劝萧宝融称帝，萧宝融仍旧没有答应。夏侯详的儿子骁骑将军夏亶（dǎn）任殿中主帅，夏侯详秘密召他前来，夏亶就从建康逃回来了。二十七日，萧颖胄到达江陵，声称接奉宣德皇太后的命令：“南康王萧宝融应当继承皇位，但由于要等待清除去宫中的昏君和奸臣，所以暂时不称帝，而封地十郡，为宣城王、相国、荆州牧，并且授予黄钺，可以挑选任命百官，原有的西中郎府和南康国照旧不变。等待军队到了附近之时，由主管官员备办车驾前去奉迎他。”

中兴元年（501年）正月初二，萧宝卷任命晋安王萧宝义为司徒，任命建安王萧宝寅为车骑将军、开府仪同三司。初十，南康王萧宝融开始称相国，发令大赦天下，并且任命萧颖胄为左长史，任命萧衍为征东将军，任命杨公则为湘州刺史。十三日，萧衍率兵从襄阳出发，留下弟弟萧伟总管府州事务，萧憺防守襄阳城附近的堡寨，府司马庄丘黑防守樊城（今湖北樊城）。萧衍出发之后，州中兵力以及物资储备都很空虚。魏兴（今陕西安康）太守裴师仁、齐兴（今湖北郧县一带）太守颜僧都两人不服从萧衍的命令，率领兵马要袭击襄阳，萧伟和萧憺派遣部队在始平（今湖北竹溪）进行拦截阻击，大获全胜，于是雍州得以安定。

二月初一，南康王萧宝融任命冠军长史王茂为江州刺史，任命竟陵太守曹景宗为郢州刺史，任命邵陵王萧宝攸为荆州刺史。

十八日，萧宝卷派遣羽林兵袭击雍州，宣布朝廷内外实行戒严。

永元三年（501年）三月，萧衍派邓元起前去占据南堂西边的长江岸，田安之驻扎在城北，王世兴驻扎在曲水旧城（今湖北汉口故城）。

十一日，南康王萧宝融在江陵（今湖北荆州）称帝，是为和帝。改换年号为中兴，大赦天下。并且建立宗庙、南北郊祭祀天地场所，州府城门则全部依照建康宫的规模而改建，设置了尚书五省，任命南郡太守为尹（江陵最高领导），萧颖胄为尚书令，萧衍为左仆射，晋安王萧宝义为司空，庐陵王萧宝源为车骑将军、开府仪同三司，建安王萧宝寅为徐州刺史，散骑常侍夏侯详为中领军，冠军将军萧伟为雍州刺史。

十二日，和帝萧宝融发出诏书，宣布萧宝卷已经成为庶人，并封他为涪陵王。萧宝融命令尚书令萧颖胄兼荆州刺史，又加封萧衍征东大将军、都督征讨诸军事，并且授予他皇帝所用的黄钺（以示奉帝命行征伐之事）。当时，萧衍正在杨口（杨水入汉江之口），和帝萧宝融派遣御史中丞宗夬（guài）去犒劳军队，宁朔将军、新野人庾域婉言对宗夬说："皇上还没有授予萧衍黄钺，这样无法统率各路军队。"宗夬返回江陵把这一情况告诉了和帝，于是就有了上述对萧衍的任命和授予黄钺一事。薛元嗣派遣军主沈难当率领轻舟数千艘穿越急流，前来交战，张惠绍等人迎战进击，擒获了沈难当。

此时，和帝萧宝融虽然废了萧宝卷，宣布萧宝卷的统治已经结束。但是萧宝卷还在发号施令，做最后的挣扎。因此，出现了一个皇帝在江陵，一个皇帝在建康，二帝并存的现象。直到萧宝卷被杀，同朝两位皇帝并存近9个月。

十九日，萧宝卷委任豫州刺史陈伯之为江州刺史、假节、都督前锋诸军事，命令他西击荆、雍二州。

四月，萧衍率部出沔（今湖北沔阳）东下，命令王茂、萧颖达等部十九日进军逼近郢城，薛元嗣据守城内，不敢出战，众将领准备攻城，萧衍不允许。

六月，江陵方面派遣卫尉席阐文去犒劳萧衍的军队，并且把萧颖胄等人的意见转达给萧衍："如今您将兵力停在汉口两岸，而不合并诸军围攻郢城，平定西阳、武昌，夺取江州。这一机会已经失去了，所以不如求救于北魏，与他们联合起来，尚且不失为上策。"

这时，萧宝卷将阅武堂改名芳乐苑（今南京城北），山石全部涂上五彩之色。他看见民众家有好树和美竹，就命人毁掉人家的院墙，拆掉房屋，把这树和竹子移走，重新栽在芳乐苑中。当时正值盛暑，栽上不久就枯萎了，于是另换，所以移栽树、竹的人就从早到晚忙个不停。萧宝卷又在芳乐苑中建立了一个集市，让宫人、宦官们充当小贩，让潘贵妃做市令（市场管理者），他自己则自任集市的录事（市场协管员），如果谁稍有过失，潘贵妃就把其交给卫士杖责。萧宝卷命令虎贲（护卫君主的专职人员）们打时不得使用杖和实芯的荻杆。萧宝卷又命令人挖渠筑坝，自己亲自驾船，或者坐下做屠夫卖肉。萧宝卷又喜好巫师，他的身边人朱光尚诈称说自己能看见鬼。一次，萧宝卷进入东游苑，人马突然受惊，就问朱光尚是怎么回事，朱光尚回答说："前次我曾看见先帝非常生气，不许圣上频繁出游。"萧宝卷听了勃然大怒，拔出刀子，同朱光尚一起寻找明帝萧鸾的鬼魂。找了半天没有找着，萧宝卷又用菰草扎成明帝的形状，然后用刀斩下草人的脑袋，把它悬挂在东游苑的门上。

崔慧景失败之后，巴陵王萧昭胄、永新侯萧昭颖、萧子良故防阁（相当于警卫员）桑偃、巴西太守萧寅等秘密合谋，要立巴陵王萧昭胄为帝。此时萧宝卷浑然不知，整日在刚建成的芳乐苑里玩嬉，好几个月都不出外。桑偃等人就在一起商议，准备招募壮士100多人，让他们从万春门进去，突然地去将萧宝卷收拾掉，萧昭胄认为这样不可行。不久，事情败露，萧昭胄兄弟以及桑偃等人都伏法被诛。

雍州刺史张欣泰同其弟、前始安内史张欣时密谋策划，想联络胡松以及从前的南谯太守王灵秀、直将军鸿选等人诛杀萧宝卷身边的宠幸之徒，并且废掉萧宝卷。萧宝卷派遣中书舍人冯元嗣监督军队去援救郢城。

七月初二，茹法珍、梅虫儿以及太子右率李居士、制局监杨明泰在中兴堂为冯元嗣送行，张欣泰等派人怀中藏刀在座席上砍杀了冯元嗣，冯元嗣的脑袋坠落在装水果的盘子中，接着又砍向杨明泰，砍伤了他的腹部，梅虫儿几处受伤，手指头全被砍掉，李居士、茹法珍等人则往宫中逃去。

王灵秀去石头城迎接建安王萧宝寅，他率领着城中的将吏们，为展示威风，将车子去掉车轮，让萧宝寅坐在上面，命人抬着前行，文武官员数百名在前头喝唱开道，浩浩荡荡地向朝廷前进，数千名老百姓全都空着双手跟随在后面。张欣泰闻知已经开始行动了，急忙骑马入宫，希望乘茹法珍等人在外面之机，萧宝卷能将城中布置防御的事情完全委托给他自己，以便里外相应。但是，不久茹法珍就从中兴堂逃回来了，他命令人关闭城门，派兵守护，但是没有发给张欣泰武器，鸿选在殿内也不敢行动。萧宝寅到达杜姥宅之时，天已经黑，城门也已经关闭了。守城门的士兵向外面的人射箭，这伙人将萧宝寅扔下溃逃而去。萧宝寅也逃走了。3天之后，萧宝寅方才穿着武服来到草市尉司（台城六门之外，各有草市）自首，草市尉（草市的行政管理者）驰马去报告萧宝卷，萧宝卷召萧宝寅进宫讯问他，萧宝寅痛哭流涕地说："那天不知道什么人逼使我上车，就把我弄去了，实在是身不由己。"萧宝卷听得笑了，没有为难萧宝寅，恢复了他的爵位。张欣泰等人在事情败露之后，同胡松一起伏法被诛。

七月二十七日，萧宝卷任命程茂为郢州刺史，薛元嗣为雍州刺史。但是就在这一天，程茂、薛元嗣献出郢城，投降了萧衍。

八月初五，萧宝卷命令辅国将军申胄监理豫州事务。初九，命令光禄大夫张瓌镇守石头城。十九日，萧宝卷命令太子左率李居士总督西讨诸军事，驻兵新亭（建康城南郊军事堡垒）。

九月初四，和帝萧宝融诏令萧衍，如果平定京城，自己可以根据具体情况而行事，不必每事必请示。萧衍留下骁骑将军郑绍叔驻守浔阳，自己与陈伯之率兵东下。临行前，萧衍对郑绍叔说："您就是我的萧何（西汉相国）和寇恂（东汉名将）。如果前方战事不能取胜，我承当过失；如果粮草运输跟不上，您受其责。"郑绍叔流涕向萧衍拜辞。一直到攻克建康，郑绍叔督管江、湘的粮食运送，从来没有断绝过。

萧宝卷委任李居士为江州刺史，冠军将军王珍国为雍州刺史，建安王萧宝寅为荆州刺史，辅国将军申胄监管郢州，龙骧将军、扶风（今陕西宝鸡）人马仙监管豫州，骁骑将军徐元称监管徐州军事。这一天，萧衍的前军已经到达芜湖，申胄的朝廷军20000人弃姑孰而走，萧衍占领了姑孰。十七日，萧宝卷委任后军参军萧诞为司州刺史，前辅国将军鲁休烈为益州刺史。

萧衍攻克江、郢二州之后，萧宝卷照样游骋玩乐，他对茹法珍说："等他（萧衍）来到白门（建康南门即宣阳门）前时，再与他决一死战，以定胜负。"萧衍到了建康附近，萧宝卷才召聚兵力，准备固守，他命人从建康的左、右尚方（尚方署，制办和掌管宫廷饮食、御刀剑等珍贵器物的宫署）和东、西冶（冶炼场所）当中挑选囚徒充配军队，对不能让其活着的囚徒，在朱雀门内日斩百余人。

萧衍派遣曹景宗等人进驻江宁（今南京江宁）。二十五日，江州刺史李居士从新亭挑选了精悍骑兵1000人到江宁。曹景宗刚到江宁，营垒还没有来得及修建，而且由于行军日久，士兵们的甲衣都穿破了。李居士因此而轻敌，率领朝廷军击鼓呐喊直冲上去。曹景宗奋而反击，大败朝廷军，一直追到了皂荚桥。于是，王茂、邓元起、吕僧珍也进据赤鼻逻（建康南郊城防工事），新亭城主江道林领兵出战被生擒。萧衍到了新林，命令王茂向前推进，占据越城（今中华门外长干里一带），邓元起占据道士墩（旧址在台城南5里，建康城南郊据点），陈伯之占据篱门（用竹篱做成的门），吕僧珍占据白板桥（今秦淮河畔石坝街、大中桥一带城防工事）。接着，吕僧珍大败李居士的军队。李居士请示萧宝卷，要火烧长江南岸村舍的房屋以开辟战场，所以从朱雀航以西、新亭以北的房屋全被烧光。萧衍的几个弟弟都从建康自动出来奔赴萧衍的军队。

十月十三日，萧宝卷派遣征虏将军王珍国、军主胡虎牙率领精兵10万多人布阵于朱雀航南边，宦官王宝孙持白虎幡（有白虎图像的旗，古代用作传布朝廷政令或军令的符信）督战，他打开浮桥，断绝了后路，以作背水一战。萧衍的军队稍微后撤，王茂下了马，手持单刀，直向前去，他的外甥韦欣庆手执铁缠槊左右掩护，冲击萧宝卷的军队，立刻就冲破了他们的阵营。曹景宗乘机纵兵攻进，吕僧珍放火焚烧了官军的营地，将士们全部拼力死战，战鼓和杀喊之声震天动地。王珍国等官军抵抗不住，王宝孙狠骂诸位将帅，直阁将军席豪气红了眼，突阵而死。席豪是一员骁将，他阵亡之后，士兵们即土崩瓦解，跳进秦淮河中死去的无以计数，尸体堆积得与桥面齐平。萧宝卷的军队见状，全都溃散而逃。萧衍的军队长驱直入，进到了宣阳门。

十七日，萧宝卷的宁朔将军徐元瑜献出东府城投降。青、冀两州刺史桓和入城增援，驻扎在东宫。十八日，桓和欺骗萧宝卷，声称出战，借机率部投降。光禄大夫张瓌放弃石头城回宫。李居士献出新亭投降萧衍，琅邪城主张木也投降。二十一日，萧衍坐镇石头城，命令各路军队攻打建康的6个城门。

萧宝卷命人放火烧了城内的营署、官府，驱逼士人和百姓全部进入宫城，关闭宫门，作最后的拒守。

早先，崔慧景攻逼建康之时，萧宝卷拜钟山神蒋子文为假黄钺、使持节、相国、太宰、大将军、录尚书事、扬州牧、钟山王。到萧衍率兵到来之时，萧宝卷又尊蒋子文为灵帝，迎接他的神像进入后堂，让巫师祈祷求福。到了城门关闭之后，萧宝卷将城中的军事全部委托给王珍国。兖州刺史张稷来守卫京师，萧宝卷又让张稷任王珍国的副手。

当时，城中的兵卒还有70000人，萧宝卷向来喜好军阵，与身边的黄门、刀敕以及宫人们在华光殿前演习战斗，假作受伤的样子，让人用木板抬去，用这种形式来作为诅咒制胜。萧宝卷还经常在殿中着戎服，骑着马出入，用金银做成铠甲和头盔，全都装饰以翡翠。他仍旧昼眠夜起，一如平常那样。他听到外面的击鼓呐喊之声，就披着大红袍，登上景阳楼的屋顶观望，差点被弩机射中。

开始之时，萧宝卷与左右心腹一起分析，当初陈显达反叛一战即败，崔慧景围城，很快就败逃，以为萧衍的军队也会这样。所以，敕令太官备办柴火和粮米，够百日之用就行了。但是，他在朱雀航失败以后，城中民心慌乱，人人自危。茹法珍等人担心士人和百姓们逃溃，所以关闭城门而不再出战。但是，等到萧衍的长围已经布置好，堑栅加固之后，萧宝卷再派兵出击，屡战屡败。

萧宝卷极其吝啬钱财，萧衍的军队已攻打到城外，太监茹法珍跪在地上请求他赏赐将士抵抗，他不但不肯，反而还说："反贼难道就只捉我一个人吗？为什么偏偏向我要赏赐？"这又不禁使人想起西晋司马炎的白痴儿子晋惠帝司马衷来，当他在听到大饥之年人食树草而不得时，说了一句举世著名的痴话："没饭吃也不要紧嘛，为何不吃肉糜（肉粥）呢？"

本来后堂之中储放了几百块木料，有人向萧宝卷启奏要拿去做城防之用，他却不给，想留下来盖宫殿时使用。萧宝卷又督促御府制作了300人使用的精制兵器，准备等萧衍之围解除之后，出外游玩时，卫士们用以驱赶士民。至于金银雕镂物品，萧宝卷亦让赶制，并限定时间要比平时快出一倍。

茹法珍和梅虫儿给萧宝卷出主意说："大臣们不忠诚，以致城围不能解除，所以应该将他们全部杀掉。"王珍国和张稷惧怕大祸临头，王珍国就派自己的亲信给萧衍献了一块明镜，以示自己的心意，萧衍则截断金子作回报，表示愿意和他同心共事。兖州中兵参军张齐是张稷的心腹，王珍国就通过张齐秘密地与张稷策谋，要一同杀掉萧宝卷。于是，张齐在夜间将王珍国带到张稷那里，两人凑在一起谋密定计，张齐亲自在旁边手执蜡烛。他们密谋好之后，又将计策告诉了后舍人（皇宫内廷总管）钱强。

中兴元年（501年）十二月初六夜间，钱强秘密令人打开宫城云龙门，王珍国和张稷带兵冲入殿中，御刀（御前侍卫）丰勇之做内应。这天晚上，萧宝卷在含德殿笙歌弹唱，作乐方罢，尚未睡熟，听到有士兵进来，就急忙从北门跑出去，想跑回后宫，可是门已经关闭了。宦官黄泰平用刀砍伤了萧宝卷的膝盖，他倒在地上，张齐冲上来斩下了萧宝卷的脑袋，终年19岁。

关于萧齐亡国，唐代诗人李商隐的《齐宫词》作了高度概括："永寿来兵夜不扃，金莲无复印中庭。梁台歌管三更罢，犹自风摇九子铃。"

张稷召集尚书右仆射王亮等人列坐在殿前西边的钟下，命令群僚们签名，又命令人在黄绢上涂油（油过的黄绢透明易于辨认），裹住萧宝卷的首级，然后派遣国子博士范云等人送到石头城给萧衍。石卫将军王志叹息着说道："帽冠虽然破了，但怎能再用足踩呢？"他到庭中摘取树叶，用手搓成团吞服下去，假装气上不来闷过去了，不在册子上签名。萧衍阅看送来的百官群僚们的签名册，见上面没有王志的名字，心里十分嘉许他。王亮是王莹的堂弟，王志是王僧虔的儿子。萧衍与范云过去就有交情，于是就将他留下来参加了自己的幕僚。

王亮在萧宝卷执政之时，靠耍两面派而取悦于朝廷。萧衍到了新林，百官群僚们都抄小道去向他致意，惟独王亮没有派人去。萧宝卷失败之后，王亮出见萧衍，萧衍对他说："朝廷倾覆而不加以匡扶，用你这宰相有何用呢？"王亮回答："如果萧宝卷可以扶持的话，明公您哪里能有今日之举呢？"

从宫城中出来的人，有的被抢劫。杨公则亲自率领部下列阵在东掖门，以便护送公卿士民们，所以出城者大多由杨公则的营地经过。萧衍派张弘策先进宫清理，封存了府库和各种图籍。其时，宫城中珍宝之物到处都是，张弘策严加管束部曲，做到秋毫无犯。潘贵妃以及宠臣茹法珍、梅虫儿、王之等41人全被收拘，交给主管官吏处理。

当初，萧昭文被废之后，王太后（即原文惠太子妃王宝明）出宫居住在鄱阳王的旧宅中，号为宣德宫。萧衍以宣德太后的名义，命令追封被废的涪陵王萧宝卷为东昏侯，褚皇后以及太子萧诵并黜为庶人。萧衍被任命为中书监、大司马、录尚书事、骠骑大将军、扬州刺史，封为建安郡公，并且依照晋代武陵王司马遵承制之例，行使皇帝的权力，百官群僚们向萧衍致敬。王亮被任命为长史。

一般认为，萧宝卷也是中国历史上最昏庸荒淫的皇帝之一。萧宝卷的生母刘惠端（萧鸾的正妻）早亡，由潘妃抚养。他小时候就不喜欢读书，而以捕老鼠为乐。萧宝卷的一生也够惨的，16岁做了皇帝，19岁就呜呼了，虽然风光了一阵子，也就3年的皇帝命，死后被连降两级沦为侯，还被萧衍授予

“东昏”这个谥号，这个待遇有极大的讽刺意义，历史上也比较罕见。

萧宝卷死后，陵墓仍按皇帝的级别修造。葬于江苏丹阳建山乡金家、王家、陈家三村附近。陵墓南向。1968年发掘。墓室内有“羽人戏龙”、“羽人戏虎”、“竹林七贤”等砖刻壁画。陵前800米处有石兽两只，东为天禄，西为麒麟，均为雄兽。天禄身长2.38米，高2.25米，颈高1.2米，体围2米；头部已残，失去3足，身上雕饰已漫漶不清。麒麟身长2.13米，高1.9米，颈高1.05米，体围1.65米；吻部及足已失。两石兽相距23米，均昂首挺胸，张口伸舌，非常生动。

第七章

东归途中让皇位——和帝萧宝融

和帝萧宝融（488—502年），字智昭。明帝萧鸾第八子。萧齐第七位皇帝，也是末代皇帝。永元三年（501年）三月十一日至中兴二年（502年）四月二十八日在位。仅使用了1个年号：中兴（2年）。

建武元年（494年）十一月初十，明帝萧鸾封皇子萧宝融为隋郡王。永元元年（499年）改封为南康王，并任荆州刺史，驻守江陵。

永元三年（501年）三月十一日，13岁的南康王萧宝融在江陵（今湖北荆州）即位，史称齐和帝。改年号为中兴，大赦天下。

萧宝融继位后，在萧衍等人的征讨下，于永元三年（501年）十二月初六夜，终于杀了萧宝卷。

十二日，和帝改封建安王萧宝寅为鄱阳王。十三日，司徒、扬州刺史晋安王萧宝义被任命为太尉，兼任司徒。十九日，萧衍进驻阅武堂，下令大赦天下。萧衍又下令："凡是错误的规章，荒谬的税赋，过分的刑罚和劳役，全部废除。"

潘贵妃潘玉儿的姿容极其美丽，萧衍久仰潘玉儿的美色，本想将她留下，侍中、领军将军王茂说："使齐国亡掉的正是这个女人，您如果留下她，恐怕要招来外界的议论。"于是，萧衍下令将潘玉儿勒死在狱中，宠臣茹法珍等人也被诛杀。萧衍命令将两千宫女分赏给将士们。十六日，萧衍入镇殿中。

中兴二年（502年）正月，齐和帝萧宝融派遣兼侍中席阐文等人到建康慰劳。大司马萧衍下令："凡是东昏侯时不必要的开支，除了用以操习礼乐法度、修缮军事装备者外，其余一概禁绝。"初九，萧衍迎宣德太后进宫，让她临朝摄政，行使皇帝的权力。萧衍暂时停止执政，以便试探人心。十二日，宣德太后提升萧衍为都督中外诸军事，特许他可以佩剑穿鞋上殿，以及朝见赞拜可以不报姓名。十九日，宣德太后任命大司马王亮为中书监、尚书令。

当初，大司马萧衍与黄门侍郎范云、南清河太守沈约、司徒长史任昉一同在竟陵王的西邸，彼此情意甚笃，关系非常密切。到此时，萧衍就推荐范云为大司马咨议参军、领录事，沈约为骠骑司马，任昉为记室参军，遇事都让他们参与策谋计议。前吴兴太守谢朏、国子祭酒何胤先前都弃官回家，萧衍上奏宣德太后，征召他们为军咨祭酒，但是谢朏和何胤都没来就任。

大司马萧衍心里有受禅登基的念头，沈约稍微加以挑明，但是萧衍没有吭声。有一天，沈约又向萧衍进言："如今与古代不同了，不可以期望人人都能保持着淳古之风，士大夫们无不攀龙附凤，都希望能有尺寸之功劳。现在连小孩牧童都知道齐的国运已经终结了，明公您应当取而代之，而且天象预兆也非常明显了。天意不可违抗，人心不可失去。假如天道安排如此，您虽然想要谦逊礼让，而实际上也是办不到的。"大司马萧衍这才吐露了一句："我正在考虑这件事。"沈约又说道："明公您刚开始在樊、沔兴兵举事，在那时是应该思考的，可是如今王业已经成功，还考虑什么呢？如果不早点完成大业，若有一人提出异议，就会有损于您的威德。况且人非金石，事情难测，万一您有个三长两短，难道就仅仅把建安郡公这么一个封爵留给子孙后代吗？如果天子回到京城，公卿们各得其位，那么君臣之间的名分已经定了，他们就不会再产生什么异心了，于是君明于上，臣忠于下，哪里还会有人再同您一起做反贼呢？”大司马萧衍对沈约所说的这些话深表同意。沈约出去之后，萧衍又叫范云进去，告诉了他自己的心思，征求他的看法，范云的回答与沈约所说的意思差不多。至此，萧衍才对范云讲道：“智者所见，不谋而合。您明天早晨带着沈休文（沈约字休文）再来这里。”范云出来之后，把萧衍的话告诉了沈约，沈约说：“您一定要等我呀！”范云答应了。但是，第二天早晨，沈约提前去了。萧衍命令他起草关于受命登基的诏书，于是沈约从怀中取出已经写好的诏书以及人事安排名单，萧衍看过之后，一点也没有改动。不一会儿，范云从外面来了，到了殿口门，由于要等待沈约，不能一个人先进去，而等来等去不见沈约前来，只好在寿光阁外徘徊，嘴中不停地发出“咄咄”表示奇怪的声音。沈约出来了，范云这才明白原来沈约赶在自己之前已经进去了，就问他：“对我怎么安排了？”沈约举起手来向左一指，意思是安排范云为尚书左仆射，范云就笑了，说：“这才和我所希望的差不多。”过了一会儿，萧衍传范云进去，他当着范云的面赞叹了一番沈约如何才智纵横，并且说道：“我起兵至今已经3年了，各位功臣将领确实出了不少力气，但是成就帝业者，只是你们两人啊。”

二十四日，宣德太后诏令大司马萧衍位进相国、总百揆、扬州牧，并封他十郡为梁公，加九锡之礼，在梁公国设置各种官员，免去录尚书的称号，但骠骑大将军的称号照样不变。二月初二，梁公萧衍方才接受诏命。

初七，宣德太后诏令梁国选任各种要职官员，全部依照朝廷之制。于是，任命沈约为吏部尚书兼右仆射，范云为侍中。

梁公萧衍纳取（娶）了萧宝卷的余妃，对政事颇有妨害，范云加以劝说，但是萧衍没有听从。范云又与侍中、领军将军王茂一同入见萧衍，范云对萧衍说：“过去沛公刘邦进关，不亲近女色，这正是范增敬畏其志向远大之处。如今明公您刚平定建康，海内之众对您的名声非常景仰，您如何可以沿袭那种乱身亡国的行迹，沉溺于女色呢？”王茂也下拜说道：“范云说的极对。您一定要以天下为念，不应该将这个女人留在身边。”萧衍听了，默然无语。于是，范云就请求萧衍将余氏赏赐给王茂，萧衍认为他们的意见正确，就同意将余氏赏给了王茂。次日，萧衍分别给范云、王茂赏赐了100万钱。

二十七日，宣德太后诏令给梁公萧衍增封十郡，进爵位为王。三月初五，萧衍接受了诏命，并且下令赦免建康城内以及各府州死刑以下犯人。十三日，南齐邵陵王萧宝攸、晋熙王萧宝嵩、桂阳王萧宝贞被杀。

梁王萧衍准备杀掉鄱阳王萧宝寅，但是监视看管措施不够严密。鄱阳王萧宝寅家中的阉人颜文智与左右心腹麻拱等人密谋，在夜间挖开墙壁，将萧宝寅送出去，又在长江岸边准备了一只小船。萧宝寅穿着黑布短衣，腰里系着1000多钱，偷偷地跑到江边。他徒步而行，以致两只脚全都磨破了。天亮之后，看管的人发现萧宝寅不见了，就去追赶，萧宝寅装作是钓鱼人，与追赶者一起在江中并舟而行了10多里，追赶者都没有对他产生怀疑。等到追赶的人离开之后，萧宝寅就在西边靠岸，投奔到百姓华文荣家中，华文荣与其同族之人华天龙、华惠连忙丢弃家业，带着萧宝寅逃到山沟里。他们租了一头毛驴，让萧宝寅骑上，昼伏而夜行，来到了寿阳的东城。驻守在这里的北魏戍主杜元伦急忙将情况报告了扬州刺史、任城王元澄，元澄用车马侍卫迎接萧宝寅。

当时，萧宝寅16岁，由于徒步而行，所以形容憔悴，见到的人还以为他是被掠卖来的人口。元澄以招待客人的礼节对待萧宝寅，萧宝寅向元澄要为皇帝守丧而穿的生麻布制的丧服，元澄派人对萧宝寅晓示了一番情理，最后只给了他为兄长守丧而穿的熟麻布制的丧服。元澄率领手下的官吏们亲赴萧宝寅住处去吊丧，萧宝寅的一举一动，表现得与居君父之丧完全一样。寿阳有许多受过南齐旧恩的故旧，都来萧宝寅处吊唁，惟独不见夏侯一姓的人来，这是由于夏侯详跟从了萧衍的缘故。元澄非常器重萧宝寅。

和帝萧宝融将东归建康，他任命萧憺为都督荆、湘等6州诸军事及荆州刺史。荆州经过战争之后，公私两方面在财力方面都非常空乏。萧憺励精图治，广开屯田，省免劳役，抚问有家人当兵阵亡了的人家，供应救济他们。

他自以为年纪轻而居于重任，所以特别用心，对手下的官吏们说："政事如果没有办好，大家都应该共同努力。我现在开诚布公于你们，希望你们也不要有所隐瞒。"于是，人人都感到心情舒畅，办事效率大增，民众如有诉讼者站在一旁等待处理，很快就可以做出决定，官署中没有积压的事情。因此，荆州人民非常高兴。

这年三月，和帝到达姑孰，二十八日，下诏令禅让皇位于梁王萧衍。

四月二十七日，宣德太后发令："西边（指姑孰）的诏令已经到了，皇帝效法前代，将皇位恭敬地禅让给梁王，明天早晨我要来到殿前，派使者向梁公恭授印玺，之后我将回到别宫去居住。"二十八日，宣德太后发出策书，派遣兼太保、尚书令王亮等人奉送皇帝印玺到梁宫。梁王萧衍于南郊即位登基，是为梁武帝。大赦天下，改年号为天监。在这天，萧衍追赠其兄萧懿为丞相，封为长沙王，谥号为宣武，并且依照晋代安葬安平献王的先例重新安葬了萧懿。

萧衍诏令，奉齐和帝为巴陵王，并为他在姑孰建了王宫，对他的待遇和尊敬，都仿照南齐开国之初对待汝阴王的方法。奉宣德太后为齐文帝妃，皇后王舜华为巴陵王妃。又对于南齐的王侯们全部降低一级爵位，除去他们的封国，惟有宋汝阴王不在此例之内。

当时，梁武帝想以南海郡（今广东广州）为巴陵国，迁巴陵王去居住，可是，沈约却对武帝说："古今不同，当年魏武帝曾经说过：'不可以慕虚名而受实祸。'"武帝听了点头同意，于是就派遣亲信郑伯禽到了姑孰，把生金子给了巴陵王，让他吞下去，巴陵王说道："我死不须用金子，有醇酒就足够了。"于是，郑伯禽就给他饮酒，喝得烂醉，郑伯禽上前，掐死了这位年仅15岁的逊帝。萧衍谥萧宝融为"齐和帝"。葬于恭安陵（今江苏丹阳建山）。

萧齐王朝之后是萧衍建立的萧梁。请看下一篇：南朝四百八十寺。

萧梁篇

南朝四百八十寺

“南朝四百八十寺，多少楼台烟雨中。”——摘自晚唐杜牧《江南春》。在梁武帝统治时期，仅建康就建有佛寺500余所，僧尼达10余万人。

天监元年（502年）四月，梁王萧衍代齐称帝，是为梁武帝，在建康建都。国号梁，史称萧梁。

萧梁（502—557年），是中国历史上南北朝时期南朝的第三个朝代，也是在南京建都的第五个朝代。萧衍建立萧梁时，南北矛盾趋向和缓，经济发展，商旅来往不断。当时，1500多年前的建康已有居民约28万户，人口超过100万，是南朝时期全国最大的城市。萧梁始于梁武帝萧衍，终于梁敬帝萧方智，历6帝，约56年。

第一章

舍身佛寺第一帝——武帝萧衍

高祖武皇帝萧衍（464—549年），字叔达，小字练儿，南兰陵中都里（今江苏镇江丹阳东城村）人，南朝梁的创立者，即梁武帝。中兴二年（502年）至太清三年（549年）在位。共使用了7个年号：天监（18年）、普通（8年）、大通（3年）、中大通（6年）、大同（12年）、中大同（2年）、太清（3年）。

武帝萧衍

梁武帝萧衍，是汉朝相国萧何的25世孙，也是淮阴令萧整的后代。其父萧顺之，是齐高帝萧道成族弟。参预佐命，封临湘县侯。历任侍中、卫尉、太子詹事、领军将军、丹阳尹，赠镇北将军，谥号曰懿。其母张尚柔，范阳方城（今河北固安县）人。

一、生于建康

萧衍于宋孝武大明八年（464年），出生于秣陵县（今南京）同夏里三桥宅，这年是甲辰年，属龙。当初，萧衍之母张尚柔曾有一梦，梦见怀中抱日，随后有娠，生下萧衍。“帝及长，博学多通，好筹略，有文武才干，时流名辈咸推许焉。所居室常若云气，人或过者，体辄肃然。”

萧衍生来就有异相（但凡皇帝天生就与众不同），相貌奇特，日角龙颜，重岳虎颧，舌文八字，顶上有浮光，身映日无影。两胯骈骨，项上隆起，生来就是一副皇帝相。右手上还有一个“武”字，后来谥曰“武皇帝”恐怕就与此有关。

关于萧衍出生地“同夏里三桥宅”的具体位置，一般认为是在南京城南老虎头44号，这里曾是东吴大帝孙权手下老臣张昭旧居。221年，孙权受封吴王，封张昭为拳侯。229年，孙权即东吴皇帝位，拜张昭为辅吴将军，改封娄侯。张昭曾在宅前开挖水塘，被称为娄湖，宅地被称为娄湖头。后来由于南京方言的缘故，人们将“娄湖头”叫成了“老虎头”。南朝时期，这里成了萧衍的故宅。萧衍当了皇帝以后，将故宅舍为寺庙，取名光宅寺。光宅寺始建于南朝梁天监七年（508年），当时庙宇宏伟，是建康城里18座大寺之一。1982年被列为南京市文物保护单位。

梁天监八年（509年），梁武帝曾将僧祐所造高达一丈九尺的无量寿佛铜像供奉于光宅寺。僧祐既是当时著名的佛教文史学家，又是著名的佛教雕塑家。由他奉敕监造的光宅寺铜像，用铜43000斤，庄严精美，被称为东方第一。

光宅寺内原有井，又称“郗氏窟”。相传梁武帝皇后郗徽生性妒忌，残害后宫，后因亵渎圣僧宝志大师，遭到梁武帝的当众训斥，郗徽羞愤难当，投井自尽，化为蟒蛇。梁武帝为郗氏之死十分懊悔，常怀悼念之心，遂册封郗氏为龙天女。光宅寺所在地，至今仍有“蟒蛇仓”、“回龙里”之称。

萧衍从小就受到正统的儒家教育，“少时习周孔，弱冠穷六经”，自幼就懂得至孝。宋泰始七年（471年），他刚刚6岁，母亲张尚柔逝于秣陵县同夏里舍。他3天滴水未进，哭泣悲哀之态，超过成年人，内外亲朋好友，都十分敬重和推崇。

成年后，他又惊闻父亲萧顺之去世。当时他正任萧齐随王萧子隆的咨议镇守荆州。于是他千里奔丧，一路上不寝不食，不分昼夜水陆兼行地赶路，回到京城后，亲朋好友竟然认不出他来。原来他很健壮，路途辛劳使他瘦弱不堪。居丧期间，悲哀至极，他一哭灵，便是呕血数升。不吃米饭，每日仅喝二溢大麦粥。到灵前祭奠，泪洒之处，松草变色。萧衍登皇位以后，每次祭拜双亲时，总是泪雨滂沱，旁人无不动容。

建元四年（482年），萧衍娶郗徽为妻。郗徽（467—499年），高平金乡（今山东金乡）人。父郗烨，太子舍人，早卒。母浔阳公主为宋文帝刘义隆的女儿。当初，郗徽母方娠，梦当生贵子。及生郗徽，有赤光照于室内，器物尽明，家人皆怪之。巫（祈祷求神者）言此女光采异常，将有所妨害，乃于水滨祓除（古时一种除灾求福的祭祀）之。

郗徽幼而明慧，善隶书，读史传。女工之事，无不闲习。宋后废帝刘昱将纳为后，未及被废；萧齐初年，安陆王萧缅（齐高帝萧道成侄）又欲婚，郗烨并辞以女儿身体有病，也没有应允。后来嫁给了萧衍。

郗徽在世时，嫉妒成性，禁止萧衍接近女色。因此，婚后几年中，萧衍家中并无妾侍。一个偶然的机会，萧衍遇到了农家女丁令光，年仅14岁，却出落得十分漂亮，身上充满富家小姐少有的憨直之气。萧衍一见钟情，将其带回家中。

郗徽虽然在不得已的情况下接纳了丁令光，但丁令光很少有侍寝的机会。郗徽死后，丁令光才有身孕，生下长子萧统，即后来著名的昭明太子，这年萧衍38岁。

萧衍一生大约有7位夫人。皇后：郗徽。妃：丁贵嫔（丁令光）、吴淑媛（吴景晖）、阮修容（阮令嬴）、董淑仪、丁充华、葛修容。共育子：昭明太子萧统（母丁令光）、豫章王萧综（母吴景晖）、梁简文帝萧纲（母丁令光）、南康简王萧绩、庐陵威王萧续、邵陵携王萧纶、梁元帝萧绎（母阮令嬴）、武陵王萧纪等。共育女：永兴公主萧玉姚、永世公主萧玉婉、永康公主萧玉嬛、临安公主萧玉媜、长城公主萧玉妗、安吉公主萧玉婞等。

二、竟陵八友

齐武帝永明二年（484年）正月初二，朝廷任命后将军柳世隆为尚书右仆射；竟陵王萧子良为护军将军兼司徒，统领军队，设置辅佐官员，镇守西州城。记室参军范云、萧琛、乐安（今江西抚州）人任昉、法曹参军王融、卫军东阁祭酒萧衍、镇西功曹谢朓（tiǎo）、步兵校尉沈约和吴郡人陆倕（chuí），都在辞章修养上很有造诣，尤其受到萧子良的厚待，号称“竟陵八友”。

萧衍做事喜欢运筹谋略。他文武全才，萧齐卫军将军王俭非常器重他，对他的才能惊异不止。王俭曾说：“萧郎刚刚年过30，实在是贵不可言啊！”

王俭见萧衍很有才华，言谈举止也很出众，于是就提拔他做了户曹属官（掌管民户、祠祀、农桑等的官署）。不久又提升为随王萧子隆的参军。后来萧衍因为父亲去世，回家守丧3年，然后复官，升任太子庶子和给事黄门侍郎（侍从皇帝，传达诏命）、太子中庶子（主管谒见的官员）。

齐永泰元年（498年）七月，萧衍被任命为雍州刺史。萧衍先去赴任，然后接妻子郗徽同往。至雍州不久，齐永元元年（499年）八月，郗徽殂于襄阳宫，时年32岁。归葬南徐州南东海武进县东城里山，陵曰休陵。郗徽去世后，梁武帝不再立后。

三、建立萧梁

萧衍出任雍州刺史之后，一步一步向皇位迈进。先是鼓动宣城王萧鸾废杀当朝皇帝萧昭业（郁林王），拥立萧昭文（海陵王），不久萧鸾又取而代之称帝，萧衍升任中书侍郎、黄门侍郎。然后，萧衍用智谋击退了北魏孝文帝率领的30万攻齐大军，荣升太子中庶子。后来，萧衍兵败雍州，但明帝萧鸾没有怪罪萧衍，而是让他主持雍州防务，雍州成了萧衍的发迹之地。明帝萧鸾死后，其子萧宝卷即位。萧衍拥立和帝萧宝融，诛灭萧宝卷，升任大司马，掌管中外军国大事，和帝给予他入朝晋见不必小步趋行、唱拜不直呼姓名、可以佩剑穿鞋上殿的礼遇。

中兴二年（502年）四月二十八日，39岁的萧衍在建康南郊即位，是为梁武帝。大赦天下，改年号为天监。

萧衍登基也经过了“三请三让”。据《梁书》：“高祖抗表陈让，表不获通。于是，齐百官豫章王元琳等八百一十九人，及梁台侍中臣云等一百一十七人，并上表劝进，高祖谦让不受。是日，太史令蒋道秀陈天文符谶六十四条，事并明著（证明他称帝合乎天意）。群臣重表固请，乃从之。”

梁武帝追尊自己的父亲为文皇帝，庙号太祖；追尊母亲为献皇后。又追谥妻子郗徽为德皇后。萧衍还封文武功臣车骑将军夏侯详等15人为公、侯。又立六弟中护军萧宏为临川王，南徐州刺史萧秀为安成王，雍州刺史萧伟为建安王，左卫将军萧恢为鄱阳王，荆州刺史萧憺为始兴王；任命萧宏为扬州刺史。

不久，原萧齐南康侯萧子恪（萧道成孙）及其弟祁阳侯萧子范，因事入见梁武帝，梁武帝坦诚地对他们说：“天下的名位、爵禄，不可以力取，假如没有运气，即使有项羽之力，终究还是要失败。宋孝武帝刘骏好猜忌，兄弟中稍有些好名声的，都被他用毒药害死，朝廷中的臣子们因被猜疑而冤死的一个接着一个。然而，有的虽然怀疑却不能把他除去，有的虽然不疑却终于成为后患。比如你们的祖父高帝萧道成因才略而被猜疑，但是却拿他一点办法也没有。湘东王刘彧以平庸愚笨而未遭猜疑，但是孝武帝的子孙却最后都死在他手中。我在那时已经出生，刘彧他岂知我会有今天呢？因此可知，有天命的人，是别人害不了的。我刚平定建康之时，人们都劝我除掉你们以便统一人心，我当时如果依照这一建议而行事，谁会说不可以呢？我之所以没有这样做，正是由于考虑到江南以来，每到改朝换代的时候，总是要进行残杀屠灭，以致有伤和气，所以国运都不能长久。另外，由齐而梁，虽然说是改换天命，但是事情与前代不同，我与你们兄弟虽然出了五服，但是宗属关系并不太远，而且齐国创业之初，也曾经同甘共苦过，情同一家，所以岂可以一下子就变成好像是陌路之人，互相不相认了呢？你们兄弟果然有天命的话，就不是我所能杀得了的；如果没有天命，我又何必一定要那样做呢？那样做只能向世人显示我无肚量罢了。况且，明帝在建武年间诛杀高帝、孝武帝的子孙，使你们家门遭殃，所以我起义兵，不但是自雪家耻，也是为你们兄弟报仇。你们如果能在建武、永元年间拨乱反正的话，我哪里能不放下干戈而推奉拥戴呢？我是自明帝（萧鸾，萧道成侄）家取来的天下，并非是从你们家取来的。过去，刘子舆自称为是汉成帝的儿子，汉光武帝说：‘就是使汉成帝再生，天下也不可能会重新得到手，何况刘子舆呢？’曹志是魏武帝的孙子，成为晋朝的忠臣。更何况你们现在仍然是皇家宗室呢？我坦诚地讲了以上这些，希望你们不要再有见外之心。很快，你们就会知道我的真心了。”

萧子恪兄弟一共16人，都在梁朝做官，萧子恪、萧子范、萧子质、萧子显、萧子云、萧子晖一并以才能而知名，历任清高而显要的官职，各人都能得天年而善终。梁武帝对前朝（萧齐一朝）宗室萧子恪兄弟说的这段话，道理深刻，非常精辟。

梁武帝诏令：“在公车府谤木（让人在上面写谏言）和肺石（石形如肺）旁边各放置一个盒子，如果布衣处士欲对朝政提出议论，而在官位的人又没有谈到，就把其意见投入谤木旁边的盒子里；如果有谁因功劳或才识被冤沉而没有上报，如欲申诉，把申拆书投入肺石旁边的盒子中。”

梁武帝身穿浣濯（洗涤过的）的衣服，平时用膳只是菜蔬之类。每次任命高级官员，他都挑选那些廉正公平者，将他们召到面前，以治政之道勉励他们。他提拔尚书殿中郎到溉（姓到名溉，字茂灌，彭城武原人）为建安内史，左户侍郎刘彧为晋安太守，这两人都以廉洁而著称。梁武帝又诏令：“小县的县令如果有能力，就升到大县任县令；大县的县令有能力，升任郡守（即到郡里做太守）。”每当简选长吏时，务必求选廉平，并亲自于殿前召见，勉之以为政清廉之道，因此官吏们无不致力于廉政勤勉。

八月二十二日，梁武帝命令尚书删定郎、济阳（今山东济南）人蔡法度审定王植之集注的旧律，定为《梁律》，又命令其与尚书令王亮、侍中王莹、尚书仆射沈约、吏部尚书范云等9人一同议定。政令执行起来后，梁朝的官治状况得到显著改善。十一月初十，梁武帝立皇子萧统为太子。

天监二年（503年）四月二十一日，梁朝蔡法度向朝廷献上《梁律》20卷、《令》30卷、《科》40卷，梁武帝诏令颁布实行。

五年（506年），临川王萧宏让记室吴兴人丘迟写信送给陈伯之，信中说道："考虑您投降北魏之时，没有别的原因，只是因为内心不能自审，外受流言的影响，迷乱而猖狂，以至于到了这样的地步。当今皇上不惜不按法律以申恩德，即使再大的罪过也能宽宥，所以将军您的祖坟没有被毁，松柏茂盛；您留在江南的亲戚都没有以叛党连坐，而安居自若；您的宅第没有受损，池台如故；您的爱妾还守在家中，没有被官家收去或流落于其他人家。可是，将军您却如鱼游于沸鼎之中，如燕筑巢于飞动的幕布之上，至今身在敌营，这不是非常糊涂的事吗？希望您能早日替自己谋一条好的出路，以便获得日后的幸福。"二十五日，陈伯之从寿阳梁城率领8000人马来投降梁朝，北魏人杀了他的儿子陈虎牙。梁武帝诏令仍以陈伯之为西豫州刺史，陈伯之还没有到任，又任命他为通直散骑常侍。后来，陈伯之在家中去世。

梁武帝对皇室族人非常亲近宽厚，甚至到了徇私护短的地步。对朝廷官员也非常优待爱护，其中有犯法的，他都超越法律而替他们开脱。而老百姓有罪，则一律按照法律处置，并且株连犯罪，不管老幼一概不免，一人逃亡，全家以身抵押服劳役，百姓既然被逼迫得走投无路，各种作奸犯科的窃盗反乱案件就更严重了。

十年（511年），有一天，梁武帝去郊祀，有一个秣陵老头借此机会拦住御驾讲道："陛下执法，对庶民太严酷，对权贵则太宽松，这不是长久之道。如果能打一个颠倒，则天下大幸呀。" 梁武帝于是考虑对百姓执法加以放宽。

第二年正月初一，梁武帝诏令："自今开始，流放之家以及罪该以身抵押服劳役者，如果有老人或小孩，可以把他们除外。"不管这种"放宽"程度如何，梁武帝还是表示了一种听取民意的姿态。

四、姑息六弟

萧宏（473—526年），字宣达，梁武帝六弟。天监元年（502年），封为临川王、扬州刺史。

天监十七年（518年）四月，萧宏的小妾江无畏的弟弟吴法寿杀人之后藏在萧宏府内，梁武帝命令萧宏将他交出来，当天就将吴法寿依法治罪。南司（又称御史台，是监察机构）奏请免去萧宏官职，梁武帝在奏折上批示："怜爱萧宏是兄弟的私情，免除萧宏的官职是帝王的法律，批准南司的奏请。"五月二十四日，司徒、骠骑大将军、扬州刺史、临川王萧宏被免职。

萧宏自从兵败洛口（今安徽怀远，吃了北魏的败仗，致使数10万大军溃散）之后，常常怀着羞愧、愤恨之心，京城中每当发生造反作乱，都打着萧宏的名号，因此他多次被有关部门通报，梁武帝则宽恕了他。

这年，梁武帝临幸光宅寺（原为梁武帝故宅），有强盗埋伏在萧宏府前以萧宏官名命名的浮桥骠骑航上，等待梁武帝夜晚出来。梁武帝刚要出发，忽然心中一阵惊悸，于是便从另一座叫朱雀航的桥上经过。事情暴露后，贼人口称是受萧宏指使，梁武帝哭着对萧宏说："我的人品、才能胜过你百倍，但是处在皇位上还感到力不从心，你能做什么？我不是不能如同汉文帝诛杀淮南王刘长那样把你杀掉，而是可怜你愚蠢啊！"萧宏叩头说没有这事，但是终于因为他藏匿吴法寿而被免了官职。

萧宏奢侈无度，暴敛无厌。他有将近100间库房，位于内堂的后面，平时看守、防备非常严密。有人怀疑里面是兵器，便秘密上报了梁武帝。有一天，梁武帝派人送给萧宏的爱妾江无畏酒和丰盛的菜肴，并说："我要来你家畅饮。"到时他只带了老部下射声（射声，意为善射，闻声即能射中）校尉丘佗卿前去，与萧宏和江氏开怀畅饮。半酣之后，梁武帝说："我现在要去你的后房走走。”就坐轿一直来到后堂，萧宏担心梁武帝看到他的财物，表情十分惊恐。于是梁武帝心中更加怀疑他了，便将每间房子都检查了一遍，发现萧宏将每100万钱堆为一处，用黄色木片作为标志，每1000万钱存在一间库房之中，挂一个紫色标志，共有30多间。梁武帝和丘佗卿屈指计算，算出共有3亿多万钱，其他的房间贮存着布、绢、丝、绵、漆、蜜、麻、蜡等杂货，只见满库都是，不知有多少。梁武帝这才明白库里放的不是兵器，于是非常高兴，说：“阿六，你的生计真可以啊！”于是再行痛饮直到深夜，点着蜡烛回宫。从此兄弟俩又重归于好了。

五月二十七日，梁武帝任命萧宏为中军将军、中书监。六月初一，又任命萧宏以中军将军的官号兼司徒。

司马光（《资治通鉴》的主编）说：“萧宏作将领则覆没三军，作臣子则有大逆不道之涉，梁武帝饶恕他的死罪是可以的，但是几十天内，又重新让他位列王公，这从兄弟的恩情讲是非常诚恳的了，可是帝王的法度又在哪里呢？”

这年十月二十三日，梁武帝又任命临川王萧宏为司徒。第二年正月初五，梁武帝任命萧宏为太尉、扬州刺史、金紫光禄大夫。

萧宏不但不知恩图报，反而更加肆无忌惮地为所欲为。他竟然与梁武帝的女儿永兴公主萧玉姚（郗徽生）私通，并密谋害死梁武帝，答应事成之后立她为皇后。梁武帝曾为三日斋（人死后第三日，亲人为设斋食以招请供养僧尼），诸公主都参加，永兴公主就派两个家童穿上婢女的衣服一同前往。家童在跨过门槛时掉了鞋，合帅（侍卫官）看到后起了疑心，秘密报告给丁贵嫔（太子萧统生母。梁武帝即位时，其妻郗氏已死，而以丁贵嫔总掌后宫事），丁贵嫔想告诉梁武帝，又恐怕他不相信，就派宫帅暗中进行部署。宫帅命令内舆（内侍）8个人，身上缠上纯绵，站在帷幕之下。斋坐散后，永兴公主果然请求让左右人退下，梁武帝同意。永兴公主走上台阶，而两个家童则奔向梁武帝身后。8个内舆人冲出，抱住家童，将他们擒下，梁武帝吃惊得从御座上掉下来。在家童身上搜查出刀子，他们供认是受萧宏指使。梁武帝秘而不宣，把两个家童杀死在宫内，用漆车将永兴公主送出宫去。后来永兴公主怨恨而死，梁武帝未去临视和参加葬礼。

普通七年（526年）四月十七日，萧宏病死，时年54岁。自从他得病到去世，梁武帝曾7次前去探视。萧宏死后，梁武帝下诏追赠侍中、大将军、扬州牧，假黄钺，并给羽葆、鼓吹一部，增加班剑为60人，赐谥号靖惠。

五、萧综反叛

萧综（502？—528年），字世谦，梁武帝萧衍第二子。叛梁入魏后更名缵（zuǎn），或作赞。天监三年（504年），封豫章王。

当初，梁武帝收纳了萧宝卷的宠妃吴淑媛（吴景晖），7个月之后便生下了豫章王萧综，宫中许多人都怀疑萧综是萧宝卷的儿子。到了吴淑媛失宠而心怀怨恨之时，她便秘密地对萧综说："你7个月就生下来了，怎么能与其他皇子相比！然而你是太子（萧统）的大弟弟，幸保富贵，千万不要泄露！"说毕便与萧综抱头而哭。从此萧综便对自己的身世产生了怀疑，在白天他照旧言谈说笑，而到了夜间则关门闭户独处静室，披散着头发，坐在草席之上，私下里在别室中祭祀南齐的七庙祖先。有时萧综换上平民服装到曲阿（今江苏丹阳）拜祭齐明帝（萧鸾）陵，他听民间传说把血滴在尸骨上，如果血渗进骨头就说明滴血者与死者为父子关系的方法，便偷偷地挖开了萧宝卷的坟墓，并亲自杀死了一个男子来试验，结果他自己的血渗进了萧宝卷的尸骨，而被他杀死的那个人的血却没渗进去，于是他便起了异心，一心伺机起事。萧综有猛力，能用手制服狂奔之马。他轻财好士，只留下自己穿的衣服，其他财物都分给他人，经常弄得手头很紧。他多次借上陈的机宜，请求到边关去任职，梁武帝不予批准。他常常在内室的地上铺满沙子，终日光着脚在沙子上面行走，练得脚底长满老茧，一天能行走300里路。各王、侯、妃、主以及外人都知道了萧综的心机，但是因梁武帝性格严酷，所以谁也不敢说出来。萧综又派使者与萧宝寅接上了关系，把他认作叔父。萧综任南兖州刺史时，不接见宾客，审判案件时隔着帘子审问断决，外出时则在车前挂着布帷，特别不喜欢人认识他的面孔。

普通六年（525年）三月二十一日，梁武帝命令豫章王萧综临时驻扎彭城（今江苏徐州），总督各路军队，并且兼管徐州府事。萧综在彭城时，北魏安丰王元延明、临淮王元彧率领两万兵马逼攻彭城，久而决不出胜负来。梁武帝担心萧综战败被擒，便命令他带兵返回。萧综害怕南归之后不能再到北边来，便秘密派人给元彧送去降书。

六月初七，萧综与梁话以及淮阳人苗文宠夜间出发，步行投奔了北魏军队。到了天亮之时，萧综住所的几个门都还紧闭不开，众人都不知原因，只听见城外面北魏士兵在高声叫喊："你们的豫章王昨天夜里已经前来投奔，现在我们军中，你们不投降还等什么呢？"城中到处找不见萧综，于是军队彻底崩溃。北魏人进入彭城，乘胜而追击，又攻占了几座城市，到了宿预（今江苏宿迁）才返回，梁朝的将佐兵卒被杀被俘的有十之七八，只有陈庆之率领自己的部队返回。

梁武帝知道这一情况之后，惊异万分，但是自己酿的苦酒也只能自己喝。有关部门奏请削夺萧综的爵位和封地，并从皇族名册中除名，改他的儿子萧直姓悖氏。还将其母吴淑媛废为庶人。但是没过10日，梁武帝又下诏恢复了萧综在皇族名册中的名字，封萧直为永新侯，给吴淑媛加了谥号为"敬"。

萧综来到洛阳，拜见了北魏孝明帝之后，为萧宝卷举哀，服斩衰之孝3年。胡太后以下的王公大臣们全都到他的客馆吊唁，赏赐礼遇特别丰厚，拜他为司空，封为高平郡公、丹阳王。

大通元年（527年），萧宝寅在长安（今陕西西安）起兵反叛北魏。萧综前去投奔叔叔萧宝寅，途中被魏军俘获杀死，距他降魏仅两年。

六、昭明太子

昭明太子萧统（501—531年），字德施，小字维摩，南朝梁代文学家，梁武帝长子，母丁贵嫔（丁令光）。

天监元年（502年）十一月，萧统被立为皇太子。他自幼聪慧强记，5岁时，就能完整地诵读“五经”。少时即有才气，且深通礼仪，性情纯孝仁厚。

普通七年（526年）十一月，太子的生母丁贵嫔去世。太子因此而滴水不进，梁武帝派人对他说：“哀伤不能毁了性命，何况我还在呢！”太子这才喝粥数合。太子身体向来肥壮，腰带有10围之长，可是居丧时却减削过半。

太子自从举行冠礼以后，梁武帝便开始让他处理朝政，各部门的官员前来奏事，都汇集到太子那里。太子善于辨析真伪谬误，对不实之处，洞察入微，但只是命令有关部门改正，并不追究罪责。太子断案公正，对犯人往往多加保全宽宥，待人宽和能容人，喜怒不形于色。太子喜欢读书作文章，引进接待才俊之士，赞叹爱重，毫无倦怠。太子出居东宫20多年，不蓄养乐工歌伎。每当天降大雨或积雪不化之时，太子总要派手下人巡视一番大街小巷，发现有穷苦之人则加以赈济。太子天性孝顺，居处东宫，即便是悠闲无事之时，一起一坐，都要面朝西边。如事先接到诏令，召他明日入宫，则正襟危坐直到天明。太子病重之后，惟恐梁武帝担忧，每次梁武帝派人送来问候的敕文，太子总是要亲自写回信奏答。

中大通三年（531年）三月，太子去玄武湖划船采摘荷花，不幸失足落水，后来虽然被救了上来，却因伤及胯骨，四月初六，不治而亡，终年31岁。

得知太子去世的时候，朝野上下都非常惊愕、惋惜，建康城中的男女老少，奔向宫门，沿途哭声不断。

太子去世，梁武帝悲痛万分。下葬时，将太子生前的心爱之物琉璃碗和紫玉杯陪葬。后来，有个太监私自盗掘了太子墓，取得珍宝后，跑到护城河朱雀桥时，忽然飞来无数燕雀，并一齐扑击太监。梁武帝得知燕雀护陵的事情后，非常惊异，诏令重新整修太子墓。封墓时，又有数万只燕雀衔泥飞来，筑起很大的墓包，并且日夜盘旋绕飞不已，守护着太子墓。由于太子墓在前湖边上，因此，后人便称前湖为“燕雀湖”，又名“太子湖”。宋朝诗人杨修之（即杨备）曾有诗云："平湖岸侧见高坟，万土衔来燕雀群。鉴面无波天一色，此中文藻似储君。"

萧统太子死后谥"昭明"，史称昭明太子。葬于建康东北郊，陵号安宁陵（今南京栖霞新合村狮子冲）。一说葬于燕雀湖（今南京钟山前湖）畔。

萧统博学能文，且信佛，曾招聚文学之士，商榷古今文学，编集文选30卷，共收录作者130位，作品514篇。以赋、诗、文分类，称《昭明文选》，是现存我国最早的一部诗文集。

五月二十七日，梁武帝立萧统同母弟、晋安王萧纲为皇太子。朝野之士多认为不符合正常的顺序，司议侍郎周弘正，曾做过晋安王萧纲的主簿，他向萧纲上书劝谏道："谦让之道不存，已有多年。敬告大王殿下，天意大概要使您成为圣者，四海之内称赞您是仁德君子，所以皇上传下圣旨，立大王您为皇太子。我真心希望您能像目夷（春秋时宋国公子）那样崇尚仁义，不居皇位；像子臧（春秋时曹宣公庶子，宣公死，国人欲立子臧，"曹子臧以国让"。）那样固辞君位，坚守臣节；躲开王舆而不乘；弃天子的尊位如弃敝屣，庶几可以一改浇薄竞争之俗，使吴太伯那样的好风气发扬光大。古代有这样的人，今天还能听到他们说过的话，但真正能够付诸行动的，只有殿下您！使自古以来无为之治的风气再现于今日，令谦让王位之举流传后世，岂不是件盛事么！"萧纲没有听从他的劝谏。

七、如此纳谏

梁武帝执政初期十分注重纳谏，后来他的态度就改变了。大同十一年（545年）十二月，散骑常侍贺琛向梁武帝启奏了4件事：其一，认为"现在北方的东魏已经降服，该是让百姓繁衍后代，积蓄物资，对他们实行教育训导的时候了，而天下的户口却减少了，关外户口减少得更厉害。郡不堪忍受州的催逼，县不堪忍受郡的搜刮，千方百计地互相骚扰，只知道横征暴敛，百姓不堪重压，各家纷纷流离失所，这难道不是州郡长官的过错吗？东部地区户口空虚，都是由于国家政令太繁多引起的，即使是偏僻边远的地方，也无所不至。每次来一位使者（官员下来考察调研），所属地区便受到骚扰，那些无能的地方官员，就只好拱手听命，让他们渔猎搜刮，强暴狡诈的地方长官，又趁机更加贪婪地剥削百姓。纵然遇到廉洁正直的官员，郡守还要加以阻挠。像这样，朝廷尽管年年降旨要人民恢复生产，多次下令免除赋税，但百姓却不能回到他们原来的住所。”其二，认为“当今天下官吏之所以贪婪、残暴，确实是由于奢侈靡烂的风俗造成的。当今，在喜庆饮酒的日子里，人们竞相攀比奢华；果品堆积得如同小山，美味佳肴摆在席上如同美丽的刺绣一样，百两黄金，还不够一次酒宴所用的钱。来宾与主人所需要的只是吃饱，没等到走下殿堂，那些食物就被当成腐烂发臭的东西抛弃掉。再者，无论什么等级的官员，都蓄养妓女。而当官统治百姓的人，得到了巨大的财富，他们离职回家之后，这些银两也维持不了几年，全都用在操办饮酒、歌舞的花销中了。他们所破费的东西像小山一样多，而寻欢作乐只在一时，于是他们更加悔恨以往在做官时向百姓索取得少了；如果能重新做官的话，他们便加倍地攫取、吞噬百姓的财物。这是多么违背道义啊！其余淫侈之事，数不胜数，这种习惯渐渐成了风气，而且日渐滋长，一天比一天严重，要想使人们恪守廉正清白，怎么能办到呢？真应该严格制定禁止的措施，用节俭来引导人们，纠正虚浮不实的弊端，使其耳目一新。对官吏失去节制的感叹，也是人们自己忧虑的，我正羞愧于不能使大家有这样的认识，所以要勉强去做，如果能以正直清白为前导，足能纠正那些凋残失节的弊病”。其三，认为“陛下您忧国忧民，挂念天下，不畏辛劳，以致于各部门都直接向您奏事。但是那些才短识浅、气量狭小的人，既能靠近您，向您启奏，便想骗得您的信任，争相飞黄腾达，而不顾国家大局，不能心存宽恕，只一味地吹毛求疵，擘肌分理，过分苛细，以严酷为能干，把纠举别人过错并且呵斥驱逐人看成是自己的任务。他们的作为，表面上似乎在奉公办事，实际上是更实现了他的作威作福。结果使犯罪者增多，用巧妙办法逃避罪责的人也很多，滋长了弊病，增加了邪恶，实际上就因为这个原因啊！我真诚地希望能达到公平的效果，革除奸佞小人妄进谗言的邪恶念头。那样，全国上下就会安定，就没有侥幸心理带来的忧患了。”其四，认为“现在天下太平无事，但仍没有一点空闲时间，应该马上精简事务，节省掉一些花费。减少了事务，百姓就能修养生息，节省一些开销，国家就可以聚集资财。各机构应该自己对照职责范围，分别检查下属部门：凡是京师的官府、衙门、官邸、市肆以及朝廷仪仗、武事装备，地方上的屯戍、驿传、地方官衙等，有应该革除的，就要革除它，有应该削减的，就要削减它。兴建的工程有不急需的，征收的赋税劳役有可以暂缓的，都应该停止减省，以节约开销，让百姓得到休息。因此，储蓄财物是为了能有大的作为，让人民休养生息是为了能让他们服大役。如果说小事不足以破费多少钱财，就任意花费的话，那就终年不会停止了。如果认为小的劳役不会妨碍百姓的话，那就会终年有劳役，百姓没有休息的时候了。像这样，就很难谈到国富民强，并且图谋远大的事业了。”当年贺琛所说的4种现象，如今依然存在。

贺琛启奏之后，梁武帝勃然大怒，把主书（主文书之官）召到面前，口授敕书指责贺琛。大致内容是：“我有江山已40多年，每天都耳闻目睹许多从公车官署（公车司马办公的官署）中转来的臣民直言不讳的上书，他们所陈述的事情，与你所说的没有什么不同。我常常苦于时间仓促，现在你的奏折更增添了我的糊涂和迷惑不解。你不该把自己和才能低下的软弱之人混同在一起，只是图个虚名，向行路之人炫耀说：‘我可以向皇帝上书陈述意见。遗憾的是朝廷不采纳。’为什么不分别明着说：某位刺史横征暴敛，某位太守贪婪残酷，某位尚书、兰台奸诈虚滑；渔猎百姓的皇差姓什么叫什么？从谁那里夺取？给了谁？如果你能明白地指出这些，我就能杀掉、罢免他们，再选择好的人才。还有，官吏百姓的饮食豪华过度，如果加以严格禁止，他们在密室里，你又怎么知道呢？倘若挨家挨户搜查，恐怕更增加了对百姓的骚扰。如果你指的是朝廷中生活奢侈，我是没有这种情况的。以前饲养的祭祀用的牲畜，很久没有宰杀了。朝廷如有朝会，也只是吃一些蔬菜罢了。如果再削减这些蔬菜，一定会被讥讽为是《诗经·蟋蟀》所讽刺的晋僖公那样的人。如果你认为供佛、事佛奢侈，那些供品都是园子里的东西，把一种瓜改为几十个品种，把一种菜做成几十种味道。只因为变着花样做才有了许多菜肴，对事物又有什么损害呢？我如果不是公宴，从不吃国家的酒食，已有很多年了。甚至宫中的人，也不吃国家的粮食。凡是营造的建筑，都与材官和国匠无关，都是用钱雇人来完成的。官员们有勇敢的，也有胆怯的，有贪婪的，也有廉正的，也不是朝廷为他们增添了羽翼。你认为朝廷是有错误的，于是就自以为是。你应该想一想导致错误的原因！你说应该以节俭引导百姓，我已经30多年没有房事，至于居住，不过只有能放下一张床的地方，宫中没有雕梁画柱；我平生不爱饮酒，不喜好声色。因此，朝廷中设宴，不曾演奏过乐曲，这些都是诸位贤臣们所看到的。我三更便起，治理国家大事，处理政务的时间依据国家事务的多少来定，事务不多时，中午之前就能把它们处理完；事务繁忙时，太阳偏西时才能吃饭。常常每天只吃一顿饭，既像在过白天，又像在过黑夜。往日，我的腰和腹超过了10围，现在瘦得才只有2尺多点，我以前围的腰带还保存着，不是乱说。这是为了谁工作？是为了拯救万民的缘故。你又说：'官员们没有不凡事都向您禀奏的，一些人用尽伎俩想升官。'要是从今不让外人奏报事情，那么谁来担负这个责任呢？委托管理国事的专人，怎么能够得到呢？古人说：'只听一方面的话就会出现奸佞小人，专任一人必定要出祸乱。'秦二世把国家大事委托给了赵高，元后（汉元帝皇后）把一切托付给了王莽，结果赵高指鹿为马，颠倒是非，又怎么能效法他们呢！你说'吹毛求疵'，又是指谁？'擘肌分理'，又是指哪件事？官府、衙门、官邸、市肆等等，哪个应该革除，哪些该削减？哪些地方兴建的工程不急？哪些征收的赋税可以迟缓？你要分别举出具体事实，详细启奏给我听！用什么办法使国家富裕，军队强大，应该如何让百姓休养生息，减除劳役，这些都该具体地列出，如果不具体地一一列出，那你就是蒙蔽欺骗朝廷。朕正在准备侧耳细听你按上述要求重新奏报，届时自当认真阅读，并把你的高见批转给尚书省，正式向全国颁布，只希望除旧布新的善政美德，能因此而出现在今世。"

贺琛只得向梁武帝谢罪，不敢再说什么。贺琛如此大胆直谏，幸亏碰上了梁武帝，否则，脑袋不知被搬家几回了。梁武帝的敕书显然过于苛求。

梁武帝真心崇尚文章礼乐，对刑法则疏远忽视。从公卿大臣以下，都不重视审判刑案。奸佞的官吏便擅权弄法，受贿赂的东西多得像市场出售的商品一样，无辜受害扩大冤狱的事很多。大约被判两年以上刑罚的人每年多达5000；判罚劳役的人各自运用技巧服役劳作，那些没有一技之长的人就要被套上枷锁；如果有人病了，就暂时为他解开枷锁。这以后，囚徒中有能力行贿的人借此得到优待，没有能力行贿的人就会加剧痛苦。当时，王公贵族的子弟，大多骄奢淫逸，不遵守法规。梁武帝年纪已老，满足于处理日常的各种事务，又专心研究佛教戒律，每次裁决了重大罪犯，就一天不高兴。有人密谋反叛朝廷，事情被发觉后，他也哭泣悲伤一番并且原谅了这个人。由于这样，王公贵族们更加专横。有人在都城街道于光天化日之下把人杀死，有人在夜晚时分公开抢劫，有罪在身的逃命之人，藏在王侯家中，有关官吏不敢前去搜捕。梁武帝深深知道这些弊端，由于沉溺于慈悲仁爱，也不能禁止这些现象。

梁武帝本人十分孝顺节俭。大同十年（544年）三月初十，梁武帝来到兰陵（今江苏常州武进东城里），拜谒了建宁陵（梁武帝父亲文皇帝萧顺之与母亲献皇后张尚柔合葬的建陵），派太子（萧纲）入守京城（建康）。十七日，又拜谒了修陵（梁武帝亡妻郗徽陵）。二十五日，梁武帝来到京口北固楼，将北固楼改为北顾楼（取“北顾临水侧”之意）。二十六日，又来到回宾亭，宴请家乡的父老乡亲以及所经过的附近县里前来迎接的人，男女老少达几千人，梁武帝赏给每个人2000铜钱。

梁武帝生性不喝酒，如果不是在宗庙举行祭祀，或是办大宴席以及进行其他的拜佛等活动，就不奏乐。尽管他居住在幽暗的房子中，却一直衣冠楚楚，坐在宫中便座上，在酷暑的日子里，也没有袒胸露怀。对待宫中太监小臣，像对待尊贵的宾客一样。但是宽待士大夫太过分，牧守大多渔猎百姓，皇帝的使臣又干扰郡县。梁武帝本人又爱亲近任用奸诈的小人，很失之于苛刻挑剔。他还兴建了许多塔和庙，使公家和私人都破费损耗。江南一带长期安定，形成了生活奢侈的风俗，所以贺琛在奏折中提到了此事，梁武帝大为恼怒。

八、三次舍身

梁武帝皈依佛门后，曾数次入寺庙做和尚，当住持，讲解经书。他提倡尊儒崇佛，有“菩萨皇帝”之称，并宣布佛教为国教。在国内大兴佛寺，广建佛塔。当时仅建康一地就建有佛寺500余所，僧尼达10余万人。全国有寺院2846所，僧尼不计其数。唐代诗人杜牧《江南春》写道：“千里莺啼绿映红，水村山郭酒旗风。南朝四百八十寺，多少楼台烟雨中。”就是南朝当时佛教兴盛的真实写照。

梁武帝是个不爱江山爱佛寺的典型。梁武帝不仅提倡尊儒崇佛，自己也身体力行，而且几乎到了走火入魔的地步。在当皇帝期间，梁武帝还精心研究佛教理论，多次到同泰寺说法讲经，听众逾万。并曾经3次（一说4次）舍身。

梁武帝当皇帝时，曾3次到同泰寺举行舍身仪式，3次入住同泰寺举办讲座。

第一次（3天）。原先，梁武帝修建了同泰寺，又开了大通门以对之，取“同泰”与“大通”反语相协。梁武帝早晚亲临同泰寺，都出入大通门。大通元年（527年），梁武帝64岁。三月初八，梁武帝来到同泰寺举行舍身仪式。十一日，回到宫中，颁发大赦令，改年号为大通。

第二次（12天）。中大通元年（529年），梁武帝（66岁）于九月十五日亲临同泰寺，设置四部无遮大会。梁武帝脱下御服，换上法衣，行清净大舍，以同泰寺中的便省室为居所，室内设素床瓦器，乘小车，以私人为执役。梁武帝还升讲堂法座，为四部大众开讲《涅经》。二十五日，梁朝群臣百官用一亿万钱向佛、法、僧三宝祈求，以赎皇帝菩萨，僧众们默许了。二十七日，百官来到同泰寺东门，上表请梁武帝回到皇宫，请了3次，梁武帝才同意。梁武帝3次都复了信，这几封信都用“顿首”一词。

十月初一，梁武帝又设四部无遮大会。参加的僧、俗之人有50000多人。大会之后，梁武帝乘金辂车回到皇宫中，幸临太极殿，大赦天下，改年号为“中大通”。

中大通三年（531年）梁武帝68岁。十月十三日，临幸同泰寺，登法座，向众人宣讲《涅经》，持续了7天才结束。十一月二十九日，梁武帝临幸同泰寺，向僧众宣讲《般若经》，又持续了7天。

中大通五年（533年）正月二十五日，梁武帝驾临同泰寺，讲解《般若经》，持续了7天才结束，到会的多达几万人。

中大同元年（546年），梁武帝83岁。三月初八，临幸同泰寺，就住在寺里的临时官署中，讲读《三慧经》。四月十四日，梁武帝讲经结束，实行大赦，改换年号。这天夜里，同泰寺的塔起火，梁武帝说：“这是魔鬼造成的，应该大规模地做一些佛事活动。”文武大臣们都说好。于是，梁武帝下诏说：“道高魔盛，行善发生障碍，应该大兴土木，建造规模要超过以往。”于是便开始起造一座高12层的佛塔；将要建成之时，正赶上侯景叛乱，便中止修建了。

第三次（18天）。太清元年（547年）梁武帝84岁。三月初三，梁武帝亲临同泰寺，举行舍身仪式，和大通元年那次一样。初十，梁朝文武百官给佛门捐钱为梁武帝赎身。二十一日，梁武帝回到了皇宫，大赦天下，改换年号为“太清”，就像大通年间那次一样。

同泰寺是当时首都建康最大的寺庙，有僧侣有数千人。梁武帝每次舍身，朝廷都要动用亿万钱的代价，才能将“皇帝菩萨”从同泰寺“赎”回。梁武帝先后3次舍身奉佛，仅赎身钱朝廷就总共花去了几亿万钱。晚年因他过于迷信佛教，至使百姓“肌肉略尽”，“骨髓俱罄”。

同泰寺，一般认为是梁武帝于普通七年（526年）或大通元年（527年）间，下令在台城皇宫旁所建。其寺规模宏大，金碧辉煌，是当时南方的佛教中心。同泰寺建成后，梁武帝又在皇宫与同泰寺对着的地方开了一个门，取名大通门。这样一来，他出宫入庙，出庙进宫，来往就方便了许多。

同泰寺与台城皇宫隔路相对，整个寺院依皇家规制而建，规模宏大，金碧辉煌，盛极一时，无愧于“南朝四百八十寺”首刹之誉。由于梁武帝的尊崇，同泰寺俨然如当时南方之佛教中心。据说，天望高僧达摩从印度来建康时，就曾居于此。

梁武帝信佛之后，不近女色，不吃荤，不仅自己这样做，还要求全国效仿：以后祭祀宗庙，不准再用猪牛羊，要用蔬菜代替。他吃素，要神灵也吃素。这个命令下达之后，大臣议论纷纷，都反对。最后，萧衍允许用面捏成牛羊的形状祭祀。

梁武帝曾会见过佛教禅宗创始人菩提达摩。菩提达摩（?—536年），中国禅宗初祖。南天竺婆罗门（今印度南部）人，也有人认为他是波斯（今伊朗）人。普通年间（520—527年），菩提达摩得悉梁武帝重视佛教，特地从海路乘船来到广州，想亲自体验一下梁朝重视佛教的盛况。达摩祖师到中国来的时候自言已经有150岁了。

菩提达摩来到建康后，梁武帝将他迎入宫中，热情接待。梁武帝委婉和善地问菩提达摩：“朕即位以来，广造佛寺，整理经文，超度众生，可不可以算是有功德呢？”

菩提达摩答道：“这算不上什么功德，佛家主张罪福并舍，空有兼忘，反对有为之善。参禅不可拘于形迹，须由静生智，由智生明，从空寂中体会经义，才算得上有功德！”

梁武帝又问：“朕在华林园中，汇集了许多浮屠经典，高僧前来，能否为朕逐日讲解，指点迷津呢？”

菩提达摩微笑着说道：“佛学在心不在口，极口阐释，实非上乘，所以明心见性，自能成佛，不在区区经论！”

梁武帝本来以为菩提达摩会称颂他的礼佛赤诚，没料到被他两番驳斥，反倒弄得哑口无言。两人彼此言谈不契，不欢而散。

菩提达摩离宫后，骑着一匹骡子上路。准备经幕府山（今南京中央门外）渡江北上。梁武帝获悉达摩即将北上，急派人骑骡追赶，但追到幕府山西、北二峰峡谷时，二峰骤然闭合，将骡群夹在其中，所以被称为夹骡峰（今南京幕府山西北）。而达摩则折苇投水，飘然渡江北去。夹骡峰下又有达摩洞，传说菩提达摩渡江北上时，途中曾在此洞休息，留下了“达摩洞”这个名胜。

如今，“南朝四百八十寺”几乎无存。据不完全统计，南京目前有迹可寻或虽已消失但仍留其名的历代寺庙名称尚有60多个：鸡鸣寺（同泰寺址）、凤游寺、紫竹林禅寺、栖霞寺、承恩寺、普觉寺、光宅寺、永庆寺、香林寺、华严寺、玄奘寺、净觉寺、瓦官寺、毗卢寺、灵谷寺、藏龙寺、大报恩寺、天界寺、地藏寺、高座寺（甘露寺）、龙泉禅寺、弘济寺、天隆寺、静海寺、建初寺、长干寺、普德寺、惠济寺、弘觉寺、清凉寺、半山寺、金光禅寺、长芦寺、梵天禅寺、招贤禅寺、无想禅寺、观音禅寺、天保寺、爱敬寺、永寿寺、定山寺、惠济寺、泰山寺、弘德寺、极乐寺、明因寺、七佛寺、兜率寺、藏龙寺、上国安寺、定林寺、幽栖寺、云居寺、保圣寺、彰教寺、真如禅寺。另有：蒋王庙、城隍庙、夫子庙、龙王庙、金粟庵、西方庵、观音庵、吉祥庵、松筠庵等。

九、博学多通

梁武帝是中国历史上一位文武兼备、博学多通的皇帝。他的政治、军事才能，在南朝诸帝中堪称翘楚。他在学术研究和文学创作上的成就，也十分突出。史书称他：“六艺备闲，棋登逸品，阴阳纬候，卜筮占决，并悉称善。”“六艺”包括“礼（德育）、乐（音乐）、射（射箭）、御（驾驭战车）、书（书法）、数（数学）”。堪称文武全才。

在佛学方面，他著有《涅萃》、《大品》、《净名》、《三慧》等数百卷佛学著作。对道教学说，他也颇有研究。在此基础上，他把儒家的“礼”、道家的“无”和佛教的“因果报应”糅合在一起，创立了“三教同源说”，在中国古代思想史上占有极其重要的地位。

在史学方面，他主持编撰了600卷《通史》，并“躬制赞序”。他对此书颇为自负，曾对臣下说："我造《通史》，此书若成，众史可废。"可惜，此书到宋朝时即已失传。

在诗赋文才方面，他经常招聚文人学士，以赋诗为乐。他有不少作品分别收录在《玉台新咏》、《艺文类聚》、《文苑英华》和《乐府诗集》之中。

梁武帝有10余首乐府诗是用七言体裁写成，其中以《东飞伯劳歌》最为著名。其诗云：

东飞伯劳西飞燕，黄姑织女时相见。
谁家女儿对门居，开颜法艳照里闾。
南窗北牖挂明光，罗帷绮箔脂粉香。
女儿年几十五六，窈窕无双颜如玉。
三春已暮花从风，空留可怜与谁同。

此外还有《莫愁歌》，诗云：

河中之水向东流，洛阳女儿名莫愁。
莫愁十二能织绮，十四采桑南陌头。
十五嫁为卢家妇，十六生儿字阿侯。
卢家兰室桂为梁，中有郁金苏合香。
头上金钗十二行，足下丝履五文章。
珊瑚挂镜烂生光，平头奴子提履箱。
人生富贵何所望，恨不嫁与东家王。

梁武帝喜欢围棋，他曾命尚书仆射柳恽负责在全国范围内进行棋品的评定。这是南京历史上，也是我国古代围棋史上一次规模最大的评定棋手等级的盛会。由梁武帝评定出棋手名次优劣，并作《棋品》3卷。当时评上品级的棋手就有278人，柳恽名列第二。此外，梁武帝还爱好书法，擅长草书，传世墨迹有《爱业帖》、《脚气帖》等。

十、侯景之乱

侯景（503—552年），羯族，字万景，朔方（今内蒙古杭锦旗北）人，或云雁门（今山西代县）人。侯景心地狡诈，反复无常。身高不满7尺（约为1.69米），上长下短，广额高颧，右脚患有足疾，是个跛子，弓马非其所长。他虽然其貌不扬，但颇有谋略，以机诈多变著称。

侯景，原为北魏怀朔镇（今内蒙古包头）戍卒（守边的士兵）。六镇（怀朔镇、武川镇、抚冥镇、柔玄镇、怀荒镇、御夷镇）起事时，投降尔朱荣（北魏末年枭雄），为镇压葛荣的先锋，被提拔为定州刺史。后高欢诛灭朱氏，侯景又投靠东魏高欢。

中大同元年（546年）六月二十九日，东魏任命司徒侯景为河南大将军和大行台（略同于尚书省）。侯景曾对丞相高欢说："我愿意率领30000人马，横扫天下，应当渡过长江把萧衍那老头子绑来，让他做太平寺的寺主（侯景口吐狂言）。"于是高欢派他带领10万兵马，全权管理黄河以南地区，对他的依靠、任用，就好像他是自己的半个身体一样。

太清元年（547年）正月初八，东魏勃海献武王高欢去世。高欢临死的时候，怕侯景靠不住，派人把侯景召回洛阳。侯景听到高欢死了，就不接受东魏的命令。十三日，侯景依据河南而反叛东魏，带着人马并以河南13州之地归属了西魏。西魏丞相宇文泰，任命侯景为太傅、河南道行台、上谷公。于是，高澄（高欢长子）派遣司空韩轨督率各路军队去讨伐侯景。

这一年，梁武帝已经84岁高龄，皇帝也当了46年。三月，侯景派遣他的行台（台省在外者称行台）郎中（侍从官）丁和前来梁朝，在上表中讲道："我与高澄之间有隔阂，请允许我率领函谷关（位于河南灵宝北30里处的王垛村）以东，瑕丘（位于河南濮阳县城东南18里固堆西）以西，豫州、广州、郢州、荆州、襄州、兖州、南兖州、济州、东豫州、洛州、阳州、北荆州、北扬州等13个州来归附。而青州、徐州等几个州，我只要随便写封信过去就能来归降。况且黄河以南，都是我管辖的范围，行动起来易如反掌。倘若青州、徐州一旦平定，就可以随后慢慢攻取燕、赵之地了（侯景大话连篇）。”梁武帝召集大臣们来朝廷商议此事，他认为机会难得，不能胶柱鼓瑟（拘泥成规）而不知变通。

在这之前，正月十七日，梁武帝曾经梦见中原地区的牧守（州郡的长官）们都献地来投降，举朝上下一片欢庆。早晨起来，梁武帝遇见中书舍人朱异，便把做梦的事告诉了他，并说：“我这个人很少做梦，如果做了梦，梦中之事就一定会应验。”朱异忙说：“这是天下要统一的征兆。”等到丁和前来告诉梁武帝，说侯景定下计策要在正月十七日这天行动，梁武帝就更相信这个梦是天神的意志。他自言自语地说：“我的国家像金瓯一样，无一伤缺之处，现在忽然要接受侯景送来的土地，这难道合乎事理的吗？倘若因此而引起混乱，后悔怎么来得及呢？”

朱异揣摩到了梁武帝的心思，便对梁武帝说：“陛下圣明无比，君临天下，南北方的人都仰慕、归心于您，只是因为没有机会奉事您，所以其心意一直没有实现。现在，侯景将西魏的一半土地分割出来归附您，如果不是天意引导他的心，人们又赞同他的打算，怎么会走到这一步呢！如果拒绝侯景，不收留他，恐怕就会堵绝了随后准备来归降的人的希望。这些实在是显而易见的，希望陛下您不要犹豫。”梁武帝听完这席话，决定接纳侯景。

梁武帝任命侯景为大将军，封他为河南王，让他担任都督河南、北诸军事及大行台之职，并特意授权他可以如后汉的邓禹（邓禹追随光武帝刘秀时曾说“功名垂于竹帛耳！”）那样秉承皇帝的旨意发号施令。

平西咨议参军周弘正擅长观察天象变化而预测吉凶，他在侯景投奔梁朝之前曾对人说：“几年之后国内会有兵戈之乱。”等他听说梁武帝接纳了侯景，便说：“祸乱原因就在这里了。”

事后来看，侯景的假象，朱异的“瞎参谋”和梁武帝贪婪的心理，导致梁武帝决策失误而引狼入室，以致后来发生了“侯景之乱”，使梁朝提前走上了灭亡之路。

这年五月，东魏高澄派遣武卫将军元柱等人率领几万大军日夜兼程去袭击侯景，在颍川北面与侯景相遇，结果元柱等人遭到惨败。侯景因为羊鸦仁等人的军队还没有赶到，于是，便退守颍川（今河南禹州）。

韩轨等人率军把侯景包围在颍川。侯景见这种状况，害怕了，便把东荆、北兖州、鲁阳、长社4座城割让给了西魏，用此来贿赂西魏，以便取得其援救。

八月初一，梁武帝诏令大军去讨伐东魏。他派遣南豫州刺史、贞阳侯萧渊明（萧懿之子、梁武帝之侄），南兖州刺史、南康王萧会理分别督率各位将领进攻东魏，由萧渊明担任都督。

不久，东魏慕容绍宗的军队大败梁军，萧渊明以及胡贵孙、赵伯超等人都被俘虏，伤亡失散的士兵有几万之多。

一天，梁武帝正在睡午觉，宦官张僧胤禀告说朱异前来启奏，梁武帝不禁惊恐万分，他马上起床，坐上轿子，来到了文德殿。朱异说："韩山（寒山）战事失利。"梁武帝听了之后，吓得恍恍惚惚，几乎要从坐床上跌下去。梁武帝感叹道："我难道也要落到江山被夷狄（少数民族）所夺取的晋朝那样的下场吗？"

十二月，萧渊明被押送到了东魏首都邺城（今河北邯郸临漳），东魏孝静帝登上了阊阖门接收战俘，责备之后就给萧渊明松绑，然后将他送到晋阳（今山西太原）。

太清二年（548年）正月初七，东魏慕容绍宗带领五千精锐骑兵前后夹击侯景的军队。侯景的人马全面溃败，士兵们争相抢渡涡（guō）水（涡河，源河南流入安徽），河水都被败兵们阻断、不再奔流了。侯景与自己的几个心腹之人骑马从硖石（今安徽凤台）渡过了淮河。他们逐渐收集了一些溃散的步兵、骑兵共有800人。他们向南经过一座小城时，有人登上了城墙上面呈凸凹形的短墙对侯景谩骂道："他说地不平，我说地有坑！下面一只大跛驴，一走一晃灯！"侯景听完恼羞成怒，攻破了这座小城，杀掉了骂他的人之后带兵离去。

侯景战败后，不知道该投奔哪里。马头（今安徽寿县西北）戍主刘神茂，平素不被监州事（代理行政长官）韦黯所容。当他听说侯景来到，便前去迎候侯景，并于二十日夜间将侯景引到了寿阳（今安徽寿县）城下。侯景派寿阳人徐思玉进城拜见并说服了监州官韦黯。二十一日，韦黯打开了城门接纳了侯景。

二十二日，侯景派遣仪同三司于子悦飞马返回建康，把自己战败的事启奏朝廷，并且自己请求革职贬官。梁武帝下诏没有答应。

二月，侯景假造了一封来自东魏都城（邺城）的书信，信中写道要用贞阳侯萧渊明交换侯景。谢举、朱异说："侯景是败军之将，用一个使者就会把他召回来。"梁武帝听从了谢举、朱异的话。侯景对左右的人说："我就知道这个老家伙是个薄情寡义之人！"王伟对侯景劝说道："现在，我们等着听候梁国安排也是死，图谋大业也不过一死，希望大王您考虑一下这件事！"

侯景来到寿阳后，就不断地向朝廷提出要求，朝廷都未曾拒绝过他。侯景请求梁武帝，要娶王家或谢家的女子为妻。梁武帝说："王和谢家门第高贵，你与他们不相配，你可以从朱（朱异，中书通事舍人）、张（张绾，秘书郎）以下的家族中寻访、聘娶。"侯景为此心中十分怨恨梁武帝，说："将来，我要让吴人的女儿许配给奴仆！"后来，侯景进入建康后，王、谢2家果然被屠杀最惨，几乎灭绝。

临贺王萧正德，无论到哪里都贪婪残暴，不遵守法令，多次受到梁武帝的怪罪。因为这些，萧正德心里对梁武帝十分愤恨。他暗中豢养一批肯为他效忠的敢死之人，储存粮食，积攒财物，希望国家发生意外事变。

侯景知道萧正德的心思。萧正德在北方时与徐思玉是知己，侯景于是派徐思玉给萧正德送去了一封信。信上说："现在天子年纪已大。奸臣乱国，依我看梁朝没有多少日子就会出现灾祸，遭到失败。大王你原先是君位的继承人，中途却被废黜，四海之人都归心于您。侯景虽不聪明，实在想亲自为您效劳，希望大王您答应百姓的要求，上天可鉴我的诚心！"萧正德喜形于色地说："侯公的心愿，正好与我相同，这真是天授我也！"于是给侯景回信说："朝廷中的事，正如你所讲的那样，我有这个打算已经很久了。今天，我在朝廷里面，你在朝廷外面，我们相互呼应，一定会成功！事不宜迟，现在正是好时机。"

早先，太子萧统没有出生时，梁武帝收临川王萧宏之子萧正德为养子。萧正德从小就很粗野阴险，梁武帝即位后，萧正德一心想成为东宫太子。太子萧统出生之后，萧正德被交还父母，并被赏赐西丰侯的爵位。萧正德心中依旧恨恨不平，一直怀有谋反之心。

早在普通三年（522年），萧正德就由黄门侍郎升为轻车将军。不久他逃奔北魏，自称是被废弃的太子前来寻求避难。北魏尚书左仆射萧宝寅（502年，梁武帝攻克建康时逃奔北魏）上表朝廷说："伯父是皇帝，父亲是扬州刺史，而他却丢下亲人，远远地投到别的国家来，岂有此理！不如杀了他。"因此，北魏人便对萧正德非常不客气。于是萧正德就杀了一个小孩，声言是自己的孩子，远远地在靠近梁国的地方修建墓地。北魏人没有怀疑他。第二年，他又从北魏逃回国。梁武帝流着泪教诲他，恢复了他的爵位。

萧正德从北魏逃回国之后，思想和行为方面没有一点悔改之意，大量召纳亡命之徒，夜间在道路上杀人越货。不久，梁武帝任命他为轻车将军，跟随萧综北伐，而他却丢下军队私自返回。梁武帝对他前后的罪行一起清算，免去了他的官职，削夺了他的爵位，并流放临海（今浙江临海）。但是他还没有到达临海，梁武帝又派人追上赦免了他。

如今，侯景同萧正德暗中勾结，寻找机会反叛朝廷。鄱阳王萧范将此事秘密启奏梁武帝，告诉他侯景将要密谋反叛。梁武帝不信。

八月初十，侯景果然在寿阳反叛。他以诛杀中领军朱异、少府卿徐驎、太子右卫率陆验、制局监（掌内府器杖兵役）周石珍为借口反叛梁朝。当时朱、徐、陆这3个人被人称作"三蠹"。

梁武帝下令，悬赏能杀掉侯景的人，封为3000户公，并授予州刺史之职。十六日，梁武帝下诏，任命合州（今安徽合肥）刺史、鄱阳王萧范为南道都督，北徐州刺史、封山侯萧正表为北道都督，司州（今河南洛阳）刺史柳仲礼为西道都督，通直散骑常侍裴之高为东道都督，侍中开府仪同三司、邵陵王萧纶持节监督各路军队，讨伐侯景。

二十一日，梁武帝任命临贺王萧正德为平北将军、都督京师诸军事，把军队驻扎在丹阳郡。萧正德派遣了几十艘大船，欺骗别人说这些船是用来运芦苇的，而暗中却用来运载侯景的军队过江。二十二日，侯景从横江（今安徽和县东南长江渡口）渡过长江到达采石（今安徽马鞍山），一共有几百匹马和8000士兵。这天夜里，朝廷才下令实行戒严。

太子萧纲见情况紧急，便身穿戎装进入皇宫见梁武帝。梁武帝对他说：“这是你自己的事，又何必问我呢？朝廷内外的军政事务，我全都交给你了。”于是萧纲进驻中书省（发布政令的机构），指挥布置军事事务。人们情绪惶惶不安，没有人敢应募出征。此时，朝廷和梁武帝都不知道萧正德已暗中投降了侯景，仍命令萧正德派兵把守朱雀门（建康城南门）。

十月二十三日，侯景率军抵达板桥（今南京板桥镇）。二十四日，侯景来到朱雀门浮桥的南面，太子萧纲命萧正德把守宣阳门。可悲的是，萧纲也不知道萧正德是侯景的内奸，便将防守建康台城（宫城）南面的朱雀门与宣阳门（建康都城南面正门）的重任交给了他。这时，萧正德率领他的人马在张候桥迎接侯景，他们在马上相互作揖。进入宣阳门后，萧正德跟随侯景一起渡过秦淮河。侯景乘胜进军来到城楼下面，城里的人十分恐惧。西丰公萧大春（萧纲之子）放弃了石头城，逃奔京口；谢禧、元贞等人放弃了白下垒逃走；石头津（略同于今海关的机构）主彭文粲等人率石头城军民投降了侯景。

不久，侯景占领了公车府（朝廷掌管吏民上书言事的部门），萧正德占领了左卫府（略同于卫戍司令部），侯景的党羽宋子仙占领了东宫（太子居所），范桃棒占领了同泰寺。侯景将东宫里的几百名歌女分给了他手下的官兵。东宫靠近台城，侯景的士兵登上了东宫城墙向台城内射箭。到了夜晚，侯景在东宫摆设酒宴，奏起音乐。太子萧纲派人用火烧东宫，台殿以及殿内收藏的图书全部化为灰烬。

侯景见台城屡攻不下，死伤的士兵很多，便停止攻城，筑起一条长长的围子来隔断皇城内外的联系，同时又向梁武帝启奏请求杀掉朱异等人。皇城里也向城外射出赏格（悬赏所定的数额），上面写道："有能把侯景的首级送来的，就把侯景的爵位授与他，并赏赐一亿万钱，一万匹布，一万匹绢。"

十一月初一，梁武帝让人杀死一匹白马，在太极殿前祭礼（祭礼一般以羊作牺牲）战神尤。

侯景拥立临贺王萧正德在仪贤堂即皇帝位，下诏："从普通年间以来，奸佞小人扰乱了朝政，皇上长期患病，国家危难将至。河南王侯景，离开自己的封邑来到朝廷，扶持我继承了皇位，今实行大赦，改年号为'正平'。"萧正德立自己的长子萧见理为皇太子，任命侯景为丞相，把自己的女儿嫁给了侯景，并将家中财宝全部拿出来，资助军需。

初四，侯景攻克了东府城，杀死了南浦侯萧推以及守城战士3000人，把他们的尸体用车拉到杜姥宅堆积起来，从远处向城里的人喊道："如果不早点投降，便是这样下场！"

侯景谎称梁武帝已经去世，就连城里的人也以为侯景的话是真的。初五，太子萧纲请梁武帝巡视全城，梁武帝巡幸到大司马门时，城上的守军听到皇帝来到，都喧噪起来，流下了眼泪。军心这才稍稍安定下来。

侯景刚到建康时，以为很快就能攻克建康，所以当初他的军队号令严格，仪容整齐，士兵们不敢侵扰、凌暴百姓。等到多次攻打建康城都没有攻克时，人心开始离散、沮丧。侯景担心救援建康的军队从四面八方汇集到这里，迟早会有溃退的一天。另外，由于石头城备用的粮食已经吃完了，军队缺乏食物。于是，侯景便纵容他的士兵去掠夺百姓的粮食，以及金银、丝织品和百姓的儿女。从这以后，大米的价格一升涨到七八万钱，以致造成人吃人的情况，被饿死的人达到十分之五六。

荆州刺史、湘东王萧绎（梁武帝第七子）听说侯景包围了台城，实行了戒严。初九，他写了檄文派人送给他所管辖的湘州刺史、河东王萧誉，雍州刺史、岳阳王萧詧（萧统的第三子），江州刺史、当阳公萧大心，郢州刺史、南平王萧恪等人，让他们派遣军队进京（建康）救援。

朱异让人送给侯景一封书信，向侯景陈述了当前的祸福利害。侯景给朱异回了信，并且告诉城中的官兵，信中说："梁朝最近几年来，奸臣当权，搜刮平民，以满足他们自己的嗜好和欲望。如果你们认为不是这样，请你们来看看：今天国家的园林、王公贵族的住宅、僧侣尼姑的寺塔，还有那些在位的官员，他们妻妾成群、随从和仆人达几千人，他们既不耕作，又不织布，穿的却是锦绣衣服，吃的是珍贵食物。如果他们不掠夺百姓，从哪儿会得到这些东西呢？我之所以来到都城，旨在杀掉掌权的奸佞之人，并不是想推翻国家。现在城中的人指望四方的援兵，我看这些王侯、诸将，他们的心思只在于保全自己，谁会竭尽全力、战斗到死，与我争夺胜负呢！长江天险，连曹操、曹丕都感叹无能为力，我像用一根芦苇一样轻易渡过，扫除尘雾，重见光明。如果不是上天保佑、百姓协助，怎会如此！希望各位三思而行，自求吉祥。"

侯景虽是叛将，但他的话不无道理，现在读起来依然感觉深刻。

侯景又向东魏孝静帝（元善见）启奏说："我进攻并已夺取了寿春（今安徽寿县），想暂时停下来休息一下 。但萧衍知道他的气数已尽，自己辞掉了皇帝的宝座；我的军队没有进入梁都（指建康城），他就已舍身同泰寺了。上月（十月）二十九日，我军来到建康。天下未平，战事暂停。谈起故乡，人们都很想念。不久，我就要整顿队伍，回到北方朝拜皇上。我的母亲和弟弟，很早就听人说被杀害了，最近收到皇上的诏书，才知道母亲和弟弟还在人间。这是因为陛下待人宽厚、仁慈，高大将军（高欢）念日旧恩，我能力弱劣，不知道该如何报答！今天特地送去奏折想接我的母亲、弟弟、妻子、儿女，希望圣上大发慈悲，释放他们。"

十三日，湘东王萧绎派遣司马吴晔、天门（今湖北天门）太守樊文皎等人率领军队从江陵出发，救援建康。

邵陵王萧纶走到了钟离（今安徽凤阳），听说侯景已经从采石渡过了长江，便日夜兼程，回军建康救援朝廷。渡过长江时，船到了江中心却刮起风来，落入水里淹死的人马有十分之一二。于是，萧纶率领宁远将军西丰公萧大春、新涂公萧大成、永安侯萧确、安南侯萧骏、前谯州（今安徽亳州）刺史赵伯超、武州（今河北宣化）刺史萧弄璋等人及30000步兵、骑兵从京口（今江苏镇江）向西（建康城）进军。

湘东王萧绎派遣他的长子萧方等率领10000步兵、骑兵前来建康救援。十四日，援兵从公安（今湖北公安）出发。萧绎又派遣竟陵太守王僧辩率领10000名水军，从汉川（今湖北孝感）出发，用船运载粮食顺水东下。此外，其他各路军马也纷纷来建康救援。

太清三年（549年）正月十三日，皇太子萧纲搬到永福省居住。这时，城中的军民才设法知道援军已经聚集在周围，全城上下高兴得又是擂鼓又是呐喊。

梁武帝平时经常吃蔬菜，随着台城被包围的时间一长，皇帝专用厨房里的蔬菜都吃光了，他就开始吃鸡蛋。萧纶趁着使者能够与台城取得短时间联系的机会，呈送给梁武帝几百个鸡蛋。梁武帝一边亲手料理，一边哽咽抽泣。

二月，侯景上书梁武帝，陈述梁武帝的10大过失，说："我正要准备离去，所以冒昧地陈述以下谠直之言。陛下您喜欢崇饰虚诞，恶闻实录，将妖怪视为呈祥的象征，而对上天的谴责却置若罔闻。您解说六艺，排斥前儒之说，这是王莽（篡汉立新朝）的做法。您用铁来铸造货币，轻重时常变化，这是公孙述（废止铜钱，而设官铸铁钱，致使民间货币不通）所采用的办法。您还滥授官爵，乱刻官印，使官职像烂羊头、烂羊胃一样不值钱，弄得朝纲混乱，这是汉朝更始年间、晋代司马伦篡位时期的风气。豫章王萧综将父皇视为仇敌，邵陵王萧纶在父皇在世之时，便把一个老头装扮成自己的父亲而加以捶打，这是晋代石虎（十六国之后赵皇帝）的做法。您还大肆建造佛塔，造成极大的浪费，使得四方的百姓饥饿不堪，这分明又是当年笮融、姚兴仿佛的再演。”侯景又说：“建康的皇宫中崇尚奢侈的风气，陛下您只跟主书一道决断各种机要大事，政务要通过贿赂才能办成，宦官们豪奢富足，僧人们产业殷实。皇太子一味喜好珠宝，沉湎于酒宴与女色之中，说出的都是轻薄的话语，撰写与吟咏的都是淫荡的诗赋；邵陵王到处残害百姓，湘东王的官员们贪婪放纵；南康王、定襄王的下属个个沐猴而冠，像孙子、侄子一类的亲人，都封王封侯，我到这里都100天了，又有谁真的前来保卫皇室？像这样而能国运绵长，以前从来未曾有过。昔日鬻拳以武器强谏楚王，楚王最终改正了自己的错误，我今天的举动，又有什么罪过呢？我希望陛下您受到这次小的惩罚之后，能够进一步警戒自己，放逐那些谗佞小人，接纳忠贞的臣子，这样就能使我不用忧虑再次发动兵变，陛下您也不用蒙受被围困在城中的耻辱了，这对百姓来说也是非常幸运的！”

在侯景的上书中，用大量的典故、事实和犀利、刻薄的语言，将梁武帝淋漓尽致地奚落了一番。

梁武帝读着这份文书，既羞惭又愤怒。三月初一，他下令在太极殿前设立祭坛，禀告天地，以侯景违背盟约为由，举起烽火擂鼓呐喊，准备与侯景继续战斗。

当初，城门关闭的时候，城里有男男女女十几万人，披盔带甲的将士有20000多人。被围困的时间一长，大多数人身体浮肿，气喘吁吁，十个人中有八九个死亡，登上城墙的不满4000人，他们都瘦弱不堪。城里的道路到处横躺着尸体，无法掩埋，腐烂后的尸体流出的汁液积满了沟渠。

在这种情况下，大家将希望寄托在外面的援军身上。柳仲礼只知聚集歌舞妓女，终日设酒宴寻欢作乐，将领们天天去向他请战，他都没有答应。

侯景派人挖开皇宫石门前的玄武湖，引湖水灌城，昼夜不停。朝廷军邵陵王的嫡长子萧坚屯驻在太阳门（台城宫城门），终日不是赌博就是饮酒，不体恤手下官吏与将士的疾苦，他的书佐（文书）董勋、熊昙朗恨透了他。这天下半夜临近拂晓的时候，董勋、熊昙朗从台城的西北楼引导侯景的人马攀登上来，永安侯萧确（邵陵王次子）奋力拼搏，抵挡不住敌人，就推开宫中的小门启禀梁武帝道："台城已经陷落了。"梁武帝平静地躺着不动，问道："还可以打一仗吗？"萧确回答说："已经不行了。"梁武帝叹了一口气说道："自我得之，自我失之，亦复何恨？"意为：从我这儿得到的，又从我这儿失去，还有什么可遗憾的呢？梁武帝对萧确说："你快些离开，告诉你的父亲不要记挂我和太子。"并派萧确慰劳在外面的各路援军。

三月十二日下半夜，侯景终于攻陷台城。台城在久围之下，粮食断绝，疫疾大起，死者十之八九。城破之时，城中只剩下二三千人，尸骸堆积，血汁漂流，惨不忍睹。

不久，侯景派遣王伟来到文德殿拜见梁武帝，梁武帝下令揭起帘幕，打开房门带王伟进来，王伟跪拜之后，将侯景的文书呈交给梁武帝，声称："我们受到一些奸佞的蒙蔽，带领人马进入朝堂，惊动了皇上，现在特地到宫中等候降罪。"梁武帝问道："侯景在什么地方？你可以把他叫来。"侯景来到太极殿的东堂晋见梁武帝，随身带了500多顶盔带甲的武士保护自己。侯景在大殿下面跪拜，以额触地，典仪带着他走到三公坐的榻前。梁武帝神色不变，问侯景道："你在军队里的时间很长，真是劳苦功高呀！"侯景不敢抬头正视梁武帝，汗水流了一脸。梁武又问道："你是哪个州的人，敢到这里来，你的妻儿还在北方吗？"对这些问题侯景都不能回答。任约在旁边代替侯景回答说："臣下侯景的妻儿都被高家屠杀光了，只有我单身一人投靠了陛下您。"梁武帝又问道："当初你渡江过来的时候有多少人？"侯景说道："1000人。"再问道："包围台城时有多少人？"回答说："10万人。"问："今有多少人？"回答："四海之内没有不属于我的人。"梁武帝低下头去不再说话。

侯景又到永福省（太子住所）去拜见皇太子萧纲，萧纲也没有表现出害怕的神情。萧纲身边的侍卫都已惊慌地逃散了，惟独中庶子徐摛（chī）、通事舍人殷不害在一旁侍奉。徐摛对侯景说："你来拜见应遵守礼节，怎么可以像现在这样？"侯景听了就跪下参拜。萧纲与侯景说话，侯景又不能回答。

侯景离开之后，对他的厢公（侯景对其亲信封加的官号）王僧贵说道：“我经常跨上马鞍与敌人对阵，面临刀丛箭雨，心绪平稳如常，一点也不害怕；今天见到萧公，心里竟然不由自主地恐慌起来，这岂不是天子的威严难以触犯吗？我不能再见他们了。”于是他把两宫的侍卫都撤掉，放纵将士把皇帝及后妃使用的车辆、服装，还有宫女都抢得一干二净。又将朝士、王侯们捉了送到永福省，派王伟守卫武德殿，于子悦屯驻在太极殿的东堂。侯景接着又伪造梁武帝的诏书，下令大赦天下，还加封自己为都督中外诸军、录尚书事。

三月十四日，侯景派遣石城公萧大款带上梁武帝的诏书，下令解散外面的救援部队。柳仲礼等人进入京城之后，先拜会侯景，然后才晋见梁武帝，梁武帝不跟他们说话。柳仲礼见到了父亲柳津，柳津痛哭道：“你不是我的儿子，何必来跟我相见！”

侯景下令焚烧掉宫殿内堆积的尸体，那些病重但是还没有断气的人，也都被堆集在一块烧掉了。

当初，临贺王萧正德与侯景约定：平定台城的那一天，不得保全皇上与太子。等到城门打开时，萧正德率领人马挥着刀准备进去，侯景派手下的士兵把守大门，所以萧正德最终没能达到目的。侯景让萧正德改任侍中、大司马，文武百官都恢复了原来的职务。萧正德进入皇宫晋见梁武帝，一边跪拜一边哭泣。梁武帝说道：“你眼泪流个不停，是感叹不能再跟他在一起了吧？”

梁武帝虽然表面上被侯景控制，但是他的心里却非常不平。侯景想让宋子仙出任司空，梁武帝说道：“三公是要调和阴阳的，怎么可以任用宋子仙这种人？”侯景又请求让他的两位同党出任便殿主帅，梁武帝没有同意。侯景不能强迫梁武帝，心里非常害怕他。太子萧纲进来，流着眼泪劝告梁武帝，梁武帝说道：“谁让你来的！如果国家的神灵还在，还可以恢复；如果不是这样，何必流泪！”侯景派手下的士兵到几个省里值勤，有的人赶着驴马，带着弓刀，在宫廷中出出进进。梁武帝感到奇怪，询问这是怎么回事，直将军周石珍回答说："这是侯丞相的卫兵。"梁武帝听了非常愤怒，斥责周石珍道："是侯景，为什么管他叫丞相？"旁边的人都很害怕。从此以后梁武帝所提出的要求大多数都得不到满足，饮料与膳食也被减少，梁武帝在忧虑与气愤交加的情况下病倒了。

五月初二，梁武帝躺在净居殿，嘴里发苦，要喝蜂蜜却没人拿来，发出了两声"荷！荷！"的声音，便死去了，享年86岁。在南京当了48年皇帝的萧衍，居然饿死在自己的皇宫里。

梁武帝死后，侯景封锁消息不发丧，将梁武帝的遗体收殓后移到了昭阳殿，又从永福省接来太子萧纲，叫他像平常一样入朝。王伟、陈庆都在旁边监视太子，太子呜咽着泪流满面，不敢发出声音，殿堂外的文武百官都不知道这件事。

直到五月二十七日，侯景才为梁武帝发丧，将棺材抬到太极殿。

梁武帝是南朝的皇帝中在位时间最久、寿命最长的一位，在中国历史上当政时间仅次于康熙帝（61年）、乾隆帝（60年）、汉武帝（54年），与明朝的万历皇帝朱翊钧（48年）并列第四，而寿命（86岁）仅次于清朝的乾隆皇帝（89岁）。

梁太清三年（549年）十一月初四，梁武帝被安葬在修陵，与德后郗氏合葬。谥号武，庙号高祖。

梁武帝的修陵，坐落在江苏丹阳荆林镇三城巷刘家庄。1500多年过去了，陵冢早已荒平，在一片空旷的田野里，仅存的一只雄天禄、石柱赫然在目。这只天禄位于神道北侧，南向。身长3.1米，高2.8米，颈高1.45米，体围2.23米；双角顺颇顶后伏，中部起节；双翼，前为阴刻涡纹，后续浮雕翎羽。兽体骨劲肉丰，4足粗壮，足5爪，右前足有一小兽，惟物非凡。当地人称之为"石马"，村里的孩子们经常会到那里去骑"石马"。

如今，这些旧址遗迹均于1988年1月13日由国务院公布为"全国重点文物保护单位"，1989年1月由江苏省政府立碑。

十一、时人与后人评价

（唐）姚思廉《梁书》：勤于政务，孜孜无怠。每至冬月，四更竟，即敕把烛看事，执笔触寒，手为皴裂。……日止一食，膳无鲜腴，惟豆羹粝食而已。庶事繁拥，日傥移中，便嗽口以过。身衣布衣，木绵皁（皂）帐（黑色粗质的帷帐），一冠三载，一被二年。……历观古昔帝王人君，恭俭庄敬，艺能博学，罕或有焉。

（唐）李延寿《南史》：自古拨乱建国之君甚多，但多数都是其后代失国。“自己而得，自己而丧”者，惟有梁武帝一人而已。又曰：自江左以来，年逾二百，文物之盛，独美于兹。

（北宋）司马光《资治通鉴》：梁武帝不得善终，是应该的。国君之所以在听取意见，接纳进谏方面出现过失，就是因为只注意了琐碎细小的事情而没有雄才大略。大臣进谏时所犯的毛病，也在于烦琐。因此贤明的君主要抓住最主要的问题以驾驭万事的根本，忠心的大臣要陈述大的方针政策来劝阻君主想得不对的地方，所以作为君主不需亲自动手操劳，就能取得大的功效，作为大臣说得简明扼要便收到很大的效益。……梁武帝自认为每顿饭只吃蔬菜的节俭作风是极大的美德，忙到太阳偏西才吃饭这种勤勉的工作态度是最好的治国办法，为君之道他已具备，再没有什么需要增加的了，对于大臣的规劝，认为全不值得去听取。像这样，那么其余比贺琛的进谏更恳切、直率、激烈的话，谁还敢去对他说呢！因此，奸佞小人在眼前也视而不见，重大决策颠倒错误也不知道，声名受辱，自身危亡，国家颠覆，祭祀断绝，被千古人怜悯讥笑，难道不很悲哀吗?

有人云：舍身佛寺第一帝，佛化治国第一人。

第二章

二太子初登即废——简文帝萧纲

简文帝萧纲（503—551年），字世缵，小字六通。梁武帝第三子，昭明太子萧统的胞弟。萧梁第二位皇帝。太清三年（549年）至大宝二年（551年）在位。仅使用了1个年号：大宝（2年）。

天监二年（503年）十月，萧纲生于建康城显阳殿。五年（506年）封晋安王，食邑八千户。八年，为云麾将军，领石头戍军事，量置佐吏。九年，迁使持节、都督南北兖、青、徐、冀五州诸军事、宣毅将军、南兖州刺史。十二年，入为宣惠将军、丹阳尹。十七年，征为西中郎将、领石头戍军事，寻复为宣惠将军、丹阳尹，加侍中。普通七年（526年），权进都督荆、益、南梁三州诸军事。中大通元年（529年），诏依先给鼓吹一部。二年，征为都督南扬、徐二州诸军事，骠骑将军，扬州刺史。

中大通三年（531年）四月初六，太子萧统薨。五月二十七日，梁武帝立次子萧纲为皇太子。梁武帝诏曰："晋安王纲，文义生知，孝敬自然，威惠外宣，德行内敏，群后归美，率土宅心。可立为皇太子。"此年萧纲28岁。七月初七，梁武帝上殿策封太子，实行大赦。从此，萧纲就长期住在宫内，经常和当时著名的文士徐摛、庾肩吾等人一起吟诗作赋，过着优闲的宫廷生活。

太清三年（549年）五月，梁武帝崩。二十七日，侯景立太子萧纲为帝，史称简文帝。大赦天下。侯景出屯朝堂，将士兵派到各处守卫。

二十八日，简文帝颁下诏书，指明凡是在南朝当奴婢的北方人，都免去他们的奴隶身份，被免的人数以万计，侯景对他们中的有些人进行提拔，希望能笼络他们。

六月初三，简文帝立宣城王萧大器为皇太子。

临贺王萧正德怨恨侯景出卖自己，秘密写信召请鄱阳王萧范，叫他带兵前来讨伐，侯景截住了这封信。二十九日，侯景勒死了萧正德。侯景与永安侯萧确一同游览钟山，萧确拉弓射鸟，准备射死侯景，不料弓弦拉断，箭没有射出去，侯景发觉了萧确的企图，于是杀了萧确。

这年十二月，始兴（今广东韶关）太守陈霸先集结郡中豪杰，准备讨伐侯景，郡人侯安都、张偲（cāi）等各自率领1000多人来归附他。

大宝元年（550年）正月初一，梁朝大赦天下，改年号为大宝。陈霸先率军从始兴出发，抵达大庾岭（江西与广东两省边境）。广州刺史萧勃派自己的心腹谭世远（曲江令）与蔡路养（土豪）联合起来，统率20000人驻扎在南野（今江西南康）进行抵抗，阻止陈霸先讨伐侯景。陈霸先于是进军南康（今江西赣州），湘东王以皇帝之令授予陈霸先明威将军、交州刺史。

三月，侯景在建康城娶简文帝萧纲的女儿溧阳公主。侯景请简文帝修禊宴集于乐游苑，在帐幕里宴饮3天。简文帝还宫后，侯景与溧阳公主一起占据御床，南面并坐，让群臣文武列坐侍宴。

四月二十七日，侯景请简文帝巡视西州曲宴（宫廷赐宴的一种），简文帝乘坐不加雕漆的素辇，带400多名侍卫人员。而侯景则率几千名铁甲铮亮的武士，翼卫在左右。简文帝听到丝竹之声，凄然流泪，传命侯景起舞，侯景也请简文帝起舞（古代版的“与狼共舞”）。酒阑人散，简文帝在床上抱着侯景说：“我心里念着丞相。”侯景回答说：“陛下如不念顾我，我哪能得到现在的地位！”直到夜色降临才分手。

侯景生性残酷，他在石头城设立大碓，犯法的人被抓住，就用大碓捣杀。他平常总是告诫诸将说：“一旦攻破栅栏，踏平城市，就杀它个干干净净，使天下人知道我的厉害！”所以他手下的诸将每次战胜，就专门以烧杀抢掠为能事，杀人如刈草芥，以此作为游戏取乐。因此老百姓即使死，也绝不归附他。

湘东王萧绎（梁武帝萧衍第七子，即后来的梁元帝），自太清三年（549年）就听到了梁武帝驾崩的消息，因为当时正在打长沙，所以封锁消息，直到太清四年（550年）四月二十三日才发丧。他用檀木雕刻成梁武帝像，安放在百福殿里，朝拜很恭谨，一举一动都前往咨求。萧绎认为天子被贼臣挟制，所以不肯采用大宝的年号，还是照旧年号称太清四年。二十七日，萧绎下令大举讨伐侯景，檄文传遍远近。

六月，湘东王萧绎任命陈霸先为豫州刺史，兼领豫章内史的职务。

九月二十四日，简文帝晋升侯景位居相国，封20郡，为汉王，给以特殊礼遇。十月十九日，侯景给自己加封宇宙大将军、都督六合诸军事等职，写成诏书呈给简文帝看。简文帝惊讶地说：“将军里竟有宇宙这样的称号吗！”

简文帝自从即帝位以来，侯景对他防卫很严密，外人没法得到晋见的机会。只有武林侯萧谘和仆射王克、舍人殷不害3人，因为他们身体文弱才得以在皇上居处进进出出。简文帝和他们也只是闲谈而已。

侯景娶了溧阳公主，很宠爱她，因而妨碍了处理政事。王伟多次劝谏侯景不要贪恋女色，侯景把这话告诉了溧阳公主，公主很不高兴，口吐恶言，王伟恐怕被她的谗言所害，就极力劝说侯景除去简文帝。侯景听从了他的建议，让前寿光殿学士谢昊起草诏书。诏书说：“我们梁朝出现皇弟们和皇侄们争夺帝位自相残杀的情况，星辰的运行也失去正常的秩序，这都是由于我不是正统的继承人，才招来这样的动乱和灾难，理应由我禅位给豫章王萧栋。”又派吕季略把诏书带入宫内，逼简文帝抄写。

大宝二年（551年）六月，陈霸先带兵从南康出发，进驻西昌（今四川西昌）。

八月十七日，侯景派卫尉卿彭隽等人率领士兵进入宫殿，将简文帝废了，改封为晋安王，并将其幽禁在永福省，将他的内侍和卫兵都撤了，派精锐的骑兵将他严密看守起来，并在墙头插上枳、棘一类多刺的树枝。

十九日，侯景下达诏书迎立豫章王萧栋。萧栋那时正被关在暗室里，饮食很差，每天吃的是蔬菜薯类。一天，他正与妃子张氏一起锄葵菜，迎接他即位的辇车突然来了，萧栋大吃一惊，不知道是怎么回事，哭着登上了车。

侯景杀了简文帝的太子萧大器（嫡长子）、浔阳王萧大心、西阳王萧大钧、建平王萧大球、义安王萧大昕，以及在建康居住的王侯20多人。

不久，王伟劝说侯景弑杀简文帝以断绝众人之心。十月初二夜，王伟和左卫将军彭隽、王纂献酒给简文帝，说："丞相侯景因为想到陛下心情忧郁已经很久了，特派我们来为陛下祝寿。"简文帝苦笑着说："我已经把帝位禅让出去了，怎么还称我为陛下呢？这送来的寿酒，恐怕会命尽于此吧！"于是彭隽等人拿出带来的弯脖子琵琶弹奏起来，和简文帝尽情痛饮。简文帝知道自己将被杀害，就喝得酩酊大醉，说："没想到今天能痛饮取乐到这种程度！"醉倒后就入睡了。彭隽带来一个盛了土的大口袋压在简文帝面上，王纂坐在口袋上，将简文帝活活憋死了，时年49岁。王伟将门板卸下来当棺材，将简文帝的尸体搬到城北酒库中小殓和停柩。简文帝自从被关在暗室之后，再也没有侍者和纸张，于是他就把字写在墙壁和隔板上，写了几百篇诗文，辞意非常凄惨悲怆。侯景给简文帝的谥号是明皇帝，庙号为高宗。

简文帝萧纲从小聪明伶俐，记忆力很强。他4岁开始识字读书，能够过目不忘；到6岁时，已经会写文章了。据《梁书》记载："读书十行俱下。九流百氏，经目必记；篇章辞赋，操笔立成。博综儒书，善言玄理。"

梁武帝对萧纲如此好学非常高兴。有一次，他专门将萧纲叫到面前，出了一个题目，让萧纲做一篇文章。萧纲略一思索，不慌不忙地提起笔来就写。不到一顿饭的工夫，写成了一篇词句整齐对偶的骈文，梁武帝一看，字的声韵和谐，词藻华丽，不禁赞叹道："此子，吾家之东阿。""东阿"是三国时魏国著名的文学家曹植的封号，由此可见梁武帝对萧纲评价之高。

简文帝萧纲登基以后，感到时势日艰，写下了《和东厢王后园回文诗》一首，抒发"树秋飞叶散"的情怀。

枝云间石峰，脉水浸山岸。
池清戏鹄聚，树秋飞叶散。

这首诗倒读则可读成：

散叶飞秋树，聚鹄戏清池。
岸山浸水脉，峰石间云枝。

简文帝雅好诗赋，咏物、宫体、闺怨之作在质量上皆远逾其父。其中五言诗最多，并且与徐陵（徐摛之子）、庾信等人形成宫体诗的流派。如描写女性声容情态的《咏内人昼眠》、《咏舞》、《美人晨妆》等，都属于这一类。其中《咏舞》诗最具代表性：

娇情因曲动，弱步逐风吹。
悬钗随舞落，飞袖拂鬟垂。

简文帝著有《昭明太子传》5卷，《诸王传》30卷，《礼大义》20卷，《老子义》20卷，《庄子义》20卷，《长春义记》100卷，《法宝连璧》300卷。

承圣元年（552年）四月二十八日，梁朝将简文帝与太宗简皇后王灵宾合葬于庄陵（今江苏丹阳荆林镇三城巷，南距梁武帝萧衍修陵石刻约60米）。追崇萧纲为简文帝，庙号太宗。

第三章

走马灯侯景掌控——豫章王萧栋

豫章王萧栋（？—552年），字符吉，梁武帝萧衍曾孙，昭明太子萧统孙，简文帝萧纲之侄孙，豫章王萧欢（萧统长子）之子。父萧欢去世后继承爵位，为豫章王，萧梁第三位皇帝。大宝二年（551年）八月二十一日至天正元年（551年）十一月十九日在位。

大宝二年（551年）八月十七日，简文帝被废。二十一日，萧栋登上皇帝位。大赦天下，改换年号为天正。太尉郭元建听到这个消息，从秦郡急忙赶回建康，质问侯景："皇上是先帝的亲生太子，一向没有什么罪过，怎么能随便就废了他！"侯景回答说："王伟劝我这样做的，他对我说：'早点消除梁室在老百姓中的声望。'我这才听从了他的意见，以便安定天下。"郭元建说："我们现在挟持天子，用他的名义命令诸侯，还总担心不能成功，可是现在无缘无故把简文帝废了，这是自取危亡，有什么安定可言！"侯景听了，又想迎简文帝回来复位，让萧栋当皇太孙。王伟说："废旧帝立新主是国家大事，怎么可以随便改变主意！"侯景这才作罢。

二十四日，侯景派人在吴郡杀了南海王萧大临，在姑孰杀了南郡王萧大连，在会稽杀了安陆王萧大春，在京口杀了高唐王萧大壮。侯景还把太子萧大器的妃子赐给太尉郭元建。郭元建说："哪里有皇太子的妃子可以充当人家侍妾的道理！"竟不和她见面，由她的意愿去当道姑。

二十五日，萧栋追尊昭明太子为昭明皇帝，豫章安王萧欢为安皇帝；金华敬妃为敬太皇太后，豫章太妃王氏为皇太后，妃子张氏为皇后。

九月二十九日，湘东王萧绎任命尚书令王僧辩为江州刺史，任命江州刺史陈霸先为东扬州（今浙江绍兴）刺史。

十一月初九，新皇帝萧栋加封侯景九锡。十九日，萧栋将皇位禅让给侯景，萧栋在位不到3个月。这一天，侯景在南郊举行登基大典登上皇帝位。侯景从南郊回来之后，登上了太极殿，他的党徒好几万人，都欣喜若狂，喧嚣不已，争先恐后地趋前朝拜。侯景下令大赦天下，改年号为太始，国号汉。侯景封萧栋为淮阴王，张皇后为淮阴王妃。将萧栋和他的两个弟弟萧桥、萧樛一起关进密室之中。

王伟启奏要求建立七庙，侯景问："什么叫七庙？"王伟说："天子对自己的祖先要往上祭祀七代。"并请侯景说出他上七代祖先的名讳。侯景说："上几辈子的祖先名字我不记得了，只记得我父亲名叫标，而且他在朔州，哪能跑到这儿来吃祭饭！"后来人们都将这事当笑话来讲。侯景党徒中有人知道侯景的祖父名叫乙羽周，再往上就都由王伟制定他们的名位，追尊侯景父亲侯标为元皇帝。

承圣元年（552年），湘东王萧绎命令王僧辩等向东进军，攻击侯景。二月二十六日，各路大军从浔阳（今江西九江）出发，兵船从头到尾达几百里。陈霸先率甲兵30000，舟舰2000只，从南江出湓口（鄱阳湖入长江口），和王僧辩会师于白茅湾（今安徽怀宁以东）。两军将士筑坛歃血，一起宣读盟文，人人都慷慨激昂，涕下沾衣。王僧辩派侯瑱（tiǎn）袭击南陵（今安徽贵池）、鹊头（今安徽铜陵）这两个敌军的戍所，取得了胜利。初九，王僧辩等驻扎在大雷（今安徽望江县），十七日，从鹊头出发。十九日，侯景部将、中军都督侯子鉴率军从合肥回到战鸟（今安徽繁昌县长江中沙洲），发现西边的湘东王萧绎的大军已经突然来了，他又惊又怕，赶快逃回了淮南。

三月十二日，王僧辩督率各路水兵抵达张公洲（今南京长江西南沙洲）。十三日，乘潮涨进入秦淮河，挺进到禅灵寺前面。侯景召来石头津（今南京石头城附近）的首领张宾，让他集中秦淮河的大小船只和出海的巨舰，装满石头沉入江里，堵塞住秦淮河口。然后指挥军队凭借秦淮河防线修筑城墙，自石头城到朱雀街，在十几里长的防线上，城墙和守望楼密密相连。王僧辩向陈霸先请教破敌之计。陈霸先说："从前柳仲礼几十万大军隔水而坐，屯兵不前，韦粲驻在青溪，也竟然不渡河登岸进攻。这样，贼兵登高眺望，里里外外一览无遗，所以能打败我们的军队。现在我军要包围石头城，一定得渡河到北岸去才能合围。诸位将领如果不能抵挡敌军的锋芒，我要求先去北岸扎营立栅。"十四日，陈霸先在石头城西面落星山扎营筑栅，其他军队依次修了8个城堡，一直沿伸到整个石头城西北面，形成包围之势。侯景担心西州退路被截断，亲自率领侯子鉴等也在石头城东北面筑起5个城堡以扼守大路，派王伟守台城。十七日，侯景杀了湘东王的长子萧方诸和前平东将军杜幼安。

十九日，王僧辩、陈霸先率军大败侯景，侯景的部队彻底崩溃。陈霸先指挥各路兵马追击侯景，一直追到西明门。

侯景逃到宫阙下，不敢入台城。将王伟叫来责备他说："你劝我称帝，你看，今天可让你害苦了！"王伟无言以对，绕着宫阙躲闪着。侯景要逃跑，王伟抓住他的鞍蹬劝他说："自古以来哪里有什么叛逆天子！宫中卫士很多，还足够再决一死战，扔下这地方，你将跑到哪儿去安身！"侯景叹息说："我过去打败贺拔胜，击破葛荣，扬名黄河、朔方，渡长江南下后又平定台城，降服柳仲礼几十万大军易如反掌。今天是天要亡我啊！"于是仰头看着台城前的石阙，久久地叹息不已。然后，侯景用皮袋子把他到建康后生的两个儿子装好，挂在马鞍后头，就带着房世贵等100余骑兵逃跑了，想去吴地投奔谢答仁。侯子鉴、王伟、陈庆投奔了朱方（今江苏镇江丹徒）。

王僧辩命令裴之横（贞威将军）、杜龛（吴兴太守、王僧辩的女婿）屯守杜姥宅（宫城东掖门外），杜龛攻入并占据台城。王僧辩对士兵不加约束，放任他们抢劫掠夺建康居民。全城男女，衣服被剥光，裸露着被赶出家门，从石头城一直到东府城，哭爹喊娘，一路上全是难民。

二十日，王僧辩命令梁将侯瑱等率领精锐甲兵5000人追赶侯景。王克、元罗等率领朝中旧臣在道路两旁迎接王僧辩，王僧辩嘲讽地慰劳王克说："您侍奉夷狄君主可是辛苦了啊。"王克无言以对。王僧辩又问："玉玺印绶在什么地方？"王克呆了好一会才回答说："赵平原（即侯景的侍中赵思贤）给拿走了。"王僧辩说："王氏一家，百代都是公卿士族，今天到你这儿算是完了。"王僧辩将简文帝的棺材迎放在朝堂上，率百官按礼仪痛哭跪拜。

二十一日，王僧辩等人上表劝萧绎即皇帝位，并建议迎接萧绎来建康建都。湘东王萧绎回答说："现在，盘踞淮海的大鲸鱼侯景，虽说将要被杀；但占据襄阳的短尾妖狐萧詧，却还没有洗心革面地归降。登基的事，等天下真正太平了，四时和畅、玉烛生辉时再说吧！"

当初，王僧辩出发到江陵去的时候，对湘东王萧绎说："平定侯景乱贼之后，继承君位的人康强万福，不知应该奉行什么礼仪？"湘东王回答道："台城六门之内，任你充分发挥兵威。"王僧辩说："讨伐侯景乱贼的谋略战术，我义不容辞视为己任，至于像成济弑魏君（三国后期，成济被司马昭的心腹贾充指使，用戟刺死魏主曹髦）那样的事，请另外推举别人去干。"于是，湘东王就秘密地派遣宣猛将军朱买臣，要他届时去简文帝宫中执行任务。待到侯景兵败，简文帝也死了，萧栋和他的两个弟弟萧桥、萧樛互相搀扶着从密室走出来，正好在路上碰上杜崱（zé），杜崱为他们去掉锁链。两个弟弟说："今天才算免了横死的灾祸了！"萧栋说："祸与福互为倚伏，变化难知，我还有深深的恐惧！"三月二十三日，萧栋兄弟3人遇到朱买臣，朱买臣喊他们到船上一块饮酒，没到席散，3个人全被沉入水中。萧栋死后，葬处不明。

王伟在逃跑路上和侯子鉴跑散了，被直渎（今南京江宁方山，一说在江苏盱眙县南）戍所的守将黄公喜抓住，押送到建康。

二十四日，侯景逃到晋陵（今江苏常州），收集了其军司田迁剩下的士兵，对居民大肆驱掠一番之后，就往东去了吴郡。

四月，益州刺史、太尉武陵王萧纪（梁武帝第八子、萧绎弟），很有武艺韬略。他治理蜀地17年，向南开发了宁州（今云南曲靖）、越嶲（xī）（今四川越溪），向西打通了资陵、吐谷浑（tǔ yù hún）（今甘肃临夏）。对内努力兴办农业、纺织、食盐、冶铁等经济事业；对外发展与远方的通商贸易。所以蜀地财富增殖很快，兵器衣甲积累了很多，共拥有8000匹战马。萧纪听到侯景攻陷台城，湘东王萧绎将要出兵讨伐他的消息，就对身边官吏说："七官（萧绎）是个文人，哪能匡扶社稷，救济黎民！"萧纪住的宫殿里柏木做的殿柱环绕树节的地方开了花，他以为是应在自己身上的祥瑞。

初八，萧纪在成都登基即皇位，改年号为天正，将大儿子萧圆照立为皇太子，并封儿子萧元正为西阳王，萧圆满为竟陵王，萧元普为谯王，萧元肃为宜都王。

四月十二日，梁将侯瑱在松江（今上海松江）追上了侯景。这时侯景还有200只船，兵力数千人。梁将侯瑱打败了侯景残部，抓获了彭隽、田迁、房世贵、蔡寿乐、王伯。侯瑱将彭隽活活剖腹，抽出他的肠子，彭隽还没死，用手扯回肠子，于是侯瑱就用刀将他砍死。

侯景与身边的亲信几十人乘一只小船逃跑，人多船小，他将两个儿子推到水中淹死了。小船将要入海（东海）时，梁将侯瑱派副将焦僧度去追击。

当初，侯景娶羊侃的女儿为妾，任命她哥哥羊鹍（kūn）为库直都督，对待他很优厚。羊鹍跟着侯景往东跑，他和侯景所信任的王元礼、谢葳蕤（ruí）秘密商议反叛侯景。侯景下海后，想逃回蒙山（今山东蒙阴县南）。十八日白天，侯景正睡觉，羊鹍对海上的向导说："这海中哪里有蒙山，你别管，只听我调度指挥。"于是就让船直接驶向京口（今江苏镇江）。船行进到胡豆洲（今江苏南通一带）时，侯景发现方向不对，大吃一惊。向岸上的人打听情况，他们说："郭元建还在广陵呢！"侯景听了心中大喜，就准备去广陵投奔南兖州刺史郭元建。羊鹍拔刀威胁海上向导，喝斥他，让他将船开往京口，并对侯景说："我们为大王出过不少力，现在到了这个地步，终于一事无成，想借你的头来换点富贵享用。"侯景还没有回答，好几把白晃晃的刀争着砍下来。侯景想跳海，羊鹍用刀砍他。侯景窜入船舱里，用自己的佩刀去撬船底，羊鹍用长矛将他刺死，终年50岁。

至此，长达3年零8个月的侯景之乱，从梁太清二年（548年）八月至承圣元年（552年）四月十八日，终于被画上句号。其中，从侯景自篡位（551年十一月十九日）到被杀（552年四月十八日）仅仅5个月。

当时，侯景的尚书右仆射索超世在另一条船上，谢葳蕤假传侯景的命令召他来议事，等他来了就把他捆起来。南徐州刺史徐嗣徽杀了索超世，又用盐填入侯景肚子里，将他的尸体送到建康。王僧辩将侯景的首级传送到江陵去，又砍下他的手，派谢葳蕤送到北齐去。然后将侯景尸体扔在集市上，士兵民众争着去挖他的肉来吃，连骨头都被抢光了。

侯景宠爱过的溧阳公主（简文帝的女儿、梁武帝孙女）也参加了吃侯景肉的行列。公主也吃人肉，而且还是她丈夫侯景的肉，令人毛骨悚然。后人称她"吃人肉的天使"。

相术者说：侯景身长不满7尺，长上短下，眉目疏秀，广颡（sǎng，脑门）高颧，色赤少鬓，低视屡顾，声散，有人说："这叫豺狼之声，所以能食人，当然也会被人所食。"

当初，侯景有5个儿子留在北齐，高澄将他长子的面皮剥下来，然后下油锅烹了（烹刑），其他4个小儿子都下蚕室割去生殖器。文宣帝高洋即位之后，梦见猕猴坐在他的御床上，于是将侯景的几个幼子全部下了油锅。

侯景之乱，使梁朝遭到沉重打击，给社会造成极大破坏，建康都城"千里烟绝，人迹罕见，白骨成聚，如丘陇焉"。朝廷诏令所到的地方，不过方圆千里以内，百姓户口登记在簿册上的，还不满30000户。

承圣元年（552年）五月初三，司空南平王萧恪等人又劝萧绎即帝位，湘东王萧绎还是不接受，他派侍中丰城侯萧泰去拜谒祖先陵墓，重新修复宗庙神社。

十一日，侯景的首级被送到江陵，被挂在市上示众3天之后，又用火烤干，并油漆了后交付武库保管。十七日，任命王僧辩为司徒、镇卫将军，封为长宁公。任命陈霸先为征虏将军、开府仪同三司，封为长城县侯。

十八日，侯景的尚书仆射王伟、左民尚书吕季略、少府周石珍、舍人严亶等人被斩首于市。赵伯超、伏知命饿死在监狱之中。因为谢答仁对简文帝不失臣子之礼，所以特别下令赦免了他。王伟在狱中献了一首500字的长诗，湘东王萧绎爱他的才华，想宽宥他。但是有妒嫉王伟的人跑去告诉萧绎，说："前些日子王伟作了一篇檄文，也很好。"萧绎让人找来看看，檄文中写道："项羽眼珠中两个瞳孔，尚且有乌江之败；湘东王只有一只眼睛，怎么能使赤县（指京都所治为赤县）民心归顺！"萧绎看了大怒，就把王伟的舌头钉在柱子上，将他剖腹，又一片片切他的肉，就这样杀了他。

第四章

眇一目徐妃半妆——元帝萧绎

梁元帝萧绎（508—554年），字世诚，小字七符，梁武帝第七子，萧梁第四位皇帝。承圣元年（552年）至承圣三年（554年）在位。仅使用了1个年号：承圣（4年）。

萧绎生于天监七年（508年）八月。从小聪明俊朗，天才英发，5岁时高祖梁武帝问他："汝读何书？"对曰："能诵《曲礼》。"梁武帝曰："汝试言之。"即诵上篇，左右莫不惊叹。因此甚得梁武帝的喜欢，被视为掌上明珠。有一次，他患眼病，梁武帝亲自为他调药医治，不想瞎了一只眼睛（这就是"生眇一目"的由来），所以更加受梁武帝溺爱。

十三年（514年）封湘东王。普通七年（526年），出为使持节，都督荆、湘、郢、益、宁、南梁六州诸军事，西中郎将，荆州刺史。中大通四年（532年），进号平西将军。大同元年（535年），进号安西将军。大同三年，进号镇西将军。大同五年，入为安右将军、护军将军，领石头戍军事。六年，出为使持节、都督江州诸军事、镇南将军、江州刺史。太清元年（547年），徙为使持节、镇西将军、荆州刺史。

太清三年（549年），湘东王萧绎娶徐昭佩为王妃，生嫡长子萧方等。至今流传的“徐娘半老，风韵犹存”的典故就出在她的身上。

徐昭佩是东海郯（今山东郯城北）人。她是齐国尚书令徐孝嗣的孙女，梁朝将军徐琨的女儿，萧绎当湘东王时，徐昭佩为湘东王妃。

徐妃容貌丑陋又好妒嫉，行为还常常有失检点，萧绎要过二三年才去徐妃房间一次。徐妃听说萧绎要来，因为萧绎瞎了一只眼，于是仅仅在自己的半边脸上化了妆，名曰“半面妆”，理由是一只眼睛只能看一半，以此来藐视萧绎。萧绎发现后愤怒地离开了徐妃的房间，所以其子萧方等也不受萧绎的宠信。徐妃先与荆州瑶光寺中的智远道人暗中私通，后来又看上了萧绎身边一位眉目俊秀、举止风雅的美少年暨季江，初时还遮遮掩掩，后来居然公开来往。有人曾开玩笑地问暨季江：“滋味如何？”暨季江毫无隐讳地回答：“柏直狗，虽老犹能猎；萧溧阳马，虽老犹骏；徐娘虽老，犹尚多情！”这就是“徐娘半老，风韵犹存”的出处。

事情败露后，萧绎陈述徐妃的肮脏行为，在大中（宫门）张榜公布。萧绎宠爱的姬妾王氏，生下了儿子萧方诸。王氏去世，萧绎怀疑是徐妃下毒杀害的，逼迫徐妃自杀，徐妃投井而死。萧绎用对庶人的礼仪埋葬了徐妃，不让儿子们为她穿丧服，并且作《荡妇秋思赋》以讽刺徐妃。

承圣元年（552年）十一月十二日，湘东王萧绎在江陵（今湖北江陵）登上皇帝位。史称梁元帝。改太清六年为承圣元年，大赦天下。

十五日，立王太子萧方矩为皇太子，改名元良。立皇子萧方智为晋安郡王，萧方略为始安郡王。追尊生母阮修容为文宣太后。

承圣二年（553年）三月，元帝听到武陵王萧纪出兵东下的消息，就派会妖术的方士在木版上画萧纪的像，亲自往图像的躯体四肢上钉钉子，以为可以将他诅死。

七月十一日，萧纪被元帝部将、游击将军南阳人樊猛围困。先是，樊猛斩杀了萧纪和他最小的儿子萧圆满，这年萧纪46岁。然后，陆法和搜捕了皇太子萧圆照兄弟3人，押送首都江陵。元帝革除了萧纪皇家户籍，改姓“饕餮”（意为狂吃）。最后，元帝又饿死了江安侯萧圆正。但是，萧绎也因此给了西魏可趁之机。

八月初十，元帝萧绎下诏令，准备回建康。领军将军胡僧祐、太府卿黄罗汉、吏部尚书宗懔、御史中丞刘彀（同珏）等人进谏劝止，说：“建康那地方王气已尽，而且和敌虏只隔一条长江，如果有什么不测之灾，后悔就来不及了！况且从古至今，就相传说：‘荆州的沙洲满100个时，定会出天子。’现在枝江生出了一个新的沙洲，荆洲的沙洲已经满100个了，所以陛下云腾龙飞，乘势而起，正是其应验呀。”元帝让朝廷大臣讨论这件事。双方争执不下，最后由元帝拍板，他认为建康凋蔽残破，而江陵正处于全盛之时，于是听从了胡僧祐等人的意见，留在江陵。

承圣三年（554年）九月，雍州刺史、岳阳王萧詧（梁元帝之侄、昭明太子萧统第三子）投奔西魏并唆使西魏发兵突袭江陵。

十一月，梁元帝在津阳门外（今湖北江陵）举行大阅兵，遇到北风挟暴雨袭击，急忙乘轻车便辇回到宫中。不久，西魏军队渡过汉水来犯江陵，并占领了江津（江陵东南长江渡口），切断了元帝东逃的退路。

元帝征召广州刺史王琳为湘东刺史，让他带兵入江陵救援。十五日，军营的栅栏内失火，烧毁了几千家民房和25座城楼。元帝亲临烧毁的城楼察看，远望魏军渡江而来，四顾孤危，不禁长叹。当天晚上，就住在宫外，宿老百姓家里。十七日，移居到祇洹寺内。

西魏雍州刺史于谨下令，修筑长久围城用的军营，从此，梁朝信使，诏命无法外传，内外联络被切断了。

当时元帝向四方征兵求援，都没前来。西魏军队从四面八方一齐攻城。有内应打开西门迎接魏军进城，元帝和太子、王褒、谢答仁、朱买臣等退却到金城（城中之城）自保，派汝南王萧大封、晋熙王萧大圆为人质，到于谨军中去求和。

当魏军刚到的时候，众人认为王僧辩的儿子、侍中王颁（wěi）可以当都督。但元帝不用他，还夺了他率领的士兵，让他和身边卫士10个人到宫殿中守卫。后来，才任命他为都督城中诸军事。但为时已晚，天黑时全城都陷落了，守兵纷纷逃散。

元帝躲进东竹殿，命令舍人高善宝将自己收藏的古今图书14万卷全部烧毁。他正准备跳到火里去自杀，宫中左右侍从一起阻止了他。元帝又用宝剑砍柱子，宝剑折断，他长叹说："书烧了，剑折了，文武之道，今天晚上全完了。"后人将元帝焚书称之为中国文化史上空前的浩劫，并说其罪甚于项羽焚毁阿房宫。然后，元帝让御史中丞王孝祀写投降文告。

西魏大将于谨接到投降书，提出让太子萧方矩来当人质，元帝派王褒去送太子。过一阵子，黄门郎裴政冲开门出去了。元帝也丢掉羽仪饰物，骑着白马，穿着素衣逃出东门，抽出宝剑砍着门扇说："我萧世诚（萧绎字世诚）到了这个地步了吗！"西魏将士跳过沟堑一下子拉住了他乘的白马的辔头，拉到白马寺北边，把他所骑的骏马夺了下来，换了一匹老弱的马给他，派一个高个子的健壮胡人用手扼着他的背押着走，遇到于谨，胡人牵着元帝，让他跪拜。梁王萧詧派铁甲骑兵前后拥着元帝入了军营，关在黑帐幕里，萧詧狠狠地质问羞辱了叔父元帝一通。于谨命令开府仪同三司长孙俭进据金城。元帝骗长孙俭，说："城里埋着1000斤黄金，我想送给你。"长孙俭就把元帝带进城，元帝乘便向长孙俭述说他被萧詧侮辱的事情，他对长孙俭说："刚才骗了你，目的是找个机会向你诉苦，哪里有天子自己埋藏金子的事！"于是长孙俭就将元帝留在主衣库里。

十二月十九日，元帝被处死。在位3年，终年47岁。当时梁王萧詧派尚书傅准去监刑元帝，用装土的袋子把他压死。萧詧让人用粗布把尸体缠裹起来，以蒲草织的席子进行收殓，埋葬在江陵津阳门外。

6年后，天嘉元年（560年）六月十二日，陈文帝陈蒨下诏："梁孝元遭离多难，灵榇播越，朕昔经北面，有异常伦，遣使迎接，以次近路。江宁既是旧茔，宜即安卜，车旗礼章，悉用梁典，依魏葬汉献帝故事。"追尊梁元帝为孝元皇帝，庙号世祖。

梁元帝能书善画，是中国历史上最早的皇帝画家之一。据有关资料记载：（萧绎）善绘佛面、鹿鹤及景物写生，以及善画外国人物形象。尝画《圣僧像》，萧衍为之题识，又画《宣尼像》，并自书赞，时人谓之“三绝”。出任荆州刺史时绘《职贡图》，描绘南朝梁代外国使者25人朝贡的形象。现已残损，仅存12人，皆左向侧身，身后楷书榜题，疏注国名及其山川、风俗、历史及历代交往情况、纳贡物品等。列国使者自右至左为：滑国（国都故址在今河南睢县西北，后来迁到费，今河南偃师缑氏镇西南，故又称为费滑）、波斯（现在的伊朗、伊拉克和阿富汗都曾经属于当年古波斯帝国）、百济（又称南扶余，是古代朝鲜半岛西南部的国家）、龟兹（今新疆库车县一带）、倭国（日本）、狼牙修（古代东南亚的印度化国家之一）、邓至（南北朝时甘肃陇南地区兴起的羌人的小独立政权）、周古柯（滑旁小国）、呵跋檀（滑旁小国）、胡密丹（滑旁小国）、白题（古代匈奴部族名，俗以白色涂额，故名）和末国（位于今新疆罗布诺尔西南）等，现藏中国历史博物馆。

梁元帝擅长作文，军政诏书，挥笔而就。还写了不少宫体诗，颇多描写女性的体香轻汗、翠眉怨黛、纤腰玉手以及轻帏罗帐、绣被锦衾等，并提倡“立身须谨慎，为文须放荡”的文字风格。生平著述颇丰，凡20种，400余卷。他曾自我评价说：“我韬于文士，愧于武夫。”梁元帝今仅存《金楼子》、《荡妇秋思赋》、《采莲赋》等作品。

第五章

当傀儡昙花一现——闵帝萧渊明

梁闵帝萧渊明（？—556年），字靖通，又名萧明，为长沙宣武王萧懿之子，梁武帝萧衍之侄。萧梁第五位皇帝。绍泰元年（555年）五月二十七日至天成元年（555年）九月二十九日在位。

萧渊明最早封贞阳侯，后担任豫州刺史。在侯景背叛东魏投降南梁之时，梁武帝命萧渊明与侯景北伐攻打东魏。太清元年（547年）十一月，在与慕容绍宗作战中，梁朝军队大败，贞阳侯萧渊明以及胡贵孙、赵伯超等人都被东魏俘虏。

太清二年（548年），侯景假造了一封来自东魏都城（邺城）的书信给梁武帝，信中写道要用贞阳侯萧渊明交换侯景。梁武帝听取了谢举、朱异的建议，没有答应，所以萧渊明继续待在东魏。

承圣三年（554年）十二月十九日，梁元帝萧绎被萧詧（字理孙，昭明太子第三子）杀死后，陈霸先与王僧辩反复商议，决定迎梁元帝萧绎的第九子、江州刺史、晋安王萧方智为太宰，至建康继承梁朝的朝制。

承圣四年（555年）正月，梁王萧詧（555—562年在位）在江陵即皇帝位，改年号为大定，向西魏称藩，史称后梁。

二十日，北齐（由文宣帝高洋取代东魏建立）立贞阳侯萧渊明为梁朝的新主，并派上党王高涣带兵送他回南方（建康），徐陵、湛海珍等都随从萧渊明一块回去，准备让萧渊明成为北齐控制的傀儡皇帝。

二月初二，晋安王萧方智从浔阳来到建康，进入朝堂居住，登上梁王的位置，当时年仅13岁。他任命太尉王僧辩为中书监、录尚书、骠骑大将军、都督中外诸军事，加封陈霸先为征西大将军，任命南豫州刺史侯瑱为江州刺史，湘州刺史萧循为太尉，广州刺史萧勃为司徒，镇东将军张彪为郢州刺史。

就在北齐国主高洋送贞阳侯萧渊明回南方前，曾派殿中尚书邢子才去建康，给王僧辩送去一封信。信中说："你们立的嗣位的君主（萧方智）年龄幼小，不能承担治国的重任。贞阳侯（萧渊明），是梁武帝的侄子，长沙王萧懿的后代，就他的年龄威望而言，可以保障金陵不失，所以我将他立为梁朝的主子，送他回南方就国。你应该安排舟舰，去迎接现在的主子，和他同心协力，好好地筹建美好的未来。"

初四，贞阳侯萧渊明也写信给王僧辩要求来迎接他。王僧辩回信说："当今嗣主（萧方智）的血统来自皇帝，又受命于祖先。他是合法的嗣主。您如果能到朝廷来当官，一起匡扶王室，那么伊尹、吕望的使命，大家都会说应该归于您了。如果您回朝廷来是想当主子，那么我不能听从这样的命令。"

伊尹是商朝初期重臣之一，原名伊挚，尹为官名（相当于宰相）。《孟子》说："汤之于伊尹，学焉而后臣之，故不劳而王。"伊尹是我国第一个帝王之师。

吕望是商周之际军事家，又名尚。姜姓，吕氏，字子牙。齐国始祖，称太公望，俗称姜太公，是周灭商的重要筹谋者。周文王采纳吕望谋略，奠定了灭商基础。周武王即位后，尊吕望为师尚父。王僧辩回信的意思就是让萧渊明来建康当辅臣，而不是当主子。

三月，北齐护送萧渊明到了东关（今安徽巢湖东南），梁朝散骑常侍裴之横带兵防御他。初六，北齐攻克东关，杀了裴之横，俘虏了几千人。王僧辩大惊失色，带兵出城屯驻于姑孰（今安徽当涂），准备接受萧渊明。

五月，王僧辩派使者向萧渊明上表，确定君臣之礼。北齐侍中裴英起护送萧渊明南渡，同王僧辩在江宁（今南京江宁）会面。二十四日，萧渊明进入建康，看到朱雀门失声痛哭，去迎接他的群臣也痛哭。二十七日，萧渊明即皇帝位，改年号为天成，立晋安王萧方智为皇太子，任命王僧辩为大司马，陈霸先为侍中。

当初，王僧辩和陈霸先共同消灭了侯景，两人感情很是深厚。王僧辩为儿子王颁欲迎娶陈霸先的女儿，正赶上王僧辩母亲去世，所以没有成婚。王僧辩居住在石头城，陈霸先在京口。王僧辩推心置腹地对待陈霸先，王僧辩的哥哥多次劝他要有所提防，王僧辩不听。等到王僧辩迎纳萧渊明为帝时，陈霸先派使者苦苦劝阻，争辩不休，使者为此往返了几趟，王僧辩不听。陈霸先私下叹息，对他的亲信说："梁武帝的子孙很多，只有孝元帝（萧绎）能平定侯景之乱，为祖宗报仇雪耻。他的儿子（萧方智）有什么罪，突然就废了他！我和王公僧辩共同处于先帝托孤的重臣地位，而王公僧辩现在一下子改变主意，对外依附戎狄（指北齐）之邦，不按次序立天子，他到底想干什么呢？"于是秘密准备战袍几千领和锦采金银等作为赏赐部下的物品，准备起事。

正好这时有人来报告，北齐军队进行大调动，已经到达了寿春（今安徽寿县），将要向南进犯。王僧辩派记室（秘书）江旰通知陈霸先，让他有所戒备。陈霸先借这个机会将江旰扣留在京口，然后举兵袭击王僧辩。

九月二十五日，陈霸先召集部将侯安都、周文育以及安陆人徐度、钱唐人杜棱一起密谋策划。二十七日，侯安都指挥舟舰奔袭石头城。石头城北边和山冈高坡相连，城墙不很高峻，侯安都披着盔甲，手握长刀，让手下军人将他抬起来扔到城墙上，众人随着他蜂拥而入，一直进到王僧辩卧室。

陈霸先的队伍也从南门攻入城中。王僧辩正在处理军政事务，一群士兵冲了进来，王僧辩与儿子王颜一起冲出门外，率身边几十人在议事厅前面苦战，力竭不敌，跑到南门楼上。陈霸先要放火烧南门楼，王僧辩和儿子王颜下楼就擒。陈霸先质问说："我有什么过错，你要和北齐军队一起讨伐我？"而且还问："北齐军队来犯，你全无戒备，是什么意思？"王僧辩有点莫名其妙，回答说："派你守京口，扼据建康北门，怎么说我对北齐军队没有戒备？"当天夜里，陈霸先将王僧辩父子两人绞杀了。

二十九日，萧渊明退位，搬出宫廷回自己的官邸。百官上表给晋安王萧方智，劝他登基。

贞阳侯萧渊明退位后被任命为司徒，封建安公。绍泰二年（556年）五月，北齐人召见建安公萧渊明，假装要答应退兵。陈霸先准备船只要送萧渊明去北齐。初九，萧渊明背上痈疽发作死去（一说为陈霸先所杀），葬处不明。萧渊明死后被追谥为闵帝，史称贞阳侯。

第六章

江阴王禅梁归陈——敬帝萧方智

梁敬帝萧方智（543—558年），为南朝萧梁的末代皇帝，梁元帝萧绎的第九子，字慧相，小字法真。天成元年（555年）十月至太平二年（557年）十月在位。共使用了2个年号：绍泰（2年）、太平（2年）。

太清三年（549年），7岁的萧方智被封为兴梁侯。3年后，父亲萧绎在江陵称帝，他被封为晋安王，邑二千户。承圣二年（553年）被封为江州刺史。三年（554年），梁元帝在江陵被杀之时，萧方智13岁。

天成元年（555年）九月萧渊明退位。十月初二，晋安王萧方智即皇帝位，是为敬帝。大赦天下，改换年号为绍泰，对朝廷内外文武百官都赏赐一级官位。任命贞阳侯萧渊明为司徒，封为建安公。派人通报北齐，说："王僧辩阴谋篡位造反，所以杀了他。"仍然请求向北齐称臣，永远当北齐的附属国。北齐派行台司马恭和梁朝人在历阳订立了盟约。

初五，梁朝加封陈霸先为尚书令，都督中外诸军事，车骑将军，扬、南徐2州刺史。十一日，萧方智尊奉生母夏贵妃为皇太后，立妃子王氏为皇后。

谯、秦二州的刺史徐嗣徽的堂弟徐嗣先是王僧辩的外甥。王僧辩死后，徐嗣先逃亡到徐嗣徽处，徐嗣徽干脆献上谯、秦2州，投靠了北齐。

十一月初二，北齐派兵5000渡过长江占据姑孰，以策应徐嗣徽、任约。陈霸先派合州刺史徐度在冶城修筑栅栏。十三日，北齐又派安州（今北京通县）刺史翟子崇、楚州（今江苏淮安）刺史刘士荣、淮州刺史柳达摩带兵10000在胡墅（今南京六合屯粮之地）运米30000石、马1000匹到石头城。陈霸先向韦载征询对策，韦载说："齐军如果分兵先占据通往三吴的道路，然后在我们东边的边境攻城占地，那么时局就完了。现在齐军没有这样做，我们可以赶快在淮南一带沿着侯景过去留下的旧垒修筑新城堡，以便打通东边的运输道路。同时分出一支军队去断绝他们运粮的道路，这样，齐将的首领10天之内就得送来了。"陈霸先听从了他的计策。初六，陈霸先派侯安都夜袭胡墅，烧掉了北齐1000多艘兵船；仁威将军周铁虎切断了北齐运输补给的道路，抓住了他们的北徐州刺史张领州；仍然让韦载在大航（朱雀航）修筑侯景的故垒，让杜棱去守卫。北齐军队在仓门和秦淮河之南修建了两座营栅，与梁军对抗。十五日，北齐大都督萧轨带兵屯驻在长江北岸。

二十七日，徐嗣徽等进攻冶城（今南京朝天宫一带。前495年，吴王夫差冶铸之地，故称冶城）的营栅，陈霸先率领精兵从西明门出来迎击，徐嗣徽等人大败，留下柳达摩等人守城，自己去采石迎接北齐援兵。

十二月十三日，陈霸先从四面包围攻打石头城，城中没有水喝，一升水昂贵到值一匹绢。十四日，柳达摩派使者向陈霸先求和，而且请求以儿子为人质。当时建康实力虚弱，粮草运输跟不上，朝廷中的大臣都想与北齐讲和，纷纷请求用陈霸先的侄子陈昙朗为人质。陈霸先说："现在在朝廷中的各位贤人都想和北齐讲和以获得休息，如果我违反众人的意见，大家会说我偏爱陈昙朗，不顾念国家利益。现在我决定派陈昙朗去，就算把他扔在敌寇的庭院里吧！北齐人一向不守信用，我答应讲和，他们会认为我们势微力弱好欺负，肯定会背弃盟约再来进犯。北齐强盗如果再来进犯，那时你们可得为我拼死战斗呀！"于是就把陈昙朗和永嘉王萧庄、丹阳府尹王冲的儿子王珉作人质，与北齐人在城外订立了和约，允许追随北齐的将士按自己的意愿选择归居南方或北方。

十五日，陈霸先在石头城南门摆列兵阵，送北齐军队北归。徐嗣徽、任约都投奔了北齐。这一仗，缴获北齐军马、器械、舟船、大米不可胜数。北齐国主高洋杀了败将柳达摩。十六日，北齐和州（州郡同治历阳）长史乌丸远从南州（今安徽当涂一带）奔逃回到历阳（今安徽和县）。

绍泰二年（556年）三月二十三日，北齐派仪同三司萧轨、库狄伏连、尧难宗、东方老等人与任约、徐嗣徽联合成大军10万人南下进犯，军队从栅口（今安徽无为县东南）出发，直指梁山（今安徽当涂县城西南）。陈霸先派军帐内的一位善于突击冲锋的主将黄丛率兵迎击，打败了北齐军队，北齐军队只好退保芜湖。

五月初十，北齐军队从芜湖出发，十六日，进入丹阳县，二十二日，到达秣陵旧治所（今南京秣陵街道）。陈霸先派周文育屯驻于方山（今南京江宁方山），徐度驻守马牧（今南京江宁南秦淮河西岸），杜棱驻守大航南端，以防御北齐兵。

二十七日，北齐军队跨秦淮河修筑桥梁渡兵，夜里到达方山。徐嗣徽等人将军舰排列在青墩（今安徽当涂西南)一带，一直摆到七矶（今安徽芜湖西北），用以切断周文育的退路。周文育指挥士兵大声鼓噪，大举进军，徐嗣徽等人没能抵挡得住。到天亮时分，周文育反攻徐嗣徽。

二十九日，北齐军队从方山挺进到倪塘（今江宁东南），游动的前哨骑兵在宫城下出现，建康城震惊，人心惶惶，梁敬帝带着宫廷卫队出宫驻入长乐寺（今南京台城南），内外戒严。陈霸先在白城（今南京江宁方山北）抗御北齐徐嗣徽等人，正好与周文育的军队会合。将要与北齐兵交战时，风刮得很急，陈霸先说："军队最好不要逆风而进。"周文育说："军情紧急，何必拘泥于古法！"说着便抽出一把槊跃身上马冲向前去。过一会风向也转了，周文育猛冲，杀伤了好几百人。侯安都与徐嗣徽在耕坛（今南京城南郊祭坛）南边会战。侯安都率领12个骑兵冲破徐嗣徽的阵地，活捉了北齐仪同三司乞伏（复姓）无劳。

陈霸先秘密地撤下3000精锐士兵配合沈泰渡过长江，在瓜步（今南京六合瓜埠）袭击北齐行台赵彦深，缴获战船100余艘，粮食10000斛。

六月初一，北齐军队偷偷来到钟山，侯安都与北齐将领王敬宝在钟山的龙尾（今南京小九华山、北极阁一带）交战，军中首领张纂在战斗中阵亡。初四，北齐军队抵达幕府山（南京城北），陈霸先派别将钱明率领水军兵发江乘（今南京栖霞山附近的江边），截击北齐军队的粮食运输船队，把他们船队装运的大米全部缴获。这一来，北齐军队没有粮食吃，只好杀战马、驴子充饥。

初七，北齐军队翻越钟山，陈霸先与众军分头驻扎在乐游苑（今南京北京东路）东边和覆舟山（今南京小九华山）北边，切断北齐军队的交通要道。

初九，北齐军队到达玄武湖西北，准备占据北边的郊祀高坛。梁军从覆舟山向东移动，驻扎在坛北（今南京玄武湖北），与北齐军队相对摆开阵势。

当时正赶上连日下大雨，平地雨水积有一丈多深，北齐将士白天黑夜或坐或立全都泡在泥水中，脚指头都烂了，做饭得把锅悬挂起来才行。但是皇城和潮沟的北路一带却还干燥，梁朝军队总是能换班作战。当时四方通往都城的道路都堵塞隔断了，粮食也运不进来，建康一带人民东流西散。十一日，天才稍稍放晴，陈霸先准备开战，向商人征调了一些麦子，做成麦饭分给军中士兵，士兵们都已经又饿又疲劳了。正好这时陈蒨（陈霸先侄子）送来大米3000斛，鸭子1000只。陈霸先下令蒸米饭煮鸭子，士兵们个个用荷叶包米饭，饭上盖上几片鸭肉饱食一顿。

十二日天一亮，陈霸先就率领下属将士兵发幕府山。陈霸先与吴明彻、沈泰等众军头尾一齐冲锋，指挥将士全面出击，猛打猛冲，侯安都又从白下垒带领一支军队切断了北齐军的后路，北齐军队大败，被杀被俘的有几千人，互相蹂踏而死的人不可胜计，徐嗣徽和他弟弟徐嗣宗被活捉后杀头示众。梁军追杀败逃的北齐兵，一直追到临沂（今南京栖霞山以西）。

梁朝在江乘、摄山（今南京栖霞区）、钟山等地的军队也相继获胜，俘虏了北齐萧轨、东方老、王敬宝等将帅共46人。北齐士兵有逃窜到长江边的，用芦苇扎成筏子想渡江，但到江中心苇筏就被水冲散，士兵也纷纷落入水中，尸体随江水流到京口一带，浮尸覆盖了水面，堆满了江岸。

十五日，梁朝大赦天下。十六日，解除戒严。十七日，梁朝将被俘的北齐将领萧轨等人全杀了，北齐方面闻讯，也杀了陈昙朗作为报复。

九月初一，梁朝改换年号，为太平元年，实行大赦，任命陈霸先为丞相、录尚书事、镇卫大将军、扬州牧、义兴公。

太平二年（557年）八月二十八日，梁朝提升丞相陈霸先为太傅，加赐黄钺、殊礼，进见赞拜时不用称名。九月初五，又提升为相国，总领朝政，封为陈公，备九锡，陈国设置百官。

十月初三，梁朝给陈公陈霸先进爵为王。初六，刚当了两年小皇帝的萧方智禅位于陈王陈霸先，延续了56年的萧梁王朝为陈朝所取代。

陈王陈霸先派中书舍人刘师知带领宣猛将军沈恪指挥兵士进入皇宫，护送梁敬帝到别宫去居住。沈恪冲开大门拜见陈王，叩头谢罪，说："我亲自经历过侍奉萧氏的事，今日不忍心看到这种逼宫的场面。违命受死是我的本分，决不能接受这种任命！"陈王嘉勉了他的这种忠心，不再逼他担当此命，另换统领骁领骑兵的荡主王僧志代替他。

萧方智被废黜后，封为江阴王，陈霸先将他安置在江阴，并以江阴郡建江阴国，作为梁王朝最后的封地。

永定二年（558年）四月初三，陈霸先派刘师知杀害了江阴王萧方智。

当时，这个已被贬为江阴王、16岁的原皇帝萧方智，被士兵追着围床而逃，边哭边喊："我本不愿当皇帝，陈霸先硬要推我入帝座，现在又要杀我！"随即，萧方智身首异处。这就是寒门出身的陈霸先，读书不多，但杀人不少，仅皇帝就杀了两位。萧方智死后被谥为敬帝。

正史中没有梁敬帝墓葬地的确切记载，根据分析，梁敬帝没有归葬丹阳三城巷梁代帝陵区，大约葬在江阴封地。据江阴日报2006年10月20日的报道，梁敬帝萧方智葬于他的封地江阴（今江苏江阴西石桥镇）利港镇苍（墩）山。旧志称之为"梁萧天子墓"，现为江阴市文物保护单位。

萧梁之后是陈霸先建立的陈朝。请看下一篇：空余石马势腾骁。

陈朝篇

空余石马势腾骁

“无复万安陵寝在，空余石马势腾骁。”——摘自清代陈文述《陈武帝万安陵》诗。石马是指陈武帝万安陵前石麒麟。

梁太平二年（557年）十月初六，萧梁的陈王陈霸先代梁称帝，国号陈，以建康为首都，史称陈朝。

陈朝（557—589年），是中国历史上南北朝时期南朝的第四个朝代，也是南京“六朝古都”中的最后一个朝代。陈朝共历时33年，传5位皇帝。

第一章

开国之君出寒门——武帝陈霸先

武帝陈霸先

高祖武皇帝陈霸先（503—559年），字兴国，小名法生。吴兴长城（今浙江湖州长兴）下箬里人，汉太丘（今河南永城县）长陈实之后。

陈实（104—187年），字仲弓，颍川许（今河南许昌长葛古桥乡陈故村）人。东汉灵帝初，大将军窦武辟为掾属（佐治的官吏），少为县吏，有志聪明过人，勤奋好学，诵读不辍，就业太学，后任颍川郡西门亭长，因德行高尚，继任闻喜（今山西闻喜县）长、太丘长，故号“太丘”。陈实玄孙陈准，晋太尉；陈准生陈匡，陈匡生陈达。

陈达，陈朝武帝陈霸先十世祖。永嘉（晋怀帝司马炽的年号，从307至313年）南迁，陈达为丞相掾（丞相府的属官），历太子洗马，出为长城令。陈达性爱自然，见此山青水秀，风光明媚，便迁居长城下箬里定居。他曾预言："此地山川秀丽，当有王者兴焉，200年后，我子孙必钟斯运。"陈达生陈康，复为丞相掾，咸和年间东晋政府实行土断，故为长城人。

陈康生盱眙（今江苏盱眙）太守陈英；陈英生尚书郎陈公弼；陈公弼生步兵校尉陈鼎；陈鼎生散骑侍郎陈高；陈高生怀安（今河北张家口）令陈咏；陈咏生安成（今江西安福）太守陈猛；陈猛生太常卿（朝廷掌宗庙礼仪之官）陈道巨；陈道巨生长子陈道谭，为兖州刺史；次子皇考陈文赞。

陈文赞，字汝画，号瑞林。仕梁朝官至太常卿。梁敬帝萧方智太平元年（556年）九月，梁追赠光禄大夫，封义兴（今江苏宜兴）郡公，谥曰恭。

陈文赞与董氏有3子：陈谈先、陈霸先、陈休先。自陈达之后的第十代，陈家果然出了个开国皇帝陈霸先。

一、出身寒门

虽然到陈霸先时，陈达在长兴的子孙经过十世繁衍，已蔚然成为人数众多的大家族，但在南北朝门阀制度的潜规则中，陈霸先仍属寒门出生。

陈霸先出生于梁天监二年（503年）。史书上说："（陈霸先）少倜傥有大志，不治生产。既长，读兵书，多武艺，明达果断，为当时所推服。他身长7尺5寸（约为1.82米），日角龙颜（相术家指额头隆起为龙颜。日角，处于左眉骨之上），垂手过膝。尝游义兴（今江苏宜兴），馆于许氏，夜梦天开数丈，有4人朱衣（红衣）捧日而至，令高祖开口纳焉。及觉（睡醒），腹中犹热，高祖心独负之。"陈霸先竟然能够"梦吞"太阳，实属奇迹。

陈霸先年轻时种过田、打过鱼。古县志记载，长兴留有陈霸先许多遗迹，如圣井、古银杏等，还有一株饭箩木，系陈霸先晒鱼网所在。陈墓岭上曾有一石孔，是当年陈霸先植枪之处。小浦的陈高祖钓台，曾是他垂钓和练弹弓的场所。

起先陈霸先担任过里司（相当于今天的村长）。南朝制度，县下有乡，乡下有里。里司管一里地的事。后到建康（今南京）做过油库的库吏，这些其实称不上官职。后担任新喻侯萧映（梁武帝侄子）侯府的传令吏。可见陈霸先年轻时之艰难，其入仕亦从最低之职开始的。

梁大同初（约534年），新渝侯萧映为吴兴太守，很看重陈霸先，"尝目高祖谓僚佐曰：'此人方将远大。'"意思是："你们看，此人将来不得了！"约在梁大同六年（540年），萧映到广州任刺史，陈霸先随任为广州府中直兵参军。因陈霸先广州平乱有功，梁武帝颁下诏书，任命陈霸先为直将军。后又因平交州李贲之乱有功，梁大同十一年（545年），陈霸先受封为交州司马兼领武平（今越南永福省永安市附近）太守。梁武帝命使臣将陈霸先画像带回，颁下诏书，任命陈霸先为西江督护、高要（今广东肇庆）太守、督7郡诸军事。

二、讨伐侯景

梁太清二年（548年）八月，侯景以诛杀梁朝中领军朱异、少府卿徐驎、太子右卫率陆验、制局监周石珍为借口反叛梁朝。十月二十四日，侯景率军攻入建康，将梁都台城团团围住。第二年，梁武帝饿死，萧纲被侯景扶为傀儡皇帝。

太清三年（549年）六月，陈霸先得知建康都城（今南京）被围，打算带兵从广州出发前去讨伐侯景。侯景派人诱劝广州刺史元景仲，答应要拥戴他为道领，元景仲因此归附侯景，阴谋算计陈霸先。十二月，陈霸先派使者抄小路赶到江陵，表示接受湘东王萧绎的指挥调度。

大宝元年（550年）正月初一，陈霸先率军从始兴出发，抵达大庾岭。湘东王萧绎以皇帝之令授予陈霸先明威将军、交州刺史。六月，又任命为豫州刺史。

二年（551年）六月，陈霸先发兵南康，进驻西昌（今四川西昌）。

八月十七日，侯景废了简文帝。二十一日，拥立萧栋登上皇帝位。十月初二，侯景杀了简文帝萧纲。十一月，侯景自立为帝。

承圣元年（552年），湘东王萧绎命令王僧辩等向东（建康）进军，攻击侯景。二月二十六日，陈霸先的南路军与王僧辩率领的西路军会师。三月十四日，陈霸先在石头城落星山扎营筑栅。十九日，王僧辩向招提寺北面进军，侯景率10000余人，铁甲骑兵800余骑排列在西州的西边严阵以待。陈霸先说："我军兵力多，贼党兵力少，应该设法分散贼兵的势力，达到以强制弱的目的。"侯景冲击将军王僧志的军阵，王僧志有意稍稍退却，陈霸先派将军安陆人徐度带领弓箭手2000人横截敌军的后路，于是侯景的部队惊慌而退。陈霸先、王琳、杜龛率铁甲骑兵乘胜追击。侯景与陈霸先展开了白刃战以决生死。最后，侯景部队彻底溃败。四月十八日，羊鹍杀死了侯景。至此，陈霸先与王僧辩共同平定了历时3年多的侯景之乱。

天成元年（555年）九月，陈霸先在京口举兵，除掉了王僧辩，废萧渊明，立萧方智。陈霸先任大都督，总摄梁朝军国大事，为自己称帝铺平了道路。

三、代梁建陈

太平二年（557年）十月初六，萧梁的小皇帝萧方智禅位于陈王陈霸先。初十，陈霸先在建康南郊即皇帝位，国号陈，是为陈武帝。回到宫庭，颁发大赦天下令，改换年号为永定。封梁敬帝萧方智为江阴王，梁太后为太妃，皇后为妃。

十一日，武帝驾临钟山，祭祀蒋帝庙。十五日，武帝从杜姥宅请出佛牙，设无遮（来者不拒的意思）大会，举办佛事，武帝亲自出来到宫阙前顶礼膜拜。

这颗佛牙是南齐法献（译经僧）所得，后置于定林寺，梁天监末年为摄山（今南京栖霞区境内）庆云寺慧兴所保藏，慧兴将死，又交其弟慧志。梁元帝承圣末年，慧志秘密送给陈武帝，陈武帝即位后，就很快将其公布，并设四部无遮大会以志庆祝。

十六日，武帝追尊皇考陈文赞为景皇帝，庙号太祖。皇妣董氏为安皇后。追立前夫人钱氏为昭皇后，世子陈克（夭折）追立为孝怀太子，夫人章要儿立为皇后。

十一月初一，武帝立其兄的儿子陈蒨为临川王，遥封陈昌（陈霸先长子）为衡阳王、陈顼为始兴王，其弟的儿子陈昙朗已死，但武帝还不知道，立他为康王。

永定二年（558年）正月，王琳带兵东下进犯陈朝，抵达湓城，驻扎在白水浦（今江西九江西），他共带有10万甲兵。王琳任命北江州（今湖北黄安县）刺史鲁悉达为镇北将军。

三月，北齐派兵援助并护送梁朝永嘉王萧庄回到江南，并册拜王琳为梁朝丞相，都督中外诸军、录尚书事。王琳派其兄的儿子王叔宝率领所统辖10个州刺史的子弟去邺城为人质，拥戴萧庄登上了皇帝位，改年号为天启。追谥建安公萧渊明为闵皇帝。萧庄任命王琳为侍中、大将军、中书监，其余官职依照北齐的册命。

五月二十九日，武帝驾临建康大庄严寺（宣阳门外，旧址在今南京新街口附近）向佛祖舍身为奴。三十日，群臣上表请皇上回宫。陈霸先是否在仿效当年梁武帝的做法，无考。

这年六月初七，武帝下诏命令司空侯瑱与领军将军徐度率领水师为先头部队去讨伐王琳。七月初七，武帝驾临石头城（当年建康城军事堡垒），送侯瑱等出师。

三年（559年）六月十二日，武帝身体不适，二十一日，病逝于璿玑殿，在位3年，时年57岁。

武帝建国之初，“号令不出建康千里之外”，他一面笼络江左豪族，恢复江南经济，一面征伐北齐，收复淮南失地，政权逐渐稳固。

陈霸先一生当中，娶过两位妻子。登基之前，同县望族钱仲芳见陈霸先风流倜傥，气度不凡，就将女儿钱氏许配给陈霸先。但钱氏因病在陈霸先登基前就已经去世，陈霸先登基后，就追封钱氏为“昭皇后”。

陈霸先第二任妻子章要儿，吴兴乌程（今浙江湖州）人。本姓钮，其父钮景明是章氏的养子，因改姓章，梁代官至散骑侍郎。章要儿的母亲苏氏婚后数年不育，一日遇见一道士，送给她一只五色斑斓的小乌龟，并说："3年后，必有征兆。"果然，过了3年，章要儿诞生。室内紫光闪烁，再找那只乌龟却不见了。章要儿少时聪慧，美容仪，手爪（指甲）长5寸，色并红白，每有期功（就是服丧）之服，则一爪（指甲）先折。章要儿是女中豪杰，精通文墨，能读《诗经》和《楚辞》。

梁武帝大同年间，侯景之乱爆发，章氏被侯景所掳。叛乱平息后，陈霸先受封长城县公，章氏拜为夫人。永定元年（557年）陈霸先代梁称帝，章要儿被立为皇后。

永定三年（559年）八月，陈朝葬陈武帝于万安陵，庙号为高祖。章太后65岁去世，谥曰宣太后。祔葬万安陵。

陈霸先万安陵，原先坐落在南京江宁区上坊乡石马冲农田中，现为上坊中学门前的广场中。距南京主城不过20分钟的车程。至今陵前仍保存天禄、麒麟各一，均为雄兽，无角。两尊石刻造型相似，均昂首张口，头有鬣毛，长舌下垂，下颏须髯拂胸，腹侧饰双翼，4足，脚趾着地，长尾曳地旋转成半圆形。它们已经在风雨中站立了1400多年，由于体表风蚀严重，雕饰花纹多已磨灭不清。如今，石刻周围已经加了汉白玉围栏和排水沟。石刻前有南京市人民政府1988年立的"全国重点文物保护单位万安陵"石碑。

万安陵在陈朝灭亡后曾被掘毁。陈霸先政敌王僧辩之子王颁，纠集其父旧部，夜掘陈武帝陵，剖棺焚尸，甚至将骨骸焚化成灰水喝进肚里，成为轰动当时的大事。

清代陈文述《陈武帝万安陵》诗云："当年僧辩平侯景，太室铭刻定不祧。立长有心图却敌，背盟何意出同僚。本容方智生南国，终遣萧庄死北朝。无复万安陵寝在，空余石马势腾骁。"

四、时人与后人评价

（南朝历史学家）姚察（曾修编《梁书》、《陈书》）：高祖英略大度，应变无方，盖汉高、魏武之亚矣。

（唐）魏徵《陈书》：高祖拔起垅亩，有雄桀之姿。始佐下藩，奋英奇之略，弭节南海，职思静乱。援旗北迈，义在勤王，扫侯景于既成，拯梁室于已坠。

故乃决机百胜，成此三分，方诸鼎峙之雄，足以无惭权、备矣。

（唐）姚思廉《陈书》：高祖智以绥物，武以宁乱，英谋独运，人皆莫及，故能征伐四克，静难夷凶。至升大麓之日，居阿衡之任，恒崇宽政，爱育为本。有须发调军储，皆出于事不可息。加以俭素自率，常膳不过数品，私飨曲宴，皆瓦器蚌盘，肴核庶羞，裁令充足而已，不为虚费。

（唐）李延寿《南史》：雄武英略，性甚仁爱，恒崇宽简，弥厉恭俭。

（宋）司马光《资治通鉴》：上临戎制胜，英谋独运，而为政务崇宽简，非军旅急务，不轻调发。性俭素，常膳不过数品，私宴用瓦器、蚌盘，肴核充事而已；后宫无金翠之饰，不设女乐。

（明）归有光：恭俭勤劳，志度弘远，江左诸帝，号为最贤。

毛泽东：读读《陈书》，了解陈霸先的身世经历。陈霸先之所以伟大，不仅在于他是一代开国皇帝，还在于他具有彪炳千古的贤明人格。

第二章

皇上欲立男皇后——陈文帝陈蒨

世祖文皇帝陈蒨（522—566年），又称陈茜，字子华。武帝陈霸先侄子，始兴昭烈王陈道谭长子。陈朝第二位皇帝。永定三年（559年）至天康元年（566年）在位。共使用了2个年号：天嘉（7年）、天康（1年）。

梁太清初（547年），陈蒨梦见两日斗，一大一小，大者光灭坠地，色正黄，其大如斗，陈蒨因三分取一而怀之。到了侯景之乱时，乡人多依山湖寇抄，世祖陈蒨独保家无所犯。

陈蒨在梁朝时曾任吴兴（今浙江湖州）太守。承圣二年（553年），授信武将军，监南徐州。承圣三年，陈蒨配合陈霸先击败王僧辩女婿杜龛，以功授持节、都督会稽等10郡诸军事、宣毅将军、会稽太守。

永定三年（559年）六月二十一日，武帝陈霸先病逝。当时皇子陈昌被俘在长安，陈朝国内没有嫡亲的皇位继承人，国外又有强大的敌人，有经验的老将都带兵在外头，朝廷里也没有重臣。只有领军杜棱在建康掌管宫廷宿卫军。章皇后（章要儿）召杜棱和中书侍郎蔡景历进入宫禁之中商量，决定秘不发丧，紧急从南皖（今安徽安庆）召回临川王陈蒨。蔡景历亲自和宦官、宫人一起秘密地办理装殓尸体的器具。当时天气很热，必须做一个较大的棺材，因为担心斧头砍削木头的声音传出宫外，就用蜡做成一具装尸的棺材。朝廷的一应文书诏敕，仍然按平时的样子宣布颁行。

这时，正值南豫州刺史侯安都的军队回朝，到达南皖，听到陈霸先病逝的消息，就和临川王陈蒨一起回到朝廷。二十九日，临川王回到建康。侯安都与各位大臣商量，决定拥戴临川王继承皇帝位，临川王表示谦让不敢接受。因为皇子陈昌还活着的原故，章皇后也不肯下这个命令，大臣们议论纷纷，犹豫着不能做出决定。侯安都说："现在四方都不安定，哪有工夫想得那么远！临川王平定东土，为国家立有大功，我们必须共同拥立他为国主。今天之事，迟疑而不立即答应的人一律斩首。"于是手执剑把走上宫殿，要求章皇后拿出玉玺，又亲手解开陈蒨的头发，让他站在皇位继承人的位置上，并将武帝的棺材迁到太极殿西阶，隆重地为武帝发丧。章皇后这才下了命令，让陈蒨继承皇位。当天，陈蒨即位，史称陈文帝，大赦天下。七月初一，尊奉皇后为皇太后。八月初六，任命侯瑱为太尉，侯安都为司空。

当初，武帝陈霸先追谥哥哥陈道谭为始兴昭烈王，让他的第二个儿子陈顼继承封号。等到文帝陈蒨即位，陈顼还被俘在长安没有回来，陈文帝因为他自己继承了皇位，本宗缺乏主祭的人，于是在十四日那天，下诏改封陈顼为安成王，封皇子陈伯茂为始兴王，让他供奉陈道谭的祭祀。

九月初七，陈蒨立陈伯宗为皇太子。二十一日，立太子陈伯宗的母亲吴兴人沈妙容为皇后。

沈妙容（？—605年），吴兴武康（今浙江吴兴）人。父沈法深，官梁安前中录事参军，追赠光禄大夫，爵建成县侯；母高氏，追封绥安县君。梁大同中，沈氏嫁给了陈蒨。侯景之乱时，陈蒨和沈氏在吴兴被侯景等人抓去，软禁起来。陈霸先称帝后，陈蒨被封为临川郡王，沈氏封为临川王妃。

十月，王琳听到陈武帝去世的消息，便任命少府卿、吴郡人孙玚（chàng）为郢州刺史，让他总揽留守事宜，自己则拥奉梁朝永嘉王萧庄（梁元帝之孙）出兵屯驻濡须口（今安徽无为县东南），北齐扬州道行台慕容俨率领部众逼近长江，为其声援。十一月初二，王琳进犯大雷（今安徽望江）。陈文帝诏令侯瑱、侯安都和仪同徐度带兵去抵抗。安州刺史吴明彻乘夜袭击湓城（今江西九江），王琳派巴陵太守任忠进攻吴明彻，将其打败，吴明彻只逃出了一条性命。王琳乘势引兵东下建康。

王琳（526—573年），字子珩，会稽山阴（今浙江绍兴）人。本兵家，能为诗。王琳原是梁元帝萧绎部将王僧辩的手下，在平定侯景之乱中他立下大功。

原先，承圣三年（554年）西魏攻陷江陵、杀害梁元帝时，萧庄只有7岁，逃匿于民家之中。之后，被王琳发现，将萧庄护送回建康。梁敬帝萧方智即帝位之后，将萧庄作为人质送往北齐。太平二年（557年），陈霸先废萧方智即帝位后，王琳等人要求北齐送还萧庄，并使其接替南梁皇帝。萧庄回到南朝之后，王琳立萧庄为南梁皇帝，改年号为天启。萧庄任命王琳为侍中、大将军、中书监。南梁据有长江中上游地区。

天嘉元年（560年）正月初一，陈朝大赦天下，改换年号为天嘉。

此时，北周人听到南梁的王琳东下进犯陈朝的消息，乘机派都督荆、襄等52州诸军事及荆州刺史史宁带兵数万人乘虚袭击郢州，孙玚环绕城墙设防线而固守。王琳听到消息，担心自己军心不稳，众人溃散，于是加紧率领水师东下，直到离芜湖10里地才停泊下来，军中敲击木柝报时示警的声音，一直传到陈朝军队里。北齐仪同三司刘伯球带兵10000多人帮助王琳水战，行台慕容恃德的儿子慕容子会带领2000名铁骑屯驻在芜湖西岸，声援王琳。

正月十四日，陈朝太尉侯瑱下令军队一早就做饭，在寝席上用饭，严阵以待王琳军队进犯。当时西南风刮得又急又猛，王琳自以为得到天公帮助，便带兵直逼建康。侯瑱等人慢慢地从芜湖出来跟在王琳兵船后头，结果西南风反而被侯瑱利用了。王琳让士兵扔火炬去烧陈朝军队的兵船，因为逆风，反而烧了自己的兵船。侯瑱命令士兵将战船前后的拍竿（古时战具，置于兵车、战舰上，利用杠杆和滑车，遥掷石块、钉板、火种等物以打击敌方）拿出来拍击王琳的兵船，又用牛皮蒙着有冲击力的小船去撞他的军舰，并用熔化的铁水泼将过去。王琳军队大败，军士溺水而死的有十分之二三，其余的都扔下船逃上岸，被陈朝军队拦住，砍杀得几乎一个都不剩。北齐的步兵在西岸也乱成一团，自相践踏，全都陷入了芦荻泥泞之中；骑兵都扔下马匹逃跑，幸免于死的只有十分之二三而已。陈朝军队抓获了刘伯球、慕容子会，杀死和俘虏敌军数以万计，梁军和北齐军的军用物资和兵器也全被陈朝军队缴获。王琳乘坐舴艋小船冲出战场逃跑，抵达湓城，想把散失流离的军士收拢来，但再也没有人愿意归附他，于是只好带着妻妾、左右亲信十几个人去逃奔北齐。

当初，西魏发兵突袭江陵，梁元帝萧绎被杀。长城公陈霸先的世子陈昌、侄子中书侍郎陈顼本在梁元帝宫中值事，均被掳至长安（今陕西西安）。陈霸先即皇位后，多次请求北周人将他们放回来，北周（此时西魏已经在557年被北周取代）口头上答应，却不放人。陈霸先去世后，北周才将陈昌放了回来，但是因为王琳占据长江中流，挑起战端，通往建康的道路受阻，陈昌只好暂住安陆（今湖北安陆）。王琳兵败后，陈昌从安陆出发，将要渡江时，写了一封信给陈文帝，信里言辞颇傲慢不逊。文帝看了很不高兴，把侯安都叫来，从容不迫地对他说："太子将要回来就位了，我得另外求得一块封国作为归老的地方。"侯安都说："自古以来，哪有什么被代替的天子！臣下很愚昧，不敢接受这个诏令。"于是请求自己去迎接陈昌。群臣们联名上表，请求文帝给陈昌封爵并任命。

天嘉元年（560年）二月二十八日，陈文帝任命陈昌为骠骑将军、湘州牧、衡阳王。三月二十三日，陈昌进入陈朝境内，陈文帝诏令主书、舍人们在道路旁迎接等候。二十五日，侯安都迎接陈昌渡江。侯安都单独与陈昌登于船楼顶"赏景"，还没说上几句话，侯安都就将陈昌双手捆缚，以布塞口，扔到江中淹死。凿漏了陈昌的座船，又杀死陈昌的所有随从。侯安都上奏陈文帝，宣称陈昌渡江时遭遇不测，船坏被淹死。侯安都因为杀陈昌之功进爵，为清远公。

四月初六，陈朝立皇子陈伯信为衡阳王，让他承奉献王陈昌的祭祀。

天嘉三年（562年）三月初七，安成王陈顼（陈文帝弟）到达建康，陈文帝下诏封他为中书监、中卫将军。

陈文帝对杜杲（gǎo）（北周遣送安成王陈顼南归的官吏）说："我弟弟现在承蒙你们以礼相待送回来了，这实在是周朝的恩惠，然而我们要是不奉送鲁山城（今湖北武汉汉阳），你们恐怕也不会这样做的。"杜杲回答说："安成王不过是长安的一个布衣百姓，但却是陈朝皇帝的弟弟，他的价值岂止一座城池而已！我们周朝一向和亲族和睦相处，推己及人地讲求忠恕之道，上遵太祖之遗旨，下思永远和好人信义，因此才把安成王送回南方。现在您却说是用寻常的土地换回了骨肉至亲，这可不是我所能同意的。"陈文帝听了很觉惭愧，只好自我嘲解地说："刚才说的是玩笑话。"

此时，陈顼的妃子柳氏和儿子陈叔宝还滞留在穰城（今河南邓县），陈文帝又派毛喜到北周去请求放还，北周将他们都送了回来。

陈顼因为是陈文帝的弟弟而显赫，势力压倒朝野的所有人，直兵鲍僧睿倚仗陈顼的势力横行不法，御史中丞徐陵上奏章弹劾他，跟随御史台官员的引导经过批阅章奏的几案进入朝廷。文帝见他身穿礼服十分严肃，脸色也严肃起来，端正地坐好。徐陵手持奏版读了奏章，当时陈顼正站在殿上侍候文帝，抬头看着文帝，惊慌得脸上流汗变色。徐陵叫殿中御史领陈顼下殿。文帝因此免去陈顼担任的侍中、中书监的官职。朝廷中对徐陵肃然起敬。

天嘉七年（566年）二月二十九日，文帝大赦全国，改天嘉七年为天康元年。三月初三，任命安成王陈顼为尚书令。

四月，文帝生病，台阁等官署的事情，令尚书仆射到仲举、五兵尚书孔奂共同决定。文帝病重，孔奂，到仲举和司空及尚书令、扬州刺史、安成王陈顼，吏部尚书袁枢，中书舍人刘师知进宫侍候医病服药。太子陈伯宗懦弱，文帝担心他不能守住皇位，对安成王陈顼说："我要像太伯那样把天下让给你。"

陈顼流泪拜伏在地，坚决推辞。文帝又对到仲举、孔奂说："现在三方鼎立对峙，天下的事情繁重，需要有个年纪较大的君主。近的，朕准备效法晋成帝；远的，遵照殷朝的法则，把皇位传给弟弟，你们要按朕的意思去做。”孔奂流着泪回答说：“陛下因为饮食不当所以身体欠安，不用很久就能康复。皇太子正在盛年，威德一天比一天高。安成王贵为陛下的弟弟，足以承担周公旦那样的责任。陛下如果有废立的想法，我们虽然愚笨，实在不敢听到这样的诏命。”文帝说：“古代直道而行的遗风，在你们身上表现出来了。”于是任命孔奂为太子詹事（东宫百官之长）。

四月二十七日，文帝去世。在位7年，终年44岁。文帝出身于艰苦困难之中，知道民间的疾苦。他生性敏锐、节俭朴实，每晚从宫中小门送来刺探外事以供分析的人（这是否相当于我们今天的纪检侦查员），前后接连不断。他下令传送更签到殿中的人，一定要把签投在石阶上，使它发出清脆的声音，说：“我虽然睡着了，响声也可以让我惊醒觉察。” 可见1000多年前，文帝对“纪检”工作就如此重视。

文帝一心想做一个太平天子，他在位期间对内实行了一些有利于稳定社会发展经济的政策，对外同北方的齐、周政权采用以和为贵的方针，维持了南北的经贸往来。他励精图治，整顿吏治，注重农桑，兴修水利，使江南经济得到了一定的恢复。这时陈朝政治清明，百姓富裕，国势比较强盛。

文帝一生有沈妙容（皇后）和8位嫔妃，陈伯宗等11个儿子。尽管如此，文帝在历史上还是有一段传闻，说韩子高是他的“男皇后”。

韩子高，本名蛮子。会稽山阴人，古代美男之一。他出身贫微，世代以做鞋为生。16岁时，在还乡路上邂逅陈蒨，因容貌美丽像女人，被收为娈童（男妓）。韩子高性格温顺，殷勤侍奉，善于领会陈蒨的意旨。

陈蒨继位以后，并没有封韩子高为皇后，只封韩子高为右军将军。累官至文招县伯（邑400户）、散骑常侍、右卫将军。废帝陈伯宗即位后，韩子高涉嫌谋反被诏令在狱中赐死，年仅30岁。

世上有“女驸马”，当然就有“男皇后”。明代戏曲作家王骥德曾作《男王后》，就是写临川王陈蒨宠纳男色（韩子高）的故事。

天康元年（566年）六月二十一日，朝廷将陈文帝葬于永宁陵（今南京栖霞区甘家巷新合村狮子冲田野中）。谥曰文皇帝，庙号世祖。

永宁陵前现存石刻双角天禄、独角麒麟各一只，均为雄兽，东西相对，间距25.84米。其造型灵动俊美，矫健秀逸，纹饰繁振华美，不仅张口露齿，而且其足跟着地，足趾翘起，足掌心朝前，给人“张牙舞爪”之感，是南京地区南朝帝陵前雕刻最精美的一对石刻。

第三章

先帝遗诏留后患——废帝陈伯宗

废帝、临海王陈伯宗（554—570年），字奉业，小字药王。陈文帝陈蒨嫡长子，母安德皇后沈妙容。南朝陈的第三位皇帝。天康元年（566年）至光大二年（568年）在位。仅使用了1个年号：光大（2年）。

陈伯宗生于梁承圣三年（554年）五月。永定二年（558年）二月，拜临川王世子。三年（559年）六月二十九日，文帝陈蒨嗣位，九月初七，立陈伯宗为皇太子。

天康元年（566年）四月二十七日，文帝陈蒨去世后，13岁的太子陈伯宗即皇帝位于太极前殿，大赦全国。五月初三，尊称皇太后章氏（章要儿）为太皇太后，皇后沈氏为皇太后。十四日，以安成王陈顼为骠骑大将军、司徒、录尚书、都督中外诸军事。二十一日，任命中军大将军、开府仪同三司徐度为司空，任命吏部尚书袁枢为左仆射，吴兴太守沈钦为右仆射，御史中丞徐陵为吏部尚书。七月二十二日，立妃子王氏为皇后。

王皇后王少姬，金紫光禄大夫王固之女。天嘉元年，为皇太子妃，陈伯宗即位，立为皇后。陈伯宗降为临海王，王皇后为临海王妃，至德中（陈后主年间）薨。

光大元年（567年）正月初三，陈伯宗改年号为光大。

当初，武帝陈霸先曾是梁敬帝萧方智的丞相，任用刘师知为中书舍人。刘师知学识广博擅长文学，熟悉朝仪礼制，在梁世祖（萧绎）时，虽然为官得不到升迁，但委任他的事情很重要，他和扬州刺史安成王陈顼、尚书仆射到仲举一起受先皇的遗诏辅政。刘师知、到仲举常常住在宫里，参与决定许多事情。陈顼和300名身边亲信进驻尚书省，刘师知看到陈顼的门第和权势为朝廷和民间所注目，心中妒嫉，与尚书左丞王暹（xiān）等策划准备将陈顼排挤出尚书省。大家犹豫不定，不敢率先发难。东宫通事舍人殷不佞，一贯以维护名望气节为己任，加上在东宫任职，是皇帝亲自任命的，于是赶到尚书省假传圣旨对陈顼说："现在天下无事，安成王可以回自己的东府管理州务。"

陈顼正准备离开尚书省，中记室（专管表章书记工作）毛喜赶来见他，说："陈朝据有天下为时还很短，国家接连遇到大丧事，上上下下都感到担忧害怕。太后经过深思熟虑，才决定叫您安成王进尚书省共同兴举各种事功（功勋），殷不佞所说的，一定不是太后的意思。社稷的重任在身，希望您能三思，必须另行向朝廷奏报，不要让邪恶之徒的阴谋得逞。现在离开尚书省就会受到别人的牵制束缚。"

陈顼派毛喜和领军将军吴明彻商议，吴明彻说："继位的国君正在居丧，日常纷繁的政务很多还没有着手。殿下亲如周公、召公，应当辅助皇上安定国家，希望殿下留在尚书省，不必疑虑。"

陈顼于是假装生病，请刘师知来，留住他进行谈话，同时派毛喜先向太后禀告。太后说："现在伯宗皇帝年幼，政事都委托给二郎陈顼。殷不佞所说的不是我的意思。"毛喜又去向陈伯宗说这件事。陈伯宗说："这是刘师知他们自己的所作所为，朕并不知道。"毛喜回来报告给陈顼。陈顼把刘师知囚禁起来，亲自进宫见太后和陈伯宗，极力陈述刘师知的罪行，自己起草了诏命请陈伯宗御批，将刘师知交给廷尉。这天夜里，刘师知在牢狱中被赐死。又任命到仲举为金紫光禄大夫。王暹、殷不佞一同交送有关部门治罪。因为陈顼平素很看重殷不佞，所以他没有被处死，只是被罢了官。王暹则被处死。至此国家大政都归于陈顼。

二月十二日，朝廷任命东扬州（今浙江绍兴）刺史、始兴王陈伯茂为中卫大将军、开府仪同三司。陈伯茂是废帝陈伯宗的同母兄弟，刘师知、韩子高的阴谋，陈伯茂都曾参与。司徒陈顼恐怕陈伯茂在朝内外煽惑，所以叫他任中卫，专门住在宫里，陪伴陈伯宗出游居住。

五月二十三日，陈顼任命丹阳尹吴明彻为湘州刺史。七月二十二日，立皇子陈至泽为皇太子。

光大二年（568年）正月初三，安成王陈顼进位太傅，领司徒，加特殊的礼遇。十一月，始兴王陈伯茂因为安成王陈顼专政，心中不平，经常口出恶言。二十三日，陈顼借太皇太后令诬告陈伯宗，说他和刘师知、华皎等人互通共谋，还说："文皇帝陈蒨对儿子的审察，不想传位给陈伯宗，这事相当于唐尧那样；传位给弟弟的胸怀，又像泰伯那样。现在应当重申文皇帝以前的意向，另立一个贤明的君主。"于是将在位的皇帝陈伯宗废为临海王，以安成王陈顼入继皇帝位。又下命令将始兴王陈伯茂（陈伯宗弟）贬为温麻侯，安置在王室成员举行婚礼的别馆里，安成王陈顼唆使强盗将陈伯茂在就任的路上将他截住，并将这个年仅17岁的侄子杀死在车里。

陈伯宗被废为临海王之后，王皇后亦降为王妃。是日，出居别第。太建二年（570年）四月，陈伯宗不明不白地就死了（一说被陈顼派人杀死），终年17岁。葬于临海王墓。

第四章

假借令旨夺侄位——孝宣帝陈顼

孝宣皇帝陈顼（530—582年），字绍世，小字师利。始兴昭烈王陈道谭（陈霸先之兄）第二子，高祖武皇帝陈霸先的侄子，世祖文皇帝陈蒨的弟弟，废帝陈伯宗的叔叔。陈朝第四位皇帝。太建元年（569年）至太建十四年（582年）在位。仅使用了1个年号：太建（14年）。

陈顼，梁中大通二年（530年）七月生，有赤光满堂室。少宽大，多智略。及长，美容仪，身长8尺3寸（约为2.03米），手垂过膝。有勇力，善骑射。

当初，马军主李总与高宗陈顼有旧（过去曾有交往），每同游处。高宗陈顼尝夜被酒，张灯而寐（掌灯睡觉），李总适出，寻返，乃见高宗陈顼身是大龙，李总便惊骇，走避他室。

光大二年（568年）十一月二十三日，安成王陈顼借太皇太后令，将皇帝陈伯宗废为临海王。

太建元年（569年）正月初四，安成王陈顼即皇帝位于太极前殿，改年号，大赦全国。史称陈孝宣帝。恢复太皇太后的皇太后称号，皇太后称文皇后；立妃子柳敬言为皇后，世子陈叔宝为太子；封皇子陈叔陵为始兴王，作为昭烈王的后嗣。初五，宣帝谒太庙。初七，任命尚书仆射沈钦为左仆射，度支（掌贡赋和税租）尚书王劢为右仆射。

陈宣帝皇后柳敬言（533—615年），河东解（今山西运城解州镇）人。出身名门，是梁武帝女儿长城公主的爱女。柳敬言生来俊美，身高七尺二寸（约为1.76米），手垂过膝。她的曾祖父柳世隆，在萧齐时任侍中、司空、尚书令、贞阳忠武公。祖父柳修，在梁代名气很大，官至秘书监，死后赠侍中、中护军。父亲柳偃，娶梁武帝之女长城公主为妻，拜为驸马督尉。梁大同年间，父亲柳偃任鄱阳太守时，死于官任上。面对突如其来的打击，柳敬言并没有被击倒，处乱不惊，料理家事与成年人相仿。那一年她才9岁。

梁太清二年（548年），侯景之乱爆发。为了躲避战乱，柳敬言和她的弟弟柳盼赴江陵（今湖北江陵）投奔梁元帝萧绎。梁元帝因为长城公主（萧玉妗）的缘故，待他们十分优厚。后来由梁元帝亲自做媒，将柳敬言许配给了陈顼。

承圣二年（553年），柳敬言在江陵生下一个男孩，起名叔宝。第二年，江陵被西魏攻陷，陈顼被俘迁到长安，柳敬言与陈叔宝留在穰城（今河南邓县）。天嘉元年（560年），陈顼的哥哥陈蒨即位，是为陈文帝。陈顼被封为安成王。二年，柳敬言与陈叔宝返回朝廷。三年，陈顼回到朝廷。流离失所整整8年之后，柳敬言才与自己的丈夫陈顼团聚。这时柳敬言为安成王妃。

七月初四，皇太子陈叔宝纳吏部尚书沈君理的女儿沈氏为妃。

太建二年（570年）三月十三日，皇太后章氏（章要儿）去世。四月二十五日，陈朝将武宣章皇后葬于万安陵（陈霸先陵）。

三年（571年）二月十九日，陈宣帝同前朝许多皇帝一样，十分重视农业生产，亲自到藉田（古代天子、诸侯征用民力耕种的田。每逢春耕前天子、诸侯躬耕藉田以示对农业的重视）举行耕种仪式。

五年（573年）三月，陈宣帝计划讨伐北齐，公卿之间意见不一，只有镇前将军吴明彻赞成并请求行动。陈宣帝对公卿们说："朕的主意已经决定，你们可以共同推举元帅。”大家商量认为中权将军淳于量地位最重要，共同签名推选他。惟独尚书左仆射徐陵说：“吴明彻家在淮左（今南京六合），熟悉那里的风俗；将略和才能，当今也没有超过他的。”都官尚书、河东裴忌说：“我同意徐仆射的看法。”徐陵应声说：“不但吴明彻是良将，裴忌就是好的副帅。”十六日，陈宣帝分别命令众军，任命吴明彻为都督征讨诸军事，裴忌为监军事，统率十万军队进攻北齐。四月初八，陈朝的前巴州刺史鲁广达和北齐军队在大岘（今安徽含山）交战，将北齐军队打败。

六月，陈朝的郢州（今湖北武汉）刺史李综攻克滠口城（今武汉黄陂区滠口镇）。十一日，任忠攻克合州（今安徽合肥）的外城。十六日，淮阳（今江苏淮阴）、沭阳（今江苏沭阳县）郡郡守都弃城逃走。十九日，陈朝的程文季攻克北齐的泾州（今安徽天长西）。二十日，宣毅司马湛陀攻克新蔡城（今湖北黄梅）。二十九日，陈朝黄法氍（qú）攻克合州。三十日，吴明彻攻克仁州（今安徽怀远）。

八月初二，北齐的山阳城（今江苏淮安）投降。初九，盱眙城投降。十九日，陈朝的戎昭将军徐敬辩攻克海安城（今江苏涟水）。青州（萧梁所置青州）的东海城（今江苏连云港）投降。二十五日，平固侯敬泰等攻克晋州（今安徽潜山县）。九月初一，阳平城（今安徽固镇）投降。初九，高阳太守沈善庆攻克马头城（今安徽怀远县南马城）。十一日，齐安城（今湖北麻城）投降。十三日，陈朝的左卫将军樊毅攻克广陵楚子城（今河南新蔡境）。

十月，陈朝吴明彻进攻寿阳，筑起围堰引肥水灌城，城里的百姓患浮肿和腹泻病的很多，死去的有十分之六七。十三日，吴明彻亲自穿戴了铠甲和头盔，指挥部队从四面发动急攻，一鼓作气攻克寿阳，活捉了北齐巴陵王王琳和扬州刺史王贵显、扬州道行台尚书卢潜和扶风王可朱浑（姓）道裕、尚书左丞李騊駼（táo tú），并送到建康。

王琳体态容貌安闲文雅，喜怒不形于色。他记忆力强而头脑敏捷，军府里的僚佐官吏多到上千人，王琳都知道他们的姓名；他不滥施刑罚，不重钱财，爱护部下，很得将领和士兵的爱戴。他被捉住以后，以前部下的将士很多在吴明彻的军队里，看到王琳都唉声叹气，不忍抬头看他，争着为他请求保全性命，并送给他财物。吴明彻怕他走后生变，派人追到寿阳以东20里的地方将王琳杀死，终年48岁。人们听到这事，哭声如雷。

十一月，陈宣帝下诏将王琳的首级挂在建康示众。这一年，陈宣帝将长江以北一带地方全部收复，取得了讨伐北齐的胜利。

当初，太子陈叔宝要任命左户尚书江总为太子詹事，派管记陆瑜告诉了吏部尚书孔奂。孔奂对陆瑜说："江总有潘岳、陆机（二人都是西晋文学家）那样的文采，却没有园公、绮里季（二人都是秦末汉初著名学者）那样的真实才能，如果派江总辅佐太子，我有所为难。"太子对此很痛恨，便自己向皇帝提出要求。陈宣帝将要答允他，孔奂上奏说："江总，是有才华的人。现在皇太子才华出众，难道还要依靠江总！按臣的看法，希望挑选敦厚稳重的人才，担任辅导皇太子的职务。"陈宣帝说："按你所说，谁能担任这个职务？"孔奂说："都官尚书王廓，世代都有美德，才识和性格忠厚聪明，可以担任。"皇太子当时正在旁边，便说："王廓是王泰的儿子，不宜做太子詹事。"孔奂说："宋朝的范晔，是范泰的儿子，也是太子詹事，前代也没有因为避讳而产生怀疑。"太子力争，陈宣帝最终还是任命江总为太子詹事。

不久，江总和太子陈叔宝彻夜饮酒，收养女官陈氏为女儿。陈叔宝屡次便装外出，到江总家里游玩。陈宣帝大怒，免掉了江总的官职。

十年（578年）九月十一日，朝廷在娄湖（今南京门东老虎头古巷）建立方明坛（设有上下四方神明的祭坛）。十四日，任命扬州刺史、始兴王陈叔陵为王官伯（天子委派的主盟老臣）和朝廷百官立盟效忠皇室。二十日，陈宣帝驾临娄湖对众官盟誓。二十一日，分派大使将盟誓对全国宣布，使上下互相告诫防备北周来犯。

十二年（580年）三月，北周（北朝之一）天元皇帝（宇文赟）册立了杨丽华、朱满月、陈月仪、元乐尚、尉迟炽繁5位皇后。

五月，杨皇后（杨丽华）的父亲杨坚（即后来的隋文帝）任职大前疑（相当于丞相），地位尊崇，深孚众望。天元皇帝一直猜忌他，有一次发怒时对杨皇后说："我一定要将你家灭族。"于是传令召杨坚进宫，对左右侍从说："他如果变了脸色，就立即把他杀死。"杨坚来到以后，神色自若，天元皇帝才没有杀他。

天元皇帝将派郑译率军进攻陈朝，郑译请求朝廷任命一位元帅。天元皇帝问："你认为派谁合适？"郑译回答说："如果要平定江东，不用朝廷懿戚重臣做统帅，难以镇抚，请命令随公杨坚随军前往，担任寿阳总管，负责前线军事。"天元皇帝答应了郑译的请求。初五，天元皇帝任命杨坚为扬州总管，令郑译调遣军队与杨坚到寿阳会合。将要出发时，杨坚突然得了脚病，结果没有成行。

五月初十夜，天元皇帝乘坐车驾，临幸天兴宫。十一日，因病返回。小御正博陵（今河北安平）人刘昉一向以狡黠谄媚得到天元皇帝的宠爱，与御正大夫颜之仪一起受到天元皇帝的信任。天元皇帝召见刘昉、颜之仪到卧室，想向他们托付后事，但因病发音困难，不能再说话。刘昉见静帝年纪幼小，而杨坚是杨皇后的父亲，声名显赫，于是和领内史郑译、御饰大夫柳裘、内史大夫杜陵（今陕西长安县）人韦謩（mó）、御正下士朝那（甘肃平凉灵台)人皇甫绩商议，邀请杨坚辅政。杨坚坚辞不接受，刘昉就对他说："您如果想干，就赶快上任；如果不想干，我就自己干。"杨坚这才答应，对外则宣称接到天元皇帝诏命，要他住进宫中侍奉。

当天，天元皇帝去世。宫中对外秘而不宣。刘昉、郑译又假传诏命，让杨坚总管朝野内外的军队。二十三日，北周为天元皇帝发丧。北周静帝（宇文衍，宇文赟长子）住进天台，下令废除正阳宫的名称。静帝又下令大赦天下罪人，停止修建洛阳宫。二十六日，静帝下诏书尊称阿史那太后为太皇太后，李太后为太帝太后，杨皇后为皇太后，朱皇后为帝太后。同时任命杨坚为假黄钺、左大丞相，秦王宇文贽为上柱国。

陈宣帝陈顼太建十三年（581年），北周（557—581年）王朝也走到了尽头。

北周静帝宇文阐（573—581年），原名宇文衍，北周末代皇帝，鲜卑族人。7岁时即位，由外祖父、大丞相杨坚辅政。太建十二年（580年）十二月十三日，北周任命左大丞相杨坚为相国，统辖百官总理国家政事，进爵位为王。十三年（581年）正月，北周静帝宇文阐改年号为大定。

二月初四，隋王杨坚始接受相国、统辖百官的职务和九锡礼仪，并建立隋国台省、设置官吏。初六，北周静帝诏令进封隋王妃独孤氏为王后，隋王世子杨勇为太子。

十四日，北周静帝命令兼太傅杞公宇文椿捧着册书，大宗伯赵煚（jiǒng）捧着皇帝的玺印，禅位于隋王杨坚，是为隋文帝。改年号开皇。国号隋。北周亡。

陈朝始兴王陈叔陵是太子陈叔宝的异母弟，其生母是彭贵人。陈叔陵任江州刺史，性阴险狡诈。新安王陈伯固（陈蒨第五子）因为擅长诙谐戏谑，受到陈宣帝和太子的宠爱，陈叔陵因此嫉恨他，于是就暗地里搜求他的过失，想将他绳之以法。后来陈叔陵进京（今南京）担任扬州刺史，政务多关涉到中书、尚书两省，如果谁顺从他的意旨，就劝说皇上提拔他；如果谁稍微违忤不从，就必定设法诬以大罪，以至重者被处死，身首异处。陈伯固因为害怕遭到陈叔陵的陷害，于是就对他阿谀奉承，投其所好。

十四年（582年）正月初五，陈宣帝患病，太子陈叔宝与始兴王陈叔陵、长沙王陈叔坚一同入宫侍疾。陈叔陵心怀不轨，对掌管药品的官吏下令说：“切药草的刀太钝了，应该磨一磨。”

初十，陈宣帝崩于宣福殿，在位14年，终年53岁。仓促之际，陈叔陵命令左右随从到宫外取剑，随从没有明白他的用意，取来他朝服上作为装饰用的木剑进呈，陈叔陵见了大怒。陈叔坚在一旁，看到了陈叔陵的所作所为，怀疑将有变故，于是就暗中监视陈叔陵的举动。

陈叔宝虽然身为太子，但是其皇位得来也十分不易。正月十一日，陈宣帝遗体入殓，太子陈叔宝俯伏痛哭。陈叔陵乘机抽出切药草的刀向太子砍去，砍中了太子的颈项，太子昏倒在地。太子生母柳皇后赶来救护，也被陈叔陵砍了数下。太子的奶妈吴氏从后面扯住陈叔陵的胳膊，太子才得以爬起来。陈叔陵又抓住太子的衣服，太子奋力挣脱，才得免于难。陈叔坚扑上去用手扼住陈叔陵的脖子，夺去他手中的刀，然后用他的衣袖将他捆在柱子上。就在陈叔坚去请示太子如何处置陈叔陵时，陈叔陵奋力挣脱衣袖，冲出云龙门，乘车驰还扬州治所东府城（今南京秦淮区东北）。他召集左右随从阻断通向宫廷所在台城的青溪道，又招募大约1000多人，打算占据东府城自守。

当时陈朝军队都被部署在沿江一带防守，宫廷内兵力空虚。陈叔坚启奏柳皇后，派遣太子舍人河内（今河南沁阳）人司马申以太子的名义征召右卫将军萧摩诃入宫接受敕令，统率步骑兵数百人进军东府城，部署在城西门外。陈叔陵惶恐不安，派遣记室参军韦谅把他的鼓吹仪仗送给萧摩诃，并对他说："如果你帮助我举事成功，我一定任命你为辅政大臣。"萧摩诃骗韦谅说："必须让始兴王的心腹大将亲自来说，我才能听从命令。"于是陈叔陵又派亲信戴温、谭骐来到萧摩诃军营，被萧摩诃抓起来送往台省，斩首后于东府城示众。

陈叔陵自知不能成功，于是回到府内，将妃子张氏和宠妾7人沉入井中溺死，然后率领步、骑数百人从小航渡过秦淮河，想要逃往新林，再乘船投奔隋朝。走到白杨路，遭到政府军队截击。陈叔陵的部下丢盔弃甲，纷纷溃逃。萧摩诃的马容（行军时乘马居前以壮军容的军官）陈智深，迎面将陈叔陵刺落马下，陈仲华上前就势割下首级。事后，朝廷将陈叔陵的儿子全部赐死。陈叔陵的同党前衡阳内史彭暠（gǎo）、咨议参军兼记室郑信、中录事参军兼记室韦谅、典签俞公喜，一并伏诛。

陈宣帝在位期间，国家比较安定，政治也较为清明。陈宣帝一生共有皇后柳敬言，以及21个嫔妃，42个儿子。

至德元年（583年）二月二十五日，陈朝葬陈宣帝于显宁陵（南京江宁区牛首山西北，西善桥油坊村附近的罐子山北麓）。谥号孝宣皇帝，庙号高宗。

第五章

亡国只缘后庭花——后主陈叔宝

后主陈叔宝（553—604年），字元秀，小字黄奴，孝宣帝陈顼嫡长子。南北朝时期南朝陈第五位皇帝，也是最后一位君主。史称陈后主，又称长城公。太建十四年（582年）至祯明三年（589年）在位。共使用了2个年号：至德（4年）、祯明（3年）。

梁承圣二年（553年）十一月，陈叔宝生于江陵（今湖北江陵）。第二年，江陵失陷，陈顼迁关右（今陕西潼关以西），留陈叔宝于穰城（今河南邓县）。天嘉三年（562年），归京师（今南京），立为安成王陈顼世子。天康元年（566年），授宁远将军，置佐史。光大二年（568年），为太子中庶子，寻迁侍中。陈顼即皇帝位，立世子陈叔宝为太子。

太建十四年（582年）正月十三日，皇太子陈叔宝即皇帝位，大赦天下。

二十一日，陈后主诏令尊称柳皇后为皇太后。当时陈后主居住在承香殿养伤，不能临朝听政，于是皇太后就住在柏梁殿，百官大臣禀奏的国事政务，都由皇太后裁决处理，直到陈后主伤势痊愈，皇太后才归政于他。

二十五日，陈叔宝册立妃子沈氏（沈婺华）为皇后。二十七日，又册封皇弟陈叔俨为浔阳王、陈叔慎为岳阳王、陈叔达为义阳王、陈叔熊为巴山王、陈叔虞为武昌王。

四月十七日，陈后主册立皇子永康公陈胤为皇太子。陈胤是孙姬的儿子，沈皇后养为己子。

至德元年（583年）正月初三，陈朝大赦天下，改年号为至德。当初，陈后主由于受伤，不能处理政事，朝廷的大小政事都由长沙王陈叔坚参与裁决处理，陈叔坚因此权倾朝廷。陈叔坚十分骄横，因此受到陈后主的猜忌。于是陈后主就让陈叔坚以骠骑将军的称号，保留尚书、中书、门下三省长官的待遇，出任江州刺史。又任命祠部尚书江总为吏部尚书。

十一月，陈朝派遣散骑常侍周坟、通直散骑常侍袁彦到隋朝聘问（古代诸侯之间遣使互相通问叫聘，小规模的聘叫问，通称聘问）。陈后主听说隋文帝相貌奇异，与常人不同，就让袁彦画下隋文帝的像带回。陈后主见到画像后大吃一惊，说："我不想再看到这个人。"急忙下令去掉画像。

至德二年（584年）五月，陈朝任命吏部尚书江总为尚书仆射。

十一月，陈后主在皇宫光昭殿前修建临春、结绮、望仙三栋楼阁。楼阁各高数十丈，连延数十间，窗户、壁带、悬楣、栏杆等都是用沉木和檀木制成，并用黄金、玉石或者珍珠、翡翠加以装饰，楼阁门窗均外挂珠帘，室内有宝床宝帐，极尽奢华，宛如人间仙境。园中积石为山，引水为池，广植奇树异卉，盛极一时，是南北朝时著名的豪华建筑。

陈后主自己居住在临春阁，张贵妃居住在结绮阁，龚贵嫔、孔贵嫔居住在望仙阁，通过各楼阁之间的复道互相往来。另外，后宫里还有孔贵人、张淑媛、孙姬等，都深受陈叔宝的宠爱，他经常到3座楼阁上游玩宴乐。陈后主又任命宫女中有文才的袁大舍等人为女学士。尚书仆射江总虽然担任宰相，但并不亲自处理政务，每天与都官尚书孔范、散骑常侍王瑳等文士10余人，侍奉后主在皇宫后庭游玩宴乐，不讲君臣尊卑次序，被称之为"狎客"。陈后主每举办酒宴，就使诸位妃、嫔和江总等狎客一起赋诗，互相赠答，然后挑选其中特别艳丽的诗作，谱上新曲，再挑选宫女千余人练习歌唱，分部演出。故此，江总有“亡国宰相”之称。

江总（519—594年），字总持，南朝陈诗人。祖籍济阳考城（今河南兰考）。他出身高门，早年即以文学才能被梁武帝赏识。他是宫体艳诗的代表诗人之一。他的《闺怨篇》，开七言排律之体。其诗云：

寂寂青楼大道边，纷纷白雪倚窗前。
池上鸳鸯不独自，帐中苏合还空然。
屏风有意障月明，灯火无情照独眠。
辽西水冻春应少，蓟北鸿来路几千。
愿君关中及早度，念妾桃李片时妍。

陈后主也为其妃张丽华作艳词《黄骊留》、《玉树后庭花》、《临春乐》等，内容大都是赞美诸位妃嫔的美丽容貌和风情。君臣饮酒酣歌，从夜晚到清晨，以为常事。《玉树后庭花》云：

丽宇芳林对高阁，新装艳质本倾城；
映户凝娇乍不进，出帷含态笑相迎。
妖姬脸似花含露，玉树流光照后庭；
花开花落不长久，落红满地归寂中！

后人以“玉树后庭花，花开不复久”为亡国之音的代称。

唐朝诗人杜牧《泊秦淮》诗写道：

烟笼寒水月笼沙，夜泊秦淮近酒家。
商女不知亡国恨，隔江犹唱后庭花。

张贵妃名叫张丽华（560—589年），家中世代为兵（一说出身寒门，其父兄以织席为生），原是龚贵妃的侍女，陈后主一见钟情。张贵妃的一头秀发约长7尺（约折现在1.71米），油光发亮，又聪明颖慧，举止优雅，每当她顾盼凝视时，更显得光彩照人，映动左右。张贵妃善于体察陈后主的心思，经常向后主引荐宫女。因此，后宫妃、嫔、宫女都对她感恩戴德，竞相在陈后主面前赞美她。

陈后主懒于处理政事，朝中百官大臣有所启奏，都由宦官蔡脱儿、李善度呈进请示。陈后主靠着松软的靠垫，让张贵妃坐在他的膝盖上，两人一起审批奏表，裁决政事。凡是蔡脱儿、李善度两人所没有记住的，张贵妃都逐条加以分析，没有遗漏。张贵妃经常参访了解皇宫外面发生的事情，外间的一言一事，张贵妃必定事先知道，然后告诉陈后主，因此更加受到陈后主的宠爱，远在后宫诸位妃、嫔之上。陈后主身旁的宦官与亲信内外勾结，朋比为奸，援引宗属亲戚，横行不法，卖官鬻爵，贿赂公行，就连朝廷赏罚之命，也出于宫掖。外朝大臣有不顺从旨意的，就寻找机会加以陷害。于是孔贵嫔、张贵妃的权势炙手可热，执掌朝政的公卿大臣都竞相奉承依附，以至于当时江东小朝廷“不知有陈叔宝，但知有张丽华”。

起初，隋文帝受禅即位以来，与陈朝十分友好，每次抓获陈朝的间谍，都赠送衣服、马匹，客气地予以遣返。然而，陈宣帝不断地让军队侵扰隋朝边境。所以在太建末年，隋朝军队对陈朝发动了一次进攻，适逢陈宣帝去世，隋文帝即下令班师退军，又派遣使者前去吊唁，在给陈后主的信中有“杨坚顿首”之语，表现得十分谦逊。

但是陈后主的回信却狂妄自大，信末说：“想来你的统治区内安好，这里也是天下清平。”隋文帝看了回信很不高兴，并将信展示给朝臣看，朝臣们也很生气。

祯明元年、开皇七年（587年）十一月，隋文帝向尚书左仆射、左领军大将军高颎（jiǒng）询问平定陈朝的策略。隋文帝采纳了高颎“以骚扰方式耽误陈朝农时”的计策。上柱国（军事武装的高级统帅）杨素、吴州总管贺若弼以及光州刺史高劢、虢州刺史崔仲方等人都争献平定陈朝的策略。

等到陈朝接受后梁萧岩等人投降后，隋文帝对陈朝更加愤恨，他对高颎说："我作为天下百姓的父母，怎么能因为有一条衣带宽的长江而不去拯救他们呢！"于是命令大造战船。有人建议应该秘密准备，隋文帝说："我将要替天行道，进行讨伐，有什么可保密的呢！"并让造船者把砍削下的碎木片投进江里，使其顺流而下，说："如果陈朝害怕，改过自新，我还能再要求什么呢！"

于是，杨素率军在长江上游永安（今四川奉节）建造大船，名叫"五牙"。在船上建5层楼，高100余尺。又在船的左右前后设置了6根拍竿（古时战具名。置于兵车、战舰上利用杠杆和滑车遥掷石块、钉板、火种等物以打击敌方），都高50尺，可乘载战士800人。二号战船名叫"黄龙"，船上可乘载战士100人。其余称作"平乘"（大船）、"舴艋"（小舟）的舰船大小不等。

祯明二年（588年）三月初九，隋文帝下诏书说："陈叔宝盘踞着巴掌大的地方，却欲壑难填，劫夺乡民百姓，使他们倾家荡产，驱逼天下黎民，劳役不休；穷奢极侈，昼夜寻欢作乐；诛杀直言之士，族灭无罪之家；欺瞒上天，作恶多端，却去祭祀妖鬼，祈求福佑；与后宫宠爱的妃子出游，侍卫翼从，前呼后拥，清道戒严，自古以来，帝王昏庸腐败，难以为比。使正人君子潜逃归隐，小人奸臣得志弄权。因此天地为之震怒，人妖物怪出没。士大夫钳口结舌，平民百姓侧目而视。再加上违反德义，背弃誓言，犯我边疆，白天隐伏，夜间出游，像鼠窃狗盗那样。普天之下都是朕的臣民，每当听到或省览（阅览）有关江南百姓受苦受难的奏疏，朕都感到痛苦悲伤。因此，要出师讨伐，以正国法，乘机诛灭暴君。此次一战将会永远扫平吴越地区。"又派遣使者把玺书送给陈朝，历数陈后主20条罪状，并抄写了30万份诏书，向江南地区广为传播散发。

陈朝太子陈胤聪明敏慧，喜好文学，但是多有不良行为。太子詹事袁宪恳切劝谏，陈胤不听。五月，陈后主废掉太子陈胤，改为吴兴王，册立扬州刺史、始安王陈深为太子。并准备废掉沈皇后，立张丽华为皇后，正赶上亡国，没有实现。

十月二十八日，隋文帝准备出师讨伐陈朝，在太庙祭告祖先。任命晋王杨广（隋文帝次子）、秦王杨俊（隋文帝三子）、清河公杨素3人都为行军元帅。命令杨广统率军队从六合（今南京六合区）出发，杨俊统率军队从襄阳出发，杨素统率军队从永安（今四川奉节）出发，荆州刺史刘仁恩统率军队从江陵（今湖北江陵）出发，蕲州刺史王世积统率军队从蕲春（今湖北黄冈蕲春）出发，庐州总管韩擒虎统率军队从庐江（今安徽巢湖）出发，吴州总管贺若弼统率军队从广陵（今江苏扬州）出发，青州总管弘农人燕荣统率军队从东海（今江苏连云港）出发，共有行军总管90位，兵力518000人，都受晋王杨广的节度指挥。东起海滨，西到巴、蜀，旌旗耀日，舟楫竞进，横亘连绵千里。隋朝廷又任命左仆射高颎为晋王元帅府长史，右仆射王韶为司马，前线军中一切事务全由他们裁决处理。

十一月初二，隋文帝亲自为出征将士饯行。初十，隋文帝又驾临定城（今安徽定远，一说河南潢川），举行誓师大会。

隋军进至长江北岸，晋王元帅府长史高颎问行台吏部郎中薛道衡："此次大举出兵伐陈，江东地区必定能攻下吗？"薛道衡回答说："一定能攻下。我听说晋朝著名术士郭璞曾经预言：'江东地区分王立国300年后，当复与中原统一。'现在300年的时间已到，这是其一。皇上生活节俭，勤于政事，而陈叔宝却荒淫奢侈，昏庸无道，这是其二。国家的安危兴亡在于用人，陈朝任命江总为宰相，而江总只会赋诗饮酒，不理政事，又提拔刻薄小人施文庆，委以政事，又任命萧摩诃、任蛮奴等人为大将，他们只有匹夫之勇而无智谋，这是其三。我们政治清明，地大物博，陈朝政治黑暗，地域狭小，估计他们的军队不过10万人，西起巫峡，东至大海。如果分兵则势力孤单弱小，集兵则会顾此而失彼，这是其四。所以，势在必胜，事不宜迟。"高颎听后高兴地说道："听了你分析的成败之理，令人豁然开通。我原来只是钦佩你的才学，没料到还能如此运筹帷幄。"

杨素率领水军顺流而下，越过三峡（今重庆至湖北间的瞿塘峡、巫峡和西陵峡），进至流头滩（今湖北宜昌西）。

陈朝将军戚昕率领青龙战船100余艘防守狼尾滩（今湖北宜昌西北），这里地势险要，易守难攻，

杨素率领水军顺流东下，舟舻舰船布满江面，旌旗甲胄鲜明耀日。杨素坐在一条平板大船上，仪表堂堂，陈朝人看见后，都心中惧怕，说："清河公（杨素曾封清河郡公）真像是长江水神！"

陈朝沿江镇戍要塞听说隋军将到，相继飞书奏报朝廷。但是中书舍人施文庆、沈客卿将奏疏全部压下，没有呈奏陈后主。

陈后主曾经若无其事地对侍卫近臣说："帝王的气数在此地。自立国以来，齐军曾经3次大举进犯，周军也曾经两次大兵压境，但是无不遭到惨重失败。现在隋军来犯又能把我怎么样！"都官尚书孔范附和说："长江是一道天堑，古人认为就是为了隔绝南方和北方。现在敌军难道能飞渡不成！这都是边镇将帅想建立功勋，所以谎报边事紧急。我常常觉得自己官职低下，如果敌军能越过长江，我一定会建功立业，荣升太尉了。"有人谎报说隋军马匹多死，孔范又口出大言说："这些军马都是我国的马，怎么会死亡呢？"陈后主听后大笑，认为孔范说得很对，所以根本不加以防备，每天奏乐观舞，纵酒宴饮，赋诗取乐不止。

祯明三年（开皇九年，589年）正月初一，陈后主举行元旦朝会，在会见群臣百官时，突然大雾弥漫，吸入鼻孔，感到又辣又酸，陈后主昏睡过去，一直到下午才醒过来。

这一天，隋吴州总管贺若弼从广陵（今江苏扬州）统帅军队渡过长江。陈朝守军竟没有发觉。庐州（今安徽合肥）总管韩擒虎也率领将士500人从横江浦（今安徽和县东南）夜渡采石（今安徽马鞍山），陈朝守军全都喝醉了酒，隋军轻而易举就攻下了采石。晋王杨广统率大军驻扎在六合镇桃叶山（今南京泰山新村东侧，又名晋王山）。

初二，镇守采石的主将徐子建携带告急文书飞骑赶赴都城（今南京），报告隋军已渡江的消息。初三，陈后主召集公卿大臣进宫商议军务事宜。初

四，陈后主下诏书说："隋军胆敢任意兴兵凌逼，侵犯占据我都城近郊，就好似蜂虿（chài）有毒，应该及时扫灭。朕当亲自统率大军，消灭敌军，廓清天下，并在朝廷内外实施戒备。"任命骠骑将军萧摩诃、护军将军樊毅、中领军鲁广达3人为都督，任命司空司马消难、湘州刺史施文庆两人为大监军，又派遣南豫州（今安徽和县）刺史樊猛统率水军出守白下城（今南京城北金川门外），散骑常侍皋文奏统率军队镇守南豫州。陈后主又下令设立重赏，征发僧、尼道士等出家人服役。

初六，隋将贺若弼率军攻克京口，生俘陈朝南徐州（今江苏镇江）刺史黄恪。贺若弼的军队纪律严明，秋毫不犯，有士卒在民间买酒的，贺若弼即令将他斩首。所俘获的陈朝军队6000余人，贺若弼全部予以释放，发给资粮，好言安慰，遣返回乡，并发给他们隋文帝敕书，让他们分道宣传散发。因此，隋军所到之处，陈军望风溃败。

陈朝南豫州刺史樊猛当时还在建康，由他的儿子樊巡代理南豫州事。初七，隋将韩擒虎率军进攻姑孰（今安徽当涂），只用了半天，就攻下了姑孰城，俘虏了樊巡及其全家。江南地区的父老百姓早就听说过韩擒虎的威名，前来军营谒见拜访的人昼夜不绝。

此时，隋将贺若弼率军从北道，韩擒虎率军从南道，齐头并进，夹攻建康，陈朝沿江的镇戍要塞守军都望风尽逃。贺若弼分兵占领曲阿（今江苏丹阳），隔断了陈朝援军的通道，自己率主力进逼建康。陈后主命令司徒、豫章王陈叔英率军守卫朝堂，萧摩诃率军驻守乐游苑，樊毅率军驻守耆阇寺（今南京北极阁以西），鲁广达率军驻守白土冈（今南京城东钟山南麓），忠武将军孔范率军驻守宝田寺（白土冈南）。十五日，任忠率军自吴兴（今浙江湖州）入援京师，驻守朱雀门（建康城南门）。

十七日，隋将贺若弼率军进据钟山，驻扎在白土冈的东面。晋王杨广派遣总管杜彦和韩擒虎合军，共计步骑20000人驻扎在新林。

当时建康还有军队10余万人，但是陈后主生性怯懦软弱，又不懂军事，只是日夜哭泣，台城（皇城禁宫）内的所有军情处置，全部委任给施文庆。

施文庆知道将帅们都痛恨自己，惟恐他们建立功勋，于是向陈后主上奏说："这些将帅们平时总是心中不满，一向不甘心情愿服事陛下，现在到了危机时刻，怎么可以完全信任他们呢？"因此这些将帅凡是有所启奏请求，绝大部分都未获批准。

二月十日，隋军攻入建康台城。陈后主惊慌失措，想要躲藏，袁宪严肃地说道："隋军进入皇宫后，必不会对陛下有所侵侮。事已至此，陛下还能躲到什么地方去？我请求陛下把衣服冠冕穿戴整齐，端坐正殿，依照当年梁武帝见侯景的做法。"陈后主没有听从，下了坐床飞奔而去，并说："兵刃之下，不能拿性命去冒然抵挡，我自有办法！"于是跟着10余个宫人逃出后堂景阳殿，就要往井里跳，袁宪苦苦哀求，陈后主不听。后舍人夏侯公韵用自己的身子遮挡住井口，陈后主极力相争，争了很长时间才得以跳进井里。不久，有隋军兵士向井里窥视，并大声喊叫，井下无人回答，士兵扬言要落井下石，方才听到井下有人呼唤。于是抛下绳索往上拉人，感到非常沉重，十分吃惊，以为陈后主是个大胖子，直到把人拉上来才发现，原来陈后主与张贵妃、孔贵嫔3人同索而上。粉面黛目的张贵妃吓得涕泪俱下，胭脂沾满了石井栏，以帛拭之不去，遂留下胭脂痕迹，故民间称"胭脂井"（又名辱井、景阳井。故址在今南京鸡鸣寺附近）。

沈皇后仍像平常一样，毫不惊慌。皇太子陈深当时年方15岁，关上门，安然端坐，太子舍人孔伯鱼在一旁侍奉，隋军士兵推门而入，陈深端坐不动，好言慰劳说："你们一路上鞍马劳顿，还不至于过于疲劳吧？"隋军士兵都纷纷向他致敬。当时陈朝宗室王侯在建康城中有100余人，陈后主恐怕他们发动政变，就把他们全都召进宫里，命令他们都聚集在朝堂，派遣豫章王陈叔英监督他们，并暗中严加戒备。到台城失守以后，他们都相继出降。

隋将贺若弼率军在夜间焚烧北掖门而进入皇宫，得知韩擒虎已抓住了陈叔宝，就把他叫来亲自察看。陈叔宝非常害怕，汗流浃背，浑身战栗，向贺若弼跪拜叩头。贺若弼对他说："小国的君主见了大国的公卿大臣，按照礼节应该跪拜。阁下到了隋朝仍不失封归命侯，所以不必恐惧。"过后，贺若弼因耻于功在韩擒虎之后，与韩擒虎发生争吵詈（lì）骂，随后怒气冲冲地拔刀而出，想令陈朝前吏部尚书蔡征为陈叔宝起草降书，又下令陈后主乘坐骡车归附自己，但没有实现。于是贺若弼将陈后主置于德教殿内，派兵守卫。

隋将高颎先进入建康，当时高颎的儿子高德弘是晋王杨广的记室（秘书）参军，杨广就派他驰马来见高颎，传令留下张丽华。高颎说：“古时候姜太公吕尚蒙面斩了殷纣王的宠姬妲己，今天岂能留下张丽华！”于是将年仅30岁的张丽华斩于青溪（发源于南京钟山，流经市区。因河流弯曲，故称“九曲青溪”）。可惜一代美人，顷刻之间香消玉殒。高德弘还报杨广，杨广脸色大变说：“古人云：‘无德不报。’我一定有办法回报高公！”因此杨广忌恨高颎。后来高颎又主张立杨勇为储君，因此杨广一继位，就借故杀了高颎。

二十二日，晋王杨广进入建康，认为陈朝中书舍人施文庆不忠心国事，反而谄媚为奸，以蒙蔽天子耳目；前中书舍人沈客卿重赋厚敛，盘剥百姓，以博取天子的欢心；太市令阳慧朗、刑法监徐析、尚书都令史暨慧景等人都是祸国害民的奸臣，一并斩于石阙下，以谢三吴地区百姓。

隋朝开府仪同三司王颁是王僧辩的儿子，在一天夜里，他挖了陈高祖陈霸先的陵墓，焚毁了陈霸先的尸骨，并将骨灰投进水中然后喝下去，以报杀父之仇。随后把自己捆绑起来，向晋王杨广投案，请求治罪。杨广将此事报告了隋文帝，文帝下令赦免了王颁。文帝又下诏令给陈高祖陈霸先、陈世祖陈蒨、陈高宗陈顼安排5户守陵人，分别负责守护陵墓。

陈后主很有文才，但却是一个完全不懂国事、只知道喝酒享乐的末代皇帝，朝政极度腐败。他每日“奏伎纵酒，作诗不辍”，对酒文化的研究堪称一绝。有《独酌谣》为证：“独酌谣，独酌且独谣。一酌岂陶罯？二酌断风飙，三酌意不畅，四酌情无聊，五酌盂易覆，六酌欢欲调，七酌累心去，八酌高志超，九酌忘物我，十酌忽凌霄。凌霄异羽翼，任致得飘飘。宁学世人醉，扬波去我遥。尔非浮丘伯，安见王子乔（喻指仙人）？”

陈后主的发妻沈皇后（沈婺华），性端静，寡嗜欲，聪敏强记，涉猎经史，工书翰。后主一年半载才去看望一次，而且总是“暂入即返”，从不多作停留，沈后总是起身黯然相送，也无相留之言。于是后主作《戏赠沈后》一诗：“留人不留人，不留人亦去。此处不留人，自有留人处。”如今发展为“此处不留爷，自有留爷处”。

二月，陈朝被隋文帝杨坚全部平定。隋文帝诏令将建康的城邑宫殿城池，全部毁掉变为耕田，陈后主营建的临春、结绮、望仙3栋楼阁也同时被毁。

刘禹锡《台城》诗为证：“台城六代竞豪华，结绮临春事最奢。万户千门成野草，只缘一曲《后庭花》。”

三月初六，陈叔宝和他的王公百官大臣从建康起程去长安，大人小孩陆续上路，连绵不断达500里。隋文帝下令暂时调拨长安士民房舍作为降人住处，将院舍内外都修整一新，并派人负责迎接慰问，陈朝降人来到后有宾至如归之感。

四月十八日，隋文帝驾幸骊山（今陕西西安临潼区城南），亲自慰劳凯旋的将士。南征各军奏唱凯歌进入长安，先到太庙举行献俘仪式，将陈叔宝和陈朝王侯将相以及他们的车子、服装和陈朝的天文图籍等依次摆开行列，并由带铁甲的骑兵围住，接着晋王杨广、秦王杨俊入宫，排列在殿庭中。隋文帝任命杨广为太尉，赐给他辂车、乘马、皇帝穿的衮服和冠冕以及象征拥有特殊权力和地位的珍宝玄圭、白璧等。

二十三日，隋文帝坐在广阳门（今西安莲湖公园内）观阙上，传令带上陈叔宝和陈朝太子陈深、宗室诸王共28人，以及陈朝百官大臣自司空司马消难以下至尚书郎共200余人，文帝先让纳言（听下言纳于上，受上言宣于下）宣读诏书对他们加以安抚慰问；接着，又让内史令宣读诏书，责备他们君臣不能同心同德，以至于国家灭亡。陈叔宝与他的百官群臣都惶愧恐惧，伏在地上，屏息静听，无言以对。随后，文帝赦免了他们。

二十八日，隋文帝下令进封杨素为越公，授予杨素的儿子杨玄感为仪同三司，杨玄应为清河郡公，并赏赐给杨素布帛10000段，粟米10000石。文帝又令贺若弼登上皇帝的宝座同坐，赏赐给他布帛8000段，越级授予他上柱国

（将军名号），进封爵位为宋公。后来文帝对杨素、贺若弼每人又增加赏赐许多金银财宝和陈叔宝的妹妹为妾。

陈后主的大妹妹乐昌公主陈贞，是当时有名的才女兼美女，下嫁给了太子舍人徐德言。陈亡后入隋，乐昌公主成为杨素妾。乐昌公主与徐德言还演绎了一段“破镜重圆”的故事，广为流传。

陈后主的小妹妹宁远公主陈婉则被隋文帝收入宫中为妃，这就是后来深受隋文帝宠爱的宣华夫人。

隋文帝赏赐给陈叔宝许多金银财物，又多次接见他，让他和三品以上公卿大臣同班站立。每当陈后主参加宴会时，隋文帝恐怕引起他的亡国之悲，就禁止在宴会上演奏吴地音乐。后来监护看守陈后主的官吏上奏说：“陈叔宝说：‘我没有官秩品位，却得经常参加朝会宴集，希望能得到一个官品。’”文帝不高兴地说：“叔宝全无心肝。”监护官吏又上奏说：“陈叔宝经常喝得大醉，很少有清醒的时候。”文帝问道：“他每天喝多少酒？”监护官吏回答说：“每天和他的子弟家人能喝一石酒。”文帝大惊，下令对陈后主的狂饮滥喝加以限制，不一会又说：“随他去吧，不用管他。他不如此酗酒，又怎么能打发日子呢！”

你看这隋文帝杨坚也是够大度的，对一个囚犯近乎无理的要求，竟一一允诺，“随他去吧”几个字，既表现了隋文帝的大度，又是对陈后主的贬损。

不过有一点陈叔宝还是十分明白的，那就是他始终没有开口，请求隋文帝把皇位再还给他。

仁寿四年（604年）正月，隋文帝要去仁寿宫，术士章仇太翼竭力劝说，文帝不听。章仇太翼说：“这次出行，恐怕主上回不来了！”文帝勃然大怒，将章仇太翼投入长安的监狱，准备回来杀掉他。二十七日，文帝驾临仁寿宫。二十八日，文帝下诏凡赏赐、财政支出，事无巨细一并交付皇太子杨广处理。四月，文帝感到身体不适。六月，大赦天下。七月初十，文帝病重，他躺在床上和文武百官诀别，并握住大臣们的手欷歔不已。文帝命太子杨广赦免章仇太翼。十三日，文帝在大宝殿驾崩，在位24年，终年64岁。

当初，隋文帝独孤伽罗皇后去世，宣华夫人陈氏、容华夫人蔡氏都受到文帝的宠爱。文帝患病住在仁寿宫，尚书左仆射杨素、兵部尚书柳述、黄门侍郎元岩都进入仁寿宫侍病。文帝召皇太子杨广入内居住在大宝殿。杨广考虑到如果文帝去世，必须预先作好防备措施，他亲手写了一封信，派人送出来询问杨素。杨素把情况一条条写下来回复太子。宫人误把回信送到了文帝的寝宫，文帝看后极为愤怒。天刚亮，陈夫人出去更衣，被太子杨广逼迫求欢。陈夫人拒绝了他，才得以脱身。她回到隋文帝的寝宫，文帝见她神色不对，问其原因，陈夫人流着泪说："太子无礼！"文帝大怒，捶着床说："这个畜生！怎么可以将国家大事交付给他！独孤误了我！"于是他叫来柳述、元岩说："召见我的儿子！"柳述等人要叫杨广来。文帝说："是杨勇。"

柳述、元岩出了隋文帝的寝宫，起草敕书。杨素闻知此事，告诉了太子杨广（原太子杨勇已于四年前被文帝废为庶人，改立晋王杨广为皇太子，而改立之事正是独孤伽罗的旨意，所以文帝会说："独孤误了我！"）。杨广假传文帝的旨意将柳述、元岩逮捕，关进大理狱。他们迅速调来东宫的裨将兵士宿卫仁寿宫，宫门禁止出入，并派宇文述、郭衍进入调度指挥；命令右庶子张衡进入文帝的寝宫侍候文帝。后宫的人员全被赶到别的房间去。一会儿，文帝死了。因此朝廷内外有很多不同的说法。陈夫人与后宫闻知发生变故，面面相觑，战栗失色。黄昏时，太子杨广派使者送来小金盒，盒边上贴封纸，杨广亲笔写上封字，赐给陈夫人。陈夫人看见小金盒，惊惶恐惧，以为是鸩毒，不敢打开。使者催促陈夫人，于是她打开小金盒，盒内有几枚同心结。宫人们都高兴了，互相说："可以免死了！"陈夫人愤怒得想坐下，不肯致谢。宫人们一起逼迫陈夫人，她才拜谢使者接受了小金盒。当天夜里，太子杨广将陈夫人奸污。

二十一日，隋朝为文帝发丧。太子杨广即皇帝位，是为隋炀帝。

同年，十一月二十日，过了近16年囚徒生活的陈朝后主陈叔宝去世，时年52岁。被追赠为大将军、长城县公，谥号为炀。葬于洛阳邙山。

陈后主共有皇后沈婺华，以及嫔妃张丽华（生太子陈深）、龚贵嫔、孔贵嫔、吕淑媛、张淑华、徐淑仪、孙姬（生长子吴兴王陈胤）等16人。育子：南平王陈嶷、永嘉王陈彦、南海王陈虔、会稽王陈庄、钱唐王陈恬等22人。育女：陈娴（zhōu）等。

陈娴在陈朝灭亡之后入隋。隋大业二年（606年），隋炀帝杨广封陈娴为贵人。

陈朝的灭亡，标志着南京300余年“六朝”的结束，给后人留下了诸多遗憾和感慨。正如李白在《金陵三首》中所云：

地拥金陵势，城回江水流。
当时百万户，夹道起朱楼。
亡国生春草，王宫没古丘。
空余后湖月，波上对瀛洲。

此后，中国进入了大一统的隋唐盛世。正是：“叹人间、今古真儿戏！东风岁岁还来，吹入钟山，几重苍翠。”（摘自宋代汪元量《莺啼序·重过金陵》）

主要参考书目

1.（汉）司马迁：《史记》

2.（晋）陈寿：《三国志》

3.（晋）左思：《三都赋》

4.（南朝宋）范晔：《后汉书》

5.（南朝梁）沈约：《宋书》

6.（南朝梁）萧子显：《南齐书》

7.（北齐）魏收：《魏书》

8.（唐）房玄龄、褚遂良等：《晋书》

9.（唐）姚思廉：《梁书》、《陈书》

10.（唐）令狐德棻、长孙无忌、魏征等：《隋书》

11.（唐）李延寿：《南史》、《北史》

12.（唐）许嵩：《建康实录》

13.（唐）张怀瓘：《书断》

14.（北宋）司马光：《资治通鉴》

15.（北宋）何去非：《何博士备论》

16.（南宋）马光祖修，周应合纂：《景定建康志》

17. 胡阿祥、李天石、卢海鸣：《南京通史·六朝卷》

附：南京六朝皇帝简表

三国吴

庙　号	谥　号	姓名（史称）	年　号	在位时间
太　祖	大皇帝	孙　权	黄武（8） 黄龙（3） 嘉禾（7） 赤乌（14） 太元（2） 神凤（1）	222—229年 229—231年 232—238年 238—251年 251—252年 252年
—	—	孙　亮 （会稽王）	建兴（2） 五凤（3） 太平（3）	252—253年 254—256年 256—258年
—	景皇帝	孙　休	永安（7）	258—264年
—	—	孙　皓 （归命侯）	元兴（2） 甘露（2） 宝鼎（4） 建衡（3） 凤凰（3） 天册（2） 天玺（1） 天纪（4）	264—265年 265—266年 266—269年 269—271年 272—274年 275—276年 276年 277—280年

东　晋

庙　号	谥　号	姓名（史称）	年　号	在位时间
中宗	元帝	司马睿	建武（2） 大兴（太兴）（4） 永昌（2）	317—318年 318—321年 322—323年
肃宗（肃祖）	明帝	司马绍	太宁（4）	323—326年
显宗（显祖）	成帝	司马衍	咸和（9） 咸康（8）	326—334年 335—342年
—	康帝	司马岳	建元（2）	343—344年
孝宗	穆帝	司马聃	永和（12） 昇平（5）	345—356年 357—361年

—	哀帝	司马丕	隆和（2） 兴宁（3）	362—363年 363—365年
—	—	司马奕 （废帝）	太和（6）	366—371年
太宗	简文帝	司马昱	咸安（2）	371—372年
烈宗	孝武帝	司马曜	宁康（3） 太元（21）	373—375年 376—396年
—	安帝	司马德宗	隆安（5） 元兴（3） 大亨（1） 义熙（14）	397—401年 402—404年 402年 405—418年
—	恭帝	司马德文	元熙（2）	419—420年

南朝刘宋

庙　号	谥　号	姓名（史称）	年　号	在位时间
高祖	武帝	刘　裕	永初（3）	420—422年
—	少帝	刘义符	景平（2）	423—424年
太祖	文帝	刘义隆	元嘉（30）	424—453年
—	—	刘　劭 （元凶）	太初3个月	453年
世祖	孝武帝	刘　骏	孝建（3） 大明（8）	454—456年 457—464年
—	—	刘子业 （前废帝）	永光（1） 景和（1）	465年 465年
太宗	明帝	刘　彧	泰始（7） 泰豫（1）	465—471年 472年
—	苍梧郡王	刘　昱 （后废帝）	元徽（5）	473—477年
—	顺帝	刘　准	昇明（3）	477—479年

南朝萧齐

庙号	谥号	姓名（史称）	年号	在位时间
太祖	高帝	萧道成	建元（4）	479—482年
世祖	武帝	萧赜	永明（11）	483—493年
—	郁林王	萧昭业（前废帝）	隆昌（1）	494年
—	海陵恭王	萧昭文（后废帝）	延兴（1）	494年
高宗	明帝	萧鸾	建武（5） 永泰（1）	494—498年 498年
—	东昏侯	萧宝卷	永元（3）	499—501年
—	和帝	萧宝融	中兴（2）	501—502年

南朝萧梁

庙号	谥号	姓名（史称）	年号	在位时间
高祖	武帝	萧衍	天监（18）	502—519年
			普通（8）	520—527年
			大通（3）	527—529年
			中大通（6）	529—534年
			大同（12）	535—546年
			中大同（2）	546—547年
			太清（3）	547—549年
太宗	简文帝	萧纲	大宝（2）	550—551年
—	—	萧栋（豫章王）	天正（1）	551年
世祖	孝元帝	萧绎	承圣（4）	552—554年
—	闵帝	萧渊明（贞阳侯）	天成（1）	555年
—	敬帝	萧方智	绍泰（2） 太平（2）	555—556年 556—557年

南朝陈朝

庙　号	谥　号	姓名（史称）	年　号	在位时间
高祖	武帝	陈霸先	永定（3）	557—559年
世祖	文帝	陈　蒨	天嘉（7） 天康（1）	560—566年 566年
—	—	陈伯宗 （临海王、废帝）	光大（2）	567—568年
高宗	孝宣帝	陈　顼	太建（14）	569—582年
后主	长城炀公	陈叔宝	至德（4） 祯明（3）	583—586年 587—589年

后记

南京六朝皇帝多，当然故事也多。我喜欢南京，更喜欢南京的历史，特别是六朝史。因此，我利用业余时间进行写作，并在有关网站上发表。后来有人建议我出书，我欣然答应。但是在整理文稿时才发现，写书真的不容易。一是掌握的资料不够全面；二是自己的历史知识、文字水平都很有限。所以，仅有满腔热情是远远不够的，于是再请教老师，一边请教，一边写作，终于完成这部书稿。

本书主要讲述了在南京立国的六朝40多位皇帝的故事，尽量做到脉络清楚，文字通俗，文笔清新，以期为那些喜欢并关心南京历史的人，提供一些谈资和话题，在“闲聊”中，进一步加深对南京历史的认识和了解，进而激发他们参与新南京建设的热情。如果能做到这一点，笔者也就感到莫大的宽慰了。

由于只是“闲聊”，故只侧重“其然”，不究其“所以然”，知道多少写多少，认识多深聊多深，全心全意地献给大家一个真实的古都——南京。

在成书过程中和出版之际，我要特别感谢六朝史专家卢海鸣博士对书稿提出的修改意见和指点。同时还要感谢管日辉、高安宁、邹尚、杨玲等亲友的大力支持和帮助。

鉴于笔者水平有限，错误之处在所难免，敬请读者批评指正。

作 者

2010年1月22日